U0410521

师生共处
知行兼修
精准辅导
因材施教

高校书院发展报告

2020

主　编　宫　辉
副主编　苏玉波
　　　　周　远

西安交通大学出版社
XI'AN JIAOTONG UNIVERSITY PRESS
国家一级出版社
全国百佳图书出版单位

图书在版编目(CIP)数据

高校书院发展报告. 2020 / 宫辉主编. — 西安：西安交通大学出版社，2021.3(2022.9 重印)

ISBN 978-7-5605-9310-4

Ⅰ.①高… Ⅱ.①宫… Ⅲ.①书院—教育制度—研究报告—中国—2020 Ⅳ.①G649.2

中国版本图书馆 CIP 数据核字(2020)第 223986 号

书　　名 高校书院发展报告. 2020
主　　编 宫　辉
责任编辑 李嫣彧　王斌会
责任校对 侯君英

出版发行 西安交通大学出版社
(西安市兴庆南路 1 号　邮政编码 710048)
网　　址 http://www.xjtupress.com
电　　话 (029)82668357 82667874(市场营销中心)
(029)82668315(总编办)
传　　真 (029)82668280
印　　刷 西安五星印刷有限公司

开　　本 787mm×1092mm 1/16　**印张** 24.75　**字数** 470 千字
版次印次 2021 年 3 月第 1 版　2022 年 9 月第 2 次印刷
书　　号 ISBN 978-7-5605-9310-4
定　　价 98.00 元

如发现印装质量问题，请与本社市场营销中心联系。
订购热线：(029)82665248　(029)82667874
投稿热线：(029)82668525

《高校书院发展报告.2020》
编　委　会

面向2025——书院制建设的新站位新机遇新使命

2020年，注定是人类历史上极不平凡的一年。

年初，伴随着新冠肺炎疫情在全球范围内的蔓延，世界瞬间为之改变了模样。疫情让所有人都认识到：每一个人和这个世界都是一荣皆荣、一损皆损的命运共同体关系。很快地，人们走出了恐惧的泥潭，摆脱了担忧的沼泽，医护人员精心救治感染患者，工厂开足马力生产防护物资，志愿者英勇地走上街头关照那些需要帮助的人。人们在手机上浏览着一个又一个互助互爱的感人故事。"没有过不去的冬天，也没有到不了的春天"，成为2020年冬春之际最暖人心的网络流行语。

疫情期间，书院师生散布全国各地，书院人不约而同以各自不同的方式投入疫情防控的人民战争、总体战、阻击战之中，书写了很多可歌可泣、感人至深的抗疫战歌。

危情之下，高校书院师生的作为与担当，既体现了师生守望、教学相长的书院育人模式的丰富内涵，也在大学内外展现了书院师生主动担当、服务社会的书院育人成效。虽然，目前在中国高校里，书院仍然是少数人"勇敢的游戏"，但是，以学生社区为主要阵地开展人才培养和思想政治教育，能够在引导学生、凝聚学生、组织学生、培育学生等方面发挥重要作用，在网格化管理、学生素质培养、师生互动交流等方面，书院确实起到了不可替代的独特作用。书院及书院师生在疫情防控中的作为，就是力证。

2017年，西安交通大学组织力量开展了对全国高校书院建设情况的调研，并出版了国内第一本针对高校现代书院制研究的图书——《高校书院发展报告(2017)》。

2020年，西安交通大学再次开展了全国高校书院建设调研，通过对全国2000多所普通高等学校的初步摸排和对1090所高校(调研数据未取港澳台地区高校)的重点调查，截至2020年7月31日筛选整理出已经建成或初步成型书院的97所高校的304所书院，在《高校书院发展报告(2017)》的基础上，编写了这本《高校书院发展报告.2020》。

从《高校书院发展报告(2017)》到《高校书院发展报告.2020》,中国高校书院的发展变化喜人:《高校书院发展报告(2017)》中收录了37所高校114所书院,到《高校书院发展报告.2020》,这37所高校中,有14所高校新增了40所书院,又有60所高校成立了150所书院。全国拥有书院的高校数量增加了60所,增长了162%;书院数量增加了190个,增长了167%。

华北地区:原有7所高校成立了16所书院,现有18所高校成立了77所书院;

东北地区:原有1所高校成立了4所书院,现有4所高校成立了7所书院;

华东地区:原有13所高校成立了35所书院,现有41所高校成立了101所书院;

华中地区:原有2所高校成立了6所书院,现有4所高校成立了16所书院;

华南地区:原有7所高校成立了23所书院,现有14所高校成立了49所书院;

西南地区:原有1所高校成立了2所书院,现有6所高校成立了17所书院;

西北地区:原有6所高校成立了28所书院,现有10所高校成立了37所书院。

从地域分布来看,书院发展最快的是北京、天津、上海、山东、广东等地。上海新增9所高校17所书院,山东新增6所高校18所书院,广东新增9所高校23所书院,北京新增4所高校26所书院,天津新增5所高校25所书院。书院建设相对稳定的省份有河北、内蒙古、辽宁、黑龙江、安徽、湖南、湖北、江西、广西、海南、贵州、云南、西藏、甘肃、宁夏、新疆,这些省份书院数量均未有明显增长。难能可贵的是,天津、山西、吉林、重庆等地则实现了书院建设的从无到有。

从高校建设书院的步伐来看,进步最明显的高校有天津大学、西安电子科技大学等。天津大学本科生住宿书院制建设自2015年北洋园校区搬迁后开始启动,目前已建成17所书院,覆盖全体本科生,成为中国内地高校现代书院数量最多的高校。西安电子科技大学作为老牌工科院校,积极创新人才培养机制,于2018、2019年分别新增了5所全员制模式书院。今年计划再增加2所。

调研还发现,华北、华东、华南等地区高校书院建设呈现井喷式发展态势,华中则成为书院增长最慢的地区,仅增加2所高校。北京理工大学的书院制建设实现了从无到有,伴随2018年大类招生改革,北京理工大学成立9所书院,覆盖2018级全体本科新生,使书院制成为与大类招生相配套的学生大类培养与管理的重要改革举措。

具有风向标意义的是,2020年,清华大学在书院建设道路上大踏步前进。结合实施"强基计划",清华大学在原有苏世民书院、新雅书院的基础上,新成立了致理书院、日新书院、未央书院、探微书院、行健书院等5所书院,并同时聘请知名教授担任书院首任院长。

伴随着书院建设浪潮，各高校书院间的合作也日益活跃，全国或区域内的高校书院联盟也如雨后春笋，生机勃发。

（1）高校书院联盟。2014 年 7 月，香港中文大学联合书院、台湾清华大学厚德书院、台湾政治大学政大书院、复旦大学任重书院、西安交通大学文治书院、华东师范大学孟宪承书院及北京航空航天大学知行书院代表在北京共同发起成立了“高校书院联盟”，秘书处设于北京航空航天大学知行书院。2015 年 7 月，澳门大学郑裕彤书院正式加入，至此，高校书院联盟共有 8 个常任理事单位。高校书院联盟以实现交流合作、资源共享、优势互补、整体提升为目的，每年举办一次海峡两岸暨港澳地区高校现代书院制教育论坛，目前已经在北京、澳门、西安、香港、上海等地成功举办了六届，是国内目前影响最大的书院联盟。

（2）长三角地区高校书院联盟。2018 年 6 月，复旦大学、华东师范大学、上海科技大学、华东政法大学、苏州大学、南京审计大学、江苏师范大学、苏州科技大学、绍兴文理学院、温州大学等江浙沪长三角地区 10 多所大学发起成立了“长三角地区高校书院联盟”，致力于探索常态长效的“互学互访共建共享”的体制机制，加强高校相互交流、优势互补。自成立以来，联盟成员互访 10 余次，直接参与的师生千余人次，有效推动长三角地区高校形成合力、协同发展。

（3）海峡两岸书院联盟。2019 年 6 月，福建 10 家书院和台湾 8 家书院签约成立“海峡两岸书院联盟”，两岸书院共同举办系列学术活动，共推书院文化传承。签约的台湾书院包括象山书院、咸临书院、奉元书院、阳明书院、金门燕南书院、志道书院、果庭书院和亚太青年学院。福建方包括：鳌峰书院、正谊书院、篔筜书院、考亭书院、南溪书院、莆阳书院、致用书院、紫阳书院、梁山书院和严复书院。

此外，还有侧重于某一专门领域交流合作的书院联盟，例如，“中华文化促进会书院联盟”致力于搭建中国书院交流和合作平台，使书院更好发挥传承弘扬中华优秀文化的作用。

部分书院间形成了姊妹书院或相对稳定的合作模式。例如，西安交通大学多所书院与香港中文大学、澳门大学等高校的书院签署“姊妹书院”协议；台湾政治大学博雅书院、中国海洋大学行远书院、西安交通大学启德书院每年于海峡两岸、三座城市开展三校交流活动，从黄土高原到孔孟故里，从黄海之滨到宝岛台湾，三校师生相识相知、互学互鉴，三校书院增进了解、探讨借鉴，共同探索通识教育改革的新路径。

可以说，从 2005 年中国高校尝试建设现代书院至今，15 年间，高校书院发展经历了从独自摸索到抱团取暖、从星星点点到星火燎原的蓬勃发展过程。以 2014 年 7 月“高校书院联盟”成立为标志，书院间相互合作、彼此支持、共同促进，在校际互动、师生交流、书院共建、项目合作等方面，共同促进书院制教育模式改革与发展规律研究，对提升联盟各成员的办学水平、人才培养质量与社会声誉起到了积极的作用，为培养人格健全、全面发展的人才作出了积极的贡献。

通过对全国高校书院的分析可以发现，书院建设模式依然以以下五种基本类型为主。

（1）全员制模式。新成立的书院中，西安电子科技大学、天津大学、山西农业大学信息学院、重庆邮电大学移通学院等高校将书院作为其本科生培养的基本模式，将全体本科生纳入书院培养。

（2）低年级模式。新成立的书院中，郑州航空工业管理学院等学校将书院作为一年级学生教育的专门机构来对待，学生在第一年结束后，又回到专业学院模式继续大学生活。

（3）分学科模式。新成立的书院中，南京信息工程大学、中国民航学院等学校则针对部分学科专业的学生实行书院制。

（4）实验班模式。清华大学、中华女子学院育慧书院、南开大学第一智慧书院、四川大学玉章书院、上海立信会计金融学院、天津体育大学等学校及书院将书院作为拔尖创新人才培养机构或通识教育实施机构，学生经过选拔进入书院学习。

（5）特定群体模式。上海应用技术大学将卓越工程师计划试点班、少数民族预科班学生纳入鲁班书院管理；长春师范大学面向女教师和女大学生设立女子书院，旨在搭建一个以女性师生为主体的文化服务载体。

在五种基本类型之外，近年来新出现了依托商业合作、专注某一教育主题等新书院类型。例如，上海交通大学远东书院侧重于商业合作；上海理工大学沪江书院、浙江大学马一浮书院专注于弘扬传承中国传统文化；白城师范学院鹤城书院以“青马工程”的短期培训班为模式，服务于该校青年马克思主义者培养工程的深入推进。

2017 年的调研发现，虽然越来越多的高校将书院制建设付诸实践，但没有一个地方或者部门出台过关于书院建设的指导性建议或规范性文件，当时，书院制从很大程度上是高校的“民间自发行动”。从 2017 年 9 月起，以多部委的一系列文件为标志，高校书院制开始进入“官方视野”，成为国家在教育体制改革等方面的重要举措。

2017 年 9 月，中共中央办公厅、国务院办公厅印发的《关于深化教育体制机制改革的意见》提出：“探索建立书院制、住宿学院制等有利于师生开展交流研讨的学习生活平台。”

2017 年 12 月，教育部发布的《高校思想政治工作质量提升工程实施纲要》指出，要提升高校思想政治工作质量的顶层设计，着力构建一体化育人体系，打通育人“最后一公里”。

2018 年 2 月，教育部《教育重点工作指南》中也同样指出：“探索建立书院制、住宿学院制等有利于师生开展交流研讨的学习生活平台。"

2019 年 2 月，教育部思想政治教育工作专题会议提出，进行"一站式"学生社区综合管理改革，依托书院、宿舍等学区，积极探索学生组织形式、管理模式、服务机制改革，打通育人"最后一公里"。

2019 年 4 月，教育部印发的《教育部高等教育司 2019 年工作要点》第二条"全面实施'六卓越一拔尖'计划 2.0"中提到"深入探索书院制模式，强化使命驱动，注重大师引领，创新学习方式，注重环境浸润熏陶，促进拔尖学生脱颖而出"。

2019 年 10 月，教育部召开"一站式"学生社区综合管理模式建设试点工作启动部署令，探索开展社区"网格化"管理，通过"一站式"综合管理模式建设试点，推动学生社区教育培养模式、管理服务体制、协同育人体系、支撑保障体系改革，践行"一线规则"，把校院领导力量、管理力量、思政力量、服务力量压到学生中间，打造富有中国特色、体现思政要求、贴近学生实际的生活园区，推动形成全员全过程全方位育人格局。

2020 年 2 月，《教育部高等教育司 2020 年工作要点》第八条"深入实施'基础学科拔尖学生培养计划 2.0'"中提到："推动多样化探索，支持高校开展'三制'（书院制、学分制、导师制）拔尖人才培养模式改革。"

2020 年 5 月，教育部等八部门发布《关于加快构建高校思想政治工作体系的意见》（教思政〔2020〕1 号）提出："推动'一站式'学生社区建设。依托书院、宿舍等学生生活园区，探索学生组织形式、管理模式、服务机制改革，推进党团组织、管理部门、服务单位等进驻园区开展工作，把校院领导力量、管理力量、服务力量、思政力量压到教育管理服务学生一线，将园区打造成为集学生思想教育、师生交流、文化活动、生活服务于一体的教育生活园地。"

从"民间自发行动"到政策推动保障，书院制的发展和完善，岂是一句"实属不易"可以总结的。这其中，既有高等教育者责任驱动、情怀使然的主动探索，也有教育参与者逢山开路、遇水架桥的配合协作；既有师生亦师亦友、春风化雨的交流互动，也有学生家长与社会各界理解宽容、资助支持的鼎力相助；既有大兴土木、改造修缮的空间建设，也有建章立制、雕梁画栋的文化建设；既有大开大合、新颖时尚的形象展示，也有刀刃向内、评价评估的凝练反思。无论哪个大学的哪一家书院，在丰富内涵和苦练内功方面，都是"一路风雨一路歌"。西安交通大学就是这条道路上的一位歌唱者。

西安交通大学自 2005 年开始在全国率先施行书院制，并于 2019 年入选教育部"一站式"学生社区综合管理改革首批试点建设单位（全国共计 10 所院校）。面对一波接一波的教育领域综合改革，书院不但逐渐适应了学科大类招生、学业导师制、完全学分制、拔尖人才培养模式创新等教育教学改革，而且在立德树人、实践育人、劳动育人、美育等领域发挥了不可或缺的推动作用，已经成为西安交通大学育人体系中的中坚力量。

西安交通大学将9所书院全部纳入“一站式”建设实体，以“大学生党委”统筹9个学生社区党总支的党建工作；以“本科生院”作为各部门统筹协调的管理机制，党建、教学、学工、管理、服务等29个单位形成合力；落实党政干部、辅导员、班主任、学业导师、朋辈导师、校外导师等工作队伍进驻社区，将“思政论坛”“大学生思想政治教育研究与实践中心”“书院-学院”联席会作为促进队伍融合、提升队伍能力的重要平台；将“西迁精神”作为书院的文化底色，以爱国主义、集体主义、英雄主义、乐观主义为引领，阅读100本经典、认识100位老师、听取100场报告、参加100场活动“四个一百”育人行动为抓手，打造“最美书院风”，营造积极健康的社区文化氛围。通过一系列举措切实推动各种力量、各项资源向学生一线汇聚，并逐步形成了党建引领、管理协同、队伍进驻、服务下沉、文化浸润、自我治理的闭环式本科生人才培养模式，构筑全员全过程全方位育人格局。

西安交通大学在书院学生社区的“一站式”建设方面重点突破了六个关键问题：第一，按照全面加强党的建设总要求，在党员发展窗口期短、发展时间集中的现实条件下，努力在全员书院制模式中构建特色鲜明的党建格局；第二，统筹教学、管理、服务等各部门力量，依托各部门协作机制建设，使得社区教育改革不是“一时热”，而是基于教育模式变革进而形成固定的、规范的育人模式和管理制度保持“一直热”；第三，进一步丰富“书院+学院”双院制人才培养模式新内涵，发挥书院育人品牌效应，汇聚书院育人资源，努力化解通专融合、师生交流、学生交融过程中的矛盾与冲突；第四，实施学科大类招生改革之后，学生培养事实上已经变成了“一人一策”的精准教育，学业咨询服务需求激增，在大力提升书院专职辅导员的专业能力建设的基础上，努力构建一支专兼结合、校内外结合的学业导师队伍和思想教育工作队伍；第五，建设学生教育管理服务大数据技术信息系统，更好地利用综合信息，服务各支队伍，实现对学生的精准辅导、精准施策，开展精准思政；第六，不断满足学生日益增长的对多样化校园文化的需求，加强对学生分众化、个性化引导，凝练书院学生社区特色，提升书院文化氛围的感染力和影响力。

解决这些问题，坦率地说，每一步都不容易。但是，我们仍然在进行着一系列的尝试。

为了进一步整合教育资源，促进学院和书院间的配合与协作，依托本科生院，形成了9所书院与26个学院并存的协同育人格局，实行“通识教育+宽口径专业教育”的人才培养新模式，从横向上实现了教书、育人两套体系协调联动，从纵向上建立了校-院-系三级责任体系，从而构建了一个本科育人的新架构，有力推动了教授、专业教师、校外导师等深入书院开展工作。

为了进一步提升学生学业水平，帮助学生更好地规划职业发展，我们将“大学生学业辅导中心”拓展为“大学生学业辅导与发展中心”。按照培养学习兴趣、分享学习方法、提振学习动力、夯实学业基础、促进专业认同、服务学生成才的理念，统筹学校教育教学资源，建立健全规范化、常态化的工作机制，开展课程辅导与课程示范答疑、学习适应及学风建设、学业发展与学业援助等多层次、多维度的学业辅导与发展指导。常年保持百名专业教师、2000余名朋辈志愿者参与学业辅导活动，共同构建师生互助体系。

为了进一步提升书院学生思想政治教育的有效性和时效性，全体辅导员积极尝试“场景互动辅导法”，将其作为“知心工程”的2.0版本。“场景互动辅导法”是移动智联时代与大学生对话交流的一种新范式，是西安交通大学对“知心谈话”的深层演变及创新发展。伴随时代进步与对话交流方式演进，智能化信息技术飞速发展使得交流媒介和社交工具发生了巨大的改变，移动智联时代师生对话与交流方式呈现出新的特征。当代大学生的生活场景也随之发生了变化，其沟通方式、阅读方式、情感模式、价值观念等都具有了新的特点，这一系列变化要求大学师生互动应该具有新的内涵、形式、结构，因此，研究新的思政教育方式成为当前解决大学生校园问题、开展辅导咨询的诉求和期待。

为了进一步提升辅导员的专业化水平，我们提倡辅导员以“工作室”“工作坊”等形式开展团队实践研究。全校现已建成3个省级辅导员工作室、5个校级辅导员工作室和20个校级辅导员工作室（培育）。学校设立了“学之有道”“言之有理”“行之有师”“倾之有心”“研之有物”等5个辅导员工作坊。实施“伟大事业，信念领航”辅导员微宣讲项目，开展“辅导员读报告”“辅导员致西迁”“辅导员讲信仰”“辅导员战疫情”“辅导员享经典”等系列专题线上线下微宣讲。党的十九大以来，我们累计推出320余篇辅导员网络宣讲文章。成立大学生思想教育与实践研究中心，将辅导员教学科研纳入马克思主义学院体系，建设辅导员“矩阵式双研究团队”，产生了思想政治理论课主渠道与日常思想政治教育管理主阵地间的协同效应和放大效应。

为了进一步优化书院育人队伍结构，我们构建了“多支队伍协同育人体系”。在院务主任、副主任、院务主任助理等管理队伍及一线专职辅导员队伍等约100名书院专职人员的基础上，我们每年选聘300余名专任教师、管理人员、研究生、离退休教师担任校内兼职辅导员，选聘50名优秀国企骨干、优秀退役军人担任校外兼职辅导员，聘请1000余名专业教师担任行政班主任、专业班主任和学业导师，聘请120余名校内外知名教授、专家、学者担任通识导师，落实全体校领导深入书院参加学生活动，选派宿舍管理等后勤服务人员入驻社区，从不同层面共同发挥育人作用。

一分耕耘，一分收获。不积跬步，无以至千里；不积小流，无以成江海。书院建设的道路，曲折而又漫长；建设书院的脚步一刻也不能停歇。

站在2020年，我们确实能够感觉到，高校书院建设已经站到了一个新的起点上。

我们正处在一个移动、智能、互联的信息化数字化时代，“00后”“05后”已经迈入大学校园，成为书院里的新主人。我们正塑造着一个人才培养模式深刻变革、“强基计划”起步、独立学院转设、第二学位再次起航、留学生管理趋同化、研究生管理社区化、“一站式”学生社区建设规范化的高等教育改革浪潮风起云涌的新时代。

面向2025以及以后更远的未来，我们确实能够看到，书院建设有可能开启新的空间。

2020年1月，教育部印发《教育部关于在部分高校开展基础学科招生改革试点工作的意见》，决定自2020年起，在部分高校开展基础学科招生改革试点，即“强基计划”。2020年5月，“强基计划”全面落地。“强基计划”以选拔培养有志于服务国家重大战略需求且综合素质优秀或基础学科拔尖的学生为目的，与“实验班模式”书院的育人理念不谋而合。36所一流高校同时启动实施该计划。清华大学吸收借鉴清华学堂计划在拔尖创新人才培养方面所积累的经验，根据“强基计划”的培养要求，对人才培养体系进行整合设计，同时创设5所书院，以学生为中心、切实提高人才培养的成效，使得学生们在本科学习期间获得广阔的成长空间和更大的成长幅度，为将来成才报国打下坚实的基础。清华大学的此项举措为兄弟高校提供了参考范本。

独立学院转设为独立的普通本科院校，是教育部对独立学院发展的新定位、新要求。截至2019年6月，全国普通高等学校2688所，其中独立学院257所。独立学院脱离母体，建设转型所带来的管理体系重构，不可避免地产生生源、师资、学科等方面的一系列问题，如果能尝试开展书院制建设，将有利于其适应转设后所面临的大专业改革，并为学生管理教育提供更有弹性、更为包容的环境与氛围。

2020年5月，教育部发布了《教育部办公厅关于在普通高校继续开展第二学士学位教育的通知》。重启第二学士学位有利于进一步优化人才结构，培养复合型人才。申请第二学位可以为高校毕业生创造更多的再学习机会，增强学生的就业创业能力。对于“回炉再造”、赴“第二校园”求学的第二学位学生，由于其学习经历、学习任务、学习目标、学习状态、年龄、经济状况与传统在校大学生之间存在着显著的不同，很难将他们归口在常规的学生教育体系中，因此，可以通过设立相应书院，针对这一部分学生的成长需要，给予精准的指导和培养。这是完善第二学士学位申请者培养体系的重要的育人模式可选项。

近年来,随着"一带一路"倡议在共建开放共赢的多边全球治理体制中发挥的作用越来越大、我国的国家综合实力快速增长,中国文化的吸引力也在不断增强,越来越多的外国学生对中国高校日益青睐,漂洋过海、留学中国成为全球各地青年学生的热门选择。面对人数庞大的海外学生,可以尝试通过书院制的建设,将中国独特的传统书院文化传递给更多的海外学生,通过书院教育让海外学生更好地读懂中国、了解中华优秀文化,使书院成为多元文化交流和对话的重要平台。

在研究生教育体系中能否尝试书院制?答案应该是肯定的。以中国西部科技创新港为例,不久的将来,创新港将会容纳数万名研究生。如果继续依赖现行的学院教育管理方式,科学研究由学院负责,学生住宿却在园区,就会出现科学研究和生活管理服务相脱节,工作生活相分离,住宿园区文化建设会因此失去色彩。尝试建设研究生书院,使研究生日常生活的社区教育服务功能得以加强,工作空间和生活空间得以整合,这种空间和效果的叠加一定会为研究生培养提供更好的氛围和条件。

"一站式"学生社区综合管理模式建设试点是书院建设的最及时的政策红利。书院的核心内涵,是以学生住宿社区为基本构架,汇聚资源,构建队伍,提供专业的教育管理咨询服务,开展精准的大学生思想政治教育。因此,书院是开展"一站式"学生社区综合管理模式建设天然的、适合的实体,而"一站式"建设又能为书院的党的建设、资源汇聚、管理服务、育人内涵等方面注入源头活水。

除了以上教育政策改革、育人主体变化、高校发展转型等因素,社会发展、时代变迁、国家战略等因素也深刻影响着书院发展的环境。

一是面对百年未有之大变局,特别是第四次工业革命给人类社会带来的冲击和影响,不仅仅体现为全新的科学技术,同时也包括重塑了我们的教育模式和人才培养体系。无论未来科学技术如何发展进步,人、人的理性始终是这个社会真正的主角。单一知识结构和背景的"专门人才"越来越难以适应社会变革需要,创新思维能力、综合领导能力、多元资源整合能力等必将成为新型人才的"硬核",书院以及书院所承担的通识教育的作用将更加凸显。

二是现代大学治理体系的跃升,需要一种可以回归教育本质的育人新模式和新机制。大学教育的本质是凝聚和吸引师生专心向学、追求健全人格。未来人才的精神的获得必然是一个主动探索的过程,不可能依靠外部灌输的形式进行。因此,书院所推崇的基于言传身教的导师制,应该成为未来高等教育的灵魂和核心。虚拟现实、人工智能、云研讨等教育技术手段无论怎样发展,师生面对面的交流、互动、研讨、分享等,都是教育所不可或缺的,甚至是教育者和受教育者始终共同追求与坚守的。

三是新时代、新场景、新学情要求教育的场所、手段、人员、资源等，应该走出教室、走进学生社区、走到学生身边，与社会生产融合、与日常生活融合。教育、教育者，不再是高高在上、画地为牢的，而是以更加科学、亲切、时尚的方式，陪伴在学生身边，浸润学生心田。教育，特别是心智教育、品德教育，既要能在学生脑海里掀起风暴，也要能在学生心田里翩翩起舞。基于现代书院制的探索和实践，每一所大学都能够在未来教育方面踏出一条各具特色、行之有效的创新路径。

三年前，我们曾经说过："现代书院制不仅是大学教育面向未来的一个选择，而且会成为大学奉献给未来社会的一个精美、精致、精彩的礼物。"站在 2020 年，再看高校书院新发展，她已成为书院建设者在中国高等教育发展进程中，主动承担的一份历史责任。这份责任，与我们对新时代中国大学生成长的真挚期许一起，共同绘就了我们，乃至社会，对中国高校现代书院美好未来的向往。

面向 2025 年，书院建设确实迎来了新的发展机遇和空间，书院能不能迎着"双一流"建设的春风展翅飞翔，这既考验书院建设者的勇气、毅力、担当和能力素养，也检验大学管理者和教育参与者的包容、爱护、支持和期望。

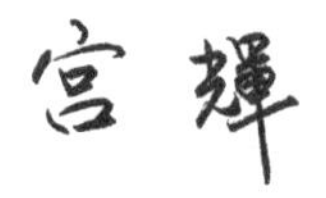

2020 年 7 月

目录
CONTENTS

第一章
高校书院建设新进展

2017 年 7 月《高校书院发展报告(2017)》出版,距全国高校书院的建设元年——2005 年已过 15 载。在此过程中,高校书院的发展遇到过质疑与挑战,然而书院"以学生为中心"的核心育人理念与传统的学科制人才培养模式形成了天然的内在互补,并逐渐展现出了旺盛的生命力。

在 2017 至 2020 的三年中,西安交通大学在不断完善与创新书院体制机制建设中,持续关注着全国各地区高校书院的建设进展,并与许多已建立书院和正在筹建书院的高校开展了形式多样的交流。2019 年起,西安交通大学对全国高校书院发展情况进行了新一轮的调研与资料搜集,截至 2020 年 6 月,共搜集整理了 97 所高校 304 所书院的书院发展建设相关数据资料。这 97 所高校中不包括部分正在筹建书院的高校、书院建设刚起步的高校以及部分在调研中未能取得联系但已建有书院的高校。这一调研结果,既是对西安交通大学发起调研之初持有的"全国高校书院已进入较快发展阶段"这一预计的印证,也是对《高校书院发展报告(2017)》中"面向 2020,书院建设迎来了历史发展机遇、迎来了难得的政策窗口"这一判断的现实回应。

本章以本书收录的 97 所高校 304 所书院的调研资料为基础,结合《高校书院发展报告(2017)》中全国高校书院建设发展的相关数据资料,对全国高校书院近三年来的发展变化进行梳理与追溯,以期对我国高校书院的未来建设发展提供参考。

一、全国高校书院建设数量呈增长态势

2017 到 2020 的三年间,全国高校书院建设的规模不断扩大,书院随着高校育人模式探索改革不断发展进步。为更加全面理解和解读 2005 年书院探索建设以来,特别是近 3 年来全国高校书院的发展与增长态势,我们从高校书院建设的行政地区分布与数量变化、省域分布与数量变化、办学主体比例构成变化、"双一流"建设高校中占比变化、每年新增书院数量等五个角度对全国高校书院建设数据进行对比与分析,尝试从不同维度以数量的增长变化审视全国高校书院的发展特点。本章中涉及的高校书院建立时间以本书附录Ⅳ《2020 全国高校书院概况》为准。

(一)各地区高校书院建设数量增长程度不一

按地理区域,我们对华北、东北、华东、华中、华南、西南、西北等 7 个地区建有书院高校和高校书院建设的情况进行统计。从表 1－1 可以看出,2020 年较 2017 年全国所有地区建有书院高校数量和高校书院建设数量均有不同程度的增长。

建有书院高校数量方面，增量最多的地区为华东地区，有12所高校开启了书院制建设，其次为华北地区，有9所高校开启了书院制建设，增量最少的地区为华中地区，有1所高校；增幅最大的是东北地区，增幅达300%，增幅最小的是西北地区，增长25%。

高校建设书院数量方面，增量最多的地区为华北地区，3年内新增书院55所，其次为华东地区，新增31所书院，增量最少的为东北地区，增加3所书院；增幅最大的是西南地区，增幅达467%，增幅最小的是西北地区，增长19%。

2017至2020年，华北、华东地区建设书院高校增量和书院增量都相对领先于全国其他地区，西北地区建设书院高校增幅和书院建设增幅均落后于全国其他地区。

表1－1　2020年较2017年各地区高校书院建设数量增长情况

地区	高校数量		增量	增幅	书院数量		增量	增幅
	2017	2020			2017	2020		
华北地区	9	18	9	100%	22	77	55	250%
东北地区	1	4	3	300%	4	7	3	75%
华东地区	29	41	12	41%	70	101	31	44%
华中地区	3	4	1	33%	7	16	9	129%
华南地区	8	14	6	75%	30	49	19	63%
西南地区	2	6	4	200%	3	17	14	467%
西北地区	8	10	2	25%	31	37	6	19%
全国合计	60	97	37	62%	167	304	137	82%

（二）高校书院建设增长数量在各省（自治区、直辖市）分布不均

按照省份，我们分别对全国除台湾省，香港、澳门特别行政区外的31个省（自治区、直辖市）建有书院高校数量进行了统计。从图1－1可以看出，2020年较2017年全国各省（自治区、直辖市）建有书院高校数量增长差异较大，增长情况分布不均。

建有书院高校数量方面：包括内蒙古、黑龙江、安徽、湖南、广西、海南、贵州、云南、西藏、青海、宁夏、新疆等在内的12个省（自治区）尚无高校开展书院建设实践；河北、辽宁、福建、江西、湖北、甘肃等6个省2020年较2017年数量持平；其他13个省（自治区、直辖市）2020

年建设书院高校数量较 2017 年均有增加，其中，广东省建设书院高校增长绝对数量最多，达 6 所，另有天津、山西、吉林、重庆等 4 个省（直辖市）建设书院高校数量实现“0 突破”。

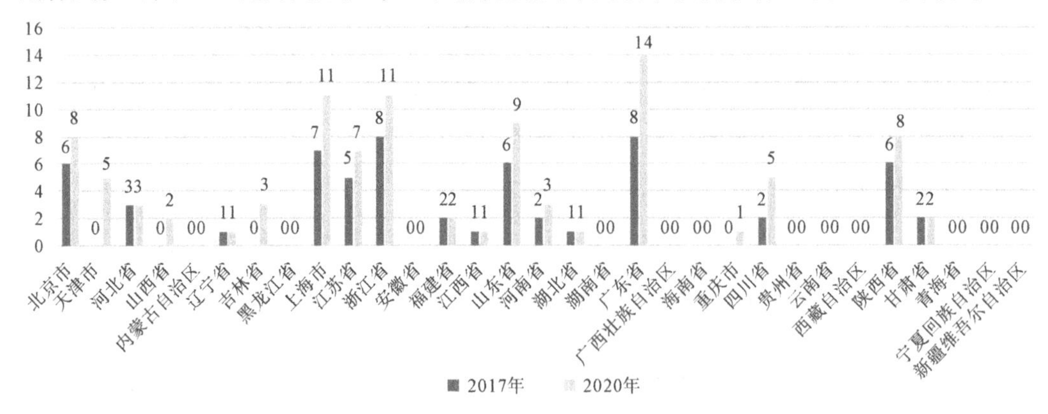

图 1－1　2017 年、2020 年各省（自治区、直辖市）建有书院高校数量图

（三）不同办学性质高校占建设书院高校整体比例变化较小

按照办学主体性质，我们将高等院校办学主体性质分为公办、民办两类，对建有书院高校中公办高校数量与民办高校数量进行统计。从表 1－2 可以看出 2020 年较 2017 年不同办学性质高校占当年建有书院高校整体比例变化较小。需要特别说明的是，香港中文大学（深圳校区）为内地与港澳台地区合作办学，香港中文大学为香港公办大学，为便于分析，我们将该学校暂归为公办高校。

表 1－2　2017 年、2020 年建有书院的不同办学性质高校整体占比情况

办学主体性质	高校			
	2017 年	占比	2020 年	占比
民办	13	22%	19	20%
公办	47	78%	78	80%
合计	60	100%	97	100%

根据教育部公开数据，截至 2019 年 6 月，全国共有普通高等学校 2688 所（含独立学院 257 所），其中民办高等学校 756 所，占全国高等学校总数的 28%。可见，公办院校是书院建设探索进程中的主体，民办院校在全国建有书院高校中占比仍低于民办院校在全国高校的整体占比。

（四）高办学层次院校书院建设探索积极

自我国高校书院建设之初，以“985”“211”高校为代表的高层次院校一直积极引领并参与其中。2015 年 11 月，国务院印发《统筹推进世界一流大学和一流学科建设总体方案》。2017 年，第一批“双一流”建设高校名单发布，共计 137 所高校纳入建设，其中世界一流大学建设高校共 42 所，世界一流学科建设高校 95 所。自此，“双一流”建设将“211 工程”和“985 工程”等重点建设项目统筹在内，我国高等教育进入内涵式发展新阶段，“双一流”建设高校成为我国高办学层次院校新的代名词。

以是否为“双一流”高校为标准统计，不论是建有书院的“双一流”高校数或“双一流”高校中已建成的书院数，2020 年较 2017 年均有增长，见表 1－3。值得注意的是，在 2020 年 97 所建有书院的高校中，共有 36 所“双一流”建设高校，占到建有书院高校总数的 37%；建有书院的世界一流大学建设高校数量共有 24 所，占到了世界一流大学建设高校总数的 57%，可见，书院制已成为我国“双一流”高校特别是世界一流大学建设高校中一项重要的育人实践探索。

表 1－3　2017 年、2020 年“双一流”建设高校书院建设情况

类型	全国建设总数	高校			书院		
		2017 年	2020 年	增幅	2017 年	2020 年	增幅
一流大学建设高校	42	18	24	33%	50	103	106%
一流学科建设高校	95	6	12	100%	10	23	130%
合计	137	24	36	124%	60	126	110%

（五）高校书院建设增速逐步加快

按照成立时间，我们对全国高校每年新建书院数量进行统计，因 2020 年非全年数据，暂不纳入其中。从图 1－2 中可以看出全国高校每年新建书院数从 2005 年至 2019 年呈现明显增长趋势。根据增长情况，2020 年之前的全国高校书院建设增长大致可以分为三个阶段：2011 年及之前，每年全国高校新增书院数量在 12 所以内，全国高校书院建设数量缓慢增长；2012 年至 2015 年，每年全国高校新建书院数量为 16 所到 27 所不等，全国高校书院建设增长速度逐步提升；2016 年至 2019 年，每年新建书院数量达到 37 所以上，其中 2017 年全国新建书院数更是高达 47 所，全国高校书院每年建设数量快速增长。

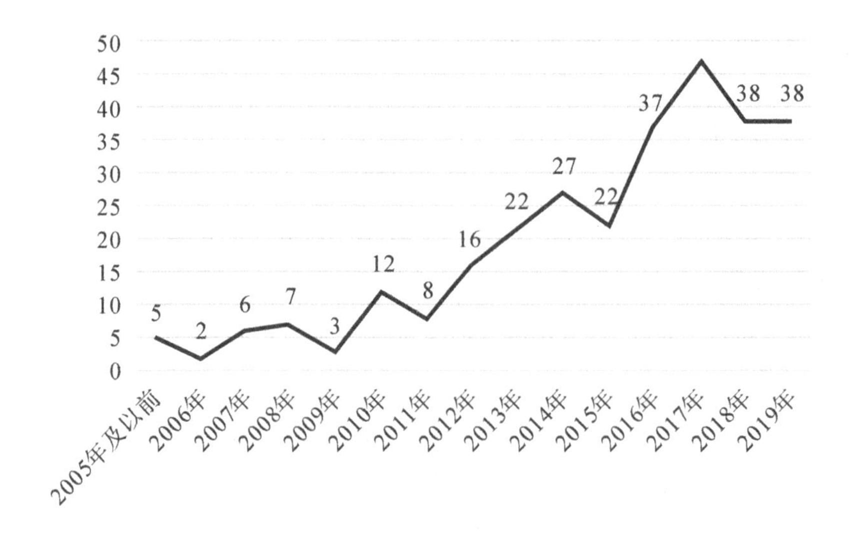

图 1-2　全国高校年新增书院趋势图

综上，全国高校书院建设近三年来数量快速增加，但增长情况在地区、省域间分布不均、差距较大，公办高校在全国高校书院建设中为主体，不同性质办学主体整体占比改变不大，“双一流”高校中书院建设探索积极，且增量明显，越来越多的高校正在将书院制付诸实践。

回顾现代大学书院建设经验，美国哈佛大学、耶鲁大学的书院制始于 19 世纪末，到 20 世纪二三十年代才初具规模，前后经过了三四十年的时间。回顾我国高校书院建设的时间线，从 2005 年复旦大学、西安交通大学开启书院建设先河，到 2020 年，我国高校书院建设只经过了 15 年时间，随着新时代我国高等教育进一步发展，高校书院在未来也会有更加广阔的发展空间。

二、书院建设内涵持续丰富创新

《高校书院发展报告（2017）》中曾提出：书院未来的发展之路在于不断充实书院内涵。三年时间过去，全国高校书院蓬勃发展，书院建设内涵也在持续丰富创新。通过梳理近年来各高校书院建设情况，我们将当前书院内涵建设的探索概括为以下四个主要方面。

（一）实体功能逐步升级

除部分非实体书院外，多数高校书院在近些年的建设发展中都十分注重通过学生社区功能的完善与拓展，实现书院内生活保障服务、学业辅导与课外拓展、文化交流与社团活动等多种功能的实现与提升。

现代高校书院在设立之初多以一定的住宿功能空间为依托。国内高校书院经过十多年的建设发展，以住宿空间为实体，围绕学生日常学习生活的主要需求，通过对学生住宿生活区域的软硬件升级与拓展，逐步打造使用更便捷、环境更友好、功能更强大的学生住宿社区。部分高校在新校舍、新校区的建筑设计环节就将书院的各功能实体预先规划在其中。例如华南理工大学的广州国际校区，在建设之初就按照书院制下学生社区生活理念设计生活功能区域，配备了包括研讨室、学生活动室、健身房、艺术空间、图书室、排练厅等在内，总面积1万余平方米、人均使用面积大于4平方米的各类功能空间，学生社区内餐厅、便利店、文印店、洗衣房、自动咖啡机、自动售货机等生活配套设施实现全面覆盖。在许多高校书院内，自助洗衣房、谈心室、公共休息区等生活保障服务性功能空间已经成为基本配置。除了更新升级这些基本功能空间，许多高校书院还设置了更多的活动空间，如会议室、党员活动室、影音室、健身房、琴房、舞蹈厅、小型音乐厅、咖啡馆等。

为学生学业辅导与发展提供支持是书院功能的重要方面。书院中围绕学习支持、教学辅助、专业拓展来设置的空间大致分为两类：一类以提升第一课堂学习效果为目的，如图书室（馆）、自习室、学业辅导室（中心）等与学生辅导体系的设置相互配合；第二类以拓宽眼界视野与思维能力为目的，如设立学术讲座、论坛、讲堂等的固定活动空间，为相应的课外学术交流活动体系提供实体依托。

此外，书院的许多功能空间还服务于学生的文化交流与社团活动。一方面这些功能空间为学生提供文化交流与社团活动的场所，提升校内各类教育资源和功能设施的利用率，另一方面书院通过设立学生自治管理委员会等官方或学生组织管理运行学生文化交流和社团活动，加强学校学生工作、共青团工作力量的同时，兼顾书院服务职能，并为学生自我治理提供了实践平台。

书院内的实体功能空间与学校内原有的近似功能空间在作用发挥中的区别主要在于：第一，书院的功能空间设置往往不会压缩校内已有的类似功能空间，而是对已有功能空间的扩大和延伸，提升了学生人均活动空间体量；第二，书院的活动空间因为往往与学生住宿区域物理距离邻近，因此相对学校的功能空间而言，书院活动空间的学生可及性更好、使用率更高；第三，书院的功能空间体量适中，中小规模学生活动的使用体验甚至会优于体量较大的校级活动功能空间。

书院实体功能的普遍提升，一方面说明了过去已有配套设施从一定程度上已不能完全满足学生在校期间对学习生活环境的期望和要求，同时也反映了高校在通过实体功能的升级积极回应和满足学生需求；另一方面，书院功能空间在满足学生作为育人主体的需求之外，还承载了环境育人职能，丰富了育人路径，在德育、劳育、美育等方面，体现得尤为突出。高校建设已从仅仅满足专业学科教育需求向满足全人教育需求转变。由此可见，打造温馨便捷的学生生活社区的理念已成为全国高校书院建设的共识。

（二）育人体系不断完善

不论采用何种形式，推行书院制的高校都在结合各自特点不断对书院的育人体系进行丰富与完善。总体来看，各高校书院在完善育人体系方面的工作主要集中在以下三个方面：充实配强以导师制为核心的书院育人队伍、打造科学通识教育体系和统筹第二课堂开展。

书院制下的育人队伍包括哪些类型的人员，各高校情况略有不同，但较为统一的是，学科专业导师仍旧是书院制下导师制的核心组成部分。部分高校也聘请了一些校外专家学者，与学院导师共同发挥对学生的专业指导作用。我们发现，书院育人队伍中除了专业导师外，专兼职辅导员已然成为书院育人队伍的重要组成，承担了学生思想政治教育、职业生涯规划与就业指导、学业辅导、心理健康教育与咨询等职能。随着国家对包括辅导员在内的思政教师队伍的重视程度不断提高，书院辅导员队伍将会继续壮大。此外，在部分高校，校内外党政干部、朋辈导师也正在成为书院育人的重要力量。校内外党政干部在书院中一般承担一定的党团建设、思想政治教育工作，朋辈导师则在学业辅导、科创竞赛等项目中发挥了不可替代的作用。

通识教育由于在内容上囊括了博雅教育，涵盖了当今自然科学和社会科学“新知识”的一些科目，理念上又能以具体课程体系的形式融入高校传统学科制育人模式之内，并兼顾全人教育的“以学生为中心”的体验式教育思想，因此，在高等教育改革不断推进、大类招生继续深化的背景下，通识教育成为许多高校育人探索的选择。此次报告中收录的 97 所高校中，有超过一半的高校书院承担或部分承担着通识教育职能。从书院在通识教育中承担的角色与发挥的功能来看，主要有以下四类方式：第一类，书院负责制定学生培养方案，并负责通识教育课程的协调；第二类，书院通过讲座、论坛、学堂等方式承担校内部分通识课程的组织；第三类，书院依托学生日常管理和第二课堂，把通识教育的目标、理念融入日常管理或第二课堂中专业教育的相关内容；第四类，书院聘有专职专业教师队伍，按照既定培养计划统一实施通识教育，培养计划完成后学生分流至专业学院。整体而言，目前高校书院通识教育的开展仍处在探索发展阶段。从实践来看，在现行高校学院制主导的模式下，书院难与专业教师直接进行协调与聘任，因此现阶段书院对于通识教育的价值或许更多的在于通识课程实施平台的搭建，以及依托第二课堂拓展通识教育内涵与开展方式上。

第二课堂育人体系是高校人才培养体系的重要组成部分。离开第一课堂，回到一个温馨便捷、充满人文氛围的环境，对学生的人格养成、价值观形成、集体意识培养、人际交往能力提升、学业兴趣提振都会产生积极作用。当前已有很多高校对第二课堂在学生第一课堂成绩提升、综合能力培养和实践能力锻炼方面的重要性已经有了一定认识。但在实际中，第二课堂的顶层设计、资源整合、教师参与度、与第一课堂的衔接度、学生获得感等方面，高校仍在持续探索和改进。书院之于第二课堂的重要意义即在于，书院作为具有教育职能的人才培养单位，可以更好地将第二课堂依照一定的培养目标原则进行顶层设计落实到学生身边。书院自身配备的或获得的师资、设施、空间、资金等各类资源，则可以更系统合理地分配到第二课堂当中。这对于高校第二课堂的各类活动缺少计划、无人统筹、效果不确定等这些困境，提供了一种现实解决方案。

（三）管理服务健全创新

有别于学院制下“以课程为中心”的管理服务，书院制下“以学生为中心”的管理服务，内容上更加贴近学生，形式上更加灵活多样。近年来，各高校书院在管理服务方面不断健全内容、创新形式，部分书院的探索实践既具有代表性，也具有一定的借鉴意义与启示价值。

书院制下的党组织引领作用增强。学生党组织是党在高校的基层战斗堡垒，党组织对青年学生的影响力与吸引力直接影响着党的事业的未来。组织建设是保证党对高等教育坚强领导的重要举措，扎实的基层党组织建设有助于将党的路线、方针、政策更好地落实到学生中去，有利于党组织直接联系群众，有益于保持学生党组织和学生党员的先进性，同时对学生的行为方式、心理态势、价值观念和精神信仰能够起到规范、引导、培育和引领的作用。例如，西安交通大学在全国高校中率先成立以本科生党员为主体的基层大学生党委，下辖9个书院党总支、60个师生党支部，在学校党委直接领导下，整体推进全校本科生的党组织建设工作。充分发挥了党建对学生思政工作的牵引作用，增强了“书院－学院”双院协同育人合力。北京航空航天大学士嘉书院以党支部为龙头，重点推进“士嘉先锋工程”，培育“空天报国、敢为人先”的家国情怀和北航品格。北京理工大学特立书院通过为学生配备以中共党员（含预备党员）、优秀积极分子、发展对象组成的德育小导师，充分发挥学生党员引领作用，将基层党组织文化建设融合于书院文化建设之中，以浸润式的显性与隐性环境影响、吸引、引领学生。高校依托书院组织机构、物理空间在学生中开展党组织建设，不但进一步创新了党建模式，同时也丰富了书院文化内涵。

书院制下的心理健康教育与咨询服务可及性扩大。《高等学校学生心理健康教育指导纲要》中指出：心理健康教育是提高大学生心理素质、促进其身心健康和谐发展的教育，是高校人才培养体系的重要组成部分，也是高校思想政治工作的重要内容。限于客观因素，当前高校中心理健康教育领域师生比相对偏低,校内心理健康教育与咨询服务的可及性有待加强。而书院则为高校心理健康教育增强可及性方面提供了一种独特思路与路径。例如北京大学元培学院、大连理工大学长春书院、华东师范大学经管书院等,通过在书院中设置心理咨询室、谈心室、心理二级站,配备心理咨询教师或成长导师,开办座谈、讲座、论坛,将心理健康教育工作与咨询资源下沉学生身边,也让学生产生心理问题后能够更容易获得支持与帮助。对学生而言,书院内的学生心理工作更加贴近学生生活学习环境,让学生更容易敞开心扉;对于学校而言,物理上缩短了学校发现、了解、掌握学生心理状况的时间与空间距离,这为学校及时发现、解决学生心理问题,日常宣传普及心理健康教育知识提供了窗口和平台。同时书院的部分育人队伍也为高校心理工作队伍提供了一定的师资补充。

书院制下的学生自我治理与书院服务能力同步提升。高校学生是具有较高素质的群体,具备较完善的自我认知水平和行为组织能力,这就为学生自我治理奠定了一定的基础。合理调动、运用学生自我治理能力,有助于学生提升自我治理能力、学校提高管理服务水平。各高校书院大多承担着与学生事务紧密相关的各项管理服务职能,因此吸纳学生力量融入书院管理服务工作中,通过设立学生自我管理中心、自我管理委员会等机构的方式积极推行学生自我治理制度,为学生打造一个实践社会教育场所,对于学生实现精神和能力成长、书院实现提升管理服务效率和满意度均有裨益。以上海大学为例,学校围绕"信息服务、事务办理、助力成才"等方面开展学生服务,通过改变传统的行政式管理模式,突出以学生自主管理为主体的育人功能。实践中以项目为载体,学生按照助理职级形成团队,通过管理服务工作培养和锻炼学生自主服务能力,激发学生的积极性与创造性,最终实现服务者和被服务者共同受益、共同成长。

(四)交流内核更加凸显

在各高校书院的理念阐释中,"交流"是出现频次最高的词语之一,书院中的交流无处不在。

1.师生交流

书院制内的师生交流则更多凸显在导师制下的师生互动中。书院和学院的师生交流区别主要有三点。一是书院制下师生交流更加平等。以北京师范大学的教育家书院为例,书院中没有"学生",只有研究员。研究员又分为兼职研究员、客座研究员及合作研究员三种。书院中各类研究员进行学术交流与合作,他们之间的互动相较于传统师生身份下的教授-学习关系更加平等。二是书院制下师生交流更加自由。例如,在南开大学的第一智慧书院中，在“师生共同体”的育人理念指导下，书院的师生招募条件尽显“自由宽松”：导师团队由教育经验丰富、热衷教育改革、不同学科背景的教师组成，书院学生没有明确的选拔机制，不唯成绩，不唯专业，不唯年级，在书院内学生们通过线上线下获得与不同专业学科背景名师及优秀学友的交流机会，还可以参与书院精心设计的专题讲座、文艺赏析、文化交流、服务实践等活动。三是书院制下师生交流更加广泛。例如，在北京大学的“一带一路”书院，书院内常态化的交流与互动，为书院不同文化背景、发展阶段的师生提供了提升跨文化沟通协作能力、创新问题解决思路路径的广阔平台。

2. 朋辈交流

书院中的朋辈交流主要体现在两个方面。一是优秀朋辈的榜样与引领作用。书院中的朋辈榜样与学院中唯分数、唯排名的评价体系不同，书院中对榜样的定义更加多元化，可以从更多维度去评价与树立。一名学生可以是“学霸”，也可以是各类特长“达人”，甚至“最美笔记”的获得者也可以成为一类独特的榜样。这种多元化的评价体系能够更好地帮助学生从不同角度树立自信，更加客观地看待和评价自我与他人，对于学生树立正确的人生观、价值观、世界观和全面成长有十分重要的作用。二是书院中朋辈间的日常互动交流。不同背景的朋辈间交流既能促进学生的协作能力提高，也能拓宽学生眼界思维。在许多采用住宿制书院的高校中，书院通过增加不同专业学生生活空间的重叠度，以增加不同背景学生间交流的机会。以北京理工大学为例，在精工书院、经管书院、知艺书院与特立书院中，低年级学生可以通过配备或聘请高年级本科生、硕士博士研究生的朋辈导师，得到他们在德育、学业、科创等方面的专门指导。

3. 校地交流

高校人才培养的使命要求随着社会经济的不断发展，高校要不断调整和改进自身育人的内容与模式。高校服务社会的基本职能也要求大学要主动承担促进地方社会、经济、文化等方面的发展使命，此二者相辅相成。在部分高校中，书院在校地交流中起到了桥梁与平台的重要作用。例如，青岛职业技术学院依托书院以校企合作与海晶化工集团共建知行书院，设有应用化工技术、海洋化工技术、商检技术、药品生产技术、环境监测与控制技术等5个地方特色专业，为师生提供更多的实践机会与资源。有的学校依托书院搭建一个社会与高校的交流平台，实现高校的服务社会职能。例如，上海交通大学人文艺术研究院和远东控股集团有限公司合作创建的远东书院采取专题讲座、高端沙龙、学员论坛等形式，每半个月邀请一位知名学者或其他成功人士与交大师生进行交流。书院的讲座不仅面向所有在校学生，还通过各大网站将讲座内容普及到社会各层面，为社会提供更多、更好、更积极的思想文化资源，让更多的大众汇入思考、探索和交流的大潮中。

4. 国际交流

随着全球一体化进程不断向前推进，世界各国的联系越来越紧密，新的科技成果与进展更是全球同步。这样的现实背景，要求高校不但要在人才培养、学术研究中更加注重国际交流，而且要注重未来的国际化发展。目前在我国高校中，国际学生的管理与培养仍较多采用独立于国内学生的方式进行，因此如何利用这部分资源为高校的国际交流与发展服务，仍是一个值得探索的方向。在部分高校中，书院成为校内一个国际交流的重要平台。如北京大学元培学院、"一带一路"书院，清华大学苏世民书院分别通过实行中外学生生活区域的交叉，打造高级别国际交流项目和学术活动，以达到加强学生间跨文化交流互动，提高学生跨文化理解力，影响和塑造学生价值观和评判标准，进而促进新思想的萌发与探索。河北大学工商学院通过搭建"Globe View"书院文化沙龙、"中韩青年教育文化交流月"、各国访问团志愿服务等平台，逐步拓宽学生的国际视野，深化书院的国际文化交流与合作。

综上可以看出，书院之中交流无处不在，各类交流不但体现在广度上，更体现在深度上。跨身份、跨学科、跨年级、跨校际、跨国籍、跨文化普遍存在于高校书院的实践中。书院在这些交流中最大的意义在于它始终以学生为中心，通过为交流提供各种体制、机制、物质、政策的支持，把交流的机会充分放大。

三、育人模式探索与书院发展相得益彰

育人模式探索，既是涉及人才培养模式改革的问题，也是关系到现代大学制度创新和组织改革的重要内容，同时更是涉及未来大学的功能定位、教育发展目标、改造建设方向等影响大学发展走向的重大问题。《国家中长期教育改革和发展规划纲要(2010—2020 年)》中明确提出包括人才培养体制改革在内的一系列改革措施，提出了要适应国家和社会发展需要，遵循教育规律和人才成长规律去探索创新人才培养模式。在人才培养观念方面，要更加尊重个人选择、鼓励个性发展。学校要形成体系开放、机制灵活的人才培养体制，树立人人成才观和全面发展观。在未来，各个高校育人模式的探索和改革将是常态。

(一)与"一站式"学生社区综合管理模式建设相结合

2019 年 10 月 8 日，教育部下发《教育部思想政治工作司关于开展"一站式"学生社区综合管理模式建设试点工作的通知》，并在全国确定了 10 所试点高校。"一站式"试点建设是

以立德树人为根本任务，以开展学生社区"网格化"管理为路径，以党的建设、管理协同、队伍进驻、服务下沉、文化浸润、自我管理为六大抓手，通过推动学生社区教育培养模式、管理服务体制、协同育人体系、支撑保障机制四大方面的改革，把院校的领导力量、管理力量、思政力量、服务力量压到学生中间，从而打造富有中国特色、体现思政要求、贴近学生实际的生活园区，形成全员全过程全方位育人格局。

从现实依托来看，"一站式"与书院的实现都以学生社区为现实基础，都以学生为中心架构、设计管理体制与工作机制，在队伍建设方面都提倡打造一支包括学业导师、辅导员、班主任在内的育人队伍，在服务提供方面"一站式"提出构建的学业、心理、实践育人、综合能力提升等服务体系与各高校书院制的实践有很高的契合度。

但"一站式"又鲜明地区别于书院制，其核心即在于旗帜鲜明地以党的建设引领学生社区工作的方方面面："一站式"要求在学生中推进基层党的组织和工作的全覆盖；各类管理工作要将党建与思政工作考量在内；进驻队伍中要有一定数量的党政干部、共青团干部、思政课教师并担负对社区中学生开展思想政治理论、思想品德方面的教育工作；"一站式"社区提供的服务中鼓励建设具有思政吸引力和影响力的教师工作室；文化浸润与学生自我治理中更是强调社会主义核心价值观的引领地位与强化党的领导和团的指导地位。

"一站式"试点的10所高校中除河北大学与东北大学外，其他8所高校均有建设书院，这几所学校内"一站式"建设与书院制发展相互滋养，未见冲突，这或许是对中国高校书院制应有价值定位的一个重要启示。

（二）与高校招生改革相并行

许多高校将书院制实践与拔尖人才培养相结合，而实验班模式是实施拔尖人才培养计划的高校在书院制建设中常采取的一类模式。2020年随着教育部决定取消全国高校的自主招生，并制定出台"强基计划"，全国高校书院的建设也出现了新动向。

2020年5月，北京大学设立鹿鸣书院，清华大学设立日新书院、治理书院、探微书院、未央书院、行健书院等5所书院，同年7月，中国人民大学成立明德书院。此7所书院在设立时均是全部或部分依托"强基计划"进行招生选拔，均以宽口径、厚基础、重交叉为培养理念，均是旨在培养重大基础学科领域面向未来数十年发展的学科领军人才。所不同的是，北京大学鹿鸣书院采取的是"3+5本博联通"培养方案，清华5所书院则提供四年学制内修得第一学位的前提下，可以继续修学第二学位机会，并通过本硕博衔接的课程体系，提高人才培养的成效。中国人民大学的明德、明理书院则采用通专结合、本硕博有机衔接的课程体系，在高年级打通研究生课程学习通道，依据学生个性化特征和发展规划构建个性化培养方案，实施学分制管理。

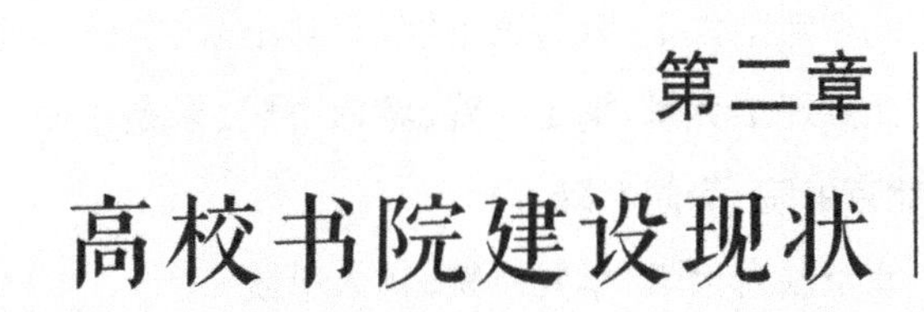

第二章 高校书院建设现状

一、华北地区

（华北地区：北京市、天津市、河北省、山西省、内蒙古自治区）

本地区共有18所高校建有77所书院。

北京大学：元培学院、"一带一路"书院、鹿鸣书院

清华大学：新雅书院、苏世民书院、致理书院、日新书院、未央书院、探微书院、行健书院

北京航空航天大学：知行书院、致真书院、守锷书院、士嘉书院、冯如书院、士谔书院

北京师范大学：教育家书院、启功书院、学而书院、励耘学院、瀚德学院

北京理工大学：精工书院、睿信书院、求是书院、明德书院、经管书院、知艺书院、特立书院、北京书院、令闻书院

北京联合大学：学知书院、树人书院

北京工商大学嘉华学院：国际学院书院班

中华女子学院：育慧书院

天津大学：格园一斋、格园二斋、格园三斋、诚园六斋、诚园七斋、诚园八斋、正园九斋、正园十斋、修园十一斋、修园十二斋、齐园十三斋、齐园十五斋、鹏翔一斋、鹏翔二斋、鹏翔三斋、鹏翔四斋、鹏翔五斋

南开大学：第一智慧书院、第二智慧书院——穆旦书院、第三智慧书院——伯苓智慧书院、第四智慧书院——图灵书院、第五智慧书院——妙悟书院

天津工业大学：博雅书院

天津体育学院：墨盾书院

中国民航大学：天问书院

河北大学工商学院：明德书院、笃学书院、致用书院、治平书院、诚行书院

邯郸学院：劝学书院、启航书院

华北理工大学轻工学院：知行书院

太原理工大学：河汾书院、令德书院、晋阳书院

山西农业大学信息学院：青藤书院、杏花书院、三达书院、太行书院、无边书院、箕城书院、右岸书院

（一）北京大学

北京大学始建于1898年，初名京师大学堂，是中国第一所国立综合性大学，也是当时中

国最高教育行政机关，于1912年改为现名。2000年4月3日，北京大学与原北京医科大学合并，组建为新的北京大学。

北京大学直属中华人民共和国教育部，以爱国、进步、民主、科学的五四精神为底蕴，弘扬勤奋、严谨、求实、创新的优良学风，秉承思想自由、兼容并包的学术精神，培养以天下为己任，具有健康体魄与健全人格、独立思考与创新精神、实践能力与全球视野的卓越人才。截至2019年底，学校共有学生47466人，其中本科生16058人。

北京大学坚持专业教育与通识教育相结合的理念，把通识教育理念贯穿学生培养全过程，以"懂自己、懂社会、懂中国、懂世界"为目标，构建通识教育课程体系，目前形成学科大类、博雅人才和基础学科拔尖人才三种专业教育模式。

北京大学现有元培学院、"一带一路"书院、鹿鸣书院等3所书院。

1. 元培学院☆[①]

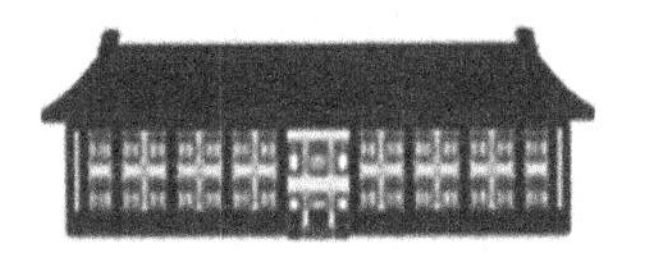

北京大学元培学院成立于2007年9月，前身为北京大学元培计划实验班，是以北京大学老校长蔡元培先生名字命名的具有示范性的优质本科教学基地。元培学院坚持贯彻加强基础、促进交叉、尊重选择、卓越教学的方针，建立起一套中国特色的博雅教育计划和北大风格的本科人才培养模式，以实行"加强基础，淡化专业，因材施教，分流培养"的本科教育改革计划。

元培学院整合全校优质教育资源，设立跨学科专业，为学生的自由发展提供更多可能，并致力于构建具有前瞻性的课程体系、独具特色的高水平通识课程体系和新生训练课程体系。元培学院实行弹性学习年限，学生可根据自身跨学科和个性化学习安排，申请提前一年或推延一至两年毕业。

2016年，元培学院的学生集中住宿于北京大学35号楼，住宿书院迈入实质建设阶段。楼内配有图书馆、讨论室、学生电影院、健身房、琴房、舞蹈厅、心理咨询中心和公共休息区等一系列方便学生交流与生活的功能区。作为北京大学国际交流的实验基地，元培学院实行留学生和中国学生混合居住，加强跨文化交流，同时，学院同相关院系和其他国际一流学校合作，建设联合培养项目和暑期学校，为学生提供更广阔的发展平台。元培学院计划三年内在全国建立12个学生社会实践基地，涵盖东部沿海、中西部地区，通过与地方政府、企业合作，关注基础教育、城乡发展、金融科技等议题，培养学生家国意识和社会责任。

① "☆"代表《高校书院发展报告(2017)》中出现的书院。

2. “一带一路”书院✽①

北京大学“一带一路”书院成立于2018年4月，由北京大学光华管理学院发起成立。书院依托光华管理学院的学术机构优势，汇聚北大一流的人文社会等多学科资源，肩负着为“一带一路”相关国家培养政商领袖，以研究与教育贡献新型全球化的时代使命。

北京大学“一带一路”书院有三个层面的使命：以教学，培养推动新型全球化的政商领导者；以研究，探索经济与社会发展进步路径，为“一带一路”建设提供智力支持；以科学精神，讲述真实的中国发展故事，推动文明互鉴，打造中国与世界沟通的学术平台。书院的培养模式一方面以北京大学的专业研究能力与“一带一路”实践相结合，创造经济管理及交叉学科理论，促进相关研究成果向“一带一路”发展实践的转化；另一方面通过学员广泛了解中国社会、深入理解中国文化，打造高级别国际交流合作平台。目前，书院已形成五种教学项目：未来领导者项目、港大双学位项目、国际MBA、国际EMBA和高层管理教育。

北京大学“一带一路”书院面向全球选拔具有优秀学业表现、国际视野、敢当精神和领导潜质的中青年人才，培养综合素质突出、领导能力卓越、具备人类命运共同体的使命感，并能够引领未来政治、经济、商业发展的各界领袖；通过不同文化背景、发展阶段的师生之间的交流与互动，提升跨文化的沟通协作能力，探寻创新思路和问题解决路径，为知识与思想的创造提供平台；通过了解中国经济社会的变革和发展之道，思考全球发展与治理的新架构，“藏天下于天下”，携手推动更大范围、更高水平、更深层次的大开放、大交流、大融合。

3. 鹿鸣书院✽

北京大学鹿鸣书院成立于2019年，由北京大学生命科学学院发起成立。鹿鸣书院是教育部拔尖学生培养计划2.0首批启动的生物科学创新人才培养基地，瞄准国际生物科学的发展趋势，面向生命科学领域未来三十年的发展和方兴未艾的生物医学技术革命，培养具有深厚的数、理、化、信息、工程基础，系统的生命科学理论和研究技术，较强的创新意识和创新能力，同时具有人文修养、合作精神、社会责任感和国际竞争力的研究型、开拓型人才，使之成长为生物科学、生物信息、生物医学技术、脑科学、生态科学等前沿领域的领军人才。

鹿鸣书院强基班是鹿鸣书院“3+5本博联通”培养项目。按照《教育部关于在部分高校开展基础学科招生改革试点工作的意见》，从招生到培养，统筹本科、硕士、博士阶段的学业发展，根据脑认知的科学原理和创新人才成长规律，形成“名师引领、学科交融、本博联通、国

---

① “✽”代表《高校书院发展报告(2017)》中未出现的书院。

际竞雄”的人才培养方案，融课堂教学、小班讨论、创新实践、师生交流、学科交叉、人文修养等教育环节于一体，重点加强交叉学科综合素质培养，探索创新型生命科学人才培养的中国理念，培养具有国际竞争力、能支撑未来三十年生命科学发展的学术领袖。

鹿鸣书院强基班通过“3+5本博直通”项目，探索我国自主培养高级生命科学人才的可行方案。“3+5本博直通”项目可通过优化培养环节、加强过程管理，打通本科和研究生教育，缩短本科—博士培养的总年限，提升培养效率。同时通过双向国际教育和学术交流，形成国际视野、卓越能力，实现我国自主培养世界一流生物科学人才的教育目标，为我国生命科学技术及其在农林、医药等领域的广泛应用输送创新型学术带头人。

（二）清华大学

清华大学的前身清华学堂始建于1911年，1912年更名为清华学校，1928年更名为清华大学。清华大学直属中华人民共和国教育部，秉持“自强不息、厚德载物”的校训和“行胜于言”的校风，坚持“中西融汇、古今贯通、文理渗透”的办学风格和“又红又专、全面发展”的培养特色，弘扬“爱国奉献、追求卓越”传统和“人文日新”精神。截至2019年底，学校共有学生50394人，其中本科生16037人。

清华大学原有新雅书院、苏世民书院两所书院，2020年清华大学结合国家高考综合改革的重大举措——“强基计划”的招生政策出台，充分吸收借鉴“学堂计划”在拔尖创新人才培养方面积累的宝贵经验，根据“强基计划”的培养要求，对人才培养体系进行整合设计，创设了5所书院。

新设立的5所书院的根本任务就是以学生为中心、切实提高人才培养的成效，使学生在本科学习期间获得更广阔的成长空间和更大的成长幅度，为将来成才报国打下坚实的基础。

书院和相关院系共同负责学生培养工作，落实以通识教育为基础、通专融合的教育体系，强化“宽口径、厚基础、重交叉”的培养理念；构筑本研衔接的课程体系，协同做好第一课堂之外的教育环节设计，充分发挥导师、班主任、辅导员的作用，建立更加紧密和谐的师生关系，形成独特的书院文化，服务学生全面成长。

清华大学现有新雅书院、苏世民书院、致理书院、日新书院、未央书院、探微书院、行健书院等7所书院。

1. 新雅书院☆

新雅书院成立于2014年9月27日，是清华大学为探索本科教育改革创新而特设的“住宿制文理学院”。书院秉承“渊博雅正、器识为先、文艺其从、传承创新”的办学理念，以“古今贯通、中西融汇、文理渗透”为宗旨，以“欲求超胜，必先会通”为导向，培养志向远大、文理兼修、能力突出、开拓创新的精英人才。

新雅书院形成文理相长、通专融合、自择专业、全面发展的办学特色，推行由通到专、通专融合，跨学科发展的培养模式，从而促进当代中国大学生实现充分的文化自信和文化自觉。

新雅书院的人文类课程以古今、中西、文理的交汇与融合为基本出发点，以中国文明与世界文明、文化传统与当代精神、人文与科学为主线，采取小班授课、深度学习、有效研讨的教学模式。新雅书院的数理类课程采取结构性、分层次教学的办法，引导学生们以俯瞰科学史的姿态重温当年大师们的视角，身临其境地体验各种定律和理论的发现过程。通过师生互动、生生互动、学科互动，努力形成教学与养成相结合、学习与实践相结合、通识与专业相结合，由“新”到“雅”、由“通”到“专”、厚积薄发、传承创新的“新雅”学习共同体。通识课程的教学主要在“清华学堂”内进行，通识教育和专业教育相辅相成，专业院系建设的核心是进行专业化教育，专业课程由学生所选专业方向的专业基础课和专业核心课组成。

新雅书院秉持“住宿制文理学院”的基本理念，目前书院的院馆大楼内含学生宿舍、辅导员宿舍、住院导师宿舍、教室、会议室、讨论室、工作室、图书馆、计算机房、小型音乐厅、健身房、琴房、咖啡馆等设施，营造新雅师生共同学习、共同生活、共同建设、共同享有的公共空间和精神家园。

2. 苏世民书院☆

清华大学苏世民书院始于2013年4月21日在人民大会堂举行启动仪式的清华大学“苏世民学者项目”，2016年9月10日，首批苏世民学者入住书院，受到中美两国最高领导人的高度关注。苏世民书院秉承“立足中国、面向世界”的原则，旨在培养推动不同文明间相互理解与合作的全球未来领导者，并以此践行清华大学新百年新使命。

苏世民书院位于清华大学的中心位置，总建筑面积24000平方米，采用合院式布局，由东至西依次围合出庄重大气的入口广场和静谧雅致的内庭院，书院内设有广场、餐厅、阅览室、中庭、报告厅、多功能厅和学生宿舍，通过不同背景、世界观和学术兴趣学生之间的交流与互动，提高跨文化理解力，促进新思想的萌发以及新的行为和评判准则的形成，成为影响终身的教育经历。

苏世民书院学生入学后首先需要接受为期两周的入学指导。此环节将系统地向学生介绍书院的课程体系，培养团队合作能力和领导力，帮助学生了解大学和中国的生活，形成对中国社会和文化的初步认识，并参加书院和清华大学的开学典礼。导师项目是苏世民学者项目体验式学习的核心组成部分。通过来自政商界、学术界和民间机构的领军人物指导，学生可以更好地体会不同的领导风格，并理解中国以及中国在世界的地位。书院注重培养学生的实践能力，学生们在北京的商业机构、政府机关或非营利组织工作，进行与他们的学术方向和专业兴趣相关的实践训练项目，从社会、政治、商业、文化等多个方面探索当下的中国社会。书院还定期邀请来自大学以外的知名人士，为学生们提供指导，帮助他们发展各自的专业、加深他们对中国的理解。

作为专门为未来的世界领导者持续提升全球领导力而精心设计的硕士学位项目，苏世民书院面向全球选拔学业优秀、诚实正直、视野开阔、富有责任感和使命感、具备领导潜质的青年人才，通过研究生课程学习，以此培养具有宽广的国际视野、优秀的综合素质和卓越的领导能力，并了解中国社会、理解中国文化，有志于为促进人类文明与进步、世界和平与发展贡献聪明才智的未来领袖，为崛起中的中国与变化中的世界作出重要贡献。

3. 致理书院✿

致理书院致力于培养学生具有全球视野和家国情怀、坚实的理科基础和人文素养，敢于挑战科学难题，具有原始创新精神和能力。以夯实基础、拓展通识、科研创新为育人理念，采用集中住宿的方式，由书院负责学生培养，牵头制定培养方案，具体负责课程的协调、学生管理。在突出书院通识教育特色的基础上与相关院系专业建立育人共同体，凝心聚力，协同开展专业课程及科研能力培养，聘任相关学科的顶尖专家学者讲授专业核心课程、指导科研训练。

致理书院毕业生可获得数学与应用数学、物理学、化学、生物科学、信息与计算科学等专业的理科学位。书院优势在于更坚实的专业基础、更宽厚的通识教育、更深度的科研熏陶。

4. 日新书院✲

日新书院作为清华大学实施“强基计划”的五大书院之一，承担着为国家培养文科拔尖创新人才的重任，也寄托着清华“人文日新”的办学追求。书院致力于强基固本、综合创新，为我国人文基础学科培养基础扎实、学养深厚、视野开阔、具有创新思维和家国情怀的优秀人才。

书院主要依托人文学院历史系、哲学系、中文系、科学史系及相关研究机构的顶尖师资力量进行教学培养，同时利用清华大学多学科交叉的优势，实行导师制、小班化、个性化培养，配备一流的师资，提供一流的学习条件、教学资源和教学设施，同时鼓励跨学科交叉合作，实行厚基础的汇通式培养。书院学生有专属的专业培养方向，本科阶段不分流。

书院实行集中住宿，以学生的成长为中心，构建多学科汇通的立体育人平台，培养具有精深的人文专业知识和广阔的跨学科视野、能够运用多种语言从事学术研究、知识和思想创造的人才，传承和发展中国优秀传统文化，推动新人文学术的建设，书院学生完成相关培养方案要求后可依据所修专业获得历史学、哲学、文学学士学位。书院优势在于师资队伍的国际化；丰富系统的多语言类课程与原典阅读课程贯通；本科学生出国留学研修比例高。

5. 未央书院✲

未央书院致力于在国家亟需、清华一流的工程专业方向，探索“理＋工”结合的新型本科人才培养方式，培养具有健全人格、开阔视野、综合素质优秀、数理基础扎实、发展潜力深厚的工科优秀拔尖创新人才。

未央书院秉承清华大学价值塑造、能力培养、知识传授“三位一体”的教育理念，落实“成人成才、通专融合、本博贯通”的育人理念和培养目标，帮助学生奠定学术志趣，夯实数理基础学科的能力与素养，衔接国家亟需、清华一流的工程专业方向。

未央书院内各工程衔接方向的院系跨越了不同的本科招生大类，学生在未央书院可以方便地与各工程衔接方向的学生交流沟通、互相启迪、共同探讨各类问题，更便于未来不同学科间的探讨、合作与借鉴。未央书院与各工程衔接方向的院系密切合作，从各院系选聘相关学科的专家学者讲授专业课程、担任学生导师、指导科研训练、落实工程方向的衔接，选聘班主任、辅导员进行学生管理。书院与相关院系共同完成学生的全面教育。未央书院牵头制定大学四年的培养方案，并负责通识教育课程、数理基础课程和各工程衔接方向专业课程等全部课程的协调。

达到“理＋工”双学位毕业要求的学生，可获得数理基础科学（理学学士）学位和工程衔接方向（工学学士）学位。具体的工程衔接方向有：建筑环境与能源应用工程、土木水利与海洋工程、环境工程、机械工程、测控技术与仪器、能源与动力工程、工业工程、电气工程及其自动化、微电子学、软件工程、工程物理、材料科学与工程等12个方向。只达到理学单一学位毕业要求的学生，可获得数理基础科学（理学学士）学位。

未央书院按照“理＋工”双学士学位的方式进行本科培养，并以本博贯通的方式与衔接的工程学科方向进行工学博士的衔接培养。书院定制的“理＋工”双学位培养方案分别通过理学和工学相应教学委员会的审核，并通过清华大学教学委员会的审核，确保满足“理＋工”两方面培养质量的要求。未央书院的学生比普通的工科院系学生多了数理基础科学理学学士学位的要求，其数理基础更扎实，在工程衔接方向则与相关工程学科的工学学士学位要求完全等同，今后的创新发展潜力更大。

依据“书院文化不断线、通识教育不断线、数理强基不断线”的原则，书院对数理基础科学和各工程衔接方向的课程体系进行优化重组，省略课程间的重复、强化数理基础和工科专业有机结合的知识架构，提高课程挑战度，平衡大学四年的学习负担，兼顾本博贯通的知识递进过程。

书院严格选聘优秀的教师授课，不断创新学生学习方式，充分调动学生主动学习的积极性，并通过较多的实验增进学生对书面知识的掌握程度；强化科教协同育人，使积极学生尽早进入重大项目，书院提供一流的学习条件、教学资源和教学设施，培育良好的书院氛围，落实导师制、小班化、个性化培养，培育国际化学术视野，创建一流的管理制度和质量保障机制。

6. 探微书院✽

探微书院致力于“厚植基础、增进国力”，培养具有扎实的科学基础和工程素养、深厚的人文底蕴和家国情怀、活跃的创新思维和全球胜任力的卓越人才。

书院不断传承清华大学“培养具有为国家社会服务健全品格之人才”的优良传统，发挥清华大学化学和生物学理科及相关工科的育人和科研优势，将学生培养成为化学生物学及相衔接领域的教育、科技和产业领军人才。

书院牵头制定培养方案，负责课程的协调，联合工程衔接方向的相关院系完成对学生的全面教育。聘任相关学科的顶尖专家学者讲授专业核心课程、指导科研训练。探微书院为理工衔接书院，书院学生来自化工系、环境学院、医学院和药学院。

达到学校毕业要求，本科毕业可同时获得化学生物学的理学学士以及相应工程衔接方向（包含化学工程与工业生物工程、高分子材料与科学、环境工程、生物医学工程等）的工学学士双学位。希望通过"理＋工"双学士学位的培养方案，有效促进不同专业之间培养方案的有机融合，实现学科交叉基础上的差异化、特色化人才培养。书院优势在于科学工程基础更厚、创新发展平台更高。

7. 行健书院✲

行健书院致力于培养学生具有全球视野和家国情怀、坚实的数学物理基础；面向未来关键领域，提升学生的综合素养和创新意识。

行健书院以"夯实基础、发掘兴趣、立足创新、突破关键"为育人理念，书院负责学生培养，牵头制定培养方案，具体负责课程的协调、学生管理。根据学生选择的具体学习发展方向，与相关院系专业建立育人共同体，凝心聚力，协同开展专业课程及科研能力培养，聘任相关学科的顶尖专家学者讲授专业核心课程、指导科研训练。钱学森力学班的学生也在行健学院进行培养。本科综合论文兼顾两个专业的要求，既有理论深度又有工程应用背景。

完成书院相关培养方案要求的学生，毕业时可获得理论与应用力学的理学学士学位，或者理论与应用力学的理学学士和相应工程衔接方向（包含土木水利与海洋工程、能源与动力工程、车辆工程航空航天类）的工学学士双学位。希望通过"理＋工"双学士学位的培养方案，有效促进不同专业之间培养方案的有机融合，实现学科交叉基础上的差异化、特色化人才培养。

（三）北京航空航天大学

北京航空航天大学创建于 1952 年，由当时的清华大学、北洋大学（今天津大学）、厦门大学、四川大学等 8 所院校的航空系合并组建，1988 年 4 月改名为北京航空航天大学，是新中国第一所航空航天高等学府，现隶属于中华人民共和国工业和信息化部。学校分为学院路校区和沙河校区，以"尚德务实、求真拓新"为办学理念，弘扬"艰苦朴素、勤奋好学、全面发展、勇于创新"的优良校风，培养德才兼备、知行合一的优秀人才。

2017 年，北京航空航天大学以培养"具有高度的国家使命感和社会责任感，理想高远、学识一流、胸怀寰宇、致真唯实”的领军领导人才为目标，探索大类招生与培养，对招生专业进行重大改革和调整，并在多年试点经验基础上，成立覆盖一、二年级大类本科生、强化通识教育的“北航学院”。

学院按照“学生为本、通识为基、融合一体、创新开放”的育人理念，整合全校教育资源，统筹管理大类人才培养和书院建设，推动人才培养模式创新，实施品牌教学团队计划，全球聘请教师，推进课程超市机制，努力使优质资源服务于人才培养。书院核心功能涵盖通识教育、导师制以及社区育人。

北京航空航天大学现有知行书院、致真书院、守锷书院、士嘉书院、冯如书院、士锷书院等 6 所书院。

1. 知行学院☆

知行书院是北京航空航天大学最早一批实施书院制试点的书院，为该校唯一一个文科书院，培养法律、经济、管理、外语类人才，2010 年开始试点大类招生，2012 年正式成立，虚体化管理。2017 年北航学院成立后，知行书院成为六大书院之一。知行书院同时也是亚太高校书院联盟成员之一，与联盟成员广泛开展互动交流、资源共享、学术研究活动。

知行书院秉承“中西汇通、修身立人”的院训，注重学生“德行品性”和“大写之人”的养成，在学识上以“学贯中西，博通古今”为最高追求。书院有着“三史两读”的特色，学生将修习中国文明文化史、西方文明文化史、艺术史，中国经典研读、西方经典研读课程，提升学生的历史基础、美育基础和文化底蕴。

书院的育人体系从立德、治学、塑品、敏行四个方面展开，立德从思政教育出发，厚植学生爱国情怀；书香美育树立学生高尚品格。治学以通识教育加专业教育为根本，论语、理想国、现代艺术拓宽学生视野和思维，管理学基础、宪法原理引导学生专业启蒙。在课堂学习外，书院有全方位的学业支持体系，老师、学长、梦拓、同学通力协作，从基础效能提升、论文写作技巧到课程重难点辅导、一对一答疑，营造良好学习氛围，树立优良学风。书院注重本科生导师制的建设，鼓励导师成为新生入学后的家长、老师、朋友，事无巨细地为学生提供大学生活和学业指导。

目前，知行文科设大类责任教授 1 名，知行书院设院长 1 名，执行院长 1 名，书院专职辅导员 1 名，书院半脱产辅导员 5 名，书院学业助理 1 名，事务助理 1 名。

2. 致真书院

北京航空航天大学致真书院成立于2017年，书院以致真为名，诠释北航“尚德务实、求真拓新”的办学理念，体现学校的育人目标。书院名称寓意追求科学真理，探索客观世界发展规律的大学精神。

致真书院以培养具有高度国家使命感和社会责任感，理想高远、学识一流、胸怀寰宇、致真唯实的领军领导人才为育人目标；以“格物致知，上下求索，怀真抱素，内外兼修”为育人理念；以抽象思维、批判精神、融合能力、人文素养为核心培养要素；以导师制和社区建设为育人保障，搭建学生事务中心和学业发展中心等育人平台。书院旨在培养学生具有高尚的道德情操、扎实的数理基础、杰出的研究能力、突出的创新思维、深厚的人文素养和宽广的国际视野，实现德育与智育、通识与专业深度融合的书院育人文化。

致真书院第一批学生为2017级理科试验班类的466名学生，预期一年后达到近一千人。书院对应经济管理学院、数学与系统科学学院、物理科学与核能工程学院、化学学院和空间与环境学院，涉及理科、工科、管理、经济等学科，覆盖数学、物理、化学、空间科学与技术、环境工程、管理科学与工程、金融学等多个本科招生专业，学科繁荣，特色鲜明。

书院名师荟萃，对应学院专任教师437人，教授、副教授298人，凝聚了一批造诣精深的专家学者，他们将成为书院学生的课程教师、学业导师、社团指导老师、社会实践指导老师和班主任。学生在完成一年级学业后，将按照“兴趣驱动、成绩优先、容量控制”的原则，在书院对应学院选择专业，二年级结束时书院学生进入专业对应的学院进一步深造。

3. 守锷书院

守锷书院隶属于北京航空航天大学，以北京航空航天大学建校元老、中国导弹与航天技术开拓者、“两弹一星功勋奖章”获得者、被尊称为“航天四老”之一的屠守锷院士的名字命名。守锷书院围绕立德树人教育理念，秉承北京航空航天大学“强化基础、突出实践、重在素质、面向创新”十六字人才培养方针，培养具有高度国家使命感和社会责任感，理想高远、学识一流、胸怀寰宇、致真唯实的航空航天大类领军领导人才。

书院院徽采用立体结构，左侧两面和右侧两面分别构成“守”“锷”二字，既有恪守正道、艰苦追求之意，又有藏锋敛锷、厚积薄发之涵；图形整体形似火箭，亦似飞机，既是屠守锷院士的毕生追求，又代表了守锷学子的空天报国梦；横平竖直的方正结构代表守锷学子做人昂首挺胸、堂堂正正，中英文“守锷书院”字形以同心圆结构扩散，象征着书院不断开拓进取、锐意创新；自上而下投影幻化为“品”字，与书院“四品”育人计划相互辉映。

守锷书院实行宽口径、大平台专业设置的通识教育，以本科生导师制、博雅教育、社区建设和学术文化为特点，学科方向包含材料、能源、航空、机械、生医、交通、可靠性、宇航、飞行、仪器等航空航天大类的10个专业学院的相关专业。守锷书院现有工科试验班类（航空航天类）2017级本科生566名，导师80名，班主任21名，2018级本科生506名，导师73名，班主任17名，书院运行团队13人。

守锷书院以“守正出新”为院训，激励书院师生尚德务实，求真拓新，“守正”是根基，把握事物本质、遵循客观规律，尊崇本心；“出新”是希望，不断与时俱进、开拓进取、终有所成。书院通过实施“四品”计划培养具有扎实基础的高素质航空航天大类人才。以“品格”计划引领理想信念，引导学生正确认识时代责任和历史使命；以“品学”计划推动学业发展，引导学生树立远大抱负、培养脚踏实地的精神；以“品质”计划提升综合素养，引导学生健康生活，品味人生；以“品鉴”计划记录点滴成长，增强学生获得感，支持工作科学化。

4. 士嘉书院✿

士嘉书院成立于2017年，隶属于北京航空航天大学北航学院，是学校探索大类招生与人才培养的积极倡导者和先行者。士嘉书院以我国著名流体力学家、教育家，中国空气动力学专业的主要奠基者，北航建校元老陆士嘉先生的名字命名。

士嘉书院以“求是至善，宁静致远”为院训，以培养航空航天领域具有高度的国家使命感和社会责任感，理想高远、学识一流、胸怀寰宇、致真唯实的领军领导人才为目标，深入贯彻“强化基础、突出实践、重在素质、面向创新”的本科人才培养方针，在一年级强化通识教育，实行宽口径、大平台、导师制、社区化的专业设置与培养。

士嘉书院坚持“一流、两翼、三维度”的办学理念，即以建设一流书院为目标，坚持通识教育与专业教育相结合，努力为学生打造坚实厚重的“价值港”“能力桥”“知识岛”。

书院工作团队由院长、执行院长、大类责任教授、学业总导师、专职辅导员、兼职辅导员、学业助理和事务助理组成。书院下设学生工作办公室、学业与发展支持中心、学生科技创新中心和学生社区服务中心，并建有学生会和多种类的学生兴趣社团。

书院围绕培养学生价值体系全力为学生打造“价值港”。重点推进“士嘉先锋工程”，以党支部为龙头，努力建设好“党员之家”“士嘉学生党校”和“士嘉先锋队”，在学生中培育社会主义核心价值观以及“空天报国、敢为人先”的家国情怀和北航品格。以陆士嘉先生为榜样，讲好士嘉故事、传承士嘉精神、厚植大师大爱文化，努力为学生塑造“灵魂之港”。

书院围绕提升学生综合能力素质的目标，为学生构筑综合、互通、高效的“能力桥”。书院重点推出了 10 项“士嘉计划”，旨在帮助学生夯实基础能力（道德、学习和适应），提升发展能力（交流、合作、管理和创新），挖掘应用能力（时间、就业、创业）。

书院围绕提高学生学业学识水平的目标，为学生打造宽广丰富的“知识岛”。书院努力为学生建设“士嘉网络学习社区”，力争在帮助学生更好地完成第一课堂学习的同时丰富第二课堂的学习内容，更加全面深入地将通识教育与专业教育相结合，帮助学生构筑自身生涯发展所需的知识体系。

较 2017 年，书院学生组成有所变化，书院现有工科试验班（航空航天类）专业 2019 级学生 480 人，对应材料科学与工程学院、能源与动力工程学院、航空科学与工程学院、机械工程及自动化学院、生物与医学工程学院、交通科学与工程学院、可靠性与系统工程学院、宇航学院、飞行学院、仪器科学与光电工程学院共 10 个专业学院的 30 个优势工科专业。学生大一学年在书院开展通识教育，大一学年结束后，将按照“志愿优先、成绩排序、计划控制”的原则，进行专业选择，按专业方向由书院进入专业学院进行专业学习。

5. 冯如书院☆

冯如书院，承“中国航空之父”冯如先生之名，传冯如先生“航空报国”之精神。书院隶属于北京航空航天大学北航学院，2016 年开始试点建设，2017 年正式成立。

冯如书院坚持学校“理想高远、学识一流、胸怀寰宇、致真唯实”的人才培养总目标，以通识教育、导师制、社区理念为办学核心，以胸怀、勇气、坚持为书院人才培养核心精神品质。通过符合人才成长规律、富有时代特征、具有北航特点的书院制教育管理模式，助力学生成长为具有高度社会责任感和良好人文素养，掌握扎实数理基础与宽广专业知识，具备自主学习能力和创新意识，具有较强工程实践能力和良好的沟通与合作能力，勇于迎接未来挑战、参与国际竞争的航空航天领域的领军领导人才。

书院兼顾文理基础、重视通识教育，既学“有用之用”，更学“无用之用”，通过创新培养方案将课内课外知识融合。构建本科生导师、班主任、辅导员、梦拓为一体的育人体系，充分发挥导师的引导激励作用。打造包含学生班级、党团组织、宿舍、社团和众多学生活动场所的广义学生成长社区，发挥社区文化育人的重要作用。

书院通过“爱祖国、爱航空、爱航天、爱北航”的大爱教育，强化学生的家国情怀、空天情怀。书院通过优秀教师身正为范，培育学生优秀品行，以良好的学风为基础，使学生学会学习，培养学生养成主动探索、学以致用的良好学习习惯；通过国际化交流，拓宽学生视野；通过创新创业教育，激发学生创新思维，塑造开拓进取、敢为人先的品质。

书院现有2019级工科实验班类（航空航天类）、双学籍飞行员班学生501人。书院对应材料类、飞行器动力工程（国家试点学院）、飞行器设计与工程（航空工程）、飞行器设计与工程（航天工程）、机械工程、工业设计、生物医学与工程类、交通运输类、土木类、飞行器质量与可靠性、无人驾驶航空器系统工程、仪器类共12类北航优势工科专业。学生大一学年结束后，将按照“兴趣驱动、成绩优先、容量控制”的原则，进行专业选择，并按专业方向由书院进入专业对应学院进行学习和生活。书院下设冯如党建工作坊、学业支持中心、学生媒体中心、科创中心、通识中心、艺术中心、志愿公益中心和社区管理中心等，并建有学生自我管理委员会和多种类的学生兴趣社团。

6. 士锷书院✻

士谔书院以北京航空航天大学建校元老林士谔教授的名字命名，隶属于北京航空航天大学北航学院。其前身是启明书院，于2012年开始试点建设。

士谔书院以“爱国、自信、博采、拓新”为院训，以培养信息领域具有高度的国家使命感和社会责任感，理想高远、学识一流、胸怀寰宇、致真唯实的领军领导人才为目标，通过实施大类培养、强化通识教育，为培养学生具有工程技术专业素养、创新精神、实践能力和国际视野，具备信息领域复杂工程系统的设计能力和实施能力，具备持续跟踪专业前沿技术的学习创新能力和运用现代工具能力，具备工程伦理道德责任和服务社会的能力奠定坚实基础。

书院坚持“学生为本、创新协调”的原则，围绕学生成长成才需求，运用互联网思维开展建设，拓展与兄弟书院、专业学院和社会企业的合作，设立“士勤”事务服务中心、“士毅”学业支持中心等部门，发挥思政导师、学业导师、特聘导师、梦拓导生的作用，打造“志士六艺”博雅课程、“士信”党建工作坊、“士博”兴趣课程、“士拓”创新实践支持平台、73°纪念品店等育人品牌，实现德育与智育、通识与专业、全面与多样的深度融合。

书院学生大一学年后进行专业选择，由工科试验班类（信息类）专业分别进入电子信息工程学院、自动化科学与电气工程学院、计算机学院、仪器科学与光电工程学院、软件学院、网络空间安全学院、微电子学院、人工智能研究院等学院的相关专业学习。

书院院徽采用蓝色抽象图案，具有强烈的现代科技感和视觉冲击力。标志外围三段相互交融的圆弧构成云团状，寓意书院依托前沿的信息类学科专业，着力打造德育与智育、通识与专业、全面与多样深度融合的育人生态。中心造型似飞行器划破天际，搭载着一颗士谔星飞向远方，象征书院以学生为本、助力明日之星脱颖而出，成为理想高远、学识一流、胸怀寰宇、致真唯实的领军领导人才。

（四）北京师范大学

北京师范大学的前身是1902年创立的京师大学堂师范馆，1908年改称京师优级师范学堂，独立设校，1912年改名为北京高等师范学校。1923年学校更名为北京师范大学，成为中国历史上第一所师范大学。1931年、1952年北平女子师范大学、辅仁大学先后并入北京师范大学。北京师范大学是教育部直属重点大学，是一所以教师教育、教育科学和文理基础学科为主要特色的著名学府，实力雄厚，设施完备，是国家高素质创新型人才培养的重要基地。北师大的教育学在全国首屈一指，是国家重点一级学科。经过百余年的发展，学校秉承“爱国进步、诚信质朴、求真创新、为人师表”的优良传统和“学为人师，行为世范”的校训精神，形成了“治学修身，兼济天下”的育人理念。

学校位于北京市海淀区新街口外大街19号，占地面积1191亩（海淀校园、西城校园、昌平校园G区）。北京师范大学位列“双一流”“985工程”“211工程”，是国家“七五”“八五”首批重点建设十所大学之一，截至2018年底，全日制在校生24000余人。

北京师范大学现有教育家书院、启功书院、学而书院、励耘书院、瀚德学院等5所书院。

1. 教育家书院✻

应《国家中长期教育改革和发展规划纲要（2010—2020年）》的要求，北京师范大学教育学部作为教师教育的引领者和重要基地，紧随时代发展，响应社会号召，于2010年4月10日组建了教育家书院。

教育家书院是一个发现、孕育教育家的基地，是促进优秀教师专业成长的摇篮，是中国优秀教师开展国际国内交流的平台，是中国教育家的学术家园。其发展目标是“成为优秀校长（园长）、教师从事教育研究、凝练自己教育思想的中心，成为他们开展教育活动的影像、图文资料中心，成为基础教育阶段优秀教师教育者参与大学人才培养的中心，成为有思想、有个性的教育家成长、发展和交流的中心”。宗旨是“培养和造就一批又一批品格优秀、业务精良、职业道德高尚、有创造性、有个性的教育家”。教育家书院依托北京师范大学综合性学科及教师教育学科的优势，充分发挥北京师范大学引领全国教师教育的重要作用，团结和组织全国教育研究之力量，为促进优秀教师（校长、班主任、幼儿园园长）的成长和提高服务，致力于培养和造就一批又一批品格优秀、业务精良、职业道德高尚、有创造性、有个性的教育家。

教育家书院由北京师范大学教育学部组建，由中国教育学会会长、北京师范大学资深教授顾明远任院长，北京师范大学教育学部郭华教授任副院长。教育家书院设立学术委员会和发展指导委员会。学术委员会是教育家书院的学术审议、评定与咨询机构，设主任1名、秘书长1名、委员若干。学术委员会主任由教育家书院院长担任，秘书长由教育家书院副院长担任。学术委员会委员由院长聘请国家和地方教育行政工作者、国际知名学者、知名学校校长、优秀教师及北京师范大学的专家担任。发展指导委员会由国家和地方教育行政部门、北京师范大学的领导和专家构成，主要负责对教育家书院的运行及发展提出指导性意见。教育家书院实行院长负责制，重大活动向北京师范大学教育学部备案。

教育家书院将在发展的过程中逐步建立全国优秀教师、校长（园长）教育经验和教育理念的影像、图文资料库以及信息数据库。教育家书院还总结、提炼中小学优秀教师（校长、班主任）、幼儿园园长（教师）的教育思想、教育经验及管理经验，整理出版优秀教师、校长教育文集。教育家书院将努力成为优秀校长（园长）、教师从事教育研究、凝练自己教育思想的中心，成为他们开展教育活动的图文、影像资料中心，成为基础教育阶段优秀教师教育者参与大学人才培养的中心，成为有思想、有个性的教育家成长、发展和交流的中心。

2. 启功书院✽

启功书院成立于2012年，是以北京师范大学教授启功先生名字命名的书画创作和理论研究机构，旨在传承启功先生的学术精神，弘扬和发展中国传统文化艺术。

作为北京师范大学的一张文化名片和学校书画艺术对外交流展示的平台和窗口，启功书院秉承“艺术境界、学术品味、文化精神、责任担当”的办院宗旨，致力于整合校内外资源，深入开展以书画艺术为主的理论研究、教育培训、创作展览、公益服务等活动，积极承担国家文化建设任务，广泛开展国际交流合作。

中国书法家协会主席苏士澍担任名誉院长，并聘请业界知名学者和书画家为书院艺术委员会委员和特聘教授，现任院长是北京师范大学艺术与传媒学院院长胡智锋。

启功书院位于北京师范大学京师学堂5层，建筑面积700余平方米，设有坚净美术馆和教学部、科研部、展览部、基金会、办公室等职能部门。启功书院依托人文积淀深厚的北京师范大学，以传承和创新中国传统文化艺术为己任，力争建设成为高水准、示范性、国际化的教学科研机构和文化交流平台。

3. 学而书院

学而书院成立于2014年5月4日。书院将建设"师生共享的思想空间、学生自我管理与发展的平台、文化育人的住宿环境"作为目标，旨在让学生之间、师生之间可以广泛、自由、平等地交流，促进学生全面、个性、自主、可持续发展，使学生形成正确的价值观与人生观，承担起对国家、社会、他人的责任与义务。

学而书院借鉴了欧美住宿学院和我国部分高校成功的书院制经验，却又不同于国外以导师制为特点的住宿学院和我国现代部分高校的书院，由于学生工作和教学工作没有分开，学而书院没有承接学生工作，书院也未开设通识或基础课程，作为教育学部下的一个试点改革，具有孤立性。

书院初设院长1人、副院长2人、办公室主任1人。书院旨在构建"一体两翼"的工作格局，即"学生为主体，专兼职辅导员、高年级学生队伍为两翼"。学而书院设置若干功能室，承接学生会开展的大部分规模范围内的活动，书院活动涵盖面广，主要可分为四类：学术研讨、学业辅导、生活指导、社团实践。

学而书院是传统与现代的创新尝试，突出师生平等、相互研习的特点，鼓励师生在这一学术共同体中，充分利用资源、相互提携帮助、共同成长进步。

4. 励耘学院

为落实《国家中长期教育改革和发展规划纲要（2010—2020年）》和人才强国战略，培养具有国际一流水平的基础学科领域拔尖创新人才，促进我国基础科学研究水平的提升，北京师范大学从2010级本科生开始，实施国家"基础学科拔尖学生培养试验计划"，成立励耘学院。

励耘学院以改革培养模式、创新管理模式和培养拔尖学生作为书院总体目标。具体来说，改革培养模式是指实施导师指导下的开放式"宽口径、厚基础、高素质、强能力、个性化、本研衔接"拔尖学生培养模式，不断深化教育教学改革，改革完善课程体系、课程设置，改革教学内容、教学方法和手段，改革考核评价方式，实施学分制和导师制，因材施教，强调个性化培养，扩大学生自主选择权，拓展学生的国际化维度，加强学生非智力因素培养。创新管理模式是指成立励耘学院及相关组织，改革学生管理办法、教学和学籍管理办法，以及教师聘用和考核办法。针对基础理科（数学、物理学、化学、生物学）和人文学科（文学、历史学、哲学），分别组建"基础理科拔尖学生培养实验班"和"人文学科拔尖学生培养实验班"。

在改革培养模式、创新管理模式的基础上，配备一流的师资，提供一流的学习条件，营造一流的学术氛围和开放的交流平台，积极探索拔尖创新人才培养规律，努力把学生培养成为兴趣浓厚、志向远大、基础扎实、能力突出、德才兼备、勇于创新的拔尖人才，为他们成为相关基础学科领军人物、知名学者奠定坚实基础。同时，通过计划实施的示范和辐射作用，带动全校人才培养质量的全面提升。

在组织架构上，励耘学院成立由校长任组长、主管本科教学副校长任副组长的领导小组，负责计划实施的领导、协调等工作。聘任顾明远教授担任学院院长，励耘学院下设专家委员会和管理委员会。专家委员会下设文科专家组和理科专家组。专家委员会主任由励耘学院院长担任，副主任分别由文科专家组和理科专家组组长担任。专家委员会成员由相关学科院士、资深教授、教学名师、主管本科教学院长（系主任），以及国内外相关学科知名专家学者等组成。专家委员会负责计划的总体设计，学生选拔方案、培养方案的制定，以及计划实施的指导。管理委员会下设文科管理组和理科管理组。管理委员会主任由励耘学院院长担任，副主任分别由文科管理组和理科管理组组长担任。管理委员会成员由相关院系主管本科教学院长（系主任）、主管学生工作副书记等组成。管理委员会负责计划的具体实施、学生管理、教学组织等。负责向专家委员会提出学生选拔计划、教师聘任计划、导师聘任计划以及专家组秘书工作等。

5. 瀚德学院✽

为适应经济全球化和我国“走出去”战略对高素质、国际化、复合型高端人才的需求，钟瀚德博士于 2013 年捐资北京师范大学，成立瀚德学院。瀚德学院设立法学和国际经济与贸易专业，两个专业每年各招生 40 人。

学院秉承立德树人、人才强国的理念，积极推动创新人才培养模式改革，旨在培养适应国家建设和外向型经济发展需要的、具有深厚人文底蕴、通晓国际规则、懂外贸或精法律、通外语，具有卓越实践能力的经贸、法律等专业的高级专门人才。

瀚德学院实行董事会领导下的院长负责制，改革学生管理办法、教学与学籍管理办法以及教师聘用和考核办法。学院的重大决定由北京师范大学和北京师范大学瀚德学院董事会共同决定。

在人才培养模式上，瀚德学院采取国内、国外合作，学校、企业协同的新模式，学生在分别修读国际经济与贸易和法学等专业并掌握英语的同时，按照双学位的修读要求选择修读德语、法语、西班牙语、葡萄牙语等语种中的一种。瀚德学院招收的学生将被安排集中住宿，这打破了不同专业学生间的壁垒，拓宽了他们的交际圈，为学生将来走入社会累积了人脉，增强了两个专业学生间的凝聚力，加强了两个学科间的交流和渗透，使学生能相互学习，博采众长，融会贯通。书院制充分结合了中西方的教育理念，也是传统与现代的交融。瀚德学院毕业生能在驻外机构、涉外企业等相关部门从事经营、管理或法务工作。

(五)北京理工大学

北京理工大学成立于 1940 年,是中国共产党创办的第一所理工科大学，隶属于中华人民共和国工业和信息化部。其前身是成立于延安的自然科学院，历经晋察冀边区工业专门学校、华北大学工学院等办学时期，1949 年定址北京并接收中法大学本部和数理化三个系，1952 年定名为北京工业学院，1988 年更名为北京理工大学。学校校训为“德以明理，学以精工”。截至 2019 年 6 月，北京理工大学拥有教职工 3000 余人，有全日制在校生近 3 万人，设有 18 个专业学院以及徐特立学院，开办 70 个本科专业。

北京理工大学在本科生中推行书院制，2019 年起实体化运行，本科生培养采用书院、学院四年一贯制协作培养模式。学校坚持将书院、学院联席会制度作为最高决策机制，书院与专业学院坚持目标导向与问题导向相统一，协同开展育人工作。学校将优秀教师资源有效转换成优质教育力量，建立“三全导师”制，构建起书院制育人模式的主体教育队伍，共聘任学术导师、学育导师、德育导师、朋辈导师、通识导师以及校外导师共计 1300 余人，开展思想引领、人文关怀、学业指导、学术引导等多类别导学活动，实现了从教师力量供给和学生成长需求两个方面的精准对接。

北京理工大学现有精工书院、睿信书院、求是书院、明德书院、经管书院、知艺书院、特立书院、北京书院和令闻书院等 9 所书院。

1. 精工书院

精工书院成立于 2018 年，是在北京理工大学人才培养综合改革的大背景下成立的。书院的学生主要来自宇航学院、机电学院、机械与车辆学院。秉承“精思建业，工笔图强”的院

训，倡导“笃学、热忱、谨严、达观”的院风。

精工书院以培养“胸怀壮志、明德精工、创新包容、时代担当”的领军领导人才为目标，打造“一流、三维、五能力”，即“以建设一流书院为宗旨，以强化通识教育、夯实大类基础、推进专业贯通三个维度为模式，以培养学生理想信念、专业素养、创新创意、协同合作、社会关怀五大能力为核心”的培养理念，建立“归常识、溯本心、宽口径、大平台、导师制、社区化”的管理与培养体系。

书院的精品系列活动为精工训练营，其中朋辈导师活动较为突出。“相识现在，共奔未来”的“精工·朋辈”计划是精工书院“三全”导师引领计划的重要组成，是精工训练营中培养学生五大核心能力、八大核心素养的重要抓手，是北京理工大学在大类培养背景下加强新生教育管理工作，满足学生多样化发展需求，促进新生全面健康发展的一项举措。精工书院为贯彻落实北京理工大学人才培养目标，充分利用高年级优秀学生资源，从学期伊始便启动了“精工·朋辈”计划，全面推进落实朋辈导师配备、聘任以及社区班级结对组建工作。

朋辈导师实行双选制度，即朋辈导师与新生双向选择后确立朋辈导师－学生身份。活动时，社区班级新生代表持有社区班级简历，在四个教室间挑选、面试合适的导师团。各朋辈导师团同时宣讲，吸引同学们投递简历。

与朋辈导师选聘结队同时进行的，是精工书院新生社区班级的组建工作。宿舍社区，是学生在北京理工大学学习生活和开展各项活动的基本单位之一，也是书院制背景下精工书院引导学生自我教育、自我服务、自我管理的载体。为强化宿舍社区育人功能，将社会责任感教育融入学生生活，精工书院以宿舍为单位，按照就近为主、自愿结对的原则，组建社区班级，每个社区班级由 4 个邻近宿舍组成。

除此之外，精工书院的精工训练营系列活动还包括“精工研思”学干论坛、“精·思”大讲堂、公益主题讲座等。

2. 睿信书院

睿信书院是北京理工大学 2018 年本科人才培养模式改革建设的第一批书院。睿信书院的学生主要来自光电学院、自动化学院、计算机学院、信息与电子学院，覆盖光电信息科学与工程、测控技术与仪器、自动化、电气工程及其自动化、计算机科学与技术、物联网工程、软件工程专业等 7 个本科专业。

睿信书院依托专业学院支持，秉承“笃学诚行，惟恒创新”的院训，借助北京理工大学书院制建设中的关键元素之一“学育导师”，帮助学生在价值塑造、知识养成、实践能力等多方面成长与提升。

“诚行”名家大讲堂，让学生更多地了解专业领域知识，架起梦想与事业的桥梁。学生通过与院士、知名专家的交流，更多地思考和规划个人未来发展，志存高远，科学制定人生目标。

“Face Time”活动为学生与名师搭建面对面沟通的平台，架起梦想与学业的桥梁，让学生通过与学长、教师、校友等交流，更多地思考和规划个人未来发展，科学制定人生目标，脚踏实地,勇做时代的弄潮儿,在实现中国梦的生动实践中放飞青春梦想。

书院开展的“青春榜样评比”传递榜样力量，通过评选不断展现睿信书院学生积极向上、开拓进取的青春风采，给学生们传递更多的正能量。

3. 求是书院✿

求是书院成立于 2018 年，覆盖数学与统计学院、物理学院、化学与化工学院、生命学院、材料学院等 5 个专业学院，涵盖材料化学、材料成型及控制工程、电子封装技术、高分子材料与工程、材料科学与工程、新能源材料与器件、化学、应用化学、化学工程与工艺、能源化学工程、制药工程、生物医学工程、生物技术、数学与应用数学、信息与计算科学、统计学、应用物理学等 17 个理工科专业。秉承“求知求理，是德是行”的院训，倡导“格物穷理，知行合一”的院风。

求是书院秉承“厚基础、重能力、强实践”的人才培养理念，培养具有扎实而宽广的自然科学基础、跨学科知识结构、富有创新意识和国际视野、德智体美劳全面发展的优秀拔尖人才和担当民族复兴大任的时代新人，更注重培养数、理、化、生、材料等领域的科技精英与领袖人才。

书院的特色系列活动“求是 Files ABC 人才培养计划”，旨在通过理想信念（Faith）、双创潜能（Innovation）、双领才能（Leadership）、力行实践（Experience）、学术素养（Study）、美育素养（Art）、体格素养（Body）、爱心公益（Charity）等八个方面助力学生成长，旨在培养德智体美劳全面发展的社会主义合格建设者和可靠接班人。

书院团委还通过“求是知行讲堂”“求是沙龙”等多样化的形式，将思想政治教育融汇到大类培养、全员育人的过程中去，努力培育担当复兴大任的时代新人。

4. 明德书院✲

明德书院成立于2018年，书院的学生主要来自人文与社会科学学院、法学院及外国语学院，包括文学语言、法学等类别学生，书院同时负责社会科学实验班（精品文科班）本科生相关工作。书院倡导“传承 多元 融合 担当”的院风，秉承“明德惟馨，笃行致远”的院训，旨在培养学生有高尚的品德和美好的情怀，向远大的目标踏实前行。

明德书院的特色系列活动为“六艺五学堂”。六艺会馆是明德书院在2018年着力打造的通识教育阵地，根据课程形式设置了五个学堂，即以讲座类为主的“明博学堂”、以沙龙类为主的“明问学堂”、以读书写作类为主的“明思学堂”、以调研思辨类为主的“明辨学堂”和以实践创新类为主的“明行学堂”，在充分尊重个性选择的前提下，努力实现学生的全面发展。

自六艺会馆成立至今，累计开设课程60余次，学生参与3700余人次，涉及“礼、乐、射、御、书、数”明德“新六艺”的各个方面，“礼”类活动主要关注学生理想信念和道德修养方面，“乐”类活动主要关注学生课余生活方面，“射”类活动主要关注学生的实践活动，包括对外实践和对内实践两方面，“御”类活动主要关注学生的领导力和视野，“书”类活动主要关注学生的人文素养，“数”类活动主要关注学生的学术水平和创新能力。学生可以自主选择不同课程形式的不同学堂学习六艺。各学堂始终围绕书院“新六艺”内容，以学生全面发展为根本目标，以丰富的课程内容为载体，以多样的学习形式为途径，旨在尊重学生个性化发展的理念下，实现“全人”教育。

5. 经管书院✲

经管书院成立于2018年，仅包含经管学院学生，目前设有5个本科专业：信息管理与信息系统、工商管理、市场营销、会计学、国际经济与贸易。

书院以营造“北理经管本科生的精神家园，培养具有创造力的杰出经管人才的黄埔军校”为愿景，倡导“知识渊博，精通经管；独立思考，善于沟通；向上扬善，团队合作；全球视野，责任担当”的文化理念，旨在为社会各界培养富有创造力的杰出管理领导人才，孕育适合中国的管理理论与方法，推动中国管理实践和经济社会可持续发展。

经管书院各类导师通过多种方式、各有侧重地开展育人工作，促进学生价值塑造、知识养成和创新能力，培养学生成长为具备“知识渊博，精通经管；独立思考，善于沟通；向上扬善，团队合作；全球视野，责任担当”特质的优秀经管人才。

通过“经管名师面对面”等系列活动，学术导师引导学生坚定理想信念，树立科学创新精神。每班配备的一名德育导师，通过多种方式参与班级活动，对学生进行思想引导与领导力培养。从学院专任教师中选聘的学育导师，通过“经管学者讲坛”“奋斗故事讲述”系列分享沙龙和“学术体验营”系列学术交流活动等，开展专业引导、学业指导、科研训练和实践指导。从学院优秀大四学生、优秀硕士生和博士生中选聘的朋辈导师，通过“导师双选”和“伙伴成长计划”等系列活动，开展各类朋辈教育引导。通识导师和校外导师则从交叉学科的知名学者和杰出校友中选聘，通过指导移动课堂参观、参与生涯人物分享等活动，引导学生拓宽知识和眼界，提升创新意识。

经管书院开展了丰富多彩的特色活动。“致远”大讲堂旨在以学院名家学者讲解学科前沿，拓宽学生眼界与见识、开拓学生思维，培养学生敏锐的观察力与判断力，形成大格局与大视野，丰富学生的课外生活，引导学生树立正确的人生价值观，提升学生的综合能力。“经管师语·青年老师讲述奋斗故事”是经管学院“师语”教师思政工作室与经管书院联合推出的推进“三全”导师制的特色工作实践。该项工作结合“四个好老师，四个引路人”实践活动和“担复兴大任，做时代新人”主题教育活动的要求，旨在以优秀青年教师求学成才的奋斗故事，启发、激励初入大学的新生更好进行学涯规划、树立远大志向，并在实现梦想的道路上不懈奋斗；同时师生之间多维度的亲切交流，有利于增进师生彼此了解，促进教育教学效果；有利于书院“家”文化氛围营造，形成人才培养合力，引导学生弘扬爱国奋斗精神，建功立业新时代。此外，经管书院还有“经管有约——百强企业与你面对面”、经管书院“成长在线”系列交流分享会，携手京东、北京奔驰汽车等企业开展“经管书院移动课堂体验活动”等特色活动。

6. 知艺书院✽

知艺书院成立于2018年，仅包含设计与艺术学院学生，秉承“继求真知，创行新艺”的院训。

书院通过多样化活动的开展，帮助学生树立远大理想、激发担当精神，实现自我反思与自我提升，同时不断提高集体认同感与集体荣誉感。

在本科生德育开题工作中，书院设置了“认识未知的自己”提纲填写、“未来可期”绘画创作、“知艺影集”视频制作、“知艺新人话成长”等系列活动。

认识未知的自己：由书院制定自我认知提纲并下发至所有学生填写，促进学生立足自身特质、入校一年以来的学习和生活经历，不断深入反思、探索自我，最终基于对自己产生具体而客观的认知对大学四年做出合理规划。

“未来可期”绘画创作：以未来的大学生活、大学毕业时的自己，或自己今后的职业、事业发展为主题开展绘画创作，促进学生发挥专业优势、引导学生不断深入思考如何将个人发展融入民族复兴伟大进程中。

“知艺影集”视频制作：各班依托班委，联系学院教师、朋辈导师、辅导员等力量，班级同学共同参与，制作班徽及班级阶段性成长视频“知艺影集”，使学生不断提升班级集体荣誉感、提高凝聚力，促进班集体建设。

“知艺新人话成长”主题班会：集体成果汇报环节由各班学生代表向“三全”导师组及嘉宾展示班徽、“知艺影集”班级成长记录视频等班级成长成果。个人汇报环节由学生依次上台展示入校以来的反思与成长，对个人未来发展的计划，对社会与国家未来的美好期望，以及在这一进程中自身的理想与担当。

除此之外，该书院还有“艺读经典”系列读书活动，跨专业交流的“互助课堂”等，丰富学生的第二课堂，营造“学以致用，文以载道，艺以修性，体以自强”的氛围。

7. 特立书院✲

特立书院（TELI College，BIT）成立于2018年，以北京理工大学延安时期老院长，我国杰出的革命家、教育家徐特立先生的名字命名，是北理工人才培养特区，形成了本博贯通的拔尖创新人才培养模式，担负培养领军领导人才重要使命。2019年7月，特立书院作为北京理工大学书院代表加入高校书院联盟，标志着书院跨境及校际交流合作进入了新的发展阶段。书院的学生主要来自徐特立学院，秉承“兼容并蓄，厚积薄发”的院训，倡导“扎实的数理化科学基础、优良的人文素养、宽广的国际视野、敏锐的学术前沿意识、卓越的研究能力”的院风。截至2018年底，书院共有学生500余人，全部为徐特立英才班成员。

2013年，北京理工大学成立以老校长徐特立名字命名的荣誉学院——徐特立学院，采用全员书院式管理模式以及“3＋X”年动态学制，培养本硕博一体化拔尖创新型人才。2018年9月，北京理工大学单独设立特立书院（与徐特立学院合署）。

书院依托全校优质办学资源，形成院士领衔的“七位一体”导师队伍，汇聚立志成长为时代英才的优秀学生，以徐特立精神为书院文化内核，倡导国际化开放办学，实施以“领航”为牵引、“筑巢、寰宇”为支撑、“雏鹰、强翼、丰羽、翱翔”为主体的“124 鹰翔计划”，形成“重走徐老初心路”“本科生学术论坛”等多项品牌活动，全面培育学生以“立志立德、领军领导、学精学深、求同求异、创新创造、国家国际”为特质的英才气质。

书院人才培养目标坚持“导师制、严要求、小班化、定制化、国际化”，围绕培养“胸怀壮志、明德精工、创新包容、时代担当”的领军领导人才理念，突出理工融合，实施教学改革，采用书院制管理，形成办学特色文化体系，实现“担当民族复兴大任、具有扎实的数理化科学基础、优良的人文素养、宽广的国际视野、敏锐的学术前沿意识、卓越的研究能力的领军领导人才”的培养目标。

特立书院的朋辈导师较有特色，院内称为“明精小导师”。“明精小导师”分三类，即德育小导师、学业小导师、科创小导师，同时作为书院、学院“学长团”成员，发挥朋辈引领作用，促进新生全面健康发展。德育小导师以中共党员（含预备党员）、优秀的积极分子、发展对象组成；学业小导师由二、三年级在学业上表现优秀的学生组成；科创小导师由研究生、高年级在科技创新、社会实践方面表现优秀的学生组成。

小导师们帮助学生正确认识、合理规划大学生活，树立高远目标和理想信念，引导其建立正确的世界观、人生观、价值观，促进其思想健康发展；引导学生养成良好的学习习惯，使其利用自身优势特长，主动获取北京理工大学及社会资源，克服学习障碍，探索高效学习方法，更好地适应大学的学习模式；带领学生以积极向上的心态面对大学生活，发挥其个性特长，积极投身科技创新、社会实践活动，将学习的知识与技能运用于实践，促进全面发展。

8. 北京书院✻

北京学院于 2016 年 6 月 28 日经北京理工大学党委常委会议研究决定成立。2018 年 8 月，北京书院成立，配合学校教育教学改革，开展书院制建设。北京学院主要承接北京市“高水平人才交叉培养计划”和“高端人才贯通培养实验”项目等北京地区高校的访学学生，组织实施“访学项目”的制度建设、教学运行、学生管理、校际融合等相关人才培养工作。北京学院为北京理工大学的内设二级机构，属于其他教学单位。

北京书院倡导“勤奋刻苦，坚韧不拔，吃苦耐劳，奋勇拼搏”的院风。书院的学生主要来自北京学院。依托北京理工大学办学优势和学科优势，北京书院目前主要工作是执行北京市"高水平人才交叉培养计划"中的"双培计划"。每年承接北京市高招录取的"双培计划"学生约160人,按照"3+1"培养机制,在该校进行为期3年的访学。同时,根据北京市经济社会发展对专业的需求情况,每年承接部分市属高校选送的优秀学生,进行为期1年的访学。此外,面向北京地区高校,组织开设暑期课程集训项目。

"双培计划"学生,作为北京理工大学本科生的一部分,纳入学校的整体培养体系进行培养,利用学校的办学优势和办学传统得到充分的发展,同时根据学生的发展需要,予以个性化的支持。

北京书院依托"北京理工大学教师发展中心",组织协调相关市属高校教师参加教育教学工作的业务培训,根据学生的专业方向和发展需求,与相关市属高校开展"虚拟教研室"、学生发展支持等共建活动,共同促进教育教学能力和专业建设水平的提升。利用寒暑假,书院全额资助学生参加国外高校访学、科技创新、社会实践等活动。主要特色活动为北京书院大讲堂,旨在加强学生通识博雅教育,夯实公共基础学科基石,促进学生多学科交叉融合,拓展学生政治、经济、人文、社会、科学等全方位多领域视野,贯彻价值塑造、知识养成、实践能力三位一体的人才培养模式,为中华民族伟大复兴培养德智体美劳全面发展的新时代建设者和接班人。

9. 令闻书院✽

令闻书院成立于2018年,学生均为北京理工大学留学生中心的本科留学生。

北京理工大学留学生中心除承担外国留学生的汉语和中国文化教学工作外,还负责统筹全校外国留学生的招生和教学管理、生活管理、社会管理及后勤服务工作,故实际上形成了中心包含书院的情况。北京理工大学有来自147个国家的2400余名外国留学生在校学习,主要生源国包括韩国、俄罗斯、波兰、巴基斯坦、德国、法国、哈萨克斯坦、印尼、泰国等。

令闻书院积极为外国留学生深入了解北理、了解北京、了解中国搭建桥梁,为他们能够热爱北京、融入北理、适应生活提供帮助。

(六)北京联合大学

北京联合大学是1985年经教育部批准成立的北京市属综合性大学,其前身是北京大学、清华大学等36所大学的分校。经过30多年的建设与发展,学校的综合实力显著增强,形成了经、法、教、文、史、理、工、医、管、艺等10个学科相互支撑、协调发展,现有全日制在校

生2万余人,其中本科生1.9万余人。

北京联合大学以本科教育为主,研究生教育、高职教育、继续教育和留学生教育协调发展的完备人才培养体系,是北京市规模最大的高校之一。学校实施"学术立校、人才强校、开放兴校"战略,不断推进内涵式发展,努力建设高水平、有特色、北京人民满意的城市型、应用型大学。学校以培养适应国家,特别是首都经济社会发展需要的高素质应用型人才为己任。

北京联合大学现有学知书院、树人书院、行知书院、融合书院、德技书院、尚美书院、明德书院、仰山书院等12所书院,本节以学知书院、树人书院为例。

1. 学知书院☆

北京联合大学应用文理学院切实践行"以生为本",尊重和保护学生的主体性、选择性和创造性的教育理念。2014年,北京联合大学成立学知书院。

学知书院秉承学校"学以致用"的校训,肩负学院"崇尚学术、关怀人文、立德树人、培育英才"的使命,构建全方位、全天候、全覆盖的育人体系,具有文理特色的教育管理体制和人才培养模式,以及扁平化、数字化、个体化教育管理体系。

书院实行导师制,聘请历史文化、教育研究等领域的校内外专家学者担任书院导师。书院设管理委员会,统筹负责书院的建设、管理和运行工作。

2017年以来,学知书院已经拥有完善的管理体系,明确的育人理念和人才培养模式,近3年来,没有太大变化。

2. 树人书院✽

2015年6月,北京联合大学成立了树人书院,以建立"书院+系部"、书院育人文化建设、打造开放的学生信息事务平台为特色,集行政书院及住宿书院特点为一体,以完全学分制为目标,以书院制管理为平台,立足学生个性发展,鼓励不同专业学生相互学习交流,提高学生的综合能力,促进学生全面发展,文理交叉,专业互补,通过构建新的课程体系,实行通识教育和专业教育相结合,培养学生的综合素质。树人书院承载了教育者对学生的厚望与寄托,寓意培养人才是长久之计,倡导学生注重自身品行修养,不断完善自我,承担社会责任;倡导教育者不仅要传授知识、培养能力,还要把立德树人作为教育的根本任务,培养德智体美劳全面发展的社会主义建设者和接班人。

书院现有学生3700余人。

书院成立团总支、学生会、社团、自我管理委员会等学生组织，协助书院开展工作。辅导员进入书院，辅导员的办公室直接设立在书院生活区，学生和辅导员零距离接触，有助于辅导员更加关心呵护学生的成长和成才，辅导员能够及时发现学生在思想、学习、生活上的问题并及时进行辅导，及时处理突发事件，同时有利于指导学生开展各类书院特色活动。学业导师由各学院专业教师兼任，主要负责培养学生的专业学习、科研创新能力、职业生涯规划；生活辅导员主要负责培养学生的良好的生活习惯和健康的生活方式。

打造协同培养模式，提升学生的综合素质。书院邀请系部的教授作为导师，协同培养学生的综合素质，书院构建了素质拓展、文化养成、职业规划、心理素质、社会实践等几个模块，旨在提高学生的团队合作能力和人际交往能力，促进学生的文化素养，提升学生的个人职业规划能力，增强学生的心理素质，提升学生的社会责任感。综合素养提升平台包括构建树人讲堂和学生社团文化建设。学业发展平台是通过校内外导师公开讲座及个体辅导，建立学生学业指导、督促机制。

书院通过举办各类讲座、社团活动，进行文化育人建设。例如，树人书院的品牌活动树人讲堂，是落实书院育人理念的重要平台，树人讲堂结合书院学生的特点与需求，开展提升思想道德素养、科学文化素养、职业素养等3个方面的讲座，既凸显了书院严谨的学术氛围，又充满了浓厚的人文精神，聘请校外知名学者做客树人讲堂，每年举办10余场有关心理、社会交往、学科专业、通识、职业素养等方面的讲座，学者们深入浅出、旁征博引，讲堂气氛热烈。

运用信息化手段，探索构建了适用于书院的信息管理系统，旨在掌握网络宣传思想阵地，发挥书院网络上的教育引导作用，与丰富的线下活动相配合，形成线上线下活动相结合的立体教育模式：开放的线上学生事务信息平台及沟通交流平台；线下的沟通交流平台通过建立学院学分制德育工作联席会议制度，整合两课教师、社科教师、辅导员、书院力量，形成德育工作合力。基于移动网络平台，建立书院内信息发布平台，增强动态管理信息发布以及学生互动栏目，提高信息传递覆盖面和传递速度。

书院立足学生个性发展，鼓励不同专业学生相互学习交流，提高学生的综合能力，促进学生全面发展，文理交叉，专业互补，培养学生的综合素质。书院实行导师制，导师由学院专业教师兼任，每位学生都有自己的导师，书院着力推动学生参与导师的科研项目，积极参加各种由导师指导的科技竞赛。导师解答学生学业困惑，引导学生学习专业知识，以及指导学生的职业生涯规划，学生与导师的交流互动频繁，在交流中实现教学相长，促进学生的发展。书院制下宿舍的育人功能、学生的主体意识明显增强。

（七）北京工商大学嘉华学院

北京工商大学嘉华学院创办于 2004 年，是经教育部批准成立的全日制本科普通高等学校，现设有财务与金融学院、创意艺术学院、国际教育学院和德育中心 4 个教学单位，开设了国际商务、金融工程、审计学、数字媒体艺术、摄影、广播电视编导、视觉传达设计等 26 个本科专业，学科覆盖了经、管、艺、文、理、工 6 个学科门类，形成以商为主、商艺结合的专业结构体系，现有学生 6000 余人。

学校依托国际化高端平台，借势北京优质教育资源，培养具有国际视野、专业素养和职业道德的商科人才，力求发展成为一所高水平的国际化商学院。学院建校以来，根据首都教育发展战略和北京经济社会发展要求，大胆探索办学新机制，确定了“特色办学，质量立校”的办学理念，明确了“博观约取，厚积薄发”的校训，倡导“立德立行，达己达人”的嘉华精神，确定了学院以本科学历教育为主的办学定位。

北京工商大学嘉华学院现有国际学院书院班 1 所书院。

国际学院书院班✽

2016 年北京工商大学嘉华学院建立国际学院书院班。国际学院书院班定位为培养高端、精品、贵族化的国际商科人才，模拟国外全真环境，探索中式书院管理对于国际化双方学生的应用模式，培养学生自我管理、自主学习和独立生活的能力。同时国际学院书院班，打造以学生为中心，培养学生成为有道德、有知识、有能力和谐发展的“全人”。

国际学院书院班由雅思老师、专业老师和辅导员老师形成导师组。导师组以“全员全程全方位导师引领”的方式传授学生学习规律和学习方法，同时通过“做中学”的形式把学科知识融入其中，让学生学得更便捷，理解得更深刻。国际学院率先践行的“融学术教育与通识教育于一体”的现代书院制教学改革，不同于现在流行的“学院负责专业教育，书院负责通识教育”的书院制，而是由“语言教师、学业导师、通识导师三人组”通力协作，对每一个学生的专业学习和素质教育齐头并重，构建“有机文化”的教育方式，每一位导师，同时肩负学术教育和通识教育的任务。教师对学生深刻的、久远的、广泛的影响不仅仅是课堂上有限的知识传授，更多的是教师无处不在的、无形的、内在人格和精神影响，也是现代书院制构建“有机文化”的关键所在。

导师组结合学生的潜在特质、个性和对行业动态的深入剖析，帮助学生准确地制定各自的留学规划，并在学生出国后持续跟踪辅导，使学生能够达到自己的职业目标。雅思老师、专业老师组成学业导师，除负责学生学业外，还要走进学生的生活，课外指导学生的日常生活、心理等方面出现的困难；辅导员老师担任学生的常任导师，主要工作分为四个方面：日常管理、家政课、素质拓展课、学生活动。大家共同管理学生，每个班级 30 到 50 人，实行小班教学。

通过书院制下雅思教学的课程设置，注重研究学生的学习方法，吸引每个学生独特的学习动力，老师与学生紧密结合，了解学生真正的想法，用自己的理念融化学生，言传身教。同时考虑到现阶段大学生待人处事、办事能力普遍较低，需要提高学生应对突发事件的能力，国际学院书院班注重引导学生树立正确的世界观、人生观和价值观。

国际学院书院班的建立展现了一系列的优势。第一，讲明义理，躬行实践、因材施教，注意激发学生的学习兴趣，培养学生的学习能力，注重学生之间的差异，寓教于乐，注重激发学生的兴趣。第二，全员育人，全方位育人，全过程承担指导学生的日常学习、课程修读、留学规划和素质拓展等重要任务。导师组面向全体学生，让每一个学生感受到导师的关怀和同学的帮助，使每一个学生融入书院生活。第三，全面的学业和素质辅导体系，全程参与每个学生的学业分析、课程辅导和通识教育，导师组通过嘉华学院与学生家长的“家校联盟”开展密切的沟通与合作，针对每个学生的具体情况，及时发现问题、解决问题，保证学生在学业和素质等各方面健康成长。第四，走近文化经典，贴近学科前沿，国际学院书院班注重对学生学术活动、科技创新活动的支持和引导，拓宽学生的眼界，提高学生的学术、科研水平，培养科学精神，目的在于拓展学生的知识面和理性思维，营造学习理论、崇尚科学、追求进步的思想氛围，培养学生理论联系实际、综合应用知识的能力和开拓创新精神。

（八）中华女子学院

中华女子学院前身是 1949 年 8 月 15 日由宋庆龄、何香凝、蔡畅、邓颖超等革命前辈创建的新中国妇女职业学校，1995 年更名为中华女子学院，2002 年正式转制为普通高等学校。中华女子学院以“崇德、至爱、博学、尚美”为校训，坚持“质量立校、特色兴校、人才强校、环境美校”的治校方略，致力于培养德智体美劳全面发展，具有“四自”精神、公益意识、国际视野和知性高雅的应用型女性人才。学校现有全日制在校生 6000 余人，其中本科生 4600 余人。

中华女子学院现有育慧书院 1 所书院。

育慧书院✲

育慧书院成立于2018年，旨在响应国家培养拔尖人才号召，依托学校办学优势和特色而制定的“卓越女性人才培养计划”。育慧书院作为中华女子学院人才培养模式改革的实验基地，是卓越女大学生培养“特区”，采用“专业＋卓越课程”模式，培养具有领导能力和国际视野、较高社会责任感、较强专业能力的卓越女大学生。

首届30名育慧书院学生从2018级1200余名本科生中经严格选拔脱颖而出。2018年3月5日，首届学生开学典礼暨揭牌仪式在学校文体楼多功能厅举办。育慧书院聘请校内外教师、学者担任书院的先生，以阅读辅导或专题讲座的形式指导学生养成阅读习惯、提升阅读水平，以自愿和分配相结合的方式成立小组，每个小组选举一名组长，以便开展团队作业、进行互助分享。每位学生结合自己制定的阅读计划和统一的活动安排参与活动，完成计划，获得相应的积分。每位学生提交《阅读计划申报单》，按计划开展阅读，及时撰写读后感或在QQ、微信、微博等平台分享读书心得（每本书最多撰写3篇）后获得相应积分（根据质量每篇1～3个积分）。书院聘请先生开设育慧讲堂，分专题对学生进行阅读指导，每位学生参加一次获得3个积分。书院利用线下（图书馆五层）和线上（QQ群）两个平台，作为学生分享交流的场地，以茶话会、朗诵会、阅读笔记展等形式分享汇报各自的阅读收获和体悟，根据学生的参与情况给予相应积分（每次活动2～5个积分），通过积分晋级促进书院学生阅读习惯的养成。

（九）天津大学

天津大学，其前身为北洋大学，始建于1895年10月2日，是中国第一所现代大学，开中国现代高等教育之先河，1951年经国家院系调整定名为“天津大学”，沿用至今。学校现有学生35370人，其中本科生18536人。

天津大学本科生住宿书院制建设自2015年北洋园校区搬迁后开始启动，2016年，学校深入学习领会全国高校思想政治工作会议精神，确立了学校书院制建设目标，2017年，初步形成北洋校区本科生住宿书院制学生管理模式，至2019年，学校最终形成新校区12个书院（格园一斋、格园二斋、格园三斋，诚园六斋、诚园七斋、诚园八斋，正园九斋、正园十斋，修园十一斋、修园十二斋、齐园十三斋和齐园十五斋）5个书院联盟（格园书院联盟、诚园书院联盟、正园书院联盟、修园书院联盟、齐园书院联盟），以及老校区5个书院（鹏翔一斋、鹏翔二斋、鹏翔三斋、鹏翔四斋、鹏翔五斋）的建设局面。

天津大学书院制建设归口学工部管理，构建了书院三级育人工作模式。书院聘请荣誉院长，实行院长负责制。日常工作由住宿学院副书记和教学副院长负责领导决策，副书记负责协调书院联盟内的工作，指导支持本书院开展文化建设。书院楼长和辅导员负责管理执行，其中，楼长负责书院日常工作的执行，组建书院学生组织，制定工作计划，协调开展书院活动。书院学生组织形成住宿书院理事会，对宿舍进行监督。书院和书院联盟目前不设编制，书院楼长和辅导员均由专业学院辅导员兼任，定期换届轮岗。

天津大学各书院的学生日常管理工作并不是主要的，书院职责是开展住宿社区文化建设。书院注重硬件设施配备与建设，强调公共活动空间的建设与利用，提升书院"庭院、门厅、走廊、雅居"的良好环境与氛围。书院以服务学生全面成长成才为核心，依托学生宿舍空间建设"书院＋"平台，营造和谐温馨"家"氛围，实现师生的聚集和融合，推进通识与专业教育并行，围绕"家国情怀、明礼崇德、博学精专"三大任务创建文化品牌活动，构建具有天津大学特色的住宿书院制育人体系。

北洋园校区书院制建设以宿舍楼为依托，各书院结合学科特点，打造多功能活动室（如读书分享室、科技工作室、活动会议室、心理放松室等），集中优势资源推动全员、全方位、全过程育人。卫津路校区书院制建设以学院为依托，在拓展学生活动空间的基础上，将德智体美劳各项教育活动融入书院建设工作，营造鹏翔社区良好文化氛围（如门厅文化、走廊文化、雅居文化等）。

天津大学住宿书院制成立与发展五年来，较好地发挥了学生社区的教育、管理和服务功能，促进了良好文化育人氛围的形成，为学校培养德智体美劳全面发展的社会主义建设者和接班人提供有力支撑。

天津大学"书院＋"模式主要体现在四个方面："书院＋青年教师"，建设通识教育为主旋律的隐形互动课堂；"书院＋专业师资"，设立专业学科为主的学业辅导站；"书院＋学生辅导员"，建立成长发展为主方向的"给力加油吧"；"书院＋管理服务团队"，开展健康生活为主目标的生活技能训练营。

由学工部与天津大学青年教师联谊会（简称"青椒会"）联合推出"青椒驿站"活动，依托书院搭建起青年教师与广大学生沟通与互动的桥梁。各书院可从包括"保护古村、留住乡愁""当代心灵哲学中的物理主义"在内的25个议题中选择感兴趣的内容，通过学工部负责人员联系相关教师进入书院。通过这种小规模、多场次、近距离的接触，增进青年教师与青年学生的了解与情感交流，促进师生融合，碰撞思想火花，激发钻研兴趣，达到共享、共识、共进，营造教学相长的书院育人氛围。

"给力加油吧"师生互动平台，充分调动学工队伍助力学生成长的积极性，以学生为本，采用贴近学生实际生活，学生感觉轻松舒适的入楼活动方式，由辅导员向学生讲授职场礼仪、读书分享、手工美术等各方面的知识，从而加强老师与学生的互动交流，为学生提供力量支持和心灵安慰，助力成长。2017 年上半年，“给力加油吧”计划开展包括软件学院辅导员李庚带来的“团队合作·共赢未来（管理七巧板）”专题讲演、求是学部辅导员张子健的“陪你畅游书海（个性化读书分享）”主题课堂等 8 项主题活动。学生通过修课外学分的形式，增长了知识，拓宽了视野。

联合学生资助中心，推出“真人图书馆”走进书院系列活动，搭建起优秀示范引领平台，使学生们近距离接触传说中的“男神”“女神”。活动邀请学校历届的十佳青年、自强之星、国家奖学金获得者等杰出青年来到书院，为同学们讲述自己的经历与心得，展开交流学习。全国大学生自强之星提名奖获得者、天津大学第二十二届十佳杰出青年获得者、建工男神——孔凡冬，连续两年获国奖、120 周年校庆之际获“北洋英才奖”的材料女神——裴继琰，第二十二届十佳杰出青年获得者，材料学院 2016 级直博生——蒲博文，书香驿站第一任副站长，新式教育机构 dream class、北洋商会、楠叶子创意文化工作室创立者——王永涛等都是“真人图书馆”的嘉宾。

为倡导健康良好的生活状态，增添青春活力的书院氛围，“书院 + ”平台在促进学生身心健康方面也做出了探索。在 2016 年 11 月水果节之际曾推出三期水果品鉴，通过大众品水果传达健康生活理念；2016 年 12 月，“书院杯”学生毽绳大赛意在鼓励学生走向户外，锻炼健康体魄；2017 年 3 月份开始的“书院杯”篮球计时投篮比赛，调动了书院住宿学生的健身积极性，促进了学生的身心愉悦。据了解，各书院将继续增加大众微型健身设施、设备等，将健康、运动的生活理念融入书院。

目前，书院“红色引领”育人平台在积极筹备建设中，旨在充分发挥学生党员的作用，对书院内的党员宿舍、党员床位进行挂牌标识，亮明身份；接受监督，发挥作用，促进营造文明宿舍文化，从而实现学生的自我管理、自我服务和自我教育。

除此之外，各书院还积极与学校兴趣类社团合作，开办具有本院特色的活动，展现各自独特的风格。重视生活情调的诚园成立了属于自己的音乐室，并筹划举办学生厨艺比拼；学术气息浓厚的修园则成立了心理减压室和科技工作室，为书院的学生提供便利。传统文化展示、读书分享、魔术表演，书画展览等活动也相继走进各书院。

天津大学书院制的推行有利于更大程度地共享信息和整合利用资源，打破了学院壁垒，极大地丰富了学生的生活，为学生们提供了更加舒适、便利的学习生活环境。

（十）南开大学

南开大学是“学府北辰”之一，正式成立于1919年，是文理并重的全国重点大学之一。南开大学坚持“允公允能，日新月异”的校训，弘扬“爱国、敬业、创新、乐群”的传统和“文以治国、理以强国、商以富国”的理念，以“知中国，服务中国”为宗旨，以杰出校友周恩来为楷模，作育英才，努力建设世界一流大学。学校现有全日制在校学生27621人，其中本科生15862人。

南开大学现设有5所书院：第一智慧书院，第二智慧书院——穆旦书院，第三智慧书院——伯苓智慧书院，第四智慧书院——图灵书院，第五智慧书院——妙悟书院。南开大学智慧书院是构建“师生共同体”的模式之一，融合书院制育人理念和学业指导核心思想，将专业教师与学生紧密联结在一起，营造开放、包容、支持、引导的成长氛围，致力于打造全新的师生交流沟通平台。智慧书院以智慧平台为支撑，由跨学科师生组成并充分发挥学科交叉优势，汇古、今、中、外于一处，融浸、养、熏、育为一体，化学问探究和人格养成于一身，努力营造全员育人氛围从学业规划、学习指导、职业生涯和人生目标等方面给予学生全方位指导。智慧书院由学校教务处负责统筹规划，相关学院负责具体建设实施，采取组织网络化、活动实体化、学习智慧化的运行模式。

1. 第一智慧书院✲

南开大学第一智慧书院成立于2019年，是践行“师生共同体”育人理念的实体平台之一，是贯彻落实南开大学一流本科教育质量提升计划，也是“南开40条”的具体举措，是体现南开大学“三全育人”特色的非实体校级组织。第一智慧书院突破传统学院、专业框架，依托智慧平台，将不同学科师生紧密相连，发挥学科交叉优势，在现有学业指导体系基础上构建线上线下协同推进、更加完善的师生共同体。书院从学业规划、学习指导、职业生涯、人生目标等方面给予学生全方位指导，帮助学生全面发展。

第一智慧书院挂靠旅游与服务学院，作为南开大学智慧书院试点单位，书院现有导师12人，学生94人；2020年度新招学生100名，允许有意愿的第一批次学生在培养周期满后继续留院，学生总人数控制为120人。书院将师生比控制在1∶10以内，学生进入书院后将通过随机分配的方式分为10个小组，各小组由一名导师辅导。书院以一年为培养周期，实行“12位导师指导100名学生，1位导师辅导10名学生”的整体培养＋小组培育的运行方式。

第一智慧书院的核心特色为国际化视野提升与跨文化能力培养。在此特色下，书院在运行过程中探索师生共同体构建，促进师生、生生互动与联合。书院旨在构建跨学科、跨院系的“三全育人”培养体系，以“学生紧起来，教师动起来”为抓手，实现“去迷茫、长才干、立公能、作贡献”的培养目标；以南开大学育人传统为起点，以学生需求为导向，以“专家把脉、师生合力、智慧协同、消除迷茫”为抓手，提供全新的师生交流沟通平台，助力所有学生成人成才；以学业指导为核心，形成由专题讲座、学业规划、服务学习共同组成的名师点津、导师指导、朋辈互助于一体的线上线下协同发展的“师生共同体”。

书院以信息化数字技术为支撑，采取组织网络化、活动实体化、学习智慧化的育人模式，采取线上班级、线上课程、线下辅导、线下活动的运行方式，充分发挥智慧平台的“联络功能”，提高工作效率。线上班级：由师生共同组成，通过师师交流、师生交流、生生交流，促进师生交流，构建师生共同体。线下辅导：包括读书会、师生共同体活动（导师面对面、学习辅导、朋辈交流）等。线下活动：包括每月专题讲座、文艺欣赏、跨文化交流、服务学习实践等。线下活动分为书院层面主题活动，每月组织一次，以及小组层面活动，由各小组随机组织。书院通过精心设计并开设线上课程与线下专题讲座，举办丰富多彩的文艺欣赏、文化交流、服务学习实践等活动，使书院学生感到学有所得、习有所悟，通过文理融合达到自我重塑的目的。

智慧书院以培养全面发展的人为目标，探索构建一种在知识学习的同时，扩大有意识的，有老师引导的，具有师生共同体特质的学习、生活、发展模式，探索智慧书院的浸、养、熏、育的功能，以培养视野开阔、主动发展的优秀人才。南开的智慧书院以成为新时代书院制的创新范本为发展前景，希望为全面发展的拔尖创新人才培养提供有益经验。

2. 第二智慧书院——穆旦书院✽

南开大学穆旦书院挂靠外国语学院，目前包括来自外国语学院、文学院、数学科学学院、物理科学学院、公共计算机教学部等校内单位导师 10 人，并将根据情况聘请校外社会导师若干名，每年招生 100 名左右。书院将采取线上与线下相结合的方式开展活动，培养周期为 1 个学年，学生毕业后将获得书院颁发的限量版徽章以及个人成长纪念册。1 学年结束后学生可选择继续留在书院或自愿退出。

南开大学穆旦书院依托外国语学院特色，以全人教育为宗旨，打造以学为主，教学相长的“师生发展共同体”，推动学科交叉和多元融合，致力于将学生培养成专业知识精湛、人文素养深厚，具有国际视野、中国情怀和南开品格的新时代社会主义建设者和接班人。书院的主要活动和特色包括以下几个方面。

教师引领：书院将通过“i 讲座”“i 研究”“i 分享”“i 探索”等形式，充分发挥书院导师或专业学院教师在各自领域的专业优势，呈现不同领域、不同学科、不同专业的经典议题与新兴热点，扩大学生对不同专业知识的了解和掌握，形成跨学科视野，促推学科融合，助力复合型人才培养。该类活动线上与线下相结合，书院学生不分专业皆需参加，每学期举行 3 ~ 5 次。

朋辈协同：充分吸收优秀博士生、硕士生和高年级本科生成为朋辈导师，发挥其在学习、生活、就业等方面的经验优势，通过经验交流会、心得分享会、读书报告会等形式，促进学生协同发展。该类活动线上与线下相结合。其中，线上主要在书院的飞书平台举行，学生就所遇到的学习、生活、思想等方面的问题在飞书平台以公开或私聊的方式与朋辈导师沟通。线下以“i 交流”“i 分享”“i 阅读”等形式举行，每月组织 1 次。

导师有约：导师有约包括线上和线下两种形式。其中，线下以师生恳谈会为主，组织书院导师或聘请专家与书院学生进行理想信念、人生规划、生活困惑、学业辅导、就业建议等方面的讨论和交流。线上则主要依托飞书平台，建立若干有特定目标和任务的师生朋友圈。以每位指导教师为群主，学生自主加入至少一个互动群，建立全天候的线上师生互动机制。导师线上引导不受时空限制；线下则主要以恳谈会、班会的形式举行，每两月 1 次。

外语特色：以旁听的形式向书院学生开放部分外国语学院的外国语言、外国文学和外国文化课堂，提升学生的跨文化交际能力和丰富学生的国际文化知识，吸纳书院同学参与外国语学院的品牌第二课堂活动，如南开大学外语节、南开外文剧社、口译训练营、毕业双选会等活动，彰显书院的外语特色。

学生自组织运行：书院在充分发挥导师引领的同时，积极促成学生自组织运行机制，导师讲座、朋辈经验交流会、朋辈心得分享会以及书院日常的组织与运行主要由学生管理团体负责，锻炼学生的组织能力、管理能力、沟通能力、协同能力以及发现问题、分析问题和解决问题的能力。

3. 第三智慧书院——伯苓智慧书院✽

南开大学伯苓智慧书院挂靠物理科学学院，将由建有伯苓班的物理科学学院、数学科学学院、化学学院、生命科学学院和经济学院轮流主办。书院每年计划招生 110 人，其中，主办学院 30 人，其他学院各 20 人，按照生师比 10:1 配备导师。同一届所有学生毕业为一个培养周期。

以习近平新时代中国特色社会主义思想为指导，深入贯彻党的十九大精神，落实全国教育大会精神，根据《教育部关于加快建设高水平本科教育全面提高人才培养能力的意见》等相关文件精神，深入实施基础学科拔尖学生培养计划 2.0，加快培养基础学科拔尖人才。

坚持立德树人，以体制机制创新和教育教学改革为重点，强化使命驱动，注重大师引领，创新学习方式，提升综合素养，促进学科交叉、科教融合，建设基础学科拔尖学生培养一流基地。利用现代化信息技术，探索新时代书院制，汇数理化生经于一处，融浸、养、熏、育为一体，化学问探究和人格养成于一身。探索特色化管理运行机制，实现教授、专家治理与专业管理团队的有机结合，实现教学管理灵活高效，实现与校内外相关机构的顺畅对接。促进基础学科拔尖学生培养基地建设，助力拔尖学生健康成长、成才。

书院以信息化数字技术为支撑，采取组织网络化、活动实体化、学习智慧化的新型书院模式。书院通过人性化的内容设计和现代化的沟通手段，采取线上班级、线上课程、线下辅导、线下活动的运行方式，充分发挥智能平台的“联络功能”，提高工作效率。

4. 第四智慧书院——图灵书院✽

图灵书院作为新型书院的探索，依托计算机学院和网络空间安全学院，聘请电子信息与光学工程学院、医学院、环境科学与工程学院、化学学院、数学科学学院等学院骨干教师作为导师，面向全校招生，努力打造全校范围内的“师生共同体”。书院每年度招收100名学员，培养周期为1个学年。

书院为非实体机构，实行院长负责制，设院长1名，由计算机学院院长袁晓洁教授担任。在计算机学院设立综合办公室，负责书院日常运行与事务管理。

图灵书院探索以智慧平台为支撑的新型书院制形式，建设由跨学科（包括电子信息与光学工程学院、软件学院、数学科学学院、统计与数据科学学院、环境科学与工程学院、化学学院、物理科学学院、人工智能学院等）师生组成的智慧书院，围绕计算科学及其在各学科应用为主线，构建线上线下协同发展的“师生共同体”，从学业规划、学习指导、职业生涯、人生目标等方面给予学生全方位指导，发挥学科交叉优势，营造全员育人氛围，创新本科生培养举措。

线上部分：将通过微信、自建平台等方式提供实时在线沟通环境，实现师生共驻虚拟网络虚拟环境，实时交流思想、答疑解惑，构建科研和教学学业指导两类不同的指导体系，在教师队伍上，将搭建两支不同类型的教师团队，分别为科研型与教学型。科研型教师团队侧重对学生的学术指导，教学型团队侧重学业指导。通过定期举办的研讨会、交流会、学业问题答疑会等形式的线上活动，提高学术与学业指导的便捷性、灵活性和生动性，增进与学生的沟通和互动，实现互相学习、教学相长、共同进步的目的。

线下部分：将依托学术报告、特定场所面对面交流为主体，定期组织线下师生共同体活动。定期举办学术报告、学术研讨和导师工作坊，安排学生与教师面对面沟通，更加直接明了地解决学生在学习与生活中的问题，增进师生感情，活跃学术氛围。对学员进行分组，指定命题，供学员选择，培养高精尖科技尖子兵。

5. 第五智慧书院——妙悟书院✽

南开大学妙悟书院挂靠文学院，是以文化传承、文化创新与新文科人才培养为宗旨的创新型教学组织。书院以"妙悟"为名，一则体现人文艺术之特色，二则体现学科贯通之目标，引导学生思考人文与技术、文化研究与文创传播、思辨与实践之多样化、前沿化问题，开展研习实践相结合的创新性教学活动。书院规模为 100 人，以学术研讨与工作坊等创新型教学项目与课程为主要培养方法，培养周期为 1 学年，面向南开大学各专业在校学生开放，立足于传统文史学科与创新技术的融合教育。

书院旨在培养有志于传承优秀传统文化、能够立足本土文化资源开展创新活动、有兴趣探索新技术环境下文史研究新方法的青年学生。通过人文艺术领域的研习，引导学生思考传统文化的特色、价值与现代传播，人文与技术融合发展等一系列问题，培养自省、思辨的思维习惯，形成开阔、包容的学术视野，完善认知框架，强化创新实践的能力。

书院设定学业咨询辅导、经典研习、研学考察、创新工坊等项目与活动，立足传统与现代人文艺术经典，开展研习与讨论；组织以学生为主导的、多学科交叉融合的创新项目与活动。

（十一）天津工业大学

天津工业大学成立于 1912 年，位于天津市。学校办学历史悠久，最早的学科始建于 1912 年，1958 年开始独立办学，原名河北纺织工学院，1968 年更名为天津纺织工学院，2000 年更名为天津工业大学，2017 年入选国家"双一流"世界一流学科建设高校，是我国最早开展纺织高等教育的学府之一，现已发展成为一所以工为主，工、理、文、管、经、法、艺、医协调发展的多科性工业大学。学校下设 20 个学院，现有全日制在校生 28000 余名，其中本科生 24000 余名。

天津工业大学秉承"教研相长、学能并进"的办学理念，光大"严谨、严格、求实、求是"的校训，弘扬"爱校尚德、励学笃行、求实创新"的学校精神，着力培养胸怀经纬、求真务实、品高学优、工勤业精，具有创新精神的应用型高级专门人才。

天津工业大学现设有博雅书院 1 所书院。

博雅书院✲

博雅书院成立于2018年11月，在挖掘传统书院的育人特质，考虑该校人才培养的历史与现状，结合书院所能选定的图书馆的空间布局，汲取兄弟院校书院建设的经验，构筑了以“博、雅、慧、行”为引领的书院布局及培养模式。

博雅书院设有博园、雅园、慧园、行园四个园区。博园，以培养学生胸怀广博、知识广博、眼界广博为本；雅园，以培养学生举止文雅、气质优雅、情趣高雅为宗；慧园，以培养学生具有灵心慧性、慧心巧思、秀外慧中为目标；行园，以培养学生嘉言懿行、学行修明、笃行慎行为指向。

博雅书院服务面向该校全体师生，更关注于学生的成长成才。目前书院有40位教师，分别来自清华大学、天津工业大学、天津师范大学等高校以及言嘉文化传播有限公司、天津鸿程同创文化传播有限责任公司等社会机构。博雅书院设置18个分园，其中包括服装设计工作室、视觉传达工作室、朋辈读书会、智能车创新实验室等，为师生提供多处学习提升场所，有利于全面发展。博雅书院自成立以来受到学校和社会多方关注，青岛大学浮山书院、湖南大学岳麓书院等多所书院都曾前来考察调研。此外书院积极实行线上与线下共同发展模式，线上建设博雅书院网站，与超星公司搭建学习平台沟通协调，线下大力开展各项活动。自2019年9月4日运行以来，博雅书院已经举办了40余场活动，其中包括师生插花、党日活动和传统剪纸等活动，通过丰富多彩的活动提升学生在博、雅、慧、行方面的修为，助力“双一流”人才培养目标的实现。

书院坚持“育人为本，德育为先”“全方位育人”理念，通过讲座、课程、沙龙、训练营、工作坊等丰富多彩的活动载体进一步提升学生在国学经典、琴棋书画、诗词歌赋、艺术品鉴、哲学思辨等方面的素养，逐步将书院打造成传统文化“双创”的平台，中外互鉴、开放包容的文化气质的塑造平台，学生自我发展与自我管理的实践平台，健全人格塑造的实践及检验平台，全过程全方位育人的示范平台，助力学校“双一流”人才培养目标的实现。

（十二）天津体育学院

天津体育学院是一所以教育学为主，管理学、文学、艺术学、理学协调发展的，由天津市教育委员会主管的公立普通本科院校。学校成立于1958年8月，1979年开始招收硕士研究生，1986年获得硕士学位授予权。2003年学校被教育部正式批准为“开展联合培养博士学位研究生工作单位”。2013年7月，学校成为“博士学位授予单位”。学校秉承“学贵立德，动必有道”，现有全日制在校生 6075 人，其中高职生 375 人，本科生 5247 人。

天津体育学院现有墨盾书院 1 所书院。

墨盾书院✿

为全面落实党的教育方针，扎实推进学校思想政治工作，创新人才培养和管理模式，不断提高人才培养质量，天津体育学院于 2019 年正式成立墨盾书院。

墨盾书院采用全新的培养模式和独特的管理模式，是以学校“一校一品”建设项目“墨盾大队”为基础而成立的书院，由退伍军人与品学兼优的在校生构成。书院面向全校学生择优选拔，实行集中住宿和军事化管理，进行精英培养。书院以军事、体育、国防、社会、实践等模块为教育特色，独立设置课程，兼顾专业教育的同时突出军事教育。墨盾书院秉承墨家“兼爱、非攻、博爱、和平”的思想，既弘扬中华优秀传统文化，又契合学校教育实际。书院每年都有新成员加入，每年也有成员应征入伍，这也确保了学校每年的预征兵率较高，能够高质量完成征兵任务。

书院优化教学、科研资源配置，实行全员全程导师制；增设墨盾通识教育模块，回归人文素养的基本面，单独编班授课，培养复合型人才；激发学习自主性，锻炼研究、分析和处理问题的能力；除课堂教学外，通过英语角等形式，增强英语阅读、研讨、实践的能力；完善宿舍内设备配置，学生享有相对独立、比较优越的住宿条件，加强社区文化和品牌社团建设，提供各类共享功能区域。

同时书院聘请一流师资为书院学生授课，以小班授课、小班研讨为特色。按比例选聘优秀教师作为学生的学业导师，实施全程导师制，学业导师会定期与学生进行学术交流与探讨，为学生的学业发展给予最直接的指导。书院为每一级学生选聘 1 至 2 名助理导师，进行朋辈指导，配备常任导师，负责学生的思想政治工作和管理工作，配备社会导师，帮助学生把握新时代各专业领域脉搏。五位一体的师资阵容为学生成长带来全面保障。

书院还设立专项资金，资助学生的学术交流活动，推荐部分优秀生到国外一流大学研修。书院鼓励举办各类读书沙龙、文化参访、郊游踏青、社团组织、暑期社会实践活动等，丰富学生的业余生活，拓展社会视野。书院单独划拨书院学生奖助贷勤补减等资助名额，成立学生党支部和团总支，发挥党支部战斗堡垒和资助育人的作用，切实保障学生的健康成长。

(十三)中国民航大学

中国民航大学成立于1951年,是中国民用航空局直属的一所以培养民航高级工程技术和管理人才为主的高等学府,是中国民用航空局、天津市人民政府、教育部共建高校。

学校的前身是1951年9月成立的军委民航局第二民用航空学校,由毛泽东主席亲自任命方槐将军为校长,周恩来总理亲自选定校址,1981年更名为中国民用航空学院,2006年5月30日,更名为中国民航大学。学校坚持社会主义办学方向,坚持以立德树人为教育之本,秉承"立足民航,服务社会,面向世界"的服务面向,弘扬"严实向上"的校风和"笃学、精博、严谨、创新"的学风,不断强化"崇尚严实、致能致用"的办学特色,以"严、实、能、用"为教育理念,致力于培养高素质、国际化、复合型的高级工程技术与管理人才,努力建设成为高水平现代化教学研究型大学。学校现有在校生28000余人。

中国民航大学现有天问书院1所书院。

天问书院✿

天问书院之"天问"旨在传承与发扬屈原千年名作《天问》上下求索之精神。我国民航事业精诚服务社会,扎根大地;确保安全飞行,展翅向天,亟需上下求索之人才。"书院"意借传统书院文化概念,劝学问道,务求愤启悱发,不仅以授知识为责任,更以修德行为使命。在认真履行既定培养方针的同时,搭建教学相长、切磋琢磨的平台,以激发学生自主学习、创新思维的能力。走进法学院,走进天问书院,民航事业的法律与安全两翼会更强大。

天问书院是在学院之前创办的"天问大讲堂"文化品牌基础上发展而来的,今后学院将在"天问书院航空法论坛""天问书院国学馆""天问书院博士学术沙龙""天问书院学生诗社""天问书院国际论丛"等板块不断拓展,打造新时代中国民航大学特色的校园文化品牌。

(十四)河北大学工商学院

河北大学工商学院创建于2001年,位于保定市河北大学新校区,由科技教育园区和坤舆生活园区两部分组成。学院以培养面向服务京津冀发展高素质应用型人才为目标,是目前河北省创办最早、办学规模最大、特色最为鲜明的综合性学院之一。学院目前设有理工学部、人文学部、经济学部、管理学部及国际文化交流学部等

5 个学部，59 个本科专业，有全日制本科生 7700 余人。

河北大学工商学院的发展经历河北大学实验学院（2000.5—2001.7）、河北大学城市学院（2001.7—2003.4）、河北大学工商学院（2003.4 至今）三个时期。河北大学工商学院的母体学校河北大学，是教育部与河北省人民政府“部省合建”、河北省人民政府和国家国防科技工业局共建的重点综合性大学，也是河北省重点支持的国家一流大学建设一层次高校。

河北大学工商学院是河北省第一所推行住宿书院制的高校。所谓的住宿书院制是把学生的学习与生活结合为一的师生共同体，也是校园内的一个学习社区，是实现通识教育（素质教育）和专才教育相结合，力图达到均衡教育目标的一种育人模式。它能够把学生宿舍区由学生单一休息场所转变为文化育人环境，转变为师生共享的交流空间，转变为学生自我管理、自我教育的成长平台。经过六年建设，书院已经基本形成诗意栖居的“一站式”学习型服务型创新型社区。

河北大学工商学院现有明德书院、笃学书院、致用书院、治平书院、诚行书院等 5 所书院。

1. 明德书院☆

明德书院成立于 2013 年 8 月，以人文学部为依托，涵盖新闻传播学类、艺术设计学类、戏剧与影视学类等 8 个专业 3000 余名学生。“明德”二字取自“大学之道，在明德，在亲民，在止于至善”。以“明德”为书院命名，就是希望大学生继承和发扬中华民族传统文化，时刻把品行修养放在首位，塑造健全人格，做中国传统人文情怀和当代科学素养兼备的新时代大学生。

书院建设文化标识体系，“博学、砺志、创新、至善”等一批体现书院特色的文化标识装点了公寓门厅、走廊和楼宇框架，成为校园内的独特风景，校园文化品位进一步提升，文化内涵已深入学生心中，文化育人的功能正在逐步显现。

书院积极拓展文化活动空间，为学生党团活动、学生组织开辟专门的空间，建立党团活动室、微电影工作室、自习室、休闲室等一批极具特色的功能室，促进学生社团活动、科技文化活动发展，学生参与活动更加积极，自我发展的意识显著提升。

书院以专业特色为基础，积极打造品牌活动，浓郁校园文化氛围，吸引了大批学生包括外国留学生参加，形成了“中华经典诵读”、“汉韵华裳”汉服体验、“大学生记者节”“模拟法庭”“新闻达人秀”“人学生广告节”“赢在校园”“苍鹭音乐节”“成人礼”等 50 多个活动品牌。书院大力开展通识教育，面向学生开设了人生哲学、大学生现代礼仪、大学茶文化等多门通识课程，帮助学生形成基本的人文素养、文化视野和精神感悟，提升学生文化修养。书院也积极开展创新创意大赛活动，使更多学生了解了创新的积极意义，增强了创新意识，提高了综合能力，为创新思维在校园中的发展奠定了基石。

2. 笃学书院☆

笃学书院成立于2013年7月，以理工学部为依托，涵盖计算机科学与技术、电气工程及其自动化、光电信息科学与工程、通信工程、电子信息工程、土木工程、材料化学、测控技术与仪器、机械设计制造及其自动化等19个专业3000余名学生。书院以"笃学"命名，不仅体现了对河北大学校训"实事求是，笃学诚行"的继承和发展，更承载了国家领导人对当代大学生的要求与期望。笃学书院与时俱进、任重道远，致力于培养努力学习、勇于探索、知行相辅、自律自强、明晰真谛的合格人才。

笃学书院，秉承"勤学、修德、明辨、笃实"的院训，设计了一批体现书院特色的文化标识，建设学生党团活动、学生活动室、蓝海工作室、成长驿站等功能室。书院根据学生需求和专业特点，成立笃学书院互助学习中心，招募在校研究生、奖学金获得者及某一学科成绩优异的学生为志愿者，学习困难学生可以在固定的课余时间到互助学习中心寻求帮助，或以班级、自由组群或个人名义预约一对多或一对一辅导。

书院根据专业特色，以学习型社团为基础，以实践团队为核心，以科技竞赛为抓手，着力培养学生的实践、创新能力。书院创建了软件创业中心、嵌入式系统协会、化学学习兴趣小组等专业组织，精心指导和组织学生参加全国、全省性的各种科技竞赛，努力为学生科技创新搭建平台。

书院科技节除了相关科技竞赛的开展，还包括科技作品展示、走进企业、科普进小学、科普进社区等多个环节，让学生成为科技节的主角，感受自己的脉动，感受科学的温度。

为了丰富书院活动，提高书院内涵，书院凝练有体系的"家"文化，号召学生们以团委为家、以班级为家、以宿舍为家，家有可为、家有可观。书院制改革为公寓安全工作创造了有利条件。书院层层落实安全责任制，辅导员的工作渗透到每一个楼层、每一间宿舍，并专门成立安全教育办公室，推进校园安全，共创美好校园环境，向学生们宣传安全知识，提高防范意识，并配合学校安全工作，成为学部与学生之间合作沟通的桥梁。

3. 致用书院☆

致用书院成立于2013年7月，以经济学部为依托，涵盖国际经济与贸易、经济学、金融学、税收学、统计学、保险学、财政学7个专业2500余名学生。院名取自“学用结合、学以致用”，意在坚持马克思主义学风，实事求是，学以致用，将理论与实际、学习与运用、思想与行动相统一，充分发挥解放思想、集聚智慧、推动创新的作用，培养出德才兼备、追求真理、勇于创新、全面发展、知行统一、脚踏实地的新一代大学生。

致用书院建设“树经天宏志成大器，竟济世伟业做栋梁”等书院文化标识体系，在宿舍楼内设立自习室、心理咨询室和就业创业中心、会议室、淑女堂等功能室，为学生们提供更好的学习、生活环境。

致用书院学习互助中心旨在为在校学生搭建一个朋辈学业互助支持平台，在交流互动中解决学习中遇到的实际困难，养成积极主动的学习习惯；为学生创造安静、舒适的心灵沟通空间，通过朋辈引导疏解压力、增强信心，做好学业和职业发展规划；为学生提供考研、就业等方面的咨询，解答学生面临的各种问题。互助学习中心聘请优秀在校研究生和高年级本科生为导师，采取一对一、一对多、多对多和小组讨论等形式，为学生解决学习、生活、心理、就业等方面的各种问题，充实了学生的学习时间，丰富了学习方式，为住宿书院制下学部的学风建设开辟了新的路径。

淑女堂是根据书院女生人数多的特点筹建的，学堂开设“心、礼、美、艺、家”五大模块课程，引导书院女生成为气质与修养并重、智慧与内涵兼备、情感与艺术同修、卓越与魅力交融、独立自强的现代女性。

致用书院会客厅的藏书阁，藏有经济专业、历史文化、道德修养、人际交往等各类书籍，定期举办“读书会”活动，丰富了致用学子的课外生活。书院的爱心超市，不仅平时可以进行“物物交换、爱心漂流”，每年暑假社会实践活动中，志愿者们还可将爱心超市的物品捐赠给贫困地区的孩子们。

4. 治平书院☆

治平书院成立于2013年7月，以管理学部为依托，涵盖旅游管理、电子商务、工商管理、会计学、人力资源管理、财务管理、市场营销、信息管理与信息系统、档案学和图书馆学等10个本科专业4000余名学生。“治平”一词源自《大学》：“身修而后家齐，家齐而后国治，国治而后天下平。”为书院命名“治平”，意在激励学生们以修齐治平的人生理念为支撑，学习与传承中国传统文化中的管理思想，勤奋学习、立德修身、勇于担当，在实现中国梦的伟大实践中创造精彩人生。

书院愿景是推动内涵式发展，贯彻“以学生为中心”的办学理念，促进学生的全面发展，提高人才培养质量，丰富办学内涵。学生工作队伍全部入驻学生公寓，思想教育、成才服务和校园文化建设的主阵地转移到生活园区，形成了做安全、做文明、做文化——“三层布局”交织的工作局面，在潜移默化中立体化、多维度地影响学生的成长和成才。

书院聘有院长，设党务办公室、院务办公室、团学办公室、学业指导办公室、就业创业指导办公室和安全教育办公室等职能部门。

书院坚持宿舍安全层级管理制度。成立安全教育协会，开展公寓安全文明教育，夯实书院制改革基础。成立学习互助中心，选聘专业导师和志愿导师为学习困难学生群体解决在学习中的疑点、难点，从固定服务、预约服务以及专题交流三方面开展育人活动，使互助学习成为培养学生学习自主性、合作性的一种补充方式。

书院建设“平天正心皆兴院，治世修身唯读书”等书院文化标识体系，提升校园文化品位；拓展文化活动空间，提升学生自我发展意识。例如组建治平会计事务所、快递部落物流工作室专业实践实训平台，提升学生自我发展意识。成立 ERP 俱乐部，引导相关专业学生以游戏的方式体验真实的商业竞争，体验企业经营管理之道。组建各类体育俱乐部，引导广大青年学生走下网络、走出宿舍、走向操场，加强体育锻炼，强健身体体质。开展读书会、晨读会等阅读活动，营建学院读好书、爱读书的良好氛围。

5. 诚行书院☆

诚行书院成立于 2013 年 7 月，以国际文化交流学部为依托，涵盖英语、日语、朝鲜语 3 个专业 490 余名学生。“诚行”一词源于河北大学校训，意为诚实做事。为书院取名“诚行”就是希望学生们牢记校训精神，以诚实守信的态度对待学业、职业和人生，尊重世界文化的多样性，以弘扬和传播中华民族传统文化为己任，为促进世界文化交流与融合作出应有的贡献。

书院门口“汇天下文化融世界、聚国际视野通时空”的楹联诠释了诚行书院的人才培养理念；“我们的足迹”文化墙记录着毕业学子游历世界的精彩回忆；大厅正中悬挂由毕业生设计制作的书院 LOGO，象征和平的橄榄枝环绕着整个地球，也寓意着对世界和平、文化共融的祈盼；“诚行书吧”书籍资源丰富，供书院学生自由借阅，在培养学生良好阅读习惯的同时丰富了书院文化建设；“我们从这里了解世界，世界通过我们了解中国”，是诚行书院所有师生的目标和追求；由书院老师指导，学生参与制作的“Globle View”文化长廊展示了书院丰富多彩的活动、学生所获荣誉及世界各国风土人情；互助学习中心、日韩文化室、咖啡小屋等功能室，为师生开展国际文化学习交流活动提供了空间和平台，使师生、空间与教育内涵有机结合，浓郁了书院育人的文化氛围。

围绕着学生综合素质提升，诚行书院积极打造独具特色的品牌活动和书院文化，营造书院浓厚的学术氛围和文化特色，努力促进学生知识、能力、品格的全面发展。搭建“Globe View”书院文化沙龙、“中韩青年教育文化交流月”、各国访问团志愿服务等平台，逐步拓宽学生的国际视野，深化书院的国际文化交流与合作；开设初级日本语、茶与人生等兴趣课堂，为学生与专业教师、外教、留学生提供专业交流的平台，促进学生的专业成长；打造国际交流创意文化日、英语文化节、诚行下午茶、诚行讲堂等品牌活动，促进师生的广泛交流，提升学生的文化素养，使书院文化深深扎根于学生心中；不断拓宽实习实践基地建设，引导学生用德行、用专业服务社会，在社会教育中成就全人品格。

书院开展丰富多彩的特色活动，如读书月系列活动、趣味运动会、支教活动等，并搭建学生实习实践平台。

（十五）邯郸学院

邯郸学院位于河北省邯郸市，是教育部批准的全日制公立普通本科院校。其前身是1905年成立的邯郸县初级师范学堂，1945年改为冀南区邯郸中学，1950年更名为河北省立师范学校，1982年升格为邯郸师范专科学校，2004年5月17日，经教育部批准改建为本科院校，并更名为邯郸学院。学校建有19个二级学院，49个本科专业，现有全日制本专科在校生16180人，成人学历教育在籍学生13944人。

邯郸学院秉承“赤心奉业”的核心理念，以“心”文化为灵魂，用心做人、用心做事、用心教学、用心读书、用心回报社会，弘扬“殚心真知、热心事业、甘心奉献、善心待人”的邯郸学院精神，践行“潜心养德、倾心修能、用心践行”的校训，培育爱心育人、专心学业、精心管理的优良校风，全心全意立德树人，一心一意服务社会，担负起“同心培养仰望星空、脚踏实地的人才”的办学使命。

邯郸学院现有劝学书院、启航书院等2所书院。

1. 劝学书院☆

邯郸学院于2016年4月9日成立劝学书院。书院得名自古代著名教育家荀子《劝学》篇，以劝学“为师之道”为宗旨，院训是“博学、笃行、乐教、善教”，院风是“探究、进取、和谐、友爱”。

劝学书院汇聚校内外教师教育名师专家学者担任导师，优选教师教育专业学生为培养对象，在第一课堂教学以外，建设了“卓越教师”专业发展基地。劝学书院为有志于从事教育事业的优秀师范生搭建了以培养卓越教师为目标，在导师指导下与第一课堂教学互补的自主研修社区。

劝学书院的办院目标是“理论、实践一体化，课内、课外一体化，教学、教研一体化”，办院理念是“以作为学、以学为教”。

劝学书院的培养目标是“ABCD +X”，其中“A”是指理想信念，“B”是指道德情操，“C”是指扎实学识，“D”是指仁爱之心，“X”指专业特色。“ABCD”是培养目标的共性，“X”则是培养目标的个性，是人才培养的专业特色。其具体目标为培养人格健全、品德高尚、综合素质优良、专业基础厚实且特长突出、有较强教育教学实践能力和拓展潜力、富有创新精神、乐教善教的研究型卓越教师，并有能力成长为未来教育家。

书院实行院长负责制、导师责任制，设院长 1 人、副院长 2 人、导师 10 人、副导师 20 人，同时兼顾学科导师。

书院下设办公室，办公室设在教师教育协同创新中心，以逸夫楼微格教室为主体，建设书院研修社区，包括导师办公室、资料室、自修室、活动室、李守诚工作室、名师工作室等。研修社区为学生提供师生心灵交流、思维碰撞、潜能拓展的平台。

每年 9 ~ 10 月从在校大学三年级全日制本科生中选拔认同书院人才培养理念，道德品质优、学习成绩好、综合素质高、特长爱好广、发展潜质佳、有志于从事教师教育工作的 50 ~ 70 名优秀学生加入劝学书院。选拔方式为学生报名、二级学院推荐、书院面试。学生分三个学期自主选择进入相应的学业团队。

根据学生兴趣特长和发展需要，按照个人申请、导师选择的程序，书院审批、组成学业团队，按照学习活动规定时间、活动内容安排定期开展学业活动。学业团队将根据学生发展的实际情况，采取动态管理办法。

建立劝学教育书院学生档案，突出过程性评价，科学、准确地考核评价学生的学习成绩。符合《优秀学生标准》者，颁发《劝学教育书院优秀学生证书》。不符合劝学教育书院学业团队要求的学生劝其退出，也可自愿退出。

书院设计四个学期的活动模块，分别以教师信念、青春校园、思想启迪、从教风采、才艺拓展、回报社会、实践创新和入职强化等为主题逐步实施。书院的活动形式包括李守诚工作室活动、名师工作室活动、思想沙龙、一线教师专题报告、人生导航讲座、读书报告会、小组研讨、教师技能比赛、才艺展示、访谈考察等。特色活动包括“谈教师的信息技术素养”专题讲座、“教师教育专业知识”系列讲座等，通过讲座讲授教学方法，为学生进入中小学实习，做好了前期的准备，如教师资格证考试、教师入编考试以及进入教学一线需要的前期铺垫。

2. 启航书院☆

邯郸学院于2016年4月9日成立启航书院。启航书院中“启”字取开启、启发之意，“航”字取航行之意，“启航”寓意整装待发。启航书院通过导师制、专业社团和开放实验室等方式成为学生梦想启航的地方，培养未来卓越的应用型人才。

书院秉持教学综合改革和转型发展，探究适应地方经济社会发展需要的工程技术人才培养之路，推进人才培养模式改革，提高人才培养质量，培育卓越的应用型人才。发展重点侧重为项目实践，通过实践项目充分锻炼学员动手能力，按照卓越工程师的标准培养书院学员。书院目前有网络系统集成、电子系统设计、物联网系统设计、移动互联网开发、物流电商5个项目方向，每个方向配备对口导师。

书院从做人、能力、知识三方面考察学生，培养政治素质过硬、人格健全、体魄健康、人文素养优秀、职业道德修养优良、工程技术突出、有较强工程实践能力和拓展潜力、富有创新精神的卓越信息类工程技术人才。

书院实行院长负责制、导师责任制，设院长、副院长，下设办公室，办公室设在教师教育协同创新中心。书院设导师团队、学业团队。

完善的导师制是邯郸学院书院制建设的特色和关键。书院聘任导师包括学业导师、团队导师、专业导师、文化导师和行业导师。学业导师由学术造诣深、有较高的人格魅力和影响力的专家、学者或校领导担任，每学期集体指导不少于2次，为学生作讲座或报告不少于2次，并根据学生的需要对学生进行个别指导。团队导师由讲师及以上职称或硕士以上学历、从事相关专业课程的教学任务或研究工作、在所属业务领域有一定的学术成果的教师担任。书院为每个团队聘请1位团队导师，集体指导平均每周不少于0.5课时，个别指导每学期每名学生不少于0.5课时。专业导师由中级以上职称或硕士以上学历、从事本专业的教学或实际岗位工作、在本专业领域或岗位有一定学术成果或技术创新成果的教师担任，平均每周指导学生不少于0.5课时。文化导师由所在领域有突出特长的教师担任，按照书院的活动安排开展讲座或指导学生开展活动，以陶冶学生情操，提高学生文化素养。行业导师由对口的行业或企业专业技术人才、具有副高以上专业技术职称、有一定技术创新成果的校外人员担任。行业导师分团队开展指导活动，或来书院开展讲座、指导学生活动等，以对接行业企业岗位的人才需求，培养学生的岗位技术能力。

导师选聘采取自愿竞聘方式。选聘工程技术突出、有较强工程实践能力和拓展潜力、富有创新精神、具备硕士学位及讲师以上职称(包含讲师职称)的邯郸学院教师作为书院导师。书院设立导师委员会，负责导师的选聘、管理、培训和考核工作。导师根据工作职责及参与书院工作情况，建立导师个人工作手册，记录学生面谈、主题班会、走访宿舍、学业辅导、指导学生活动等相关工作内容，书院以此作为导师津贴的发放依据，并定期召开导师工作例会，开展导师交流活动，听取工作汇报，总结导师工作，不断提升导师工作实效。导师考核由书院负责实施，每学期进行一次，考核时提交工作手册，并向导师委员会提交工作总结，在学生、辅导员、导师委员会综合评价的基础上，确定考核等级。考核结果由书院认定并存入教师个人工作档案。学校设置“优秀导师奖”，每学年开展一次书院导师评优活动，获奖教师在各级各类评优评先中予以优先。

书院学员每年 9～10 月从在校大学三年级全日制本科（不包含专科、专接本）中选拔。选拔对象主要为信息技术类的理工科学生，选拔人数 60 人左右，具体分为电子信息工程、计算机网络、物流电商三个方向。各方向导师面试考察确定学员人选。

（十六）华北理工大学轻工学院

华北理工大学轻工学院（原河北理工大学轻工学院、河北联合大学轻工学院）是经河北省政府批准，国家教育部确认，由华北理工大学成立的独立学院。学院位于唐山市，是一所涵盖工、理、经、管、文、法、艺、教等学科的全日制普通本科院校，学院坚持“特色办学，品牌建校”的办学方针，开设 70 个本科专业、16 个专科专业，全日制普通在校生 15000 余人。

学院是教育部“应用技术大学（学院）联盟”会员，坚持以培养具有较强适应能力和较高综合素质的应用型人才为目标，开设专业有环境设计、视觉传达设计、产品设计、戏剧影视导演、表演、英语、学前教育、财务管理、国际经济与贸易、工商管理、机械设计制造及其自动化、能源与动力工程、电气工程及其自动化、计算机科学与技术、软件工程、土木工程、工程造价、社会体育指导与管理等，面向全国 26 个省市招生。

学院围绕落实立德树人的根本任务，以“育人为本、德育为先、知能并重、全面发展”的教育理念为指导，坚持理论与实践并重，成人与成才并举，努力培养德智体美劳全面发展的社会主义建设者和接班人，学院每年举办的“校园之星”等评选活动，表彰在学习、科研、文艺、体育、管理、公益活动、社会实践等方面取得突出成绩的优秀学生，为全院学生树立榜样，促进学生全面发展。

华北理工大学轻工学院现有知行书院 1 所书院。

知行书院☆

知行書院

为推动学院向应用技术型大学转型,2010 年 12 月,华北理工大学轻工学院成立教学机构——知行书院,举全院的优势教学资源,在大众化教育背景下,对优秀学生实施“特色精英教育”。书院现有本科生 600 余名,教职工 22 人,具有博士、硕士学位的教师占教职工总数的 95%。

书院设置信息与计算科学(大数据方向)和信息与计算科学(云计算方向)专业,在全校范围内选拔素质良好的生源,经过系统的信息与计算科学专业(本科)培养,通过参加全国和国际数学建模竞赛、修读双学位或辅修其他专业、硕士研究生入学考试等途径,培养数学功底扎实,具有在工科专业或在数学学科和其他学科进一步深造和发展潜力,或能通过数学建模培训达到将数学学以致用,并具有双学位(或辅修专业)的复合型人才。获选拔的学生组成拓展实验班,简称拓展班。拓展班全程由知行书院管理,实施“统一主修模式、同步选择辅修、强化建模培训和读研深造、进行分流复合培养”的模式。

知行书院以“敏思健行,知行合一”为院训,坚持“以道治学,以道修身”的育人理念,贯彻“敬业、守道、创新”的教学理念,建设“勤奋、求实、创新”的学风,弘扬“开拓进取、追求卓越”的优良传统,从学业任务、学业规划、赛场经验、学问研究、知行合一等 5 个维度强化培养,倡导学生不断提升学业境界,帮助学生认识自己,由任务型大学生向卓越型大学生进取,培养高素质人才。

书院领导设党总支书记兼学部部长、党总支副书记,下设综合办公室及基础数学、专业数学两个教研室,综合办公室设行政秘书、教学秘书、学工秘书、团总支书记及辅导员,各教研室设教研室主任及秘书。

知行书院为教学机构,对学生实施“夯实基础,强化专业”的双重培养。书院对拓展班学生推行导师制,即由一位教师联系几名学生,从选课、学习乃至人生理想道路等方面进行指导。同时,书院承担全院数学课程、政治理论课程、职业核心能力课程、形势与政策和国防教育教学任务,为培养实践能力和创新精神的拔尖人才,开设短期冲刺训练营并多次组织人文知识竞赛等。

知行书院从德育工作、感恩活动、关怀活动、交流活动、礼仪活动、爱心活动、励志活动、文体活动、创新活动等 9 个方面开展全方位的人才培养工作。以学生寝室为重要阵地,开展宿舍学风建设和宿舍文化建设,是知行书院的两大特色。书院采取“宣传动员建学风、端正风气树观念、科学方法抓效率、诚信教育抓考风考纪、立足寝室抓学风”等措施,在寝室中建立有效的学风管理和教育机制。书院高度重视宿舍文化建设，多渠道强化寝室文化建设和寝室育人环境，开展宿舍检查、宿舍征文大赛、宿舍网络视频评比、宿舍装饰大赛、宿舍美化设计大赛等活动，培养学生自我管理、自我教育、自我服务的意识，充分发挥寝室文化对大学生的积极影响。

（十七）太原理工大学

太原理工大学是国家“双一流”重点建设高校。学校前身是创立于1902年的国立山西大学堂西学专斋，是中国最早成立的三所国立大学之一，历经山西大学校工科、山西大学工学院，1953年独立建校，定名太原工学院，直属高教部，1962年归属山西省，1984年更名为太原工业大学。1997年太原工业大学与始建于1958年直属煤炭部的山西矿业学院合并，组建为太原理工大学。学校历经118年传承发展，已建设成为以工为主、理工结合、多学科协调发展的高等学府，是国家“211工程”重点建设大学。学校现有全日制在校本科生30000余名，硕士研究生7000余名，博士研究生700余名，国际学生500余名。

太原理工大学涵盖理学、工学、经济学、法学、教育学、文学、管理学、艺术学等8个门类，设有24个专业学院、1个中外合作办学学院。一百多年来，学校始终秉承“求实、创新”的校训，坚持“以人为本，文体为舟，承载德智，全面发展”的办学传统，彰显“敢为人先、敢于竞争、勇于创新”的精神气质，涌现出一批学术大师、行业翘楚和道德楷模。

太原理工大学顺应高等教育发展趋势，创新人才培养模式，于2017年8月成立基础学院，作为实施专业大类培养的主要载体和创新型人才培养的重要平台。基础学院涵盖全校11个专业大类、53个专业一年级本科生，实施书院制育人模式，进行“通专融合”的大类培养。

太原理工大学现有河汾书院、令德书院、晋阳书院等3所书院。

1. 河汾书院✽

河汾书院，成立于2019年8月。命名源于太原古代书院——河汾书院。

太原理工大学及其前身山西大学堂，源起于河汾书院，承继了三晋文脉，光大了现代文明。“河汾”是黄河和汾水的并称，大儒王通讲学于河汾，名满天下，“河汾门下”，人才辈出。基础学院河汾书院以此命名，彰显了太原理工大学深厚的历史文化底蕴，同时，包含了培养济济英才，服务地方经济社会发展，服务中国特色社会主义建设的寓意。

河汾书院隶属于基础学院，书院党支部隶属于基础学院党总支。书院目前师资配备主要为学工队伍，设置名誉院长1名（由学院知名教授担任），联系领导（基础学院党总支书记）1名，院务主任和副主任各1名，辅导员9名。书院现有学生1800余人，共计60个自然班，其中包括化工和机电两个工科试验班。河汾书院涵盖机械工程类、化学化工类、水利环境与工程类、经济管理类4个专业大类，涉及机械、化工、环工、水利、经管5个专业学院。河汾书院以"尚德、笃行、博学、创新"为院训。河汾书院同令德书院、晋阳书院一样，贯彻"厚基础、宽口径、强能力、高素质"的培养理念，紧紧围绕学院的顶层设计，从知识学习、能力培养、价值塑造三个方面着手，不断丰富完善以立德树人为目标的育人体系，筑牢学生信念基石，夯实学生知识基础，增强学生创新能力，努力培养视野开阔、基础扎实、全面发展的一流人才。

2. 令德书院

令德书院，成立于2019年8月。命名源于太原古代书院——令德堂书院，清光绪九年（1883年）由山西巡抚张之洞创建。1902年初，山西巡抚岑春煊遵朝廷谕旨，将令德堂书院与晋阳书院改设为省会学堂山西大学堂。

太原理工大学前身山西大学堂，与令德堂书院一脉相承，薪火相继。"令德"释义为美好道德，基础学院令德书院以此命名，彰显了太原理工大学深厚的历史文化底蕴，同时，希望新一代理工学子品德高尚，胸怀天下，成长为国家栋梁！

令德书院隶属于基础学院，书院党支部隶属于基础学院党总支。书院目前师资配备主要为学工队伍，设置名誉院长1名（由学院知名教授担任），联系领导（基础学院院长）1名，院务主任和副主任各1名，辅导员10名。书院现有学生1800余人，共计60个自然班。令德书院涵盖资源开发与安全类、地球科学与工程类、电子信息与计算机类、专业培养类4个专业大类，共涉及矿业、安全、信计、大数据、生物医学、轻纺工程、马克思主义7个专业学院。令德书院以"明德、求真、创新、进取"为院训。

3. 晋阳书院

晋阳书院成立于2019年8月。命名源于太原古代书院——晋阳书院。明嘉靖九年（1530年），晋阳（今太原市）首开河汾书院，万历二十一年（1593年），改称三立书院，雍正十一年（1733年），改名"晋阳书院"。

晋阳书院是山西大学堂的前身，也是太原理工大学的源起。晋阳是太原的古称，具有2500余年的建城史，是中国历史最久远的城市之一。基础学院晋阳书院以此命名，彰显了太原理工大学悠远的文化传承和鲜明的地域特色。同时，寓意当代理工人能够传承晋阳两千余年文脉，献身民族伟大复兴！

晋阳书院隶属于基础学院，书院党支部隶属于基础学院党总支。书院目前师资配备主要为学工队伍，设置名誉院长1名（由学院知名教授担任），联系领导（基础学院党总支副书记）1名，院务主任和副主任各1名，辅导员9名。书院现有学生1850余名，共计61个自然班，包括电气工程与土木工程两个工科试验班，涵盖材料科学与工程类、电气工程类、数理科学类与专业培养类4个大类，涉及材料、电气、数学、物电、建工、政法共6个专业学院。晋阳书院以“博学、笃志、慎思、求新”为院训。

（十八）山西农业大学信息学院

山西农业大学信息学院成立于2002年，坐落在晋商文化名城、孟母故里——山西太谷，文化底蕴深厚，区位优势突出，交通网状分布四通八达，目前在校生达1.5万人。山西农业大学信息学院是经教育部、山西省人民政府批准设立的全日制普通本科高校，是一所以信息科技为特色，文、理、工、农、经、管、艺术等多学科协调发展的现代化大学。

学校在山西省内率先实施了书院制改革，成立7大书院，设有10个二级院系、4个教学部，开设有43个本科专业和若干国际合作项目（专业），构筑了具有品牌优势、特色鲜明、适应社会需求、多学科协调发展的学科布局结构。

山西农业大学信息学院以成为中国最受尊崇的民办大学为办学愿景，定位于服务中国崛起的信息产业商学院，人才培养质量成效明显，社会竞争力强，以“完整的人”为培养目标，逐步形成了“乐教、乐学、创造、创业”的校训，按照“内涵建设、特色发展”的方针，通过“商科教育＋完满教育＋通识教育＋专业教育”四位一体的教育模式，以独立的品牌影响力为发展方向，构建本科“MBA”教育生态圈，培养具有专业知识背景的社会中坚力量和领导者。

山西农业大学信息学院现有青藤书院、杏花书院、三达书院、太行书院、无边书院、箕城书院、右岸书院等7所书院。

1. 青藤书院

青藤书院现有学生2348名，涉及7个院系33个专业（除远景学院之外的其他院系均有涉及）。

青藤书院的院名由外国语言文学系英语1501班冀娅楠同学所取，一是借“春天希望、藤树常青”之意，代表深沉和坚毅，青春与活力，期盼每一位学子朝气蓬勃，激发无限潜力，用青春的力量把握未来的希望；二是取意常青藤大学联盟，希望打造常青藤式的精英教育，这也与目前青藤书院“三自青藤打造精英人脉社区”的发展愿景相契合。

书院专注为每一名书院学子提供以“营销力”为核心的“一站式”品牌塑造服务，期待每一名青年学生在大学可以明确定位、改变自己，成为自我设计、自我提升、自我营销的青藤人，做一个阳光自信的幸福传播者，这也是与书院的发展愿景和培养目标相呼应。

在“家”和“家文化”培育及“营销力”塑造的过程中，青藤书院在“三自青藤（自知、自制、自治）”和“三在青藤（学在青藤、乐在青藤、爱在青藤）”的基础上，逐步形成了“5 +4 +3”创新育人体系，即“五大支柱”服务生活教育、“四步走”塑造营销力、“三举措”拓展工作外延。

绿色是青藤的形象、情怀是青藤的名片、青年领袖是青藤的品牌。在青藤，学生将收获社会责任感、快速学习能力、批判性思维、充满热情、持续力、服务力以及最重要的品牌力。

2. 杏花书院✼

杏花书院将以纯真、高贵、有骨气的杏花品质构建独特的书院文化，也寓意杏林成才，倡导书院学子做有情怀、有担当、有骨气的杏花书院人。

杏花书院以培养学生表达力为核心，致力于每一位杏花人表达力的提升，培养文字表达、语言表达、艺术表达等共同提高的杏花人。书院建立“3 +3 +1”工作体系，即通过“家文化、领导力、连接点”三核驱动，围绕“声动杏花、意动杏花、情动杏花”，借助“表达力拓展课表”设计、组织和推进一系列书院活动和书院文化建设，以“表达力树人，搭建杏花育人新圈层”。

3. 三达书院✼

三达书院寓意博雅清馨，三达成人。三达书院以孔子“三达德”为文化基础，用“智”创造未来，用“仁”感恩社会，用“勇”造就辉煌，在青春的砥砺奋进中迈向成人、成才、成功，做一名有志的三达书院人。

三达书院以创造力为核心领导力，以着眼未来可能、主宰时代潮流、彰显青春生命为核心价值观，始终引领积极改变，追求勇于挑战，聚焦创意生成，追求创行落地，创造充满未来元素的三达生活巢，培育极富创造力的三达人！书院以“壹：一生二，二生三，三生万物；家：温暖，活泼，奋进，团结；创：创意，创行，创造”为三维文化，用灵动的思想，宽阔的视野，青春的气息，真挚的情感氤氲三达家文化，依靠富有创意的活动体系，让每位三达学子在充满暖与爱，温与情的环境中实现无限可能的自己。

4. 太行书院

太行書院 TaiHang Residential College

2017 年 10 月 15 日，太行书院正式入驻太行书院 A 栋，书院囊括太行书院 A、B 栋宿舍楼。太行书院作为学校七大书院之一，配合学校“培养未来社会中坚力量领导者”，旨在打造互动的、培养领导力的社区，以协作力为核心，倡导太行三同三互，即同心、同向、同行，互助、互惠、互强，致力于每一位太行人的协同发展，旨在培养具有高度协作协同力的太行人。书院以用行动的力量锻造自己，用协作的精神共创家园，用创新的思维改变未来作为文化理念，其核心价值为育一流的家人，创一流的社区，展一流的青春。

太行书院共建设功能房 11 间，其中有学业导师工作室、太行沙龙间、生涯规划室、演讲培训室、创意工作坊、航模工作室、公益项目工作坊、会客厅、健身房、瑜伽室、咖啡厅等，所有功能房设备齐全，硬件设施完善，使学生在日常活动中同心协力，打开视野，帮助学生提高审美素养，树立积极向上的价值追求，在生活学习中体现当代大学生应有的积极乐观、齐心向上的精神风貌。

太行书院围绕协作力和红色文化，形成了红色太行、协作太行、趣味太行和思享太行四大版块，在四大版块基础上打造出太行吉尼斯、“太行 · 行”团队项目竞赛、城市生存挑战赛、第三课表、青马工作室、红色精神讲习所等品牌活动，光影太行、太行演说家、环球视野、太行夜读等主题活动，一对一面谈、寝室约谈、走访宿舍等常规活动。书院以互动性、表演性、教育性、创意性的一些项目和活动，丰富学生大学生活，培养学生领导力。

为使书院文化更加贴近学生的自我发展、不断繁荣，书院促进不同年级、不同专业、不同背景的学生增进彼此了解，团结互助，共同前行，强化学生对书院“家”的归属感，增加个人自信，增强团队凝聚力，在团队中善言、在活动中齐心、在同行中勇创佳绩。

5. 无边书院

無邊書院 WuBian Academy

2017—2018 学年第二学期，无边书院回归书院社区的形态，寻找无边人共同的“DNA”，以打破固有思维、不断丰富体系架构等，从书院与院系的错位发展、工作思路的阶段有序、平台搭建的特色塑造、文化塑造的渠道举措、资源整合的借力发力等方面有力推进书院发展。书院以“无边三力（关注力、执行力、担当力）”和“无边三创（创造自己、创造喜乐、创造改变）”为核心理念，构建了“公民意识 + 青年信用 + 公益创新”的书院社区责任力培育体系，贯穿学生的大学成长过程。

无边书院不断增添社区氛围，通过青春无边——“学长来啦”、大爱无边——“幸福行动”、视界无边——“星星之观”、极限无边——“挑战我”、灵动无边——“塑造自我”等一系列活动、形成学生喜欢、院系互动、导师交流的新形态。

未来无边书院将依托书院建成的契机，以平台促合作，以合作塑特色，以特色形文化。坚持“两线并重”：一是书院社区化范围内的形成，以“主角塑造计划”推进活动的低门槛、大众化，以工作坊、社团等增加书院活力氛围，以“两进两谈”打通书院情感互动之道，以社区化服务凝练书院“家”文化；二是全力学习构建“公民意识 + 青年信用 + 公益创新”的书院体系，以书院课表推进诚信文化，以社会创新推进公益创新，以公民意识推进思政融合，逐步打造书院纵向培育思路。

6. 箕城书院✽

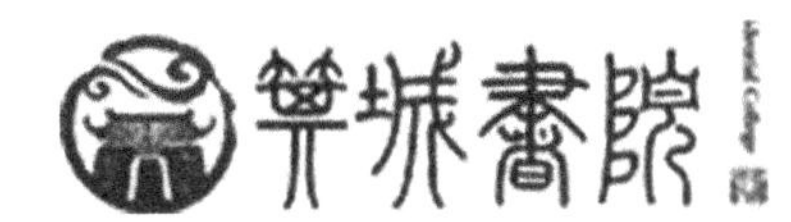

箕城金谷，青春家园。箕城书院以“社区”为己任，以“邻里”为担当，发扬“箕国都城”底蕴，培养“青春家园”文化。书院以培养学生思辨力为核心领导力，紧扣学生思想脉搏，因学生成长需求，培养学生“博文识、新思维、宽视野、大格局”的优秀品质，营造一种开放、自由、活力、包容的青年社区环境。

在人才培养方面，书院确立了通识知识与多元文化、艺术品鉴与审美体验、批判反思与理性对话三维育人路径，希望通过思辨启迪、思维共振、思想争鸣，锻炼箕城学子成为优异的思辨者(Excellent Critical Thinker)、有效的交流者(Effective Communicator)、卓越的问题解决者(Superb Problem-Solver)。

在书院工作体系方面，生活服务体系、民主管理体系、素质培养体系、成长辅导体系4大体系逐渐成型。依托多样化功能房实现社区化、共享式服务和互动，书院拥有多样化功能房24间，设有箕城思辨厅、箕城共享大厅、会议室、书院综合办公室、书院学生会办公室、会客室3间、特色工作坊3间、文化传承室1间、社团活动室2间、问茶书坊1间等功能房；积极开展家和家文化培育，有常态化的书院导师进班级、进宿舍，与学生谈心、与书院辅导员对话的两进两谈工作模式，开展师生下午茶、成长晚餐会、寝室有约、集体生日会等书院仪式感活动，促进师生关联和互动，营造书院家文化氛围。

书院各项工作的开展除了专门的导师团队，最重要的力量来源于书院学生组织。其中主要有书院学生会、书院三长团队(楼长、层长、室长)，以及一些专项团队、特色工作坊、兴趣社团等学生组织。它们都是离学生最近的学生组织，一切围绕书院学生的成长发展需求精心策划各类活动，用心做好力所能及的服务。在学生素质培养方面，书院主要通过平台融合、活动辐射和项目孵化，为学生提供多样化的校园文化实践体验。书院当前已经与通识课教学部、创意写作学院、校图书馆等多家单位签订了合作框架协议，借力双院融合和联动，思考和探索一些常态化、仪式化、专项化、特色化的项目或活动，如“思想爬梯”思维拓展训练营、“书香箕城”读书创建工程、“艺术 +”专项计划等。书院依托青春、个性和多元的硬件场地、功能设施，形成学生喜欢、习惯融入的特有空间，在发展导师、学业导师、学长导师的陪伴和共享下，立足于领导力提升，设计、开发“5 +2”全覆盖的项目活动体系。书院与学院以“1 +1 >2”为导向构建“双院 +”学生管理新模式，促进双院差异式、互补式、协作式发展。

在特色化育人载体搭建方面，书院打造“五个箕城”活动体系。“智慧箕城”思辨力提升课堂，以通识教育与多元文化为切入点，鼓励怀疑精神，用深度思考和自由实践的方法，塑造好奇无畏的灵魂，探索世界和自我，致力于每一位箕城人拥有开阔的眼光，自由的头脑，智慧的生活态度。“博雅箕城”文化修身计划，追求与传承中国传统文化与东方美学，对学生进行创意与知性，生活艺术与美学的培养塑造，重视艺术修养与审美能力的提升，丰富人文艺术与思考创意。“书香箕城”读书创建工程，依托内容丰富、形式多样的读书系列活动，营造浓郁的读书氛围，培养师生强烈的阅读兴趣和良好的读书习惯，使阅读成为每一位箕诚学子的终生陪伴，开阔思维，润泽心灵，修身养性。“乐享箕城”社群共享行动，搭建多元化的素质拓展平台，注重人格与德育、活力与身心健康的个性化指导，充分挖掘学生潜能，培养兴趣爱好，发挥个性特长，充满自信心，拥有辨识度，成为可能的自己。“爱在箕城”家 +氛围营造，围绕“第一社区、第二家园”的理念构建书院“家”和“家文化”，提升学生的认同感、归属感和价值感。

7. 右岸书院

右岸书院是山西农业大学信息学院 7 大书院的一部分，也是最早竣工的书院，坐落于学院的南岸，位于右岸书吧斜后方。右岸书院正式落成于 2017 年 3 月 25 日，作为山西农业大学信息学院打响书院制改革的第一站，目前用该校远景学院的教学区与办公区。2017 年 5 月 4 日，受学院委托，腾讯云 +科创社为书院制开发的专题网站也正式上线。

右岸书院采用全新的人才培养模式，实施个性化的人才培养方案，拥有相对独立的教学区和生活区。书院倡导启发式、探究式、讨论式、参与式教学，营造独立思考、自由探索、勇于创新的良好环境，充分发掘学生的优质个性潜能，开发学生多种且互异的才华，培养愿意并能够推动社会发展的各行各业的领袖气质人才，为学生完美生活做准备。

二、东北地区

(东北地区:辽宁省、吉林省、黑龙江省)

本地区共有4所高校建有7所书院,它们是:

大连理工大学:伯川书院、令希书院、长春书院、国栋书院

长春师范大学:女子书院

白城师范学院:鹤城书院

通化师范学院:长白书院

(一)大连理工大学

大连理工大学是教育部直属全国重点大学,为国家"211工程"和"985工程"重点建设高校、世界一流大学A类建设高校。学校以培养精英人才、促进科技进步、传承优秀文化、引领社会风尚为宗旨,秉承"海纳百川、自强不息、厚德笃学、知行合一"为基本特质的大工精神,致力于创造、发现、传授、保存和应用知识,勇于担当社会责任,服务国家,造福人类。

校区设有10个教学机构,包括大连理工大学莱斯特国际学院、海洋科学与技术学院、生命与医药学院、化工学院盘锦分院、商学院、知识产权学院、外国语学院盘锦分院、体育与健康学院盘锦分院、基础教学中心和分析测试中心,截至2020年1月有在校生约43500人,其中全日制本科生25611人。

学校已形成一校、两地(大连市、盘锦市)、三区(大连凌水主校区、开发区校区、盘锦校区)的办学格局。盘锦校区实行学院－书院制培养模式,即每个学生都有两个身份,既隶属于一个学院,同时又隶属于一所书院。通过学院－书院协调发展机制,实现在校生"均衡教育、健康成长、全面发展"的培养目标。

盘锦校区现有伯川书院、令希书院、长春书院、国栋书院等4所书院。

1. 伯川书院☆

伯川书院成立于2013年7月,以大连理工大学的创始人、"211工程"首倡者、我国著名教育家屈伯川先生的名字命名,现有学生约1200人。伯川书院以"博文约礼,海纳百川"为院训,强调大学在注重传授专业知识的同时,也注重通识教育;强调人的全面发展,最终实现

学生"均衡教育、健康成长、全面发展"的培养目标。

伯川书院遵循书院制的育人特点，兼收中国文化中的人文精神与西方文化中的博雅教育精髓，通过学院－书院协同育人机制，塑造学生优雅的人文素养、良好的公民素质以及强烈的社会责任感，让每一个学生在获得精深的专业修养的同时，成为富于爱心而心灵愉悦的人，成为勇于挑战而行为自觉的人，成为乐于担当而志存高远的人。

伯川书院在育人实践中，已形成"两个注重，两个突出"的工作思路。"两个注重"即注重引导，培养学生学习成长的积极主动性，提倡学生自我管理、自我教育、自我发展；注重咨询，为学生的学习成长导航、护航。"两个突出"分别是突出书院服务育人功能，为学生学习成长提供社区式的生活环境；突出书院文化育人功能，为学生的学习成长提供不竭的精神动力。伯川书院在日常学生培养中，遵循"博文约礼，海纳百川"的院训，致力于培养学生博览群文，通晓天下大理；心胸宽广、学有所得、践履所学，使所学最终有所落实，做到知行合一。

伯川书院设院长、执行院长等书院领导及成长导师和学业导师。其中，书院领导由大连理工大学、盘锦校区领导兼任，成长导师由德育教师（辅导员）担任，学业导师由相关学院聘任专业教师担任。书院设院务委员会，负责书院建设和发展的重大决策，其中，院务委员会主任由书院执行院长担任，委员由各学院教师、书院成长导师及学生代表组成，秘书由书院成长导师兼任。

伯川书院设学业咨询中心，负责提供全面的咨询服务、调研分析学生学业状况、建立一对一辅导模式、定期总结学业咨询情况、构建网络平台等五大职能。

伯川书院的第二课堂与学院的第一课堂紧密结合，即学生综合素质的培养与专业能力的培养紧密结合。书院内，不同学院和学科专业的学生在一起学习交流、生活娱乐，有利于不同学科背景的学生在思想、情感、文化、信息等方面相互交融、影响、促进和提高，有利于学生视野的开阔、学业的交流。

伯川书院注重文化育人，强调文化浸润和熏陶的力量，以通过"伯川文化节""杏坛观语"学生讲坛等文化活动和教育实践活动，凝练并弘扬自我服务的社区文化、自我展示的讲坛文化、阅读启智的读书文化、多彩活动的大学文化等伯川书院四大文化。书院还特别重视行为养成，通过诚信驿站、诚信雨伞、善行100、爱心劝募等隐性教育，培养学生诚信意识、志愿精神和责任意识。

2. 令希书院☆

令希书院成立于2013年9月。书院以我国著名力学家和教育家、中国科学院资深院士、我国计算力学工程结构优化设计的开拓者钱令希先生的名字命名，现有学生约1400人。

令希书院始终以立德树人为根本任务，秉承“科技创新，学术自由，爱国奉献，知行合一”的书院精神，在校区育人工作委员会和书院院务委员会的指导下，开展了一系列富有成效的人才培养工作，构建了“一个中心、两个重点、七个支撑”层次明晰、结构合理的育人工作体系，着力培养“学风优良、体格强健、思辨敏捷、崇尚创新”的令希学子。

书院设院长、执行院长、成长导师、学业导师、班主任、生活导师及成长顾问。书院领导由大连理工大学、盘锦校区党政领导担任，成长导师由德育教师（辅导员）担任，学业导师由各学院专业教师担任，成长顾问由高年级优秀学生担任。

优良学风建设一直是令希书院的特色工作和主要着力点。书院院务委员会就如何提升学业导师育人效果进行系统研究，制定《令希书院学风建设规定》，召开单元学业导师聘任大会，改进学业咨询体系，启动学业导师研讨课项目。书院定期召开团总支和单元学风建设布置会，举办期中期末考前辅导、真题模拟、试题讲解等活动，单元考前动员会和考后总结会相结合，横纵对比分析学业问题。书院引导单元学长学姐对学弟学妹传帮带，邀请优秀学生分享学习经验、保研心得、就业体会，榜样引领促前行。

科技是国家强盛之基，创新是民族进步之魂，令希书院创立伊始便将“科技创新，学术自由”凝练为书院精神，鼓励令希学子积极投身科技竞赛。通过组建科创兴趣团队，聘任科创竞赛指导教师，举办“你好，科创”系列讲座，邀请科创达人分享科创经验，开展攀登杯、数学建模、模拟商战等赛事培训，评选“令希科创之星”，多措并举营造良好科创氛围。

令希书院高度重视文化建设工作，创设各类文化载体，开展形式多样的特色活动。书院开展入党启蒙教育、党章党史竞赛、“聆悉时政”沙龙、红色社会实践等特色党建活动，大力推进理想信念教育。书院注重发挥第二课堂育人功能，以“陶冶高尚情操，构筑健康人格”为文化建设目标，打造“一刊一报一故事，一影一音一论坛”书院文化品牌，陶冶学生高尚情操，构筑学生健康人格；定期举办“教授茶座”“临溪观澜”，全面增进师生之间、学生之间的相互交流。“教授茶座”是知名教授与青年学生分享成长经历、共话科学精神和人文素养的校园文化品牌，邀请校区领导和知名教授走进书院与学生座谈交流；“临溪观澜”学生论坛由学生自主报名、自己选题、登台演讲、自愿参加，为学生搭建锻炼自我、展示自我、提升自我、升华自我的平台，成为校园文化建设和第二课堂人才培养工作的重要组成部分。

3. 长春书院☆

长春书院成立于2014年7月，以“中国奥运第一人”——本校功勋教师刘长春教授的名字命名，现有学生约1300人。书院将“诚朴友善正直，勤学深思敏行”奉为院训，崇倡做人要诚信、淳朴、友善、正直，做事、做学问要勤奋、好学，慎于思而敏于行。

长春书院导师队伍现有成长导师7人，学业导师73人。成长导师主要负责学生的日常思想政治教育、学生事务管理、心理健康教育与咨询以及职业规划与就业指导等工作。学业导师主要负责学生的学业指导和发展咨询，导师来自校区8个学院学部，其中教授11人，副教授19人，讲师31人（博士），助教2人，工程师、实验师10人。

长春书院重视学生的学业发展和职业规划，首创性地实施了“学业导师单元制”，每位学业导师指导一个学生单元，和成长导师一同深入宿舍单元，细致耐心地为学生的学业发展和职业规划答疑解惑，提供前瞻性的指导，为学生发展助力导航。书院每周安排两次学业咨询，为学生们提供向名师面对面请教的机会，促进师生之间的互动交流。

长春书院倡导学生全面发展，2019年书院根据校区学生工作的新布局、新模式，对书院整体工作进行了调整，形成了书院第二课堂平台建设与管理（学生发展中心）和书院学生社区建设与管理（楼委会）为重点的育人工作新格局。六年来，长春书院的学生活动已逐渐形成了自己的品牌，如文化建设方面的长春盛典系列活动，讲座讲坛方面的砥砺人生系列讲座、成长之路系列报告和凭阑观春学生讲坛，社会实践方面的“踏足迹，寻桃李”寻访校友、“青羽系列”社会实践活动、水稻插秧收割劳动体验等，体育锻炼方面的马拉松比赛、爱跑俱乐部和飞盘队等。社团建设方面，长春书院现有碱蓬火爱心协会、大黄蜂极限飞盘协会、年级第一学社、潇湘诗社、COD英语社、跑步社6个学生社团，为学生培养兴趣爱好搭建平台。

长春书院由B15、B17、B19三栋学生公寓组成，其中B15、B17是本科男生公寓，B19是本科女生公寓。书院实行以楼委会为主体的学生自我管理模式。书院建立社区驿站，营造优雅舒适的环境供学生们交流和学习；旧时光书屋，为学生们提供丰富的书籍资源；通宵自习室，为学生们共同学习奋斗提供场所；学生活动室，为学生组织日常办公和举办活动提供空间。长春书院还会根据学生的需要开辟更多的活动空间。

长春书院始终致力于为学生的自由全面发展搭建平台，筑造和谐、友善、开放、创新的活力社区，愿每一位学子都能在长春书院学有所思、学有所获、学有所进，自由、快乐而有力地追逐自己的梦想。

4. 国栋书院☆

国栋书院成立于2016年6月，以我国著名的机械工程专家、教育家、柴油机预混合燃烧理论的奠基人、我国内燃机事业的先驱者胡国栋先生的名字命名。书院以“诚和通达，敦本务实”为院训，强调培养学生诚信和善的气韵品性，以及厚重务实的谋事作风，从而致力于在科研学习、校园活动与社会实践的真抓实干中，为国家培养栋梁之材。

在胡国栋先生的精神感召下，国栋书院致力于暨由教师的身教垂范，营造书院的整体育人氛围，培养学生诚心正意的处世之道，和而不同的君子之风，通元识微的求知之心，通情达理的为人之态。并始终强调大学生一切正确的想法与主张，必须最终落实到本职事务的真抓实干与躬身实践上。一点一滴带动书院学子以务实的态度面对学业与研究，以笃实的作风面对事务与活动，以诚实的心境面对自我与他人。希望每名学子都可以在国栋书院点燃自己对生活、学习、工作的热忱，为志向不竭奋斗，为梦想驱力向前。

国栋书院设院长、执行院长等书院领导，设成长导师、学业导师、助理导师。书院领导由大连理工大学、盘锦校区党政领导担任，成长导师由辅导员担任，学业导师由相关学院聘任专业教师担任，助理导师由高年级优秀学生担任。书院实行院务委员会的管理体制，由院系教师、书院成长导师及学生代表构成的院务委员会，在负责书院内各项事务的提案与议定的过程中，充分保障学生对书院事务的知情权与参与权。

国栋书院在育人工作中重视学生的个体指导，充分尊重学生发展问题上的个体性与差异性，通过集中教育资源，为学生量身定制个性化的发展方案，并依托兴趣小组、文化沙龙的形式，搭建培育学生综合素质的通识教育平台。

国栋书院定期开展“我与院长面对面”特色育人活动，由大连理工大学副校长兼国栋书院院长朱泓教授与书院学子进行面对面的座谈，就学生自身关心的大学规划、专业发展、人际交往、心理世界、读研留学、兴趣选择等涵盖大学生活各个维度的问题进行深入探讨。

国栋书院深挖书院制模式学科交叉、专业互通、综合发展的育人优势，搭建各类学业导师与书院学子近距离接触的平台，在校区内通过首创性地开展“书院兴趣小组”活动，有效地拓展了学生的课外视野，促进学生综合素质的全面提升。

国栋书院不断搭建起学生实践育人活动的宽广平台，有效地丰富了学生的课余文化生活。书院举办“秉文沙龙”活动，依托沙龙形式，通过设定特定主题，凝聚师生自由对话，深刻思辨的文化氛围;"阳光半小时""趣味运动会""单元设计大赛",营造学生单元"家"文化;书院"食与诚"义卖小铺,开展敬老院、孤儿院走访活动,培养学生优良品性,让爱心不断传递;培育"行栋派"社会实践体系,以"传承红色基因,贯彻实践育人"为主旨,组织学生队伍开展爱心支教、生存体验、红色教育、历史探寻等多形式、多主题的社会实践活动。

(二)长春师范大学

长春师范大学位于长春市,是吉林省基础教育、学前教育师资及应用型高级专门人才培养基地,是具有博士学位授权点的省属师范大学。截至 2019 年 3 月,学校占地 2100 多亩,下设 20 个教学单位,覆盖 9 个学科门类、74 个本科专业,有全日制在校生 20000 余人。

学校前身为 1906 年创建的官立长春师范传习所,是吉林省师范教育的发祥地。百余年来,在不同的历史时期,学校先后易名为长春府学堂、长春县立师范学校、吉长道立师范学校、吉林省立第二师范学校(简称二师)、长春师范学校。1958 年市政府在长春师范学校基础上建立长春师范专科学校,1981 年学校获批为长春师范学院,2013 年更名为长春师范大学。

长春师范大学现有女子书院 1 所书院。

女子书院✲

长春师范大学女子书院成立于 2019 年 3 月 8 日,是学校面向女教师和女大学生打造的文化服务载体,旨在通过搭建平台,实现文化的交流与传播,发挥文化浸润熏陶作用,提升女性师生的学识、认知、审美和修养,促进家庭和谐、提高育人水平、推动社会进步。女子书院提出了依托"三个学堂"实现"三高定位"的培养思路,即依托"求真学堂""润美学堂""涵儒学堂",培育全校女教师和女大学生高尚的思想品格、高雅的艺术情操和高贵的学识修养。长春师范大学致力于将女子书院打造成为女教师和女大学生成长成才的精神家园、提升素养的文化平台和思想政治工作的重要阵地。女子书院将汇聚女教师和女大学生的智慧和力量,培育女性儒雅柔美的精神气质,展现大学校园尊师重教、积极进取的时代风貌,为实现中华民族伟大复兴的中国梦贡献女性的磅礴力量。

(三)白城师范学院

白城师范学院是吉林省西部唯一一所省属本科院校,坐落于吉林、黑龙江、内蒙古三省区交汇地带。学校始建于1958年,前身是白城师范高等专科学校,2000年8月,隶属于原国家林业局的白城林业学校并入,2002年3月,升格为本科院校,更名为白城师范学院,2007年开始与东北师范大学联合培养硕士研究生。截至2019年9月,学院设有20个教学单位、49个本科专业,涵盖法学、教育学、文学、历史学、理学、工学、农学、管理学、艺术学9个学科门类,有全日制在校生12600余人。

白城师范大学现有鹤城书院1所书院。

鹤城书院✿

鹤城书院成立于2017年。鹤城书院主要面向白城师范大学优秀学生,并从中选拔进行后期培训,是该院青年马克思主义者培养工程的深入推进,旨在全面提高青年学生干部的思想政治素质、政策理论水平、创新能力、实践能力和组织协调能力。鹤城书院的成立,为培养一批有理想、有道德、有文化、有纪律的青年马克思主义者提供了一个广阔的空间。截至2020年7月,鹤城书院已开展了三期培训示范班,成员起到了较好的示范引领作用。

(四)通化师范学院

通化师范学院是吉林省东南部唯一一所省属本科院校 。学校前身为通化师范学校,办学历史可追溯到1929年成立的辽东省立(通化)第六师范学校,1958年改为通化师范专科学校,1978年,升格为通化师范学院。

学校现有51个本科专业,其中教师教育专业19个,非教师教育专业32个,涵盖文学、理学、法学、工学、医学、教育学、管理学、艺术学、历史学9个学科门类,截至2020年3月有全日制本科生11000余人,专科生1700余人,继续教育在籍学生7500余人。

通化师范学院现有长白书院1所书院。

长白书院✿

长白书院成立于2019年10月21日。书院秉承文化育人理念,通过传播中华文化、培育家国情怀、陶冶艺术情操、锤炼意志品质、崇尚科学精神,全面提升学生综合素质。

长白书院将围绕建设区域特色高水平应用型大学实际,着力推进第一课堂传统教育与第二、第三课堂实践教育有效衔接,强化“素质教育”与“专业教育”深度融合,实现多元化育人、全员育人路径的具体举措。今后,学校将实行“学院+书院”的双轨制模式,培养通师学子成为精专业、知礼仪、明事理、懂习俗、有情怀、敢担当的新时代高素质人才。

长白书院成立前期,学校依托已建成或正在建设的传统文化研习基地、非遗技艺研习基地、射艺研习中心、长白山文化研究中心、高句丽文化研究中心、杨靖宇干部学院教学点等实践教学平台,成功举办多场书院文化实践活动。长白书院为学校借助相关学科学术优势,通过文化课程和文化活动,实现文化育人的目标,培养通师人特有的人文素养与时代情怀提供了平台,也为学校加快形成具有通化师范学院特色的实践育人新模式、新品牌和新经验提供了基础。

三、华东地区

华东地区(上海市、江苏省、浙江省、安徽省、福建省、江西省、山东省)

本地区共有41所高校建有101所书院。

复旦大学:腾飞书院、希德书院、任重书院、志德书院、克卿书院

同济大学:女子书院

上海交通大学:远东书院、致远学院、创业学院、密西根学院、巴黎高科卓越工程师学院

华东师范大学:孟宪承书院、经管书院、大夏书院、光华书院

上海大学:社区学院、钱伟长学院

华东政法大学:文伯书院

上海理工大学:沪江书院文化项目

上海应用技术大学:鲁班书院

上海科技大学:上海科技大学书院

上海海事大学:励志书院

上海立信会计金融学院:序伦书院

东南大学:秉文书院、健雄书院

南京信息工程大学:龙山书院

南京审计大学:泽园书院、润园书院、澄园书院、沁园书院

江南大学:至善学院、君远书院

江苏师范大学:敬文书院

苏州大学:敬文书院、唐文治书院、紫卿书院

苏州科技大学:敬文书院

浙江大学:竺可桢学院、求是学院、国际校区书院、马一浮书院

温州大学:步青学区、溯初书院(学区)、超豪学区

绍兴文理学院:阳明书院、成章书院、仲申书院、建功书院、竞雄书院、树人书院、青藤书院、文澜书院、东山书院、羲之书院

台州学院:心湖书院、广文书院

浙江工业大学:健行书院

浙江工业大学之江学院:尚德书院

绍兴文理学院元培学院:吾育书院、吾展书院

浙江树人大学:家扬书院

丽水学院:行知书院、德涵书院、石湖书院、伯温书院

浙江工商大学杭州商学院:塘垮书院、春江书院

温州商学院:水心书院、文博书院、德涵书院

厦门大学:博伊特勒书院、香山书院

厦门工学院:友恭书院、友容书院、友善书院、友敏书院、友惠书院、友达书院

南昌大学:际銮书院

山东大学:一多书院、从文书院

青岛大学:浮山书院

中国石油大学胜利学院:思达书院

山东科技大学泰山科技学院:第一书院社区

中国海洋大学:行远书院、崇本学院

青岛职业技术学院:知行书院、侃如书院、立人书院、瀚海书院、立信书院、儒商书院、艺馨书院

潍坊医学院:乐道济世书院

哈尔滨工业大学(威海):丁香书院、雅荷书院、梧桐书院、劲松书院、竹贤书院、海棠书院

聊城大学:学记书院

(一)复旦大学

复旦大学始创于1905年,位于上海市,原名复旦公学,1917年定名为复旦大学,校名取自《尚书大传》之“日月光华,旦复旦兮”,是中国人自主创办的第一所高等院校。学校共有邯郸、枫林、张江、江湾四个校区。目前,复旦大学共有全日制本科生1.36万人、专科生246人,其中普通本科生1.34万人,本科学历留学生1000多人。

书院是复旦大学实现立德树人和深化本科教育改革的重要育人空间，书院生活是实现一流本科教育的重要环节，是培养“掌握未来的复旦人”的关键平台。十余年来，复旦书院教育以“德才兼备、全面发展”为目标，努力为“掌握未来的复旦人”注入终身发展的力量。

2005 年，复旦大学在全国率先启动通识教育改革，承续中国古代书院传统，借鉴西方住宿书院经验，弘扬复旦精神文化特色，以校史上德高望重的老校长名字命名，成立志德、腾飞、克卿、任重四大书院，此后又成立了希德书院，开创了内地高校探索现代书院制度的先河。

复旦大学现有腾飞书院、希德书院、任重书院、志德书院、克卿书院等 5 所书院。

1. 腾飞书院☆

腾飞书院成立于 2005 年 9 月，书院区域横跨邯郸校区南区生活园区及张江校区两个区域，系纪念复旦老校长李登辉先生而命名。李登辉先生字腾飞，取其意，崛起成功。腾飞书院选择红色作为标志性颜色，汉隶作为门匾字体。书院楹联取自安徽怀古书院“乾始坤承通彻古今上下总是鸢飞鱼跃，静虚动直浑忘物我内外无非月满潮平。”经过多年建设，腾飞书院逐步形成自己的特色品牌活动，如“腾飞论坛”“腾飞定向”“腾飞大戏”，书院刊物《非文》等。

腾飞书院现有学生 2400 余人，学生专业主要集中在信息、计算机（软件）、力学、材料及药学专业。

腾飞书院组织架构设有院务委员会、院系协调工作委员会、导师工作委员会、学生自我管理委员会。各委员会分别结合自身定位和职责，通过各类工作、活动开展，全面推进书院建设工作，逐步形成腾飞书院新的文化和特色。

腾飞书院导师工作委员会成立以来，已组织了专业介绍、讲座沙龙、读书指导、科研实践等一系列学生反响良好的活动，形成了“腾飞计划”“腾飞论坛”“腾飞沙龙”“腾飞读书”“腾飞定向”“腾飞大戏”等品牌活动。导师团队包括三类导师：专职导师、兼职导师、特邀导师。导师主要是通过面谈交流、主题讲座沙龙、经典读书、科研—实践项目指导以及网络通信、电话交流等多种方式，和书院学生进行对话、沟通和互动，构造师生共享的开放信息平台，构建自由、平等和充满活力的探索—知识共同体。

书院学生自我管理组织是具有书院特色的学生组织，是为了倡导学生的自主精神和独立能力而建立的，通过提倡学生在住宿区域实现自我管理、自我服务，从而逐步培养和塑造学生的公民意识和责任意识，并鼓励学生积极参与书院建设。

2. 希德书院☆

希德书院成立于2011年9月，院区位于复旦大学邯郸校区南区。书院系纪念复旦大学杰出女校长谢希德先生而命名。希德书院以紫色为标识色，门匾取字秦汉简帛古隶，出自秦睡虎地、汉银雀山简牍，经配字形成“希德书院”。院徽主体取字“希”，变形为鹏鸟齐飞向东，象征着书院由多个院系专业组成，团结一心，朝着“复旦”之光，飞向代表希望的东方。书院楹联取自湖南衡山集贤书院“立言立功立德，此之谓不朽；希贤希圣希文，人皆可以为。”

希德书院约有学生3000余人，分别来自经济学大类、自然科学大类（含高分子、化学、生科、物理、环境、材料部分）以及核技术专业。

希德书院的书院架构由院长、学术顾问委员会以及院务委员会组成。书院的学术顾问委员会由多位来自经管、自然科学专业的著名教授组成。书院的院务委员会则由导师工作委员会、财务委员会、通识课程委员会、学术交流委员会、联络委员会和团工委组成。书院院务委员会主要负责书院的日常学生事务工作。

希德书院品牌活动有导师论坛、卿云讲会、书院学生自主社团等。第一届希德书院导师和学生来自中文、社会、物理、核技术四个院系。2012年9月重新规划后希德书院师生以经管大类和自然科学大类学科背景为主。

3. 任重书院☆

任重书院成立于2005年9月，位于邯郸校区本部，系纪念新中国成立后第一任校长陈望道先生而命名。先生字任重，取其意，任重而道远。陈望道校长是《共产党宣言》中译本第一任翻译者，也是修辞学的一代宗师。任重书院以橙色为标志性颜色，门匾字体为唐楷。书院楹联：“力学如为山九仞，高须加一篑；行仁若法海十分，满尚纳千流。”

任重书院目前有学生1500余名，涉及中国语言文学系、历史学系、文物与博物馆学系、旅游学系、哲学学院、管理学院、国际文化交流学院等院系。

任重书院组织架构包括书院建设委员会及其下设书院导师委员会、书院学生工作协调委员会以及学生自我管理委员会。

“任重沙龙”“任重年华”“任重扫除日”等是书院特色文化品牌。

“任重沙龙”创办于2005年10月12日，其理念和目标是讨论学生们感兴趣的话题、实现全书院信息共享。任重沙龙每周三中午举办，每学期共计12～15次，分为学习篇和生活篇。学习篇：解答大学新生在初入大学所面对的学习转型、实践创新、研读经典等问题。生活篇：解答大学生在初入大学阶段面对的身份转型、校园生活、自我定位、心理和感情调适等问题，并给予学生与老师和领导接触交流的机会。

“任重年华”系列活动旨在一学年中一个集中的时段给予任重书院所有学生一个集体展示的平台和机会。通过文艺活动、表彰纪念等方式展示任重书院学生和班级的风采和成果。

“任重扫除日”通过全书院的扫除活动，整洁书院环境，加深学生对于“一屋不扫何以扫天下”的认识，通过最基本的劳动，领会团队精神和个人责任。一般在10月长假后、第一学期期中和5月长假后的周二举行。

除此以外，任重书院还有“经典研习班”“学术训练营”“导师在身边”“书院乐生活”“小鲜橙风采”“望道藏书阁”“望道大师剧”等品牌活动，建立了书院咖啡吧、诗歌图书馆、子墨留学生之家等书院特色公共空间。

4. 志德书院☆

志德书院成立于2005年9月，位于邯郸校区东区，系纪念复旦创始人马相伯先生。先生名志德，取其意，明志且道德高尚。志德书院以绿色为标志性颜色，门匾字体为秦篆，秦篆是我国汉字统一的标志。书院楹联：“志于道据于德依于仁，而后游于艺；修其身齐其家治其国，必先正其心。”

志德书院现有学生3000余人，分别来自社科大类（国务、社会）、新闻、外文、法学、数学等专业。

志德书院组织架构包括书院导师委员会、书院学生工作协调委员会以及学生自我管理委员会。书院特色文化品牌包括“志德讲会”“志德书院日”“四月追风主题月”及“志德学子高中行”“志德登高”“志德诗文化节等。

“志德讲会”每个月1～2次，面向全体书院学生，由书院各类组织自主申报，承担设计，主题围绕理解大学、理解学习和人生等专题。内容包括：辅导员团队谈大学适应；导师团队谈人生规划；学长学习经验谈；导师谈学习研究方法；学工组长谈学术科创；与虹口区癌症俱乐部共办联合主题演讲会；志德中学行：通识教育宣讲行动等。

“志德书院日”以复旦大学创始人、老校长马相伯先生的诞辰4月7日作为每个月的书院日，开展结合学校要求和节日契机的书院特色主题活动。一方面加深学生对书院精神的理解与传承，一方面加深对老校长精神的学习，同时为书院文化的积淀和书院内各班之间的交流提供平台。书院日每月一次，面向全书院学生，每次由两个班负责设计、组织和协调。诸如“书院大扫除日”“书院体育比赛”“学雷锋”等主题活动。

“四月追风主题月”是以复旦大学创始人、老校长马相伯诞辰为契机，开展主题学习活动。四月追风，正如其名字所期望的那样，希望学生在春天这个充满朝气的时节，从先人身上汲取力量，不断向前进取，存志于心，德怀天下。院团学组织具体落实，各班配合参与，活动持续1个月，面向书院全体师生。内容包括清明祭扫缅怀老校长，围绕学习老校长事迹而开展的读书活动，“追风晨跑”“志德游园会”“志德诗文化节”以及各班级的主题班会等。

5. 克卿书院☆

克卿书院成立于2005年9月，书院区域横跨邯郸校区南区及枫林校区两个区域，系纪念上海医学院创办者颜福庆先生而命名。颜福庆先生字克卿，不仅创办了医学院，更将“不计功利，为社会，为人群服务”的理念在实践中发扬光大。克卿书院以蓝色为标志性颜色，门匾字体为魏碑。魏碑是南北朝时期碑志、雕刻使用的字体，用以树碑立传纪念先贤的尊贵品格。书院楹联：“读书面对圣贤，当知所学何事；立志胸存社稷，但求无愧于心。”

克卿书院现有学生2400余名，来自医学大类专业。

克卿书院组织架构包括书院导师委员会、书院学生工作协调委员会以及学生自我管理委员会等，开展导师工作、学生工作、学生自主管理工作等三方面重点工作。书院特色文化品牌包括“克卿人节”、克卿峰会等。

“克卿人节”将视线聚焦于汲取中国文化、传承书院精神，以严谨与活泼并重的形式开展各类活动，给学生提供一个走近历史、交流思想、感受文化的大平台，引导学生以自己独立的视角思考问题，探讨、追寻、弘扬克卿书院文化、精神的内涵。活动形式主要包括学术讲座、考察实践、书画展示、体育竞技等。

克卿峰会主要通过调研，总结学生最关心的问题，组织灵活生动的峰会形式，由辅导员面向全体书院学生分专题解答，从而做到全书院信息共享，成为克卿学子全方位了解大学学习生活、学校政策等相关信息的平台。内容包括学校资源利用、职业生涯规划、生活技能指导、人生规划以及文化礼仪等。

(二)同济大学

同济大学是教育部直属并与上海市共建的全国重点大学。学校始于1907年德国医生埃里希·宝隆在中德两国政府和社会各界支持下创办的同济德文医学堂,1912年与创办不久的同济德文工学堂合称同济德文医工学堂,1917年由华人接办,先后改称为同济医工学校和私立同济医工专门学校,1923年定名为同济大学,1927年成为国立大学。1937年抗日战争全面爆发后,同济大学经过六次搬迁,先后辗转沪、浙、赣、桂、滇等地,1940年迁至四川宜宾的李庄古镇坚持办学。1946年回迁上海以后,同济大学发展成为以理、工、医、文、法五大学院著称的综合性大学。

经过113年的发展,同济大学已经成为一所特色鲜明、在海内外有较大影响力的综合性、研究型、国际化大学。目前,同济大学共有全日制本科生18000余人、硕士研究生12100余人、博士研究生5700余人,另有国际学生3500余人。

同济大学现有女子书院1所书院。

女子书院✽

同济女子学院由同济大学和上海市妇联于2000年7月联合创办,是全国重点大学中第一所含本科教育的新型女子学院。学院以培养高层次、复合型、国际化女性人才为目标,是一所面向全体同济女生,以开展丰富多样的女性特色教育为主旨的学院。

2009年5月,以"同济女子书院"为品牌的学生社区——女性素质提升教育基地正式启动。女子书院由同济大学学生处、团委、后勤集团和同济女子学院联合创建,以女学生社区为活动基地,通过不定期举行的女性沙龙与来自各行各业的优秀女性领军人才进行面对面的交流。

同济女子书院建有女性沙龙和女性俱乐部。女性沙龙开展各种专题读书和讨论活动,不定期邀请来自各行各业的优秀女性领军人才与女大学生面对面交流;针对各专业女生的不同需要,以周末班、假期班的方式,开设"女性文学爱好者沙龙""女性创新型人才培训班"等多种形式的业余培训。女性俱乐部设有视听区、音乐角、信息角和艺术沙龙,将定期开展形体训练、电影赏析、音乐赏析、健美操、瑜伽、插花艺术等活动。此外,书院还将创办以女生为主要阅读对象的小报或刊物,并开设女性书刊阅览室,提供数百种国学系列和女性修养方面的图书以及十多种女性杂志供女大学生阅读。

(三)上海交通大学

上海交通大学是教育部直属并与上海市共建的全国重点大学。经过120多年的不懈努力,上海交通大学已经成为一所综合性、研究型、国际化的国内一流、国际知名大学。截至2019年12月,学校共有全日制本科生(国内)16300余人、全日制硕士研究生14300余人、全日制博士研究生8400余人、学位留学生2800余人,其中研究生学位留学生1600余人。

学校现有本科专业67个,涵盖经济学、法学、文学、理学、工学、农学、医学、管理学和艺术等9个学科门类。学校荣获国家首批"双创示范基地",成立学生创新中心,入选首批中美青年创客交流中心。"学在交大"正在成为新时期上海交通大学的鲜亮名片。

上海交通大学目前有远东书院、致远学院、创业学院、密西根学院和交大巴黎高科学院等5所书院。

1. 远东书院✽

远东书院成立于2010年3月12日,是由上海交通大学人文艺术研究院和远东控股集团有限公司合作创建的一所研修型教学机构。书院采取专题讲座、高端沙龙、学员论坛等形式,每半个月邀请一位知名学者或其他成功人士与交大师生进行交流。书院的讲座不仅面向所有在校学生,还通过各大网站将讲座内容普及到社会各层面,为社会提供更多、更好、更积极的思想文化资源,让更多人汇入思考、探索和交流的大潮中。

2. 致远学院✽

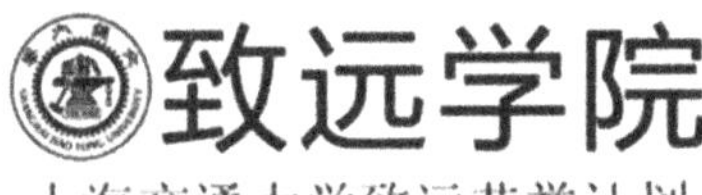

致远学院成立于2010年。学校于2008年经过教育教学思想大讨论,提出了以"能力建设为核心,以知识探究为基础,以人格养成为根本"的育人理念,并从2009年正式启动"上海交大理科班"项目,致力于培养具有批判性思维能力、知识整合能力、沟通协作能力、多元文化理解和全球化视野的创新型领袖人才。

致远学院目前共有学生1000余人,涉及生命科学、计算机科学、化学及生物医学科学等方向,并在全校范围共享"致远"优质教学资源,面向校内优秀学子推出"基础学科拔尖学生培养试验计划""致远荣誉计划",并开设"好奇心驱动的主动性学习"等项目,进一步支持致远学院为杰出学生提供最佳大学教育。

经过几年时间的理念碰撞和艰难实践，致远学院逐渐形成了具有上海交通大学特色的基础学科拔尖学生培养模式。2014 年，致远学院人才培养模式荣获国家级教学成果奖一等奖。之后学校依托“致远”的成功模式面向全校 TOP10% 的学生实施“致远荣誉计划”。目前“致远理科荣誉计划”共开设数学、物理学、生命科学、计算机科学、化学和生物医学科学六个学科方向；“致远工科荣誉计划”分散在校内各工科院系培养。

“致远荣誉计划”面向全校范围滚动选拔热爱科学研究、有志于攀登学术高峰的 TOP10% 学生；组织海内外著名教授组成的教学指导委员会，根据未来科技发展，精心设计人才培养方案，夯实数理基础、提倡学科交叉、注重能力建设；面向全球范围聘请最杰出的学者担任授课教师，一批诺贝尔奖获得者、图灵奖获得者为学生开启智慧之光；让学生进入世界一流大学或研究机构的实验室，跟随世界顶尖科学家开展科研训练，激发学生的创新潜质，培养他们的创新能力和智慧，以“大师”孕“未来大师”。

3. 创业学院✲

2010 年 6 月，上海交通大学在全国高校中率先成立创业学院，创业学院这一创新平台，既代表学校对创业教育的独到理解，也是学校进一步推进创新人才培养的主动思考和积极作为。

学院培养理念为：坚持创新引领创业，实现创新与创业项目的联动；坚持实践和理论相结合，创新课程内容与教学方式；坚持“面上覆盖，点上突破”，实现对创新创业人才的分类培养；坚持“教学—实践—孵化”相结合，实现学生的创业意识和创业能力的同步提升。

创业学院“无形学院、有形运作”的特色，充分发挥了组织优势和平台作用，实现了校内外资源的高效整合。学院院班子配备规格高，从而在全校形成了齐抓共管的有力格局；创业学院下设 “教务与实践”“科研与财务办”“行政与对外交流办”三个实体办公室，共有 16 位专兼职人员参与相关工作。

经过多年的实践和探索，上海交大创业教育硕果累累。在“创青春”全国大学生创业大赛等国内外创业赛事中摘金夺银，特别是在 2014 年的首届“创青春”全国大学生创业大赛中，上海交通大学选送 6 支团队参赛，获 5 金 1 银，以团体总分第一名的优异成绩，捧得赛事最高奖项“冠军杯”。根据腾讯开放平台发布的“2014 城市 & 高校创业排行榜”，上海交大位列“创业者最多的 TOP10 院校”榜单第三位。近年来，以饿了么网上订餐、触宝科技、应届生求职网、Teambition、在路上、59store 等为代表的一批青年创业校友企业也正在迅速崛起。立足民生、服务社会、转化才学、投身创业已成为上海交大众多学子的理想。

4. 密西根学院✽

JOINT INSTITUTE
交大密西根学院

密西根学院创立于2006年，是美国密西根大学和上海交通大学推行国际合作的重要成果，以建成一所世界顶尖的学院、培养具有全球视野的领袖型人才为目标，以“全球视野、交叉学科、创新为道、质量为本”为未来发展的核心理念。

学院位于上海市闵行区，目前共有来自12个国家和地区的60多名教师，其中外籍教师占比50%以上，1200余名本科生，200余名研究生，50多个国际合作项目，100多个国际合作伙伴，校友2800余人，遍布15个国家和地区，是首个获得安德鲁·海斯克尔国际教育革新奖的中国教育机构，其中2个本科项目获ABET认证。

密西根学院下设“合作理事会”“学术委员会”“发展顾问理事会”“行政部门”分管工作。

经过短短十多年的创新探索，学院已经形成独具特色的人才培养模式。全英文的课程体系融合了美国密西根大学和上海交通大学的办学特色。所有的任课教师都来自美国或其他发达地区的顶尖学府。这不仅为学生打下坚实的工程教育基础，也全方位培养和提升学生的创造力、团队合作、交流沟通、领导力、解决问题能力和批判性思维等软实力。同时学院携手全球知名院校，致力为学生提供各种国际化交流学习机会，帮助学生准备好迎接未来职业生涯可能面对的各种挑战，使他们在各自领域成为世界级的行业领袖。

5. 巴黎高科卓越工程师学院✽

上海交通大学 SHANGHAI JIAO TONG UNIVERSITY 上海交大 巴黎高科卓越工程师学院

为了响应《国家中长期教育改革和发展规划纲要（2010—2020）》提出的“卓越工程师教育培养计划”重大改革项目的号召，为社会发展储备未来的精英工程师，经教育部批准，上海交通大学于2012年与法国巴黎高科技工程师学校集团合作创办成立“上海交大－巴黎高科卓越工程师学院”（简称“交大巴黎高科学院”）。

学院依托上海交大优势学科及办学条件，引进法国先进的工程师培养理念和优质教学资源，旨在培养适应经济和社会发展的复合型、应用型、具有国际视野、杰出的工程技术人才和企业界领袖。

学院组织架构有联合管理委员会、学院领导、行政办公室、教务办公室、学生工作办公室。其中联合管理委员会为学院的最高管理机构，成员由上海交大、法国四校以及合作企业共同组成。联合管理委员会每年召开两次会议。

学院经过不断探索努力，积极创新人才培养模式，力争打造精英教育和中外合作办学的典范，努力建成世界一流的工程师学院。

(四)华东师范大学

华东师范大学成立于1951年10月，是由国家举办、教育部主管，教育部与上海市重点共建的综合性研究型大学。学校现有中北校区、闵行校区两个校区，设有4个学部，30个全日制学院，4所书院。截至2020年3月，学校共有在校全日制本科生15400余人，在校博士研究生3200余人、硕士研究生15900余人，在校留学生(学历生)1300余人。

华东师范大学作为新中国第一所社会主义师范大学，学校始终秉承“智慧的创获，品性的陶熔，民族和社会的发展”的大学理想，恪守“求实创造，为人师表”的校训精神，围绕“育人、文明、发展”责任使命，学校聚焦“教育+”“生态+”“健康+”“智能+”“国际+”五大行动计划，致力于建设世界知名高水平研究型大学。

华东师范大学书院建设覆盖了闵行校区本科生(音体美专业除外)。书院聚焦立德树人根本任务，联动校内外资源，深化“三全育人”工作体系。书院聚焦学科交叉，注重第一课堂与第二课堂的深度融合，构建师生成长共同体。书院聚焦养成教育，不断推进园区“一站式”育人，引领学生全人成长。

华东师范大学现有孟宪承书院、经管书院、大夏书院和光华书院等4所书院。

1. 孟宪承书院☆

孟宪承书院创建于2007年9月，以我国现代著名教育家、华东师范大学首任校长孟宪承的名字命名。孟宪承书院以培养“适教、乐教、善教”的优秀教师和未来教育家为目标，致力于创新和完善师范生培养机制和体系、提升师范生培养质量。书院现有1~4年级包括数学与应用数学、物理学、化学、生物科学、汉语言文学、英语、历史学、地理科学、思想政治教育9个专业总计约2000名本科生。

书院秉持孟宪承老校长“智慧的创获、品性的陶熔、民族与社会的发展”的教育思想，借鉴西方一流大学的书院制管理模式，通过与专业院系在人才培养上的合理分工、紧密协作，共同肩负人才培养责任，为学生创造一个与院系互补的社区化学习生活环境，并积极实施课堂教育、实践教育、养成教育相融合的德智体美劳“五育并举”+教师教育(5+1)第二课堂特色教育体系，不断提高书院制育人成效。

书院实行打通专业的混寝制度，推行自主化的社区管理。在这里，不同地域和专业的学生住在同一寝室，感受多元文化和多学科融合；学生可以轻松享用学生共享空间的各类活动室与设施；可以参加社区管理委员会投身自主管理；还可以在师生午餐会，社区运动会，寝室文化节，民俗文化周，中秋、春节师生同乐会等活动中感受书院大家庭的温暖。

书院打造由人生发展导师、社会导师、学生导师、辅导员等组成，能够引领学生共同成长的导师团队，多学科背景的导师与学生们在书院亲密互动、共同成长，导师团队成为书院学子学习生活的强大支撑力量。书院建设有多样学生共享空间，拥有学生自主学习、技能训练、小组研讨、学术沙龙、团队活动、文化展演、创新培训、师生互动、休闲交际等主要功能的各类房间与区域，通过学生自主管理，为全校师生提供一个活泼优雅、自由轻松的学习生活场所。

书院倡导“学在孟院”，通过学业指导办公室开展全覆盖、全过程、专业化的学业指导工作，努力营造勤学乐学、崇尚科研的良好学风，坚持开展学习规划指导，为学生提供选课、转专业、辅修、跨国（境）交流、学术科研申报等信息和咨询，并举办各类读书会、案例分析、科创沙龙、朋辈互助辅导等活动。

2. 经管书院

经管书院是华东师范大学成立的第二个本科生书院，也是第一个非师范类书院。经管书院成立于 2015 年 9 月，隶属于经济与管理学部。具体负责落实本科生的思想政治教育、学科通识教育、生涯发展教育、心理健康教育、素质养成教育及学生事务服务与管理等工作。书院立足经济与管理学部的学科特点和职业发展方向，发挥住宿书院作为第二课堂的育人功能，因材施教，致力于把学生培养成“有专业底蕴、有领导力、有国际视野、有社会关怀”的卓越创新型经济管理类人才。

经管书院面向经济与管理学部全体本科生，涵盖统计学类、金融学类、工商管理类、公共管理类等多个学科，文理兼容，学生规模总计超过 2000 余人。

经管书院下设 9 个办公室，负责书院的各项工作，分别为：党建办公室、团委办公室、学生科创办公室、学业指导办公室、就业创业办公室、信息宣传办公室、学生事务办公室、社区发展办公室和心理健康办公室。

经管书院设有专门的导师制度，邀请资深学者、学部专业教师、社会成功人士担任书院导师，为学生的人生发展、专业规划提供指导和支持。书院为新生提供了众多与导师接触的机会和平台，师生可以通过线上线下的方式进行沟通交流，导师可以为学生传道授业解惑，满足学生成长发展需求和期待。“经管云·导师预约平台”是师生通过 PC 端或手机端进行线上预约,线下面对面交流的一种新型师生交流方式,平台自 2016 年 12 月启动至 2020 年 7 月,学生预约总人次达 7149 次,其中,预约次数最高的导师达到 396 次。

经管书院在学生德育教育和管理工作中引入学分制管理模式,在经管书院内全面推行德育学分制。经管书院“智慧书院工程”,是经管书院全面践行智慧书院理念的主要信息化平台,由“我的日程、导师预约、书院课程选课、个人中心”等多个功能模块组成,将书院在现实空间中开展的各项工作、组织的各类活动、提供的各种服务同步到书院“云端”,提供个性化的书院生活全景记录和数据图文分析报告,实现线上线下育人的融合贯通。

3. 大夏书院✽

大夏书院成立于 2017 年,以华东师范大学的前身之一大夏大学(1924 年)命名,秉承大夏大学“自强不息”与“师生合作”的传统,旨在培养品德高尚、视野开阔,具有厚重人文精神、敢于担当的栋梁之材。

书院由中国语言文学系、历史学系、哲学系、政治学系、法学院、社会发展学院、外语学院和传播学院的本科生组成。书院现有学生 2300 余人,辐射 3 个年级、18 个人文社科类专业;书院现有留学生 75 人,来自 15 个国家。

书院注重与专业院系的合力育人,坚持立足第二课堂,以“活动课程化、课程育人化、育人无痕化”为理念,以学分制、选课制为依托,探索富有教育性、规律性和系统性的第二课堂活动方案,引导学生全面发展。在“五育并举”理念指引下,坚持以“博雅大夏、智慧大夏、健康大夏”为目标,开展三维十面(“大夏书院讲坛”“翰墨大夏”“美遇大夏”“思想价值引领”“学在大夏”“公益实践”“创新领导力”“生涯规划”“身心健美”“社区互动”)第二课堂活动方案。

书院实行导师制度,聘请专业教师、知名校友、社会贤达作为书院导师,以小规模的师生比开展学业指导和生涯导航,教师高频率、高质量的参与给书院学生的发展提供了全方位的关注和指导。书院现有青年学者班主任、跨学科专业导师团、红色导师团等协力开展育人工作。

书院积极推行学生自我管理制度,成立学生社区自我管理委员会,开展自我管理、自我服务、自我教育。同时,书院设有学生党建中心、团建中心、创新创业中心、学业生涯发展中心、健康中心、新闻宣传中心等,鼓励学子将书院作为实践社会教育的场所,积极参与书院建设工作,在管理、服务书院中,实现精神和能力的成长。

4. 光华书院✿

光华书院成立于 2017 年。“光华”二字源于 1925 年成立的光华大学(华东师范大学的前身之一),这是在反帝爱国运动高涨的年代,寄托着一大批爱国师生弘扬民族自尊、躬行教育救国的渴望而诞生的学校。为表达对光华大学和光华前辈们的敬意与怀念,传承光华之精神,学校将“光华”二字赋予光华书院。

目前,光华书院汇聚了来自数学科学学院、物理与电子科学学院、化学与分子工程学院、生命科学学院、地理科学学院、生态与环境科学学院、城市与区域科学学院的 1500 余名本科生。书院以“格致诚正,求是创新”为院训。“格致诚正”源于光华大学校训,出自儒家经典《大学》中的八目“格致诚正,修齐治平”;“求是创新”是希望理工科学子能够以科学的态度去认识世界,以创新的气魄去改变世界,同时在中华民族伟大复兴的当下,能够怀报国之心,勇担强国之任。

光华书院将立德树人作为根本任务,以培养德智体美劳全面发展的社会主义建设者和接班人为育人目标,坚持以学生的素质和能力达成为中心,立足于学生社区,将第一课堂与第二课堂有机融合,致力于培养具有厚实专业基础、兼蓄多学科知识、富有创新精神、具有国际视野的优秀人才,共建一个理工科专业背景的教学相长的师生成长共同体。

为实现第一课堂与第二课堂的无缝对接、教学行政系统与学工思政系统的有机融合、校内与校外资源的协同发力,书院构建起“1 +5”的协同育人格局:除书院教师作为常驻导师外,还充分发挥书院学生发展咨询委员会、关心下一代工作委员会、院系专业教师担任的人生导师和学业导师、青年科学家班主任和在社会企事业单位聘任的社会导师等各支队伍的协同育人功能,实现全员育人。

(五)上海大学

上海大学位于上海市宝山区,是上海市属、国家“211 工程”重点建设的综合性大学,是教育部与上海市人民政府共建高校、国防科技工业局与上海市人民政府共建高校,上海市首批高水平地方高校建设试点,教育部一流学科建设高校。

1922 年 10 月,上海大学创建,校长为于右任,教务长为瞿秋白。经过发展,上海大学目前学科门类齐全,涵盖哲学、经济学、法学、文学、历史学、理学、工学、管理学、艺术学等学科门类,其中 9 个学科进入ESI排名全球前1%。截至2020年5月31日，学校共有研究生16500余人、全日制本科生19900余人、预科生55人、成人教育学生17300余人。

学校以“自强不息”“先天下之忧而忧，后天下之乐而乐”为校训，以“求实创新”的校风不断发扬优良传统，抓住机遇、锐意改革，瞄准国家战略和上海经济社会发展重大需求，围绕高水平大学建设的目标，建立与上海现代化国际大都市地位和发展需求相适应的人才培养体系、知识和技术创新体系，努力铸就一个人才培养、科学研究、服务社会的高效平台，促进教师和学生共同快乐成长；聚焦一流本科教育，通过不断完善全人培养模式，为社会培养具有全球视野、公民意识、人文情怀、创新精神、实践能力，并能应对未来挑战的人才。

上海大学现有社区学院和钱伟长学院等2所书院。

1. 社区学院✲

社区学院建于2007年，自2011年上海大学实施大类分流通识教育教学改革以来，按照人文、理工、经管大类招生的新生，均需在社区学院完成为期一年的学习与生活。学院在借鉴国内外住宿制学院育人模式的基础上，形成了独具特色的管理模式，依托“四心两办”（学院下设四个中心和两个办公室，分别是楼宇工作中心、课外培养中心、学生事务中心、研究发展中心以及综合办公室和一年级教学办公室），积极发挥“五位一体”楼宇工作团队（导师、辅导员、管理员、学生干部、朋辈导师等队伍）的协同效应，构筑了住宿学院制管理的“生态格局”。社区学院重点打造升级版的人才培养个性化、定制化、书院制的课外培养平台，在内涵建设上实现两个“注重”：一是注重功能型平台的优化，二是注重保障型体系的建设；在功能定位上实现三个“聚焦”：一是聚焦校训精神及使命愿景的落地，二是聚焦社会主义核心价值观的践行，三是聚焦中华优秀文化的传承。

社区学院率先提出整合与搭建上海大学校训及使命愿景落地功能型载体，以身心健康、全球视野、公民意识、人文情怀、创新精神、实践能力为核心要素，坚持以“为了每一个学生的终身发展”为导向，培养全面的、终身发展的人。学院的阶段目标是：使新生中有明确目标和积极思考人生目标的学生有较大增加；使新生能够完成从高中生到大学生的转变，较好地适应上海大学的办学体制；使新生的自学能力和综合素质有较大提高；使新生在学业、道德、情感和生活等方面得以较快和谐发展。

学院始终将自身发展放在学校综合改革和高水平大学建设的目标下，以书院制背景下的人才培养模式改革为切入点，坚持需求驱动、问题驱动、目标驱动，创新社区学院的平台思维模式、工作模式、话语体系，主动对接学校职能部处，高效衔接专业学院，积极投身于学校综合改革和高水平大学的建设。

2. 钱伟长学院✲

钱伟长学院前身为 1997 年由钱伟长老校长创立的本科基础教学强化班，2007 年在基础教学强化班基础上成立自强学院，2011 年获批国家试点学院，并更名为钱伟长学院。

钱伟长学院以上海大学老校长、著名科学家、教育家、社会活动家钱伟长先生名字命名，入选 17 所“国家试点学院”、教育部首批“三全育人”试点院（系）。学院实施“重基础、跨学科、国际化”的人才培养战略，致力于培养具有扎实基本功、全球视野的基础学科拔尖创新人才和前沿交叉学科拔尖创新人才，造就未来的学术领军人物。

钱伟长学院按照“理科试验班类（选考物理）”和“理科试验班（选考化学）”进行招生。“理科试验班类（选考物理）”含数学与应用数学、应用物理学、理论与应用力学和材料设计科学与工程四个专业，“理科试验班（选考化学）”包含应用化学和生物工程两个专业。

钱伟长学院作为深化综合改革试点学院，全面推动书院制的试点工作，构建与拔尖创新人才相对应的课内外联动培养体系。在学院平台拓展导师制工作、开设导师工作室；“钱伟长讲坛”邀请国际顶尖科学家举办讲座报告；实施钱伟长学院学术创新激励计划，鼓励本科生打好数理基础、积极参与各类学科竞赛和科创项目，尽早加入导师的科研团队进行科学研究，形成良好学风；通过思政引领和德育实践教育，培养学生的社会责任感，帮助学生养成健全的人格。

钱伟长学院通过国旗卫士班、钱伟长教育思想宣讲团、党建平台等思政德育平台对学生进行理想信念和思想品德教育，以提升学生的政治高度；通过阳光之家志愿服务基地、“钱伟长船”爱国主义教育基地等实践育人平台对学生进行社会责任和爱国主义教育，以提升学生的思想深度；通过阅读空间营造、读书沙龙、人文讲座等人文素养平台增长知识见识、增强综合素质，以培养学生的情怀气度；通过钱伟长讲坛、学术沙龙、竞赛平台、朋辈辅导讲坛、导师进学院等学术科创平台培养奋斗精神、提升科学素养，以锻造学生的能力强度，实现价值塑造、能力培养与知识传授有机结合。

同时，学院通过学生自主管理体系，实践学生的自我教育，培养学生的自我意识，帮助学生实现自我价值；聚焦“内圈”抓内容供给改革——第一课堂育人主渠道，发挥教师育人主体作用，全员参与拓展育人广度，全员联动挖掘育人深度，搭建“大德育、大思政”的全员育人平台；聚焦“中圈”抓主体供给改革——第二课堂、第三课堂所有课外资源，发挥学生立德主体作用，把育人工作贯穿到教室与社区，融入学习生活各方面，构建“个性化、定制化培养”的全过程育人模式。

（六）华东政法大学

华东政法大学是新中国创办的第一批高等政法院校之一。1952年6月，经华东军政委员会批准，圣约翰大学、复旦大学、南京大学、东吴大学、厦门大学、沪江大学、安徽大学、上海学院、震旦大学等9所院校的法律系、政治系和社会系合并，在圣约翰大学旧址成立华东政法学院。1958年，学校并入上海社会科学院；1963年再次筹建，次年招生；1966年停止招生，1972年被撤销；1979年3月，经国务院批准，第二次复校。2007年3月，经教育部批准，学校更名为华东政法大学，是上海市管理的高校。学校有各类在校生18000余人，教职工1300余人。

华东政法大学现有文伯书院1所书院。

文伯书院✽

文伯书院成立于2017年5月，是学校贯彻立德树人教育理念，创新本科人才培养体系，推动书院制教育改革成立的人才培养机构。文伯书院的成立，标志着华东政法大学书院制教育改革计划的正式实施和以人才培养为中心的高等教育综合改革的全面启动。文伯书院的院训为“卓越成就未来”。

书院制教育改革以“一切为了培养人”为基本教育理念，旨在通过全方位组织、全过程实施的博雅教育和养成教育，融合学生全面发展与专业教育两大领域，实施大类培养、基础培养、综合培养、个性化培养等创新举措，提升学生人文综合素养，强化创新思维训练，增强可持续发展能力，同时与高校招生制度改革有机衔接，协同推动学校高等教育事业发展。

2017年7月，文伯书院率先招录法学大类新生。书院坚持“开门办学、开放办学、创新办学”的基本思路，以人才培养改革实践为主要内容，以实体化书院、通识课程体系、导师制和书院社区四大要素为特色，着力解决学生的全面发展与专业培养之间的平衡问题，为学生提供更多自主成长的空间，形成良好的大学氛围。

书院采取“1+0.5+X”即“1年书院新生学习+0.5年衔接专业学院学习+多形式、多时段的全程书院教育”的衔接教育方案和通识教育体系。作为实体教学机构，所有新生将在文伯书院接受为期1年的集中学习，为以后的专业学习和未来的职业生涯、人生选择打下基础。同时,基于分科教育与专业教育,从大二开始,根据专业要求和本人意愿,学生进入专业学院开始专业学习。

文伯书院教育理念是:以通识课程为基础,以养成教育为手段,以知识、素质与能力的综合培养为核心,以君子人格培育为目标,建设书院、社区和专业学院共同支撑的教育空间。具体来说,就是坚守高等教育之本,培养具有独立人格、法治信仰、人文情怀和创新精神的专业精英和社会中坚;发展大学生自主成长、独立思考和理性选择的能力,激发大学生追求卓越的目标意愿和以道自任的社会担当;以素养、知识与能力三位一体教育体系,打造大学生成长的坚实基础与未来发展的广阔空间;履行政法大学培养未来社会建设担当者与法治文明推动者的重要使命。

(七)上海理工大学

上海理工大学是一所以工学为主,工学、理学、经济学、管理学、文学、法学、艺术学等多学科协调发展的上海市属重点建设的应用研究型大学。2016 年 7 月,学校成为国家国防科技工业局与上海市人民政府共建的国防特色高校。2018 年,学校成为上海市"高水平地方高校"建设试点单位。学校办学文脉源于 1906 年创办的沪江大学和 1907 年创办的德文医工学堂。

学校长期依托、服务和引领行业产业发展,是装备制造、医疗器械、出版印刷行业骨干高校。动力工程及工程热物理、光学工程、管理科学与工程等学科长期居于国内领先地位,在医疗器械和出版印刷两大领域具有深厚的行业基础。学校现有全日制在校生 24000 余人,其中本科生 17000 余人,研究生 7500 余人。

上海理工大学现建设有沪江书院文化项目。

沪江书院文化项目✽

为真正做好以文化人,以德育人,深入推进中华优秀传统文化有机融入思想政治教育之中,上海理工大学 2018 年全面启动沪江书院文化工程。沪江书院建设的多个工作室形成系列文化项目,依托相关专业教师的学科背景优势,以传播书法、国学、陶艺等中华传统艺术为核心,建设书法工作室、设计艺术工作室、沪江诗礼社、沪江讲坛、陶艺工作室等工作坊,让沪江书院成为人文素养教学课堂、中华文化名家讲坛、传统技艺传习基地、传统文化研究中心、中华文化传播使者,打造中国文化中心,以彰显中华优秀传统文化的辐射力和影响力,构筑面向全校师生的中华传统文化传承创新教育与传播交流平台。以 2018 年为例,沪江书院各工作室举办了近 50 场文化讲座、论坛，举办书法、设计、汉服等各类展览近 10 场，用千载书香浸润百年学府，激发学生对中华优秀传统文化的热情，掀起上海理工大学传播传统文化的浪潮，助推书香校园氛围的营造，并致力中外文化融合，服务学校"工程型、创新性、国际化"人才培养目标。

(八)上海应用技术大学

上海应用技术大学是全国最早以"应用技术"命名的市属公办普通本科高校。学校肇始于 1954 年，是由全国示范性高工专——上海轻工业高等专科学校、上海冶金高等专科学校、上海化工高等专科学校及原国家轻工业部所属上海香料研究所合并组建而成。

上海应用技术大学确立了以师生发展为中心，以应用型学科专业建设和技术创新为龙头，以高水平师资队伍建设为抓手，以成果、特色、品牌为落脚点，以国际化开放办学和政产学研协同创新为路径的发展思路。学校有奉贤校区和徐汇校区两个校区。学校现有全日制在校生 18100 余人，其中高职生 500 余人、本科生 15700 余人、研究生 1700 余人。

上海应用技术大学现有工程创新学院鲁班书院 1 所书院。

鲁班书院✿

鲁班书院创建于 2017 年 9 月，为了贯彻落实全国思想政治工作会议精神，践行社会主义核心价值观，推进全员育人、全方位育人、全过程育人，上海应用技术大学依托工程创新学院成立了鲁班书院，开展创新人才培养教育的探索试点，旨在通过"书院 + 学院"的协调发展方式，促进学院的专业教育与书院的人文素质教育有机融合，培养新时代有理想、有道德、有文化、有纪律的社会主义新人。

鲁班书院以我国古代工匠鼻祖鲁班命名，旨在继承及弘扬其勤于思考、勇于创新、不断学习、立足实践、刻苦钻研、乐于奉献以及精益求精的工匠精神。工匠精神的本质是科学精神，其核心内容包括尊重科学的态度、敢于创新的勇气、自我反省的魄力和乐于奉献的胸怀。

鲁班书院目前有 500 余名学生，主要来自材料科学与工程(卓越工程师计划试点班)、电气工程及其自动化(卓越工程师计划试点班)、化学工程与工艺(卓越工程师计划试点班)、机械设计制造及其自动化(卓越工程师计划试点班)、轻化工程(卓越工程师计划试点班)、软件工程(卓越工程师计划试点班)、少数民族预科班，学生统一入住书院。每一位学生既是专业学院的学生，也是书院的学生。

鲁班书院下设院务委员会、学生党支部（学生事务办公室）、学生自主管理委员会。书院推行导师制，导师团队由学业导师（相关专业导师）、成长导师（学生辅导员）和助理导师（研究生、高年级优秀本科生担任）组成，为学生提供个性化的指导和服务。

鲁班书院以学校3号宿舍楼为载体，实施通识教育，建立师生互动、朋辈互勉、学科专业交融、注重养成、环境温馨、民主包容的良性循环机制，促进学院的专业教育与书院的素质教育有机结合，培养有责任感的完整的人；建立该校创新人才培养的第三课堂，以文化育人的生活社区，师生互动、生生互动的公共空间，实现学生自我管理、自我服务、自我教育。

鲁班书院重视各类社会实践活动，每个学年都会定期开展专业实践类、志愿服务类、社会调研类、党政思想宣讲类等各类活动，引导学生从实践中获得真知，提升素质。

（九）上海科技大学

上海科技大学位于上海市浦东新区张江高科技园中区，是一所由上海市人民政府与中国科学院共同举办、共同建设，由上海市人民政府主管的全日制普通高等学校，2013年9月30日经教育部批准同意正式建立。

学校致力于服务国家经济社会发展战略，培养科技创新创业人才，提供科技解决方案及发挥思想库作用，积极投身高等教育改革、参与上海科创中心建设，努力建设为一所小规模、高水平、国际化的研究型、创新型大学。截至2019年底，学校共有在籍学生3700余人，其中本科生1500余人、硕士研究生1400余人、博士研究生700余人。学校围绕“服务国家经济社会发展战略”的办学使命，建立学院专业能力培养—书院综合素质培养结合、学—研结合、学—创结合的人才培养机制，注重培养学生“立志、成才、报国、裕民”的社会责任感，具备扎实的科学技术背景和创新创业意识，深入了解中国传统文化和国情，同时具有国际视野，成长为从事科学发现、高技术创新与新兴产业创业的拔尖人才。

上海科技大学以整个大学为1所书院。

上海科技大学书院✲

上海科技大学的书院比较特殊，整个学校都为书院制，学校也对书院给出了明确的定位：服务国家发展战略，适应人才培养改革的要求，探索高素质创新创业人才培养模式，参考国内外著名高校的实践经验，结合学校具体情况，实行书院制培养模式。书院目标定位为围绕“立志、成才、报国、裕民”理念，培养具有人文情怀、科学质疑、创新创业之人才。书院的愿景是能够达到书院环境宜人，动静皆宜，充满创新创意的文化元素，富有攀登科学高峰的文化气息,最终完成书院培育人文精神、形成科学精神、推动创新精神的使命。

书院实行本科生导师制。书院导师注重学生综合素质培养和家国情怀、人文情怀养成，培养学生成为德智体美劳全面发展的社会主义建设者和接班人。导师以个人的丰富学识、高尚师德、严谨的治学态度和健全的人格感召学生，引导学生，充分发挥育人功能。原则上，根据至少一位常任教授和一位特聘教授的架构配备书院导师组，每个导师组由三位导师构成，分别来自不同专业，与学生同专业或相近专业的常任教授为书院导师组组长。

书院在日常生活中，开展人文教育、道德教育，鼓励发展社团文化，实行体育俱乐部制，指导学生参与社会实践、产业实践及创新创业实践。书院不仅注重广泛深入的人文、社会和自然知识的跨学科教育，更着眼于对学生的人格教化与思想塑造，培养远大眼光、通融识见，具有新时代优美情感与高尚精神的人。

书院的院舍是一个小型社区，除有学生宿舍外，还有供书院师生研讨、修读、活动、生活的各类场所，如导师办公室、图书阅览室、咖啡吧、谈心室、成长驿站、自修室、洗衣房、简易厨房等。可以开展各种学习、交流活动，每一名学生在书院都会感到家的温暖。每一个学生都有着双重身份，既隶属于书院，同时也是所在专业学院的学生。专业学习主要由专业学院负责，专业课程以外的学习和生活，包括党团组织和学生活动的开展等主要由书院负责。书院鼓励不同专业背景的学生互相学习交流，也鼓励学生主动与本专业的学生相伴学习讨论，促进学生的个性拓展和全面发展。

（十）上海海事大学

上海海事大学位于上海市临港新城，是一所以航运、物流、海洋为特色，具有工学、管理学、经济学、法学、文学、理学和艺术学等学科门类的多科性大学，2008 年，上海市人民政府与交通运输部签订协议，共建上海海事大学。

上海海事大学前身为成立于 1912 年的吴淞商船学校，1933 年更名为吴淞商船专科学校。1959 年交通部在沪组建上海海运学院，2004 年经教育部批准更名为上海海事大学。为更好地服务上海国际航运中心建设和国家航运事业发展，根据上海市高校布局结构调整规划，2008 年上海海事大学主体搬迁临港新城。学校目前共有 24000 余名学生，其中本科生 16500 余人，各类在校研究生 6000 余人，留学生 700 余名,有 1200 余名专任教师。

上海海事大学现有励志书院1所书院。

励志书院✲

作为学校践行新时代立德树人工程的一个积极探索，2015年，上海海事大学成立励志书院，面向来自中西部地区家庭经济困难的学生，通过系列培训和实践活动，将扶困与扶志结合起来，在增强学生们学习信心的同时，积极培养他们的自立自强、诚实守信、知恩感恩、勇于担当的良好品质。励志书院举办至今，已带动800名经济困难学生成长成才，成为学校大学生思想政治教育的重要组成部分。励志书院是学校推进领导干部深入一线联系学生，答疑解惑，拉近与青年学生的距离的育人形式之一。

学校每年面向中西部地区学生举办一期励志书院。励志书院的开办，旨在合理分配学校教育资源、促进教育公平，提升家庭经济困难学生的综合竞争力。书院以“培育和践行社会主义核心价值观”为办学宗旨，努力为家庭经济困难学生创造优良的学习环境，培养学生“勤学、修德、明辨、笃实”的素质，下设6个班级，每个班级配备来自各学院的优秀辅导员作为班导师。整个学习过程包括8次专题培训、3次交流讨论和2次主题活动。

每期励志书院确定不同主题，如第二期心理专题的学习——“破冰之旅”，第三期励志书院以课程涉及职业礼仪、生涯规划、传统国学、美学欣赏等方面，打破了以往教师“单兵作战”、课程“孤岛化”的困境，并把思想政治教育贯穿全过程，真正实现了全员育人、全程育人、全方位育人。

（十一）上海立信会计金融学院

上海立信会计金融学院是一所会计、金融特色鲜明的公办全日制普通高等学校。学校由原上海立信会计学院和原上海金融学院于2016年6月合并组建而成。学校现有浦东、松江和徐汇三个校区，以经济学、管理学为主体，以应用经济学、工商管理、统计学为重点，以金融学、会计学为核心，推动学科交叉融合，形成经、管、理、法、文等多学科协调发展的学科格局。学校现有全日制在校学生近20000人，其中专业硕士研究生200余人。

学校为对接国家和上海经济社会发展对拔尖创新人才的现实需求，顺应学校实施多层次、多样化人才培养模式改革的迫切需要，满足优秀学生的个性化发展需求，成立序伦书院。

上海立信会计金融学院现有序伦书院1所书院。

序伦书院✽

序伦书院于2018年10月20日揭牌成立,同年秋季开始招生,以我国现代杰出的会计学家、著名教育家潘序伦先生的名字命名,目前有100余名学生。

书院按照“厚基础、宽视野、重人文、国际化”的培养理念 ,以“优选生源、优先支持、优聘师资、优化管理”为办学原则,旨在打造学校教育教学改革特区,培养专业基础扎实、人文情怀并重的拔尖应用研究型财经人才。

序伦书院执行个性化的荣誉培养方案,构建“通识教育课程、学科基础课程、专业荣誉课程、实践与研讨课程”四位一体的课程体系,为学生终身学习和职业发展打下良好基础。

书院打造由校内优质师资、校外荣誉师资、海外名师、实务专家和学业导师组成的专业教师团队。荣誉课程主要聘请学校及各专业学院的海内外特聘教授、“双一流”高校荣誉师资,其他必修课程在学校教学名师、“序伦学者”和优秀的博士副教授中进行遴选,并聘请部分业界专家和知名校友讲授实务课程。

为实现个性化培养,书院实行全程学业导师制,导师主要负责帮助学生制定个性化学习计划,开展科研训练指导。导师从学校的“序伦学者”和知名教授中进行选拔,也可聘请业界专家和知名校友担任。书院还委托教育机构选派优质英语国家外籍教师,对学生英语雅思考试(IELTS)及日常口语组织实施专题教学。

书院按照“2 +2”模式制定培养计划,实施大类分流教学管理,即前2年由书院统一实施通识与学科基础课教育,2年后根据学生志愿自主选择专业,分流至各相关二级学院,完成专业课程、实践与研讨课程教学。

(十二)东南大学

东南大学创建于1902年,是国家教育部直属并与江苏省共建的全国重点大学。东南大学是一所以工科为主要特色的综合性、研究型大学。

东南大学是一所历史悠久、底蕴深厚的大学。学校源于三江师范学堂,后历经两江师范学堂、南京高等师范学校等重要发展时期,曾先后并入复旦大学、交通大学、浙江大学、金陵大学等校的有关系科。1988年5月,学校复更名为东南大学。在近120年的办学历程中,东南大学始终心怀天下、心系祖国，为科学进步、民族复兴而自强不息、追求卓越，逐步形成了“严谨、求实、团结、奋进”的优良校风和“以科学名世、以人才报国”的办学理念，铸就了“止于至善”的校训精神。学校建有四牌楼、九龙湖、丁家桥等校区，还设有无锡分校和苏州校区，现有全日制在校生约36000余人。

东南大学始终把人才培养作为办学的根本任务，是首批国家级创新创业教育改革示范高校，教育部首批“三全育人”综合改革试点高校。东南大学坚持产学研结合，着力打造高水平科技创新格局，以更好服务国家重大发展战略。东南大学是我国国际交流与合作最为活跃的高校之一，与众多世界一流大学和高水平研究机构紧密合作，旨在构建全方位、有重点、多层次、宽领域、高水平的国际交流合作格局。

东南大学现有秉文书院和健雄书院等2所书院。

1. 秉文书院✿

秉文书院是以东南大学文科试验班（郭秉文班）为依托，对文科人才培育模式的创新和探索。文科试验班自2017年秋季学期正式招生，专业覆盖哲、文、管、政、经、法等学科，是东南大学培养高层次人文社科精英的试验田。2019年，东南大学为继续探索文科人才个性培养和通识教育的和谐统一，推进秉文书院建设，旨在营造博雅环境，统筹课内外资源，培养具有爱国情怀、国际视野、创新精神和实践能力的拔尖领军人才。

秉文试验班和秉文书院均以东南大学首任校长郭秉文先生之名命名。1921年，郭秉文竭力倡导并以南高为基础正式创办国立东南大学，成为当时国内仅有的两所国立综合性大学，郭先生也被誉为“东南大学之父”。在执掌南高—东大时期，郭秉文提出了著名的“四个平衡”现代教育理念，即“通才与专才平衡，科学与人文平衡，师资与设备平衡，国内与国际平衡”。

“秉文达理，成己成物”。秉文书院以“秉文”为教育理念，以“达理”为核心战略，以“成己成物”为终极目标，通过名师课堂、大师讲堂、特色研讨等教学环节，以完整之知识，健全之智慧，化育超逸脱俗之人格与无限可能之才情。

秉文试验班一年级实行“五理讲席＋特色研讨＋秉文大讲堂”培养模式，以“五理”（哲理、心理、伦理、法理和艺理）课程为学生构建多元且体系完整的课程结构，教学采取“课堂＋讲座＋研讨”模式，聘请国内外大师担任讲席教授，以多元的课程模块和课堂设计培养学生知识贯通的能力。

秉文书院依托学生学习生活社区，实现打造多元空间个性学社，提升师生交互一站服务，推进第二课堂塑造全人等功能。书院设置多功能练习房、交流讨论区、学生工坊、茶室等区域满足学生多样化、个性化的需求。同时实行驻院导师制，突破时空限制，专业教师就在宿舍门口，学生随时随地可获得专业、个性、周全的指导与服务。同时，秉文书院将学习与生活紧密联系，依托生活社区进行学生的日常管理和开展第二课堂教育，“空”去学生专业身份的束缚，把通识教育的目标、理念融入日常生活。

2. 健雄书院✲

吴健雄学院成立于2004年，2007年增设了本研贯通、个性化培养的“高等理工实验班”，实行导师指导、优才优育的培养方式。2016年推出开放式、个性化拔尖人才培养的“工科试验班”（吴健雄班）。东南大学吴健雄学院是东南大学拔尖创新优秀人才的培养基地、教育教学改革的实践基地和管理改革的示范基地。

学院始终以“汇聚优质资源，培养精英人才”为办学宗旨，秉持“卓越化、个性化、国际化”育人理念，致力于培养发展志向远大、国际视野宽阔的未来战略科学家、工程科技领军人才和业界高端引领人才，贯彻“厚基础、宽口径、强交叉、重个性”的指导思想，构建“三制五化”的培养模式，“三制”即导师制、书院制、完全学分制；“五化”即小班化、个性化、国际化、卓越化、本研一体化。

为加快推进人才培养模式创新，深入推进“三制五化”培养模式改革，东南大学试点推动健雄书院建设，并于2019年启动健雄书院空间建设，2020年作为东南大学第一批书院环境空间试点建设项目通过验收交付。目前按照不同功能，健雄书院建设有接待大厅、小型报告厅、学习交流区、休闲交流区、导师交流室、会议室、咖啡吧等多个区域，满足学生们日常学习与生活的多样需求。健雄书院其他方面的建设还在探索当中。

（十三）南京信息工程大学

南京信息工程大学是国家“双一流”建设高校，是江苏高水平大学建设重点支持高校。学校始建于1960年，应新中国国家战略和国民经济建设需求而生，隶属中央（军委）气象局。

南京信息工程大学前身为南京大学气象学院，1963年独立建校为南京气象学院，1978年列入全国重点大学，2004年更名为南京信息工程大学。2007年以来，学校先后实现了江苏省人民政府、中国气象局、教育部、国家海洋局的多方共建，现为以江苏省管理为主的中央与地方共建高校。学校办学特色鲜明，现有大气科学学院、应用气象学院、大气物理学院、水文与水资源工程学院、环境科学与工程学院等22个专业学院，设有龙山书院（大类培养）、雷丁学院（中英合作)、长望学院(拔尖培养)、应用技术学院、继续教育学院、藕舫学院(创新创业)、滨江学院(独立学院)等办学机构。截至 2020 年 4 月,学校共有全日制在校本科生 3 万余名、硕博研究生近4000 名、留学生 1700 余名。

南京信息工程大学秉承"艰苦朴素、勤奋好学、追求真理、自强不息"的优良校风,恪守"明德格物、立己达人"的校训,坚持以人才培养为中心,以培养拔尖精英人才、创新创业人才、国际化人才为导向,不断深化教育教学改革,构建了特色鲜明的人才培养体系。

南京信息工程大学现有龙山书院 1 所书院。

龙山书院✲

龙山书院于 2018 年 8 月创建,2019 年 7 月正式实体运行。龙山书院是该校大气科学类大类气象人才培养的教学改革试验田,旨在围绕通识教育和拓宽专业教育口径来实现本科教育制度的全面改革。龙山书院坐落于南京市浦口区龙王山脚下,龙王山系老山余脉,其山形似卧龙,书院因此而命名。书院现有 2018 级、2019 级两级学生,共计 2200 余人,包含大气科学和应用气象学两个专业。

龙山书院秉承学校"笃行以生为本、厚植大学精神"的办学宗旨,坚持"学以成人、全面发展、胸怀气象、志行天下"的育人理念,以"大气大为、至真至善"为院训,聚焦本科人才培养改革,大胆探索,守正创新,致力于我校大气科学类人才培养质量的提升,注重营造浓郁的书院氛围,以文育人,以文化人,让学生在潜移默化中得到科学的浸润与文化的滋养,将中国传统书院精神和现代大学理念相结合。

书院以培养厚基础、宽视野、强能力、高素质的创新型气象人才为目标,致力于构建通识教育、全人培养,导师引领、个性发展,双院联动、协同育人,自主管理、快乐成长为特色的人才培养新模式。书院通过开展品牌活动,强化通识教育;通过建立学业导师、生活导师、朋辈导师三支导师队伍,实施全员导师制,促进学生个性化发展;通过书院学院的资源共享、管理互通,打造书院特色文化,推进双院协同育人;通过创新学生组织,开展朋辈互助等,推进学生自治,激发成长活力。

龙山书院设院务委员会,负责书院规划、建设和发展等重大项目工作的部署,下设书院办公室、书院学生工作办公室负责具体工作的落实与实施。龙山书院党总支成立第一、第二联合党支部,书院团委设立分团委、学生会,下设组织部、宣传部、秘书部、外联部、学习部等多个部门。

书院的特色举措有:强化思想引领,落实立德树人;以导师引领,培育和践行社会主义核心价值观,促进学生个性发展;以文化建设为抓手,加强中华优秀传统文化教育;不断深化教学改革,提高教学质量;多管齐下,共促学风建设;以第二课堂为重要载体,将通识教育与专业教育相结合;促进国际化教育,扩大教育对外开放。

(十四)南京审计大学

南京审计大学是我国唯一以"审计"命名的全日制普通本科院校,为我国审计高等教育发源地之一。

学校始建于1983年,1987年更名为南京审计学院,2015年经教育部批准更名为南京审计大学,2018年与中央军委审计署签署战略合作框架协议。南京审计大学积极探索书院和学院"双院制"育人模式。学校秉承"诚信、求是、笃学、致公"的校训精神,坚持"特色、质量、国际化"的办学理念,经过三十余年的建设,已发展成为以审计为品牌,经、管、法、工、文、理等学科相互支撑、协同发展的特色高校。学校现有浦口、莫愁两个校区,有全日制在校生1.6万余名,专任教师1110余人。

南京审计大学现有泽园书院、润园书院、澄园书院、沁园书院等4所书院。

1. 泽园书院☆

泽园书院成立于2014年3月,以泽园住宿社区为载体和平台。书院现有5500余名本科学生(涵盖13个二级学院、44个专业)、127个番号班级、8个党支部。硬件设施完善,有综合运动场、餐厅、超市、音乐台、20栋学生公寓和4个工作站区,配置了心理工作室、导师工作室、创新工作室、学习支持屋、书吧等功能室。

泽园书院重视优秀传统文化的"教学做合一",引导学生读经典、懂礼貌、行礼仪,培养诚信品质和自主精神,致力奉公,服务社会,形成书院特色。书院凝练了"知书达礼共成长、自主致公泽天下"的院训,设计出独具特色的书院LOGO、院旗、院徽、站名、吉祥物。其中,"知书达礼"是指:多读书,读好书,有文化,懂礼貌,行礼仪,有修养;"自主致公"是指:自我管理,主动学习,致力奉公,公平公正;"共成长""泽天下"是指:师生互动,共同进步,提升自己,服务社会。

泽园书院设党委书记、院长、副书记、副院长等领导和常任导师(辅导员)20余人,有驻院专业心理咨询师2人。书院设有综合办公室、教育管理办公室、素质拓展办公室(分团委)、党建办公室(专职组织员),主要承担学生党建与思想教育、通识教育、学业辅导、学风建设、就业指导、学生事务管理、心理健康教育等职责。

泽园书院注重通识教育和全人培养，着力打造红色书院、人文书院、书香书院、活力书院。书院强化意识形态教育和大学生思想政治教育，重点实施“6＋1”素质培养计划（党团领航计划、人格培育计划、能力提升计划、通识讲堂计划、经典阅读计划、导师引领计划、关爱励学计划），培养学生的六大核心素养，构建“体验式、感悟式、分享式”思想政治教育新模式，让泽园学子学会“创造、分享、体验”，获得一生的“品味、智慧、幸福”。书院成立了团学社科、自管会等学生自治组织以及大学生艺术团、阳光体育联盟，精心培育理论研习类、专业学科类、传统文化类、科技创新类、公益服务类、体育兴趣类等30余个学生社团，开展丰富多彩的科技文化活动，提升学生综合能力与素养。

2. 润园书院☆

润园书院成立于2014年3月，位于南京审计大学浦口校区最早建成投入使用的学生社区——润园。书院现有5个工作站区，目前共有学生5300余人，涵盖学校本科四个年级14个二级学院的42个专业（方向），共122个书院班级。书院配置了心理工作室、导师工作室、学习支持屋、看看书吧等功能活动室，把“家”文化作为书院文化的主题元素，并贯穿书院建设的整个过程。

润园书院积极倡导“励学、敦行、协同、共进”的书院院训和“同学习、共成长”的书院文化，围绕“建设优美的环境、营造优良的文化、培养优秀的人才”，全面推进书院的各项文化建设，努力把书院打造成为学生“温馨的家园、心灵的港湾、成长的摇篮”，将书院建成具有学校特点和自身特质的文化书院、特色书院、魅力书院。

润园书院设有党委书记1人、院长1人、副书记2人、副院长1人、常任导师20名、专职心理咨询师2人，下设综合办公室、教育管理办公室、素质拓展办公室（分团委）、党建办公室等。

润园书院在学风建设方面，启动了旨在推进学风建设的“励学计划”，创设了人人都有出彩机会的制度氛围；学生综合素质培养方面，开展道德实践、魅力团支部大赛、素质拓展月等；在学生党员和干部队伍建设方面，实施“先锋计划”，加强党性锤炼；在书院环境及物理空间建设方面，成立“看看书吧”、社区生活体验中心等，设立“回音壁”关注学生关切；为营造温暖、活力、创意的“家文化”，举办润园杯球类比赛、“当青春遇上美丽”、导师夜话、社团巡礼节等一系列丰富多彩的活动。

润园书院推行“五大工程”，即卓越人才工程、党建创新工程、书香阅读工程、品牌打造工程、和谐书院工程，同时全面推行"八大计划"，分别为："先锋计划"——构建长效机制，发挥党员作用；"英才计划"——激发学生潜能，造就卓越南审人；"雏鹰计划"——因材施教，培养杰出校友；"励学计划"——注重个性发展，重塑学困生信心；"励志计划"——明晰奖励体系，引导经困生成长；"读书计划"——打好人生底色，夯实发展后劲；"拓展计划"——搭建成长平台，全面素质提升；"民族学生全面提升计划"——拓展民族学生视野，提升综合能力。

3. 澄园书院☆

澄园书院成立于2014年3月，坐落于学校风景优美的梅花山间，毗邻国家审计署党校（审计干部教育学院），春宜赏樱，夏憩停云，秋看红枫，冬嗅寒梅，四季皆有其美。

澄园书院现有常任导师13名，通识导师、专业导师等各类导师200余人，目前共有学生2000余人。书院建有多功能厅、心理咨询室、党建工作站、学习支持中心、澄典书屋等学生重点活动场所。澄园书院学生与研究生、留学生同学习、共成长，具有国际化、学术性交流互动的独特优势。

澄园书院奉行"导师相携、校友砥砺、朋辈互勉、师生共进"的工作理念，继承与发扬古代书院的文化精髓和优秀传统，以通识教育为核心，推进与专业教育相融合的全人教育新模式；以导师队伍为行动引领，构建双院联动、师生共进的育人机制；以学生社区为服务平台，营造"温馨、平安、共享"的成长空间；以素质拓展项目为抓手，打造书院特色品牌活动。

橙色是澄园书院的主题色，象征着青春活力、热情洋溢和开拓进取的美好品格。澄园书院全体师生正在建设"人文澄园、和谐澄园、卓越澄园"的道路上奋力前行，正以满腔热忱和切实行动诠释南审书院"温馨的家园、心灵的港湾、成长的摇篮"的美好愿景！

4. 沁园书院☆

沁园书院成立于2014年3月，现有全日制在校生3200余名，涉及政府审计学院、会计学院、金融学院、经济学院、信息工程学院、法学院、商学院等10个学院24个专业。

沁园书院以"求真、至善、尚美"为院训，树立"通识教育、全人培养，师生互动、名师引领，自主管理、自由发展"的理念。

沁园书院设党委书记、院长、党委常务副书记、党委副书记、副院长等书院领导，下设机构主要包括综合办公室、教育管理办公室、素质拓展办公室兼分团委、党建办公室以及大学生心理咨询工作室。书院聘有常任导师及通识导师团队，共同开展育人工作。

沁园书院积极探索书院改革之路，坚持“大爱为基，育人为本”，践行“立德、立志、立人”，努力实施通识教育，追求“温暖、力量、卓越”，引导“创造、分享、体验”，提升学生综合素质，促进学生全面发展。

沁园书院实施“新生启航计划”，成立“沁萃人才班”，建立朋辈互助工作坊、心灵驿站，做好新生教育、学习支持、心理健康、帮困助困，“四位一体”服务学生成长。

（十五）江南大学

江南大学位于江苏省无锡市，是教育部直属、国家“211 工程”重点建设高校（“九五”首批入选）。

江南大学源起 1902 年创建的三江师范学堂，历经国立中央大学、南京大学等发展时期。1958 年南京工学院食品工业系整建制东迁无锡，建立无锡轻工业学院，1995 年更名为无锡轻工大学。2001 年无锡轻工大学、江南学院、无锡教育学院合并组建江南大学。2003 年东华大学无锡校区并入江南大学。学校以“笃学尚行，止于至善”为校训精神；以“彰显轻工特色，服务国计民生；创新培养模式，造就行业中坚”为办学理念；以“建设特色鲜明的研究型大学”为战略目标。学校现有在校本科生 20000 余人、硕博研究生 8900 余人、留学生 1200 余人，现有教职员工 3300 余人。

江南大学现有至善学院和君远学院等 2 所书院。

1. 至善学院☆

至善学院成立于 2009 年，是江南大学为了探索拔尖创新人才的培养路径而创建的荣誉学院。至善学院是江南大学学风建设的领头雁、学科竞赛的突击队、教学改革的实验田，面向全校实施多学科拔尖创新人才培养，以培育造就一批学术大师、兴业英才、治国栋梁。院训为“博学善思、勇于创新、超越自我”。

学院在院训的指引下，以“荣誉吸引、资源倾斜、能力强化”为导向，采取双向选择、优胜劣汰的选培机制，自一年级起在全校所有本科专业中选拔前 3%具有突出培养潜质或特殊专长的优秀学生，采用专业学习在生源学院、素养提升在至善学院的人才共培模式，通过构建点（至善导师引导）、线（素质提升课程）、面（实践创新项目）的立体化人才培养体系，着力提升至善学子的领袖能力、人文素养、科学精神、终学理念、家国情怀。

学院聘请工程院院士、长江学者、国家杰青及知名教授等担任特聘指导教师，实施一对一引导；聘请国内知名专业教师和外教进行专业授课和英语应用能力强化训练。目前，至善学院已建立了一支由院士、长江学者等领衔的特聘指导教师队伍，共200余人，为学生的成长成才、个性化培养提供了强有力的保障。至善学院通过不定期召开导师工作会议、走访导师，交流导师工作经验，加强学生与导师间的沟通交流。

学生进入至善学院的第一个学期进行导师双选。特聘指导教师主要通过定期与学生谈话、指导学生参与科学研究、参加学生沙龙活动等方式，关心学生的思想情况和学习情况，指导学生明确学习态度、规划成长生涯、端正学习态度。学生定期向导师汇报思想与学业动态，邀请导师参加课外活动、积极参加导师的科研项目，以此感受导师的人格魅力和学术素养。

十余年来，至善学院以跨学科培养为路径，发挥至善学院多学科人才聚集地的独特优势，着力培养"宽基础、高视野、大格局、会思考、有情怀"的拔尖创新人才。

2. 君远学院☆

君远学院成立于2011年，是由江南大学和上海唐君远教育基金会合作创办的新型理事会制学院，是双方创新人才培养模式、提高人才培养质量的重大举措。学院以"知行合一，追求卓越"为院训，秉持"知识、能力、素养全面协调发展"的人才培养理念，以"高素质、强能力的机电融合卓越创新人才"为培养目标，自成立以来在办学机制、人才培养体系、教学内容与教学方法、书院制素质教育等方面系统深入地开展了工程教育改革创新的探索与实践，取得了显著成效。

君远学院成立于2013年6月7日，是学校探索人才培养创新模式的文化载体，它彰显了学院以"才"教人，以"文"化人的教育理念。自成立以来，君远学院开展了许多有助于提高学生人文素养、创新精神的讲座及实践活动，为培养具有综合素质的卓越工程师奠定了厚实的基础。

学院以生为本，负责大学生思政教育与人文素养教育，侧重于学生的思想引领、行为养成、人格塑造和实践锻炼，系统开展学生独立思考、批判性思维、道德伦理、职业谋划、人际交往、组织领导力和社会适应性等活动，造就一批具有深厚人文底蕴、活跃创新思维、扎实专业知识、宽广国际视野的高素质机电工程人才，以适应经济社会进步与人的全面发展的需要。

学院秉承立德树人、追求卓越的理念，下设知行社、机器人俱乐部和项目小组，为君远学子提供了个性发展的多元平台。学院定期举办的名师讲堂、创新实践、社会实践等活动，丰富了学生的课余生活，体现了君远书院在精神文明建设中的引领作用。书院根据学生需要，适时开设英语、德语强化班，以开拓学生的国际视野。为深入贯彻创新创业精神，学院还会专门举办相关讲座，组织学生企业参访，倡导学生参加学科竞赛、机器人比赛等。

（十六）江苏师范大学

江苏师范大学位于江苏徐州，是江苏省人民政府和教育部共建高校，是江苏高水平大学建设高校。学校 1952 年创办于江苏无锡，1956 年正式纳入普通高等教育序列招生，1957 年成立江苏师范专科学校，1958 年学校北迁徐州，1959 年与徐州师范专科学校合并，成立徐州师范学院，1996 年更名为徐州师范大学。1999 年原煤炭部所属的徐州工业学校并入。2011 年学校更名为江苏师范大学。江苏师范大学秉承“崇德厚学，励志敏行”的校训，经过不懈努力，各项事业都有了快速发展，现有泉山、云龙、奎园、贾汪 4 个校区，设有 22 个专业学院以及敬文书院、继续教育学院、国际学院和教育部批准设立的首个非独立法人中俄合作办学机构——江苏师范大学圣彼得堡彼得大帝理工大学联合工程学院，另设有独立学院科文学院。学校现有 63 个本科招生专业，在校普通全日制本科生 20000 余人，硕士、博士研究生 3500 余人。

江苏师范大学现有敬文书院 1 所书院。

敬文书院☆

敬文书院成立于 2015 年 6 月 1 日，以香港爱国实业家朱敬文先生名字命名，其前身是成立于 2011 年的卓越人才培养强化部（简称卓培部），是学校在大众化教育背景下探索精英教育所设的“荣誉学院”和“办学特区”。敬文书院以“守正出新，自助助人”为院训。

书院设有卓越教师班和卓越实验班，现有在校生 580 余人。卓越教师班招收师范专业学生，采用“三方协同”的培养机制和方案，着力培养高尚师德，强化博雅教育，提升从教技能，培养“适教、乐教、善教”的优秀教师。卓越实验班招收非师范专业学生，采用“1 +3”人才培养模式，分为文科实验班和理科实验班，学生被书院二次录取后，第一学年分文、理大类培养，按学科群夯实理论基础，一年后在导师指导下自主选择主修专业。书院旨在选拔培养一批品德高尚、素质全面、专业扎实、能力出众、具有国际视野、引领未来发展的拔尖创新人才。

书院依托学校省级优势学科群及其高水平师资，通过“书院＋学院”双院协同育人机制，实行“一制三化”（导师制、个性化、国际化、小班化）等培养举措，制定个性化培养方案，实施“德行养成与塑造计划”“人文素养与博雅气质提升计划”“科技创新与实践训练计划”“青年领导力发展计划”等四个核心计划，为学生的潜能和个性充分发展提供良好的实践平台。

其他特色举措包括：书院实施学生动态管理，除面对新生选拔外，每年还会从大二学生中选拔部分优秀学子入读书院。书院实施“荣誉教育”，开设荣誉课程，为优秀毕业生颁发荣誉证书。书院有意打破同一个专业学生“聚居”的状态，着力培育依托宿舍“成长社区”等文化生活方式，打通学生之间跨学科交流的渠道，形成一个独立的大家庭，在自由、宽松、舒适的氛围中进行沟通。

（十七）苏州大学

苏州大学是国家“211 工程”重点建设高校，是江苏省属重点综合性大学。苏州大学的历史源远流长，其前身可追溯到 1900 年美国基督教监理会创办的东吴大学。1952 年中国大学院系调整，东吴大学文理学院、苏南文化教育学院、江南大学数理系合并组建苏南师范学院，同年更名为江苏师范学院。1982 年，学校更名为苏州大学。其后，苏州蚕桑专科学校（1995 年）、苏州丝绸工学院（1997 年）和苏州医学院（2000 年）等相继并入苏州大学。学校始终秉承“养天地正气，法古今完人”之校训，坚守学术至上、学以致用，倡导自由开放、包容并蓄、追求卓越，坚持博学笃行、止于至善，致力于培育兼具“自由之精神、卓越之能力、独立之人格、社会之责任”的模范公民。学校目前有全日制本科生 27600 余人、全日制硕士生 13100 余人、全日制博士生 1850 余人、各类留学生 3300 余人。

苏州大学书院建设将不同学科专业背景的学生汇聚在一个小型社区进行集中管理，社区内除学生宿舍外，还建有供书院师生研讨、活动、生活的多用途场地，院长、辅导员的办公室也都设在书院里，便于和学生交流。

苏州大学现有敬文书院、唐文治书院和紫卿书院等 3 所书院。

1. 敬文书院☆

苏州大学敬文书院成立于 2011 年 6 月，以香港爱国实业家朱敬文先生的名字命名，书院每年从苏州大学天赐庄校区各学院录取的新生中选拔 100 名左右的优秀学生，目前汇聚了 50 多个学科专业背景的 400 余名学生。书院除设置常任导师、德政导师、助理导师、社区

导师外，还聘有近百名学业导师，形成了一个从多方面服务学生的导师群体。书院以“为国储材，自助助人”为院训，希望以此激励和感召每一位有使命感、责任感的学子学有所成、回馈社会、报效祖国。书院院风为“明德至善，博学笃行”。

书院的成立是积极推进人才培养改革、顺应高等教育改革的必然成果，借鉴了剑桥、哈佛等国外著名大学“住宿学院制”以及香港中文大学“书院制”等管理模式，以培养德智体美劳全面发展的研究型、国际化、高素质创新人才为目标，提出“育人为本、德育为先、个性培养、全面发展”的理念。

书院实行导师制。常任导师、助理导师、社区导师常驻书院，为学生成长成才提供全天候、个性化的指导和服务。除此之外，书院还有近百名学业导师，形成了一个从多方面服务学生的导师群体。通过导师制，书院打破了传统教育中渐行渐远的师生关系，重构了密切互动、教学相长、和谐相容的新型师生关系。

书院发展至今，已形成了独具特色的书院文化，具体来看，主要有以下六个方面：书院是学者的社区和温馨的家园；书院的学生构成是文理渗透、学科交叉；教授、博士领衔书院导师队伍；书院注重通识教育塑造全人；书院坚持以创新为驱动引领学生成长。

2. *唐文治书院*☆

唐文治书院成立于 2011 年，以苏州大学前身之一无锡国专的创始人、著名教育家唐文治先生的名字命名。书院每年从汉语言文学类、历史学、哲学、思想政治教育等专业中选拔 30 名左右的优秀学生加盟，已培养近 300 名。书院以“尊德性而道问学，致广大而尽精微”为院训，意为君子恭敬奉持德性，同时好问勤学以致知，使德行和学问达到广大精微的境界。

唐文治书院的设立，旨在进一步推进苏州大学“卓越人文学者教育培养计划”，建立全新的研究型教学模式，探索本科教育与研究生教育的有机结合。书院实施跨学科的教学方式，打通文史哲，回到文史哲的基本面、回到中国文化的“原典”，从而培养复合型、学术型的高端文科人才。为此，书院整合了苏州大学文科学院的优质资源，聘请优秀教师担任教学任务并兼任导师，延聘海内外名师主持常设性的讲座课程。

书院实施全程导师制，由书院选聘具有高级职称或博士学位的优秀教师担任学业导师，为学生的学业发展给予指导。书院还配备了专职辅导员、班主任，负责学生生活学习的管理工作。三位一体的师资阵容，从学术上、生活上以及日常管理上为学生们带来全方位的保障，引导学生们扬帆远航。

3. 紫卿书院✲

紫卿书院成立于2019年11月，以原苏州丝绸工学院校长、苏大纺织与服装工程学院创始人之一、近现代著名蚕丝教育家和革命家、被尊称为“中国蚕丝界泰斗”的郑辟疆先生的字“紫卿”命名。紫卿书院的成立是学校在新一轮科技革命与产业变革背景下积极探索实践“新工科”与书院制相结合的“苏大模式”的产物。紫卿书院以“诚谨勤朴，经纶天下”为院训，旨在培养具有高尚的人文情怀，广阔的人生视野，宽厚的知识储备，较强的工程实践能力、科研创新能力和国际竞争力的高素质复合型“新工科”人才。

书院采取社区化管理，社区内除住宿区外还设置有创新创意工作室、学术研讨室、图书馆、语言中心等功能区，积极搭建创新实践工作平台，支持鼓励学生开展创新实践，甚至跨学科专业组建团队进行项目研发。书院将学院全体本科生纳入书院培养，并以满足学生全面、个性化发展需求为重点，通过创新育人载体和平台，促进第一课堂和第二课堂协同育人；通过创新学生管理模式，实施学生成长陪伴计划，努力构建身心陪伴下的自主管理、个体感知下的自我成长、需求导向下的个性化发展的精细化管理模式，实现全员育人、全过程育人和全方位育人。

书院实行本科生全员导师制，聘任教职员工、优秀同学朋辈、杰出校友、退休教师、校内外优秀专业人员担任导师，对学生进行思想引领、创新创业、生涯发展、生活指导和心理疏导等成长成才陪伴指导。构建纺织类“新工科”人才的课程体系，强化“新工科”背景下的专业通识课程和纺织前沿课程，打通专业之间的界限，打通学校与企业间的“最后一公里”。以校内导师和企业导师共同指导的“双师制”+“全过程”的实践课程体系强化学生实践创新能力的培养，使第一课堂与第二课堂充分融合。书院推行小班化、案例式、研讨式教学，引进企业高级工程师等技术人员走进课堂，校企共建专业课程，探索与实践“高工进课堂、师生进车间、成果进市场”的“三进制”人才培养模式。

同时，紫卿书院贯彻“以生为本”的教育理念，以学生为中心，实施本科生成长陪伴计划，实行师生融合的学生事务管理模式，由学生事务与发展中心和学生代表大会组成决策机构，以启航中心、事务中心、成长中心和发展中心组成执行机构，体现融合、互助、共享、同进，形成教师引领保障与学生自主管理的合力。

(十八)苏州科技大学

苏州科技大学是一所中央与地方共建、江苏省与苏州市共建、以江苏省管理为主的普通高等院校，被教育部批准为卓越工程师教育培养计划高校。学校现有全日制在校本科生 17000 余人，研究生 1950 余人，学历留学研究生近 100 人。

苏州科技大学由原苏州城建环保学院与原苏州铁道师范学院合并组建而成，是一所以工为主，工、理、文、管、艺多学科协调发展的全日制普通高校，是教育部本科教学工作水平评估优秀高校。

苏州科技大学以习近平新时代中国特色社会主义思想为指导，坚持“立足江苏、服务行业、辐射全国、面向世界”的服务定位，以培养基础扎实、知识面宽的高素质创新性应用型人才为己任，坚持立德树人，注重内涵建设，强化特色发展，提升办学实力，努力将学校建设成为特色鲜明、品质卓越的高水平教学研究型大学。

苏州科技大学现有敬文书院 1 所书院。

敬文书院☆

苏州科技大学敬文书院成立于 2016 年 5 月，借鉴剑桥、哈佛等国外大学的“住宿学院制”及香港中文大学的“书院制”，同时传承我国古代书院重人格塑造的育人传统，以宿舍楼宇为单位，以师生共住为特征，创新课内课外联动的人才培养模式，注重培育学生品德，促进学生跨学科交流和全面发展。书院以香港爱国实业家朱敬文先生的名字命名，并弘扬“为国储材，自助助人”的敬文精神。以提升学生的品行修养、人文素养和实践创新能力，引导和促进学生全面、健康、协调、可持续发展为目标，致力于培养全能人才。

书院每年从新生中选拔 100～120 名认同书院制人才培养理念的学生加入敬文书院。书院施行学生培养动态滚动机制，不适应书院学习生活的学生可申请退出书院。

书院的管理机构为院务委员会，负责研究和决定书院的重大事项。书院实行导师制，在学业导师、常任导师、社区导师、助理导师以及项目导师的指导下自主进行学习和生活。书院还设立团委、学生会和学生事务中心等组织，并根据需要成立各种社团、兴趣小组，实行自我管理、自主服务。

书院有多项人才培养特色举措：开设多门“精品通识课程”，包括公民素质、生命关怀、美学艺术、中外文化、科学素养、国际视野、实践能力、创新能力、就业能力等九大模块的通识教育课程;"名师名人讲座"则邀请校内外名师名人担当主讲嘉宾,打造"敬文大讲堂"讲座品牌;"四大成长计划"包括文明养成计划、教育阅读计划、体育锻炼计划、创新训练计划;"六大特色项目"包括分别以"听、说、读、写、行、创"活动为主的"四方社""演说社""悦读社""科文社""公益社""创业社"等六大社团,为学生全面发展和成长成才搭建良好的实践锻炼平台。

(十九)浙江大学

浙江大学坐落于中国历史文化名城杭州。其前身是创立于1897年的求是书院,1928年定名国立浙江大学。1937年浙江大学举校西迁,在贵州遵义、湄潭等地办学,1946年秋回迁杭州。1952年,浙江大学部分系科转入中国科学院和其他高校,主体部分在杭州重组为若干所院校,后分别发展为原浙江大学、杭州大学、浙江农业大学和浙江医科大学。1998年,同根同源的四校实现合并,组建新的浙江大学。浙江大学现有紫金港、玉泉、西溪等7个校区,设有7个学部、37个专业学院(系)、1个工程师学院、2个中外合作办学学院、7家附属医院。浙江大学现有全日制在校生54000余人。

在120余年的办学历程中,学校始终秉承"求是创新"为校训的优良传统,形成了"勤学、修德、明辨、笃实"的浙大人共同价值观和"海纳江河、启真厚德、开物前民、树我邦国"的浙大精神。学校基于知识、能力、素质俱佳的人才培养目标,按照"加强基础、注重素质、突出能力、面向一流"的教改战略,实行宽基础复合型人才培养和英才教育并举的方针。

浙江大学自探索成立书院制以来,为学生营造了人性化的成长空间,书院制在环境营造、导师引导、自我探索等多方面努力,使学生得到充分的发展,促进了学生在认知、情感、社会性等方面的多维成长。

浙江大学现有竺可桢学院、求是学院、国际校区书院、马一浮书院等4所书院。

1. 竺可桢学院☆

浙江大学竺可桢學院 CHU KOCHEN HONORS COLLEGE ZHEJIANG UNIVERSITY

竺可桢学院成立于2000年5月,是浙大培养精英本科生的荣誉学院,以竺可桢老校长之名命名,学院前身为创办于1984年的原浙江大学(工科)混合班。学院院训为"志存高远、追求卓越"。竺可桢学院每年从优秀学生中选拔

400余名进行“特别培养”，现有1800余名学生。除此以外，竺可桢学院实行开放办学，学校在籍非荣誉学籍优秀学生通过申请、遴选进入竺可桢学院学习。竺可桢学院设有“求是科学班”“巴德年医学班（临床医学八年制）”等众多班级。

竺可桢学院是对优秀本科生实施“特别培养”和“精英培养”的荣誉学院，是实施英才教育、培养优秀本科生的一个重要基地。学院以“为杰出人才的成长奠定坚实的基础”为宗旨，实施哲学思想教育、数理能力训练等本科全程培养的卓越教育计划，为培养造就基础宽厚，知识、能力、素质、精神俱佳，在专业及相关领域具有国际视野和持久竞争力的高素质创新人才和未来领导者奠定坚实基础。

竺可桢学院设常务副院长兼党委书记、副院长、党委副书记等职务，设有教学综合办公室、团委（学生工作办公室）两个办公室。

在教学工作方面，竺可桢学院选聘各院系的学科带头人、两院院士、政府基金奖励学者等一批学识渊博、经验丰富、对教学工作充满激情的教师，承担竺可桢学院的教学任务，同时聘请国内外知名教授为学生授课。在学生工作方面，竺可桢学院负责党建工作、思想政治教育工作、学生事务工作等各项工作。在党建工作上，学院党委依托“红色先锋党员成长计划”，树立了党员讲坛、党员骨干的仪式教育和红色教育两大品牌活动。在思政教育工作方面，学院面向全院学生开展爱国主义教育、爱校荣校教育和爱院荣誉教育。在学生事务工作方面，学院承担全院学生的评奖评优、勤工助学、心理健康教育、困难生帮扶、学院安全稳定等学生事务工作。

2. 求是学院✲

求是学院成立于2008年7月，秉承“求是”之校训，是学校实施通识教育、大类培养的重要机构，是“一横多纵”学生教育管理体制的重要平台，具有思想政治教育与学务管理双重职能。

求是学院由丹阳青溪、紫云碧峰和蓝田三个学园组成，实行属地化管理，配备学园主任、辅导员、班主任、新生之友、研究生兼职辅导员、学长组等开展大一学生通识教育与管理服务工作。学院成立以来，为各专业院系输送优秀学子50000余人。

学院践行“以学生为中心”的教育管理理念，认真实施新生始业教育，配合校党委学工部、人武部组织学生参加军训；重点开展学生学业指导和困难生帮扶工作；配合专业院系开展专业宣传与引导，指导学生完成主修专业确认；开展职业生涯规划辅导；开展学生党建和团建工作，引导学生积极向党组织靠拢；支持学生开展丰富多彩的社团活动、文体活动和社会实践活动。

• 丹阳青溪学园

丹阳青溪学园有人文科学试验班、人文科学试验班（外国语言文学）、人文科学试验班（传媒）、社会科学试验班、理科试验班、理科试验班（生命、环境、化学与地学）等大类专业，主要对应人文、艺术与考古、外国语言文化与国际交流、传媒与国际文化、经济、法学、教育、管理、公共管理、数学科学、物理学、心理与行为科学、生命科学、环境与资源、地球科学、化学等 16 个院（系），现有 1800 余名学生。

丹阳青溪学园园训为“自信、负责、大气、有为”。“自信”是指具有坚定的理想信念，是“笃行信道，自强不息”的健康心态，是阳光青春的生活态度，是勇敢果断的行为方式。“负责”是指“言必行，行必果”的领导力和执行力，善于把握机遇，敢于迎接挑战，勇于担当时代责任。“大气”是指海纳百川、有容乃大的气概，是从容大方、胸有成竹的气量，是成熟宽厚、宁静致远的气度。“有为”是指刻苦勤奋，开拓创新，立志成为德智体美劳全面发展、具有全球竞争力的高素质人才和领导者，为实现中华民族伟大复兴的中国梦奉献青春和智慧。

丹阳青溪学园现有 3 个党支部、10 个团总支，设有党员素质发展中心、分团委、“卓越计划”青年马克思主义者培养工程、学生会、学生自我管理委员会、文体中心、职业规划基地、学业指导中心、新闻推广中心、阳光心旅社等党团学组织。

• 云峰学园

云峰学园由工科试验班（信息）、工科试验班（建筑与土木）、应用生物科学（农学）、应用生物科学（生工食品）、科技与创意设计试验班、艺术设计等组成，现有 1700 余名学生。

云峰学园以“修己、乐知、务本、笃行”为园训，语出《论语》，旨在要求云峰学子内外兼修，德才兼备，志存高远，脚踏实地。云峰学园本着“一切为了学生”的教育原则，将幸福园区确立为学园综合发展的主题与主线。幸福园区建设计划关注学生的成长与幸福，通过建设园区环境，引领学生思想，举办文体活动三条线，全面落实“以人为本、积极向上、丰富多彩”的建设目标。

云峰学园党总支以学园分党校为依托，在园院协调工作不断推进的基础上，探索党建创新，邀请对应专业院系党委书记等经验丰富的党务工作者，开展“五星”会客室系列活动，通过轻松活泼的互动式党建讲座，提升了低年级学生党员的理论素养，加强了党员先进性教育。

● 蓝田学园

蓝田学园由机械工程学院、材料科学与工程学院、能源工程学院、电气工程学院、建筑工程学院、化学工程与生物工程学院、海洋学院、航天航空学院、高分子科学与工程学系、医学院、药学院等院系组成,现有1000余名学生。

蓝田学园以"学求真理、行求正义、理数兼长、明体达用"为园训,以培养科学精神和人文素养兼备、理论知识与实践能力并行的优秀人才为目标,强调为学的宗旨是追求真理,实践的准绳是合乎正义。蓝田学园全面贯彻"以人为本,求实创新、整合培养、追求卓越"的教育理念。

蓝田学园各学生党支部在党总支的领导下,每月定期开展理论学习和组织生活,加强对党员的培养和教育,发挥党员的先锋模范作用;学园分团委在校团委的指导下,积极开展特色主题建设月和各类青年志愿者活动,丰富广大团员的课余生活。在通识教育的理念下,蓝田学园组织实施的博雅论坛、紫金新生达人秀、职业生涯规划大赛、学园田径运动会、健康风尚大赛、离园式、十佳大学生评选、志愿者服务和社会实践等活动广受师生的喜爱和好评,已成为浙江大学校园文化品牌的典型代表。

3. 国际校区书院☆

国际校区书院是浙江大学直属单位浙江大学国际联合学院(海宁国际校区)的下设单位,成立于2016年7月。国际校区书院已有在校生1000余名,其中本科生800余名、硕士生100余名、博士生90名,留学生100余名,初步形成了本硕博层次齐全,国内、国际生源结构国际化的办学格局。

国际校区书院采取完全住宿式书院制,学生与教师同住在书院内,学生可以在书院中住宿、自习、研讨、就餐、休闲和社交。书院一楼设有图书室、学习室、讨论室/交流吧、活动室/休闲吧、健身房等设施,为学生提供了一个亲密的、支持性的学习生活环境。

书院设有院长1名,副院长2名,学业导师3名,还配备了兼职导师10余名。兼职导师是书院导师体系的重要组成部分,他们来自人力资源部、教务部等学院及职能部门。兼职导师在书院内值班,并为学生在学习、活动、情感及专业等方面提供咨询和帮助。此外,书院还开设兼职导师见面会和讲座。

书院精心设计了课程和项目,并拥有国际化的教师团队和学生群体,使学生能够获得一流的学习体验。作为学习与生活的场所，书院通过一系列学生主导的社团组织，如学生会、书院生活委员会，社团管理委员会，鼓励学生通过参与和组织各类社团来了解社会、提高领导力、学会协作并熟悉财务事宜。

书院与浙江大学－爱丁堡大学联合学院、浙江大学－伊利诺伊大学厄巴纳香槟分校联合学院、中国国学中心合作，培育学生的广阔国际视野、社会责任感和对人类共同福祉的关心，共同营造一个多元、快乐、和谐的书院。

4. 马一浮书院✽

马一浮书院 2017 年 12 月成立，由著名文史学者刘梦溪受聘出任首任院长。马一浮书院由浙大与浙江敦和慈善基金会联合创立，是浙大教育创新的实验性特区。

马一浮书院以"复性明体，开物达用"为宗旨，以传承与弘扬中华优秀传统文化为目标，力争建设成为国内一流的经学研究中心、传统文化的传习中心和古典学的国际交流中心。

马一浮书院以浙大人建设世界一流大学的责任感与弘扬中华优秀传统文化的使命感，推进思想文化的研究与传播，构建开源创新的思想文化高地，让中华优秀传统文化在时代的转型发展中、在世界的文明交流中、在浙大的办学事业中实现传承与创新；推动源头开源，让中华优秀传统文化在时代发展中传创；推动东西交融，让中华优秀传统文化在合作互鉴中创新；推动以文育人，让中华优秀传统文化在人才培养中发展。

书院实行理事会领导下的院长负责制。书院继承马一浮先生主持复性书院时"尊经""重道""育人""刻书"的传统，致力于中华优秀传统文化的整理、研究、传习与弘扬，将开展学术研究、人才培养、出版书刊、传播文化等四个方面的工作。

(二十)温州大学

温州大学的前身是温州师范学院，2006 年，温州师范学院、温州大学(专科)合并组建新的温州大学。温州大学是浙南闽北赣东地区唯一一所地方综合性大学，分为茶山校区和学院路校区，学校下设 19 个学院，现有全日制在校生 16000 余人，教职工 1800 余人。

学校秉承"厚培德本、深濬智源"的办学传统，弘扬"求学问是、敢为人先"的校训精神，坚持"顶天立地、自主开放、分类分层、协同创新"的发展理念，扎根温州、服务浙江、辐射全国、面向世界，努力建设为特色鲜明的高水平教学研究型大学，成为浙江省内外有影响的创新创业人才培养基地、基础教育师资培养基地、区域内高端人才集聚与培养中心、科技创新研发服务中心和先进文化培育发展中心。

为深化高校人才培养模式改革，2012 年 6 月，温州大学启动“学区制”学生教育管理模式改革。在保留学生原有学院专业归属的基础上建立步青学区、超豪学区、溯初学区三大学区，把学生思想政治教育工作从班级前移到学生生活区，将其建设为集“思想教育、行为指导、生活服务、文化活动、道德实践”等功能为一体的新平台。学区是独立的与学院平行的实体行政机构，在职能设置上，学区主要承担党团建设、评奖评优、心理健康、助学解困、生活指导、宿舍管理、事务服务等职能，形成一体两翼（学区、学院）的工作格局，实现“1 +1 >2”的整体效果。2020 年 5 月，温州大学在溯初学区的基础上改革形成了溯初书院，这是温州大学成立的首个书院。

温州大学现有步青学区、溯初书院（学区）、超豪学区等 3 所书院。

1. 步青学区☆

步青学区成立于2012 年 6 月，取名于中科院院士、杰出温籍数学家、原温州大学名誉校长苏步青先生的名字，意在缅怀为温州大学发展作出卓越贡献的老校长，激发学生弘扬苏老艰苦奋斗、自强不息的精神。学区入住来自美术与设计学院、数理与电子信息工程学院、化学与材料工程学院、生命与环境科学学院、机电工程学院和建筑工程学院等 6 个学院的近 5000 余名学生。

步青学区坚持“以生为本、立德树人”的理念，把服务学生的成长需要和满足学生的成长需求作为学区工作的重要出发点，坚持围绕全人教育中心任务，充分发挥党建引领的龙头地位，大力彰显自我教育、自我管理和自我服务的“三自教育”，全力推进“步青文化”“邻里文化”“传统文化”“社团文化”等四大文化建设，致力建设整洁文明、活力和谐的步青学区。

2. 溯初书院（学区）☆

溯初学区成立于2012 年6 月，是温州大学实施学区制学生教育管理模式改革后设立的三个学区之一，与学院共同承担高校人才培养功能。溯初学区以温州大学创始人黄溯初先生的名字命名。2020 年 5 月，溯初学区进一步改革，形成溯初书院，位于温州大学 C 区公寓，现有 11 栋学生公寓楼，入住本、专科学生 5000 余人。

溯初书院是涵盖本专科学生的全员式、一贯制师范类人才培养住宿书院，以导师制度为依托构建全员化育人队伍，以社区建设为载体构建全员化育人空间，以课程改革为突破形成全员育人格局，以师范教育为特色凸显全域化育人优势，培养适应教师教育人才需求、综合素质全面的创新型、复合型高素质教育人才。

溯初书院致力于发展学区的文化建设,目前已建成一系列具有溯初文化理念的文化设施,例如:党员之家,是党员与群众思想交流的重要阵地;学子礼堂,是书院师生开展小型团体活动的热门之地;学生事务中心,可以为学生提供场地预约、学生证补办、应急打印复印等服务;溯初晨读角,是溯初人早起晨读的绝佳场所;溯初厨房,是师生课余自己动手做饭聚餐的好去处;溯初谈心室,是学生倾诉苦恼和朋辈教育的理想选择;学术交流室,是学生科研团体进行科研项目交流的好地方;还有溯初茶吧、寝室导师工作室等,已成为寝室导师的理想工作场所。书院特别重视楼栋内的非正式学习空间建设,一系列的文化设施,处处彰显着溯初书院"小溯初,大服务"的文化理念。

3. 超豪学区☆

超豪学区成立于2012年6月,以原温州大学校长、著名温籍数学家、国家最高科技奖获得者、中国科学院院士谷超豪先生的名字命名。学区位于学生生活园区E区,负责人文学院、外国语学院、美术与设计学院、数学与信息学院、国际合作学院的6栋楼3300余名学生的思想政治教育和日常行为管理。

超豪学区秉承"厚培德本、深濬智源"的温州大学办学传统,以建设集"思想教育、行为指导、生活服务、文化熏陶"于一体的宜学宜居的绿色学区为目标,以培养"有道德、有理想、有能力、会生活"的蓬勃昂扬的超豪学子为己任,以"人性化的管理、温情化的服务、情感化的教育"为工作理念,以"大处着眼,小处着手,以生为本办实事"为工作原则。学区"尊重学生、研究学生、服务学生、发展学生",以"诚信楼""诚善楼""诚正楼""诚谨楼""诚勤楼""诚朴楼"等命名楼栋,不断完善楼栋设施和文化建设,突出文化育人。

(二十一)绍兴文理学院

绍兴文理学院是教育部批准的普通全日制综合性高等学校。学校的办学历史可追溯到1909年创办的山会初级师范学堂。1996年绍兴师范专科学校与绍兴高等专科学校等合并建立绍兴文理学院。2000年绍兴卫生学校、上虞师范学校、绍兴市城乡建设职工中等专业学校相继并入。学校坐落于历史文化名城绍兴,拥有风则江(河东、河西区块)、南山、兰亭、上虞等4个校区,设有16个二级学院,现有全日制在校生15000余人,另有独立学院(元培学院)和1家直属附属医院。

绍兴文理学院全面贯彻落实党的教育方针，秉持“崇尚学术、师生为本”的办学理念，秉承“修德求真”的校训，遵循应用型高校办学的基本规律，坚持“质量为重、人才为本、特色为上、协同为要”的发展方针。绍兴文理学院坚持“以本为本”，实现“四个回归”，全面落实立德树人根本任务，巩固人才培养中心地位，着力培养具有强烈社会责任感、较强创新创业精神和实践能力的高素质应用型人才。绍兴文理学院坚持走国际化办学之路，开展全方位、宽领域、多渠道的国际化人才培养和科学研究合作，教育国际化水平不断提升，实施优势教育项目输出战略，在 8 个国家设立海外“兰亭书法学堂”。

绍兴文理学院现有阳明书院、成章书院、仲申书院、建功书院、竞雄书院、树人书院、青藤书院、文澜书院、东山书院、羲之书院等 10 所书院。

1. 阳明书院☆

阳明书院，成立于 2012 年 5 月，以绍籍乡贤王阳明先生之名命名。阳明书院位于绍兴文理学院南山校区，包含 2、4、6 幢学生宿舍楼，共有 1800 余名学生，分别来自医学院和教育学院两大学院，涉及医学、教育两大学科。

阳明学院以“知行合一”为院训，积极实践，培养德才兼备、动静结合的学生，推动社会的发展和进步。

阳明书院设有院长 1 名，副院长 2 名，院务主任 1 名和辅导员 2 名。书院联席会会议决定书院发展建设与学生教育、管理和服务等重要事项。此外，书院还成立了团委学生会组织，开展书院学生日常工作。

阳明书院的硬件设施有辅导员工作室、学业辅导室、心工坊、创意工作室、党团活动室、书屋（图书室）六室，还有“病号房”“亲友房”两房。阳明书屋最具书院特色。书屋内不仅为学生提供了王阳明先生的著作以及一些与他相关的书籍，还有关于性格培养、心理辅导、专业素养等其他方面的图书。书院采用大量阳明心学内容的字画来布置，定期邀请校内外专家讲学，开展走访王阳明旧居、祭拜王阳明墓园等活动，践行“知行合一”，使王阳明的思想学说真正成为书院的文化。

“相约星期三”“阳明讲堂”是阳明书院的特色活动，其中“阳明讲堂”是一档青年励志访谈节目。书院还开展了“建设美丽校园，文明停放车辆”志愿服务活动、“扬帆起航，启程阳明”迎新工作、“大学生寝室文化演讲比赛”活动等，丰富书院学生的文化生活。

2. 成章书院☆

成章书院成立于2013年，以绍兴先贤、“辛亥三杰”之一陶成章先生的名字命名。书院位于绍兴文理学院河西校区，包含13、14、15幢学生宿舍楼，共有学生1800余名，以机械与电气工程学院、土木工程学院学生为主。

成章书院以“立德立志”为院训，“立德”乃成人之本，“立志”为成长之要，倡导学生争做崇德尚学、志存高远、敢于担当的有德有为之人。

书院设有院长1名，副院长2名，全面统筹书院工作；院务主任1名，主持书院日常管理工作和管理队伍建设，负责书院学生工作的统筹和落实，并协助院长制定书院发展规划、筹措育人资源和开展重大活动；辅导员若干名。书院还大力支持和发展学生会队伍、楼层长队伍、义务消防队伍、志愿者队伍等，充分发挥楼层长队伍和义务消防队伍在公寓安全保障方面的辅助作用，鼓励学生进行自我教育和自我管理。

成章书院建有党员之家活动室、自主服务创业室、学生储藏室、学习辅导室、学生特需房、作品陈列室、心理辅导室等公共服务设施，建成位于学生公寓区的文化长廊，内设成章书吧、学术沙龙、素质拓展基地等模块，配备有与书院文化、书院名人相关的各类书籍，集自习、阅读、会议、休闲、健身于一体。

书院推出“博士面对面”“成章杂谈”等学术沙龙和学术讲座活动，分享热点话题和经验；开展“我的寝室我的家”系列活动、“点滴生活，秀美书院”书院生活秀大赛、“学智杯”教坛新秀大赛、21天行为习惯训练营、青春微课堂等文化活动；近年还新添了“家庭经济困难与少数民族新生元旦慰问活动”“相约星期三——我与食堂负责人面对面座谈会”“老幼同乐，情暖重阳”重阳节慰问老人等活动。

3. 仲申书院☆

仲申书院成立于2013年，以绍籍名人蔡元培先生的字命名。书院位于绍兴文理学院南山校区，所辖7～10幢公寓楼，每幢公寓楼均设有综合办公室、学习辅导室、病号房、公共储藏室等8大功能房，现有2000余名学生入住。

仲申书院以“全面发展”为院训，书院秉承蔡元培“思想自由，兼容并包”的思想，倡导民主、自由、平等、博爱理念，鼓励学生文理并重，注重发展学生个性，培养健康的体格和健全的人格，促进学生全面发展。书院以校友文化为主题，秉承先生“弘奖学术启文明，栽桃种李最多情”的教育精神，学习北大“大家筑小舍，小舍出大家”的人文理念，希望住在仲申书院的每一位“准校友”以历届杰出校友为典范，怀揣梦想踏进小舍，以大家之身走出小舍。

书院现设有兼任院长 1 名，兼任副院长 1 名，另设有院务主任 1 名，辅导员 2 名，设有书院团委、学生会、自管会、楼委会等多个学生自治组织，另有书院宣讲团、公益项目运营团队、文创工作室、院报编辑部等多个学生工作团队。

“家文化・诚信文化・校友文化”构成了仲申书院的文化载体，充分发挥了仲申书院在文化育人、管理育人、实践育人、服务育人中的积极作用。书院坚持营造仲申家文化氛围，实施生日学生慰问制；以书院文化节为载体，推动文明寝室建设，营造“我的书院我的家，快乐幸福你我他”的良好氛围；以“相约星期三”活动为抓手，落实“吾爱吾师，师生同行”活动。仲申书院还积极营造“诚信文化”，开展诚信教育，增强大学生对诚信内涵的理解，树立和培养大学生的社会主义核心价值观。

4. 建功书院☆

建功书院成立于 2013 年，以绍籍名人陈建功先生之名命名。书院位于绍兴文理学院南山校区，包含了南山校区 1、3、5（立德楼、立志楼、至善楼）幢宿舍楼，涵盖数理信息学院、生命科学学院在内的 9 个专业，1700 余名学生。

建功书院以“严谨专注”为院训，旨在发扬陈建功先生的“爱国、笃学”精神，倡导学生修德求真，严格要求自己，树立优良学风，不断进取与创新，勇攀人生高峰。

建功书院设有院长 1 名，副院长 2 名，分别由对应学院——数理信息学院和生命科学学院学工书记担任，下设书院院务主任以及辅导员。建功书院坚持“双院协同”的工作原则，建立起一套“书院学院联席制度”，通过“书院学院联席会议制度”“书院舆情和信息通报联动机制”“每周工作简报制”协同育人。建功书院还建有书院团委学生会、礼仪队、辩论队、主持队、啦啦队以及各类球队。

建功书院实行辅导员住楼责任制，制定党员、学生干部领跑计划，以一个人带动一群人的方式促进文明寝室建设，还有“棋乐融融师生互动棋赛”“冬季趣味运动会”“迎新晚会”“爱在文理、家书浓情”“书院文化节”等特色活动。

此外，书院建立官方微信平台——建功谈数，推出了文明寝室、掌上图书馆、活动直播等多个精品栏目和线上活动，成为引领书院文化、激发正能量的学生思想政治教育工作新平台。

5. 竞雄书院☆

竞雄书院成立于2013年，以绍籍先烈秋瑾先生的别号命名。书院位于绍兴文理学院河西校区，包括7、8、9幢学生宿舍楼，由艺术学院学生组成，现有1200余人。

竞雄书院以“立身为公”为院训，倡导学生追求自我价值，追求真知真理，树立公平、公正、以天下为己任的大公无私品质，积极探索自我，发展自我，创造自我。

竞雄书院设院务委员会，由书院院长、副院长、院务主任、教授代表、学业导师代表、辅导员代表和学生代表组成，集体研究决定书院发展建设与学生教育、管理和服务等重要事项。书院现有院长1人，副院长1人，院务主任1人，辅导员3人。院长主要负责制定书院发展规划、筹措育人资源和指导重大活动；副院长主要由音乐、体育、美术三个学院的学生工作书记兼任。书院还成立了团委、学生会、社团、义务消防队、党员先锋队等学生组织。

竞雄书院建有学习室、病号房、公共储藏室、心理谈话室、阅览室、休闲花园、会议室、党建室、110值班室等公共设施。

竞雄书院有诸如“草坪音乐节”“心理健康海报设计大赛”“吉尼斯纪录比赛”“诚信驿站”等多个特色活动。书院还结合每幢公寓所住学生的专业，设置不同的文化墙内容，如秋瑾的历史、廉政文化作品、广告设计作品、素描作品、油画作品、剪纸主题作品、摄影作品、心理海报、写生作品等，丰富书院的文化生活。

6. 树人书院☆

树人书院成立于2013年，以绍籍名人周树人先生之名命名。书院位于绍兴文理学院河西校区，包括1、2、3、4幢学生宿舍楼，目前有学生1500余人，主要来自化学化工学院和纺织服装学院等两个学院。

树人书院以“抱诚守真”为院训，倡导学生树立远大理想，恪守人生信条，坚守真理，诚信做人，始终坚持知识分子的独立精神与自由思想，具备强烈的社会责任感。

树人书院设院长1名，副院长2名，还设院务主任及辅导员，同时书院还聘有学业导师、寝室结对导师、学校中层干部联系幢区和寝室，共同开展育人工作。为了充分协同书院、学院工作，树人书院、相关学院均定期召开书院、学院工作务虚会，实现书院横向管理，学院纵向管理的二维度管理模式。书院创新学生队伍组织架构与部门职能，在学生管理委员会下设立秘书处、校园文化中心、新媒体中心、社区服务中心、科创中心、公益中心，以模块划分，凸显职能，引导学生实现自我教育、自我管理、自我服务。

树人书院建设以鲁迅、绍籍院士及入住学生风云人物、风采展示，书院特色活动等为重点的文化走廊，开辟“树人港湾”，此外，还建有书屋、党员之家、会议室、病号房、自习室、公共储藏室等功能用房，为学生的学习和生活提供便利。

在思想政治教育方面，树人书院精心设计和组织主题思想教育、马克思主义宗教观教育、诚信教育、爱国主义教育等；以文明寝室建设为着力点，积极推进文明寝室、先进个人评选工作，组织小寝大爱、故事分享会、样板寝室现场会等主题活动；以书院文化节为载体，融入学生专业特色，培养学生创新能力和人文素养，积极开展学生专业“图纸”征集、模特街拍大赛、非凡音雄等活动；以志愿活动为落脚点，深化学生思想政治教育，开展“衣诺坊”公益服务，引进学校首个“绿蛙”置放点，建立“爱心超市”等。

7. 青藤书院☆

青藤书院于2013年前后成立，以绍籍先贤徐渭先生的别号(青藤居士)命名。书院位于绍兴文理学院河西校区，包含5、6、10、11、12幢学生宿舍楼。青藤书院是学校唯一的研究生书院，目前共有硕士研究生300人，覆盖了人文学院、经济与管理学院、化学化工学院和土木工程学院。

书院以“独创一格”为院训，为不同学科背景的学生创造一个宽松、自由、值得信赖的生活学习环境，让学生自由自在地学习、辩论、思考和感悟，使师生间实现真诚对话、辩论和探讨。

青藤书院成立团委、学生会、学生助理会等多个学生组织，致力于建设优秀的团学联动的学生干部队伍，实现学生自我管理和自我教育。

青藤书院定期举办促进学科交融的学术文化沙龙，并邀请研究生学院导师作为主讲嘉宾，通过教授、交流并对沙龙交流发言的内容予以记录，努力打破人文与科学的壁垒，同步提升学生的人文素养和科学精神，助力培养不同的学科思维体系。

8. 文澜书院☆

文澜书院于2013年成立，以绍籍历史学家范文澜先生之名命名。书院位于绍兴文理学院南山校区，包含11、13、14幢学生宿舍楼。学生有来自人文学院、外国语学院和马克思主

义学院的1700余人。

文澜书院以“博众所长”为院训,倡导学生以开放进取的精神,坚定科学信念、注重理论联系实际,加强文化交流,集众人之所思,博众家之所长,弥己身之不足。文澜书院坚持以学生为本,维护学生的正当权益;倡导以文化人,用优秀文化、真善美和爱心来引导学生的日常生活,帮助他们树立远大理想,培育健全人格;提倡教育管理者与学生同吃同住,打造书院“家”的感觉,共同经营大学生活;注重制度管人,全员育人,积极发挥朋辈之间的教育。

书院选聘讲席教授、专业导师、通识导师组成学业导师队伍,共同构成文澜书院完善的全员育人队伍。

文澜书院的空间是标准化配备,每一幢宿舍楼都设有学习辅导室、病号房、储藏室、书法研习室、心理辅导室、辅导员值班室等功能用房,并分别以稷下居、养心居、珍宝阁、墨韵居、暖心居、师友居等命名,富有人文气息。

文澜书院有“迎新晚会”“兰亭森林公园采风活动”“走访名人故居活动”“团体辅导活动”等特色活动。文澜书院的楼层文化最具特色,书院分别把学生宿舍楼命名为芸台楼、八求楼、万卷楼,将书院的书屋命名为文澜阁。每一个楼名背后都是深厚的文化功底,唯美的中国意蕴,除了楼名,文澜书院还在每一幢宿舍楼墙壁上镶嵌了名言警句。古典意蕴与现代时尚艺术的完美结合,是文澜书院的最大特色。

9. 东山书院☆

东山书院以上虞先贤谢安“东山再起”的典故命名,位于绍兴文理学院上虞分院,是绍兴文理学院的二级学院上虞分院响应学校“基于书院制模式的学生公寓管理改革”的要求,于2011年9月正式成立,现有学生约1200人,来自5大系7大专业。

东山书院以大学生的全面发展为目标,培养学生坚定的理想信念、强烈的社会责任感、宽广的视野,全面提升大学生的综合素质,促进学生成长成才。

东山书院设有学业指导办公室,负责教学组织协调、学生学业指导等工作;设立教育引导办公室,负责学生思想教育、心理健康、生活指导等协调、组织与考核工作。东山书院设有学生会,由书院院务(宿舍管理)办公室直接领导。书院以楼层为单位组建自律部,由部长领导,各楼设数名层长,与各寝室长一起开展工作。东山书院将学生管理工作分为学区管理和宿舍管理。学区管理是以学业指导、成才规划等为主要内容,导师办公室、各类学生组织机构与教室等为主阵地的教育管理形式。宿舍管理是以思想教育、个性拓展、心理健康、自我教育、自我管理为主要内容,以书院办公区、学生活动室、寝室为主阵地管理形式。

东山书院已形成独特的书院文化,包括秉承“文化育人”“环境育人”的理念,融合“孝德文化社团”等机构的设置,为学生营造儒雅的、富有独特韵味的文化环境。书院将持续积极建设辅导员队伍、学生队伍、导师队伍,搭建多层次、全方位管理平台和灵活高效的管理体系。

10. 羲之书院☆

羲之书院成立于2011年,位于兰亭校区,以书圣王羲之命名,得天时地利,为生活在翰墨飘香校园内的书法专业学生,竖起了一个传承与超越历史标杆的文化使命,营造了一种追随圣贤、续写兰亭的校园文化氛围,现有书法学专业学生300余名。

羲之书院以“德艺双馨”为院训,以培养人才为使命,体会书法艺术的浩瀚与博大精深,学习书法大家的人文精神,提升自身品德修养与书法技艺,做到德才兼备、声名远扬。

羲之书院设院务委员会,由书院院长、党总支书记、院务主任、相关专业学院负责人、教授代表、学业导师代表、辅导员代表和学生代表组成。书院设有兼任院长1名,另设有书院院务主任1名,辅导员2名。书院有团委学生会组织和七茶社(弘中国茶艺,议书法文化)、花草社、墨翰文学社等特色学生社团。

羲之书院为极具中国风的三栋四层花园式小楼,院内设有展厅、临摹室、拓碑室、党团活动室、装裱室、羲之书屋。

羲之书院高度重视书法文化的推广,积极配合兰亭书法艺术学院,为书法文化的推广做好宣传以及服务工作,已为多个国家的代表团数千人进行的书法培训或开展的书艺交流提供服务。书院开展以“孝”为主题的文化教育活动,每位学生给远在他乡的亲人寄一封家书。冬至日,书院开展包饺子系列活动,让学生们体验到家的温暖,感悟中华优秀传统文化。羲之书院还发挥自身的书法专业优势,服务于“大兰亭”书法文化建设,参与村镇文化建设,积极营造、引领村镇书法文化。

(二十二)台州学院

台州学院是一所经教育部批准建立,实行省市共管共建、以市为主办学体制的综合性普通本科高校,办学源头可上溯至1907年成立的三台中学堂简易师范科,1958年开办高等教

育,1978 年国务院批准建立台州师范专科学校,2002 年升格为台州学院。学校分椒江、临海两地三校区办学,下设人文学院、商学院、外国语学院等 12 个二级学院,有全日制在校生 15300 余人,其中椒江校区以工、经、管、医、艺为主,在校生 10000 余人,临海校区以文理和教师教育为主,在校生 5000 余人。

为进一步推进"三全育人"工作,探索和创新富有台州学院特色的学生教育管理和人才培养模式,促进学生德智体美劳全面发展,充分调动广大教职工参与育人工作的积极性,构建密切互动、教学相长、和谐相容的新型师生关系,台州学院从 2020 年开始探索实施书院制育人模式。

台州学院现有心湖书院和广文书院等 2 所书院。

心湖书院、广文书院✿

心湖书院(椒江校区)、广文书院(临海校区)成立于 2020 年 5 月。书院配备"一坊二区三室",即素质提升工作坊、学习交流区、图书阅览区、谈心谈话室、师生研讨室、多功能活动室,为书院导师、学生开展课程教学、交流研讨、文化活动等提供场地保障。书院都下设事务中心、通识教育中心,共建共创学生德育基地、学生党建基地、素质拓展基地,成立导师委员会和学生自我管理委员会。

书院实行两年制,每学年开学初,大一、大二学生可申请加盟书院。每一个加盟书院的学生都有学院、书院的双重身份,书院侧重于学生的人文素养教育、综合素质提升、个人兴趣培养等方面。书院通过通识课程的开设和文化活动的开展,强化学生的通识教育和非专业素质拓展,同时书院导师为学生在学业发展、生活适应、职业规划、社会实践等方面提供指导和帮助。学生在书院学习期间都要接受书院的教育教学、文化实践等安排,遵守书院的管理制度,现有第一期学生 228 人。

书院实行导师制,导师配备实行师生双向选择,以师生比不高于 1:10 的比例配备导师,面向全校招募,适当聘请校外专家、学者、优秀校友、行业领军人物等,现有导师 128 人。

书院对学生的教育管理采取荣誉学分(通识课程学习、参加素质拓展等活动获得的非课程学分)管理模式,实行学员考核和退出机制。书院制定"文心课程"菜单,通识课程分为体系化课程和组合式课程,体系化课程一般是指贯穿整个学期,具有系统性、连续性、学时长等特点的课程;组合式课程主要以主题式、临时性、学时短的一些讲座、授课为主。学生所修通识课程成绩可折算为相应荣誉学分,作为书院学生综合评价和评选先进个人的依据之一。

（二十三）浙江工业大学

浙江工业大学是一所综合性的省属重点大学，始建于1953年，其前身可以追溯到1910年创立的浙江中等工业学堂，先后经历了杭州化工学校、浙江化工专科学校、浙江化工学院、浙江工学院和浙江工业大学等发展阶段，几易校址，数历分合。浙江省经济管理干部学院、杭州船舶工业学校、浙江建材工业学校分别于1994年、1999年、2001年并入浙江工业大学。学校设朝晖、屏峰、莫干山、之江四个校区，现有66个本科招生专业，截至2019年9月有普通全日制本科学生19000余人，在读研究生10000余人，成人教育学生12000余人，留学生980余人。

学校坚持“厚德健行”的校训，把提高教育质量放在突出位置，努力培养能够引领、推动浙江乃至全国经济和社会发展的精英人才，建校以来，为国家培养了各类优秀人才20余万人。

浙江工业大学现设有健行书院1所书院。

健行书院✿

健行书院成立于2017年5月，是学校书院制人才培养改革的主要阵地和推进通识教育的实施平台。院名“健行”取自校训“厚德健行”，书院以“明德、博学、慎思、笃行”为院训和育人理念，培养“知真、知善、知美”的时代英才。

书院现有大一学生4500余名，分属150多个班级，每个班配有一位班主任，一般是资历较深的教授、副教授。书院负责学生入学教育、教学教务管理、专业确认、通识教育等工作，协同专业学院做好学生思想政治工作和事务工作。书院下设学生工作联合办公室，各学院派一名辅导员进驻，学生管理实行“代管制”，现有代管辅导员20人，书院专职辅导员2人。

健行书院围绕通识教育培养核心任务，以“广雅通学”文化育人为主线，构建较完善的培养体系。建立“思想引领、文化感召和行为养成”三个培养体系，实施“六个一”（包括“通时事、听讲座、上慕课、爱悦读、展才艺、看展览”等六项）广雅通识教育项目，扎实推进书院制育人模式。下阶段书院将优化机构设置，完善第二课堂通识培养，凝练书院空间文化、组织精品文化活动，把“以文化人，以德润人”作为全面浸润学生成长成才的灵魂工程。

(二十四)浙江工业大学之江学院

浙江工业大学之江学院是1999年经浙江省人民政府批准、经教育部确认、浙江工业大学举办的全日制本科独立学院,2012年起由浙江工业大学与绍兴市柯桥区合作举办。2013年9月起学院新生在绍兴校园就学。学院现有11个二级学院1个教学部,即商学院、信息工程学院、人文学院、机械工程学院、外国语学院、建筑学院、设计学院、理学院、中旅(旅游)学院、创新创业学院、成人教育学院和体育军训部。专业设置紧密结合浙江省经济建设和社会发展需要,现有36个本科专业,涉及工学、理学、文学、法学、管理学、经济学、艺术学等7大学科门类,全日制在校本科学生8700余人。

浙江工业大学之江学院师生秉承“尚德致知,敢为人先”的院训,实施“融入绍兴、依托母体、内涵发展”的“三大战略”,实现“人才、学科、服务”三位一体创新能力的提升,朝着一流的区域性应用型大学不断奋进。

2016年,浙江工业大学之江学院全面推行现代书院制,加强育人工作,促进一流的应用型本科教育,构建基于核心能力素质培养的育人体系,实施个性化、复合化、国际化的教育,培养会学习、会干事、会生活的高级应用人才。

浙江工业大学之江学院现有尚德书院1所书院。

尚德书院✲

2016年9月,之江学院从2016级学生试点实施现代书院制,并承接“尚德致知,敢为人先”院训,将之取名为“尚德书院”。

尚德书院以学生为本,形成育人全员化、一体化,依托校园教学区外的“第三空间”育人平台,在平等、自由、宽松的氛围下引导学生充分施展个性,健全人格,促进其全面发展。

尚德书院致力于推动学生价值观、行为习惯等方面的养成教育,对增强学生的核心竞争力起到十分重要的作用,通过书院平台,努力把学生培养成会学习、会干事、会生活的优秀人才。尚德书院旨在树立起学生全面发展的意识和觉悟,自觉、主动地参与书院的各项活动,充分利用书院平台,发挥好学生自我教育、自我管理、自我服务的“三自”教育;培养好导师与学生共同成长的伙伴关系,运用好各类指导、咨询、服务的平台和载体,让导师成为学生的引路人,让学生成为导师前进路上的“火花石”,亦师亦友,相伴前行。

尚德书院成立书院工作指导委员会,并设立六个活动模块的指导中心,搭建了一支多元化导师队伍，推动育人工作从课堂上的专业培养、纸张上的思政教育向"全人教育"转变，打通育人"最后一公里"，为学生健康成长、成才服务，与专业教师、学生工作体系实现协同，也形成了之江尚德书院人才培养的一大特色。目前，书院已建构起一支专兼职结合、校内外教师结合的多元化导师队伍，根据学生多方面成长的需要，设置了生活导师、学业导师、成长导师、博雅导师等，很多优秀的校友、企业家、学者都被纳入之江导师库。

尚德书院开设了博雅读书、博雅"心晴"、博雅实践、博雅讲坛、博雅修身和博雅视野等"博雅系列"六个活动模块，营造独具特色的现代书院文化氛围。

(二十五)绍兴文理学院元培学院

绍兴文理学院元培学院成立于2000年1月，是一所经国家教育部确认和浙江省批准的全日制本科独立学院，由绍兴文理学院与中国绍兴黄酒集团有限公司合作举办，学院地处浙江绍兴，坐落于市区镜湖科教园区。学院院训为"进德修业"。学院以我国近代教育家、思想家蔡元培先生的名字命名，秉承先生"思想自由，兼容并包"的精神，以"进德修业"为学院院训。

学院设有语言文学分院、经济管理分院、建筑工程分院、信息与机电工程分院、医药与健康分院、纺织服装与艺术设计分院、公共基础教育分院与马克思主义分院等8个分院34个本科专业，在校生近9000人。目前，绍兴文理学院元培学院正处于建设发展新阶段。学院以蔡元培"五育"理念为核心，牢牢把握立德树人根本任务，坚定不移地走内涵发展之路，注重提高人才培养质量，积极培育教学管理特色，全力拓展国际交流空间，支持服务地方经济社会建设，朝着建设高水平国际化应用型独立学院的目标稳步前行。

书院制建设以来绍兴文理学院元培学院注重德智体美劳等方面的育导与发展及自然、自由、包容、个性、才华等方面的育导与展现，书院建设成集思想教育、党团建设、行为指导、文化建设、生活服务、安全防范六大功能为一体的育人阵地。

绍兴文理学院元培学院现有吾育书院、吾展书院等2所书院。

1. 吾育书院✽

吾育书院成立于2015年12月，是以学院人才培养工作为主的学生团体组织，包括学生公寓1至8幢。吾育书院的冠名与所蕴含的精神文化，秉承了学院的历史，彰显了蔡元培先生的教育思想内涵。吾育书院蕴含德智体美劳等方面的育导和发展。

实施学生公寓书院制以来，书院工作力求传承与创新的结合，通过党团组织进书院、教师导师进书院、讲堂洽谈进书院、校园文化进书院等，实现各种育导力量的协同，提升学生内涵修养。

为促进思想政治教育，鼓励学生爱国爱党，书院进行典型激励、学生党建和违纪教育三大项目，为学生专门设立了党员寝室、考研寝室等特色寝室。同时，书院也认真规范完成学生党员的发展、教育、管理以及与各系共同处理学生的违纪处分、管理及教育监督工作。

书院坚持推进文化育人，长期进行正确引导，通过书院文化节、文化公寓和文化走廊建设，把书院文化活动打造为一种富有时代特色，又与优良传统相衔接的校园文化形态；赋予书院独特的文化内涵和精神，以潜移默化方式，影响学生的价值取向、思想意识、意志品质、行为习惯；鼓励和培养大学生人文素养和创业精神，锻炼和提高大学生实践动手能力和社会适应能力。书院以丰富多彩的文化活动为载体，希望书院全体学生坚守理想，奋发有为，共同推动书院朝着全程育人的方向不断前进。

2. 吾展书院✼

吾展书院成立于 2015 年 12 月，包括学院 9 至 11 幢寝室楼，共计 3600 余个床位，主要入住医药与健康分院、建筑工程分院、信息与机电工程分院、纺织服装与艺术设计分院学生。

吾展书院的冠名与所蕴含的精神文化，秉承了学院的历史，彰显了蔡元培先生的教育思想内涵。吾展书院蕴含自然、自由、包容、个性、才华等方面的育导与展现。

吾展书院以提高应用型人才培养质量为目标，以主动走进学生为原则，以服务学生发展需求为导向，将努力把书院打造为立德树人的阵地、密切师生关系的舞台、提升发展能力的课堂、落实精致管理的平台，形成运行机制顺畅、服务体系健全、生活德育强化、学业指导多元、师生互动有效、成长环境舒适的书院全程育人机制，形成以学生课外学分修习项目为贯穿和平台的书院特色。

书院内设学生活动室、洗衣房、开水房、楼顶晾晒区等完善的生活设施。书院还为学生提供小药箱、打气筒等便民服务，尽力方便学生的生活和学习。

书院秉持“以育人为根本，以管理为手段，以服务为宗旨”的理念，强化组织、协调、服务、监督功能，注重标准服务体系、安全监管体系、绩效考核体系和科学管理体系建设，努力将书院建设成集思想教育、党团建设、行为指导、文化建设、生活服务、安全防范六大功能为一体的育人阵地。

(二十六)浙江树人大学

浙江树人大学创办于1984年,是改革开放以来我国最早成立的全日制民办普通本科高校之一,学校由浙江省政协举办、省教育厅主管。2003年,经教育部批准,学校升格为本科高校。2015年,学校被确定为浙江省应用型试点示范建设学校。目前学校拥有杭州拱宸桥与绍兴杨汛桥两个校区,现有在校学生17000余人,设有13个二级学院,开设47个本科专业、8个专科专业。

浙江树人大学构建两校区一体化育人格局,以“新思想导航”工程、“四季树人”校园文化建设、班团成才堡垒建设、“易班”平台建设等为载体形成“三全育人”长效机制。学校始终不忘“为国植贤”的初心,牢记“立德树人”的使命,秉承“崇德重智、树人为本”的校训,主动服务区域经济社会发展和国家战略举措,力争成为新时代全面展示社会力量办学的重要窗口。

浙江树人大学现有家扬书院1所书院。

家扬书院✲

家揚書院
JIA YANG SHU YUAN

2013年6月,家扬书院成立,以学校创始人、终身名誉校长、原浙江省政协主席王家扬先生命名,隶属于浙江树人大学,是为了传承和弘扬树大精神而创办的一所学院。每学年,家扬书院在新生中选取300余名成绩优异的学生,通过面试招录60余名,组建两个班级。家扬书院致力于培养一批知识储备丰富,创新能力强,人文素养好,具有国际化视野的优秀人才。

家扬书院的学生第一学年接受通识教育,第二学年在教师的指导下自主选择专业。家扬书院的学生在修完家扬书院和所选专业所在学院教学计划规定的课程后,达到毕业要求,可获得相应的专业毕业证书和学位证书,同时由学校颁发“家扬书院荣誉证书”。

书院在通识课程实施方面,更多地采用“参与式”和“讨论式”的教学方法,教师通过课程论文的形式考核学生,评价方式的变化,促进学生们提高学习能力。书院也会邀请校内外名师、业界人士来做各类讲座。书院还将安排各种社会实践,以帮助学生们开拓视野,获得社会经验。“冬者岁之余,夜者日之余,雨者月之余”,为提升学生的文化修养,养成良好的阅读习惯,形成优良的读书氛围,书院每年举办一届“三余计划”读书活动。

(二十七)丽水学院

丽水学院位于浙江省丽水市,由丽水市人民政府举办,是丽水市唯一的一所本科层次的公办全日制普通地方高校。学校现有8个二级学院,47个本科专业,全日制在校生13000余人,其中普通本科生10000余人。

学校全面践行"绿水青山就是金山银山"理念,秉承"明德笃行"校训,弘扬"乐山乐水,至善至美"校风、"乐教至真"教风和"乐学至远"学风,全面落实立德树人根本任务,全面构建"两山"特色的学科专业体系,加快建设服务和助推绿色发展的高水平应用大学。

2012年,丽水学院实行学生寝室管理书院制改革,建立行知书院、德涵书院、石湖书院和伯温书院,倾力打造书院全员全方位育人新高地。学校以陶冶学生情操、锤炼学生品行、指导学生成长、涵育学生素养、促进学生发展为书院育人核心内容,围绕学生,关照学生,服务学生,努力将书院建成学生思想政治素质提升和能力素质培养的重要阵地。

丽水学院通过打造书院温馨家园,建设陶冶学生高尚情操的新环境、新设施服务学生;通过拓宽书院育人渠道,搭建指导学生全面发展的新平台,一是实施全员育人,二是探索全方位育人,三是开拓网络育人。学院紧扣"互联网+"常态,利用好新媒体和自媒体,形成数字书院的信息互联网络;注重书院民主管理,拓宽促进学生自主成长的新空间;建立校、院和学生组织三级层面的管理体系,努力发挥学生"三自"作用

培育书院特色文化,营造涵育学生人文素养的新氛围。学校注重以文化人,以文育人,以文化滋养心灵、文化涵育德行、文化引领风尚为目标,营造涵育学生人文素养的良好氛围。书院经过八年的积淀,逐步形成了伯温廉政文化、石湖科创文化、行知教育文化、德涵校史文化等各具特色的书院品牌文化。

丽水学院现有行知书院、德涵书院、石湖书院和伯温书院等4所书院。

1. 行知书院✲

行知书院

行知书院位于丽水学院西区4—6幢,居学校的中心地带,西邻餐厅、花园,与行知亭仅数步之遥,南面则是教学楼、图书馆和广场,可谓交通便捷、资源充裕。书院以人民教育家陶行知先生之名命名。

陶行知(1891—1946),安徽歙县人,本名陶文濬,因欣赏王阳明"知行合一"学说改名为

“知行”，后认为“行是知之始；知是行之成”，又改名为“行知”。先生先后创办晓庄学校、生活教育社、山海工学团、育才学校和社会大学，生活教育理论是陶行知教育思想的理论核心。

丽水学院设有陶行知研究资料馆，重视陶行知研究并取得不菲成绩。行知书院旨在学习先生献身于平民教育的伟大精神，研究陶行知教育思想，倡导学生直面社会，融会新知，注重实践，增长才干，全面发展。

2. 德涵书院✽

德涵书院位于丽水学院西区7—14幢，环境幽静，是读书的好去处，是本校人数最多的一所书院。此外，新设的学生服务发展中心和学生成长服务中心等工作室，相关设施一应俱全，满足了学生的文化生活需求。书院以学校创办者孙诒让之别名命名。

孙诒让（1848—1908），又名德涵，字仲容，浙江瑞安人，中国近代著名的汉学大师，近代新教育的开创者之一，于经、史、诸子、文字、校勘诸学均有卓越成就，被誉为“有清三百年朴学之殿”。先生晚年专注于地方新教育，曾领导温处十六县成立学堂三百余所，为浙南近代教育奠定了坚实基础。1906年6月孙诒让决定在温处两府各办师范学堂一所。1907年处州初级师范学堂建成，这是丽水学院办学之始。“德涵”典出唐元结《补乐歌十首·五茎》本指德惠滋润万物，比喻以德育人。

德涵书院承续孙诒让严谨、开新的治学风范，秉持先生以德育人的教育理念，促使学生严于律己，涵养品性，陶冶情操，发奋学习，努力成为品学兼优的人。

3. 石湖书院✽

石湖书院位于丽水学院东区1—6幢，以及新建16幢，与学校西区的石湖路遥遥相对。书院取名“石湖”，是为纪念曾在处州任职、政绩卓著的宋代文学家范成大。

范成大（1126—1193），字致能，号石湖居士，江苏吴县人。其诗题材广泛，风格平易浅显、清新妩媚，自成一家，有《石湖居士诗集》《石湖词》等名作。再就水名而言，石湖本是太湖支流，风景宜人，清钱谦益《和范致能燕山道中绝句》有云：“一片江南图画里，西湖秋月石湖春。”

石湖书院提倡学生学习范成大清廉为政、平实为文的秉性，珍惜优雅的读书氛围，正直为人，发奋苦学，勤于思索，力争学有所成，实现理想。

4. 伯温书院✲

伯温书院

伯温书院位于丽水学院东区 7—15 幢，视野开阔，环境优美，光线通透，设施齐备。书院以当地先贤刘基之字命名。

刘基（1311—1375），字伯温，谥号文成，浙江青田县人，故时人称其刘青田，明洪武三年（1370 年）封诚意伯，人们又称其刘诚意，武宗正德九年（1514 年）追赠太师，谥文成，后人又称文成公。他是元末明初杰出的军事家、政治家和文学家，通经史、晓天文、精兵法。他辅佐朱元璋完成帝业、开创明朝，力保国家长治久安，功勋显赫，名驰天下，被后人称为诸葛武侯。在文学史上，刘基与宋濂、高启并称“明初诗文三大家”。先生生性好学，聪慧过人，所为文章，气昌而奇。其《郁离子》针砭时弊，想象诡异，寓意深远，影响久远。

伯温书院倡导学生向先生学习，关心时事，勤勉治学，好问善思，完善自我，为社会多作贡献。

（二十八）浙江工商大学杭州商学院

浙江工商大学杭州商学院位于浙江省杭州市，其前身为成立于 1999 年 8 月的杭州商学院国际经贸学院，2004 年 5 月，更名为浙江工商大学国际经贸学院，2004 年 11 月，通过教育部确认，更名为浙江工商大学杭州商学院。2011 年 8 月，浙江工商大学、桐庐县人民政府合作共建浙江工商大学杭州商学院正式签约。学院下设管理学院、经法学院、外语学院、人文与艺术设计学院（原人文学院）、人工智能与电子商务学院（原理工学院）、继续教育学院和基础教研部，以经管类学科为主体，构建经、管、文、法、工、艺六大学科协调发展的本科专业总体布局与结构，现有全日制普通本科在校生 8000 余人。

浙江工商大学杭州商学院自 2014 年迁建桐庐以来，继承和发扬了浙江工商大学“诚、毅、勤、朴”的优良校风，培养具有扎实理论基础、较强实践能力和创新精神的高素质应用型“新商科”人才。学院坚持“应用型、创新型、区域化、国际化”的办学定位，走“开放、融合、卓越”的发展战略，依托有利的区域文化环境，积极打造“山水校园”“诗画校园”“人文校园”，同时积极探索新的育人阵地，以“塘坞书院”“春江书院”为平台的书院教育模式是学院育人的重要创新，“互动共享”“阳光活力”“宜居宜学”的熟人社区，成为学院育人工作的闪亮名片。

浙江工商大学杭州商学院现有塘坞书院、春江书院等 2 所书院。

1. 塘垮书院

塘垮书院成立于2015年9月，因书院坐落于塘垮山旁，故名塘垮书院。书院包含管理分院、人文分院、经法分院、外语分院、理工分院等五个分院的在校学生，共计4000余人。

塘垮书院共有辅导员11人，生活指导老师3人，成长导师49人。另外，塘垮书院建成舍堂党建工作站和由高年级学生党员组成的楼层长队伍，旨在促进学生党性建设，创造良好学习环境，管理日常事务，开展文化活动等。

塘垮书院下辖慧诚居、雅诚居、儒诚居三栋学生宿舍，每一栋楼下都设有辅导员办公室、生活老师办公室、成长导师聊天室等。宿舍楼内建立了聊聊吧、健身吧、读读吧、创想吧、电影吧、艺术吧、烘焙吧、瑜伽房、小私塾等十多种功能吧，公共活动区域内构建了丰富的学习、休闲、生活等功能性空间。塘垮书院为尽显书院人文气息将楼层改称为“舍堂”。塘垮书院秉承浙江工商大学“诚、毅、勤、朴”的校训，以开放的胸怀、求知的心态内外求索，致力于打造宜学宜居一体化功能，使之不仅是学生“居息一堂”的场所，更是“传道、授业、解惑”的成长空间。塘垮书院传承我国传统书院的理念，在现代大学的背景下，在学校努力培养“应用型大商科人才”的氛围中，积极加强学生的综合素质培养，为学生的成长成才不懈努力。

2. 春江书院

春江书院2016年9月成立，坐落于塘垮山下，东临可名湖，西卧富春江，故而取“春江”二字为名。书院包含管理分院、人文分院、经法分院、外语分院、理工分院等五个分院，学生共计4000余人。

春江书院共有辅导员10人，团委老师3人，生活指导老师3人，成长导师30人。春江书院成立了由高年级学生党员组成的“舍堂郎委会”，旨在促进学生党性建设，创造良好学习环境，管理日常事务，开展文化活动等，已然成为书院学生自我管理体系的一大亮点。

春江书院蕴育在桐庐境内，汇集历史底蕴与现代文化于一身。春江书院下辖惟勤楼、弘毅楼、在常楼三栋学生宿舍，每一栋楼下都设有辅导员办公室、生活老师办公室、成长导师聊天室等。宿舍楼内建立了包括休闲吧、茶艺吧、影音吧、阅览吧、谈心吧、健身吧、自习吧、舞蹈吧等功能吧。公共活动区域内构建了丰富的学习、休闲、生活等空间。春江书院传承中国传统书院发展理念，汲取国内外书院制的宝贵经验，以搭建优美、熟人、智慧型书院为价值引领，把学生自我学习、自我管理、自我成长作为内涵目标，构建成特色鲜明、功能全面、温馨和谐的现代型书院。春江书院秉承浙江工商大学“诚、毅、勤、朴”的校训，积极加强学生思想道德建设和科学文化教育，为培养出益于人民、益于社会、益于国家的全能型人才而不断探索。

（二十九）温州商学院

温州商学院是一所商科类本科院校，前身是被誉为中国高水平独立学院的温州大学城市学院。2016 年 5 月，教育部批准温州大学城市学院转设为温州商学院。

温州商学院以商科为主，构建以经济学、管理学为主，工学、文学、艺术学等协调发展的学科专业体系，现有 25 个本科专业和 10 个专科专业，紧密对接温州国家金融综合改革试验区浙南现代服务业与港口物流中心和温州时尚化发展战略，培养社会所需人才。

温州商学院将职业生涯发展教育、创新创业教学体系和浙商孵化园创业实践平台融于一体，设立创业学院，全方位培养学生创新创业能力，通过各学院创业工作室－学校浙商孵化园－社会创业平台三级孵化机制，助推学生创新创业。

温州商学院为了进一步完善公寓学生工作体系，加强公寓安全文明建设，构建"全员育人、全方位育人、全过程育人"工作机制，深化素质教育工作，2018 年 5 月，根据公寓片区分布，建立了文博、水心、德涵 3 所书院。各书院秉承"砥志砺行，与时竞进"的校训，发扬"成长会做人，成才会做事"理念，努力把学生培养成志存高远、德才兼备、具有国际视野和创新思维的复合型人才。

温州商学院现有水心书院、文博书院和德涵书院等 3 所书院。

1. 水心书院

水心书院以南宋永嘉学派集大成者叶适先生的别名——水心命名。水心书院共有 3 栋学生公寓，现有 3200 余名学生，来自全校 6 个二级学院。

水心书院秉承叶适先生"重教兴学，以培养人为己任"的教育思想，突出书院文化育人的功能。水心书院以文化和党建工作为特色，积极开展符合学生成长需求的文化活动，打造"水心读书会""水心证书汇""水心士兵示范寝"等品牌活动。"上善若水，心诚致远"，水心书院致力于服务学生，营造学习氛围，开展通识教育，承精神之旨，创文明新风，育时代新人。

2. 文博书院

温州文博教育集团怀着"实业反哺教育，办学服务社会"的先进理念投资办学（温州大学经济学院和信息科学与工程学院），书院正取"文博"二字命名。文博书院共有 3 栋学生公寓，现有 3000 余名学生，来自全校 6 个二级学院。

文博书院秉持和传承"敢为人先，勇于拼搏，敢于创业"的温商精神，以"博文强识，求实创新"为育人宗旨。书院以文博社区、文博书屋为平台，开展双创沙龙、文博导师、朋辈帮扶、微社团、梓上村劳动育人基地等校内外特色活动，帮助学生修身立德，成长成才。

3. 德涵书院✽

2018年9月，德涵书院以温州近代著名教育家、实业家孙诒让先生的别名"德涵"命名。孙诒让先生为浙南近代教育奠定了良好的基础，他的办学事迹和温州商学院办学的历史具有相当的吻合度。德涵书院共有3栋学生公寓，现有3900余名学生，来自全校6个二级学院。

德涵书院遵循孙诒让先生的教育宗旨，坚持"学以致用"的育人理念，重视学生人格教育。德涵书院以"强化立德树人阵地、突出学生素质课堂、落实精细化管理平台、密切师生关系舞台"为立足点，让不同专业、年级、背景的学生聚首一堂，让来自四面八方的学生互相沟通、共同探索、一起成长；为学生营造食、住、学融合一体的家一样的环境，致力打造最优服务学生的书院。

（三十）厦门大学

厦门大学，由著名爱国华侨陈嘉庚先生于1921年创办，是中国近代教育史上第一所华侨创办的大学，也是国家"211工程"和"985工程"重点建设的高水平大学。2017年9月，入选国家"双一流"建设高校名单，2018年3月，入选教育部首批国家级"新工科"研究与实践项目。学校共占地8200多亩，分为思明校区、漳州校区、翔安校区和马来西亚分校。厦门大学设有研究生院、6个学部以及30个学院和16个研究院，形成了包括人文科学、社会科学、自然科学、工程与技术科学、管理科学、艺术科学、医学科学等学科门类在内的完备学科体系。学校现有在校学生40000余人（含外国学历留学生1208人），其中本研比约为1:1。

学校设有200多个研究机构，且厦门大学国家大学科技园是福建省内仅有的两个经科技部、教育部认定的国家级大学科技园之一。

厦门大学现有博伊特勒书院、香山书院等2所书院。

1. 博伊特勒书院☆

博伊特勒书院成立于2015年1月17日，位于厦门大学翔安校区，以2011年诺贝尔生

理学或医学奖得主布鲁斯·博伊特勒(Bruce Beutler)教授的名字命名。从2015年9月起,书院每年面向生命科学学院(60人)、医学院(30人)、公共卫生学院(30人)、药学院(30人)招生,合计招收150名学生。截至目前,书院学生总数达600余名。

博伊特勒书院以“以开放之姿,探索自然”为院训,培养有志于从事生命医学研究的优秀学生成为生命医学领域国际大师级后备人才,促进生命科学的进步与创新,走出一条国际化科研人才培养的创新之路。

书院设置书院管理委员会,由书院院长、书院副院长以及导师代表共同组成,首任院长由中国科学院院士韩家淮教授担任,执行副院长由生命科学学院副院长周大旺教授担任,常务副院长由各学院负责本科生教学工作的副院长担任。书院拟设立学生自主管理机构,学生代表大会和学生自我管理委员会。

书院实行全方位导师制,遴选知名教授、学者、具有丰富学生辅导经验的辅导员和班主任、人文社科学院资深教授或校外相关领域知名人士、优秀研究生和博士后,分别配备为学生的学业导师、常任导师、通识导师与朋辈导师,与学生建立导学与辅助关系,引导和解决学生在学习与生活中的各种问题。

书院设置通识教育培养、英文语言能力培养、拔尖人才培养三种特色培养模式。通识教育从哲学社科、人文素养、美学艺术及实践能力四大方向展开。书院设立英文放映室,每周播放英文经典电影或短剧,邀请海外教育学院的欧美学生定期开展英语角活动,开展系列趣味活动,如英文电影或动画片配音比赛、英文歌曲比赛等,全面提升学生的英语语言能力。拔尖人才培养组建的“国际精英班”,采用全英文教学授课模式,授课教师为世界顶级科学大师。博伊特勒教授亲自组建国外专家面试组视频面试选拔学生,重点考核学生的专业素养及英语语言能力。

2. 香山书院✻

香山书院成立于2017年,位于厦门大学翔安校区,书院之名取自学校旁边的风景名胜香山。书院有公共卫生学院、能源学院、环境与生态学院三个不同属性学院的学生1400余人,为学生打造一个多学科融合、多重思维模式碰撞的平台。

按照规划,不同的辅导员在书院轮流值班,专业老师由三个学院轮流派出,在书院固定的工作坊区域,与书院学生进行日常交流、学业指导、未来规划等咨询交流活动。

书院有行使自我管理职能的学生联合会,也有文艺体育类的特色活动:毕业旅拍,通过拍照来寻找有意义的自己;宿舍文化节,展现宿舍特色,彰显书院学生不同的精神面貌;迎新过程中,持续有效的新生教育活动;专业教师进书院,开展专业前沿讲座。

(三十一)厦门工学院

厦门工学院前身是创立于2009年的华侨大学厦门工学院,2015年经教育部批准转设为厦门工学院,是一所民办高校,位于福建省厦门市集美区。学校目前设置有机械与制造工程学院、电子与电气工程学院、建筑与土木工程学院、计算机与人工智能学院、商学院、文化与传播学院、艺术学院、外国语学院、马克思主义学院、体育部十个教学单位,共设33个本科专业,还设有国学院等机构,是一所以工科为主,理学、经济、管理、文学、艺术等多学科协调发展的学校。学校面向全国招生,现有全日制在校生11000余人。

学校奉行"立德树人,以文化人"的教育理念,全面实施博雅教育,按照院系成立了5所书院(一所书院一般有多个系),每所书院学生人数因系的大小而不同,最大的书院有学生3000人,最小的只有570多人,每所书院对应一个二级学院进行学生管理和教育。

厦门工学院赋予书院六大核心职能:同辈互动、导师领航、社区文化、课外活动、自我管理和辅导成长。

厦门工学院现有友恭书院、友惠书院、友善书院、友敏书院、友容书院、友达书院等6所书院。

1. 友恭书院☆

友恭书院成立于2010年9月。"友恭"寓意为"兄应友爱,弟应恭敬,兄友弟恭"。书院主要涵盖机械工程、机械电子工程、测控技术与仪器、材料科学与工程、新能源材料与器件五大专业。

友恭书院以"恭敬、慎独、逊志、躬行"为院训,以"全员育人"为理念,不断推动校园文化阵地建设,创新工作方式,积极探索双院式育人新格局。友恭书院希望友恭学子能尊师重道,严于律己,不卑不亢,身体力行。

友恭书院设有书院院长、副院长、办公室主任、办公室秘书、思政专职导师、社区专职导师,共20余名工作人员,多年来建成了一支以学生为本、善于言传身教的工作队伍。

友恭书院致力于创造特色书院文化,打造"红楼梦诗词曲赋吟诵演唱晚会""亲情账两地书""超级访谈""榜样的力量"和"无手机课堂"等品牌活动,开展"书院运动会""书院文化艺术节”“捐书活动”“3v3 篮球赛”等大型学生活动，大力推进书院内涵文化建设，为学生素质拓展和能力培养提供有效的途径和平台。

2. 友惠书院☆

友惠书院成立于 2016 年 7 月 11 日，位于学生宿舍区“友惠苑”。截至 2019 年 8 月，友惠书院共有在校学生 700 余人，按专业班级设置“16 计算机班院”等 19 个班院，涵盖了国际经济与贸易、企业财务管理、市场营销、广告学、计算机软件、工程造价等六个专业。

友惠书院以“自强弘毅，嘉言懿行”为育人理念，以“塑造完善学生人格，使学生成为真正的人”为育人目标，坚持以学生为本教书育人，不断开拓创新。

友惠书院按照文理汇通融合，博雅教育育人的原则，设置了惠强、惠弘、惠嘉三个分院。当前，友惠书院配备书院院长、书院副院长、书院办公室主任各 1 名，专职导师 4 名，社区生活导师 3 名，分院院长均为导师兼职，管理团队共计 10 人。

书院坚持以学生为本，建设发动学生，发展依靠学生，发展成果与学生共享，号召全书院学生参与到书院品牌文化建设当中来，一起建设家园，同学习、共成长。

书院从德智体美劳五个方面，开展友惠书院日系列活动，主要包括安全知识竞赛、趣味运动会、棋牌大赛、“民谣之夜，友惠之声”音乐会、社区美化行动、“以心暖心”心理沙龙、师生篮球交流赛等多项活动。为提倡大学生“多读书、读好书”，友惠书院举办以“书香润心灵，经典咏流传”为主题的大学生读书月活动，分为九个小活动：好书漂流、导师大讲堂、时光信箱、朗诵大赛、读书分享会、家有好书、访问活动、观影系列、书签设计大赛。这有效增强了学生的文化底蕴，提升了友惠学子的文化修养和阅读品位，为进一步加强校风学风建设作出贡献。

3. 友善书院☆

友善书院成立于 2011 年 7 月，位于学校一号田径场正对面，由一栋六层的“友善苑”组成，2017 年 9 月，创新建立善知、善思、善谦、善行、善和五个分院。书院现有学生 2460 余人，涵盖建筑与土木工程学院、机械与制造工程学院、艺术学院三个学院的学生。

书院秉承“慎思勤勉、友谦至善”的院训、“立德树人，以文化人”的教育理念，积极倡导“快乐学习、快乐成长”的书院生活方式，依托开展大学生优秀品格养成计划为思想政治工作主线，认真践行“双院式协同育人”工作理念，与二级学院开展良好的沟通与配合工作，实现共同育人的目标。

友善书院融合善知、善思、善谦、善行、善和五个分院的特点，坚持“教育无他，唯爱与榜样”，制定了“学生为本、健心强身、格物致知、趋善竞新”的目标，扎实做好各项学生培育工作，提升学生综合素养，培养学生健康的人格，为实现中国梦贡献力量！

书院希望在工作中不断探索优化育人环境，加强与学院专业育人的协同推进，进一步深化书院品牌特色活动内涵，帮助学生养成优良习惯，培育优秀品格，进一步营造特色鲜明的友善书院文化。

4. 友敏书院☆

友敏书院成立于2013年8月。“友敏”二字源自《论语·阳货》中的“敏则有功”。书院现有学生2300余名，涵盖商学院、电子信息及电气工程学院、计算机与人工智能学院。

书院秉承敏学尚行的培养理念，坚持“教育与管理并重”，着力培养学生拥有乐观向上的生活态度、良好的生活习惯、高尚的道德品质、诚信的做人准则、饱满的创新精神和健康的身心素质，营造充满爱心和相互关心的氛围，打造学生思想交流和学科交融的环境。

书院配备专职教职人员19名，其中院长1名、副院长1名、办公室主任1名、秘书1名、专职导师10名、社区辅导员5名。书院下设分团委、学生分会、学生自律会、心理委员会等多个学生组织，以实现学生的自我教育、自我管理、自我服务。

书院配置功能齐全的社区功能房，包括会议室、党员活动室、谈心室、自习室、咖啡屋、荣誉展厅、文化长廊等，为学生创造了富含文化气息的生活空间。

书院打造绿色文化培育工程，从“绿色家园”“绿色共享”“绿色经典”“绿色健康”“绿色行动”“绿色科技”六个方面展开。书院特色活动有绿色讲坛、“五德”教育、爱心养老院和后溪中心小学志愿活动、绿色科技专业比赛、诗社书社开展的诗词培训及读书吧活动，以塑造学生人格魅力为目标，培养全面发展的人才，通过道德教育、技能培训、学业辅导、特色活动等潜移默化地影响友敏学子。

5. 友容书院☆

友容书院成立于2016年7月，是厦门工学院的第五所书院。书院现有学生3000余人，由商学院、文化与传播学院、外国语学院三个不同学院的学生构成，涵盖财务管理、国际经济

与贸易、投资学、市场营销、传播学、广告学、商务英语等七个专业。

书院设院长和副院长各 1 名、办公室主任(兼导师)1 名、书院秘书(兼导师)1 名、专职导师 15 名、兼职导师(含育人导师、专职导师、创业导师)40 名。

书院社区配有景观长廊、党团活动室、自习室、阅览室、咖啡吧等公共生活设施。

友容书院以校训“明志、博学、修身、力行”和“立德树人,以文化人”的教育理念为指导,以培养具有“为自身学习、为未来着想、为天下担任”优秀品质的学子为使命,注重第二课堂的教学和实践,成立“菁英学堂”“红色文化培育工程”等书院品牌育人项目,不断开拓创新,勇往直前,为厦门工学院“百年树人、百年名校”的愿景而不懈奋斗。

6. 友达书院✲

友达书院成立于 2020 年 6 月。书院致力于培养学生具有“立足当下,放眼未来,走向世界”的眼界。友达书院教育学生具有智、仁、勇三种德行,着重帮助学生树立正确的世界观、人生观和价值观,以期友达学子未来能够在国际舞台上绽放光彩,飞黄腾达。书院主要以国际教育学院学生为管理、教育和服务对象,以“立德树人,以文化人”为教育理念,秉承校训“明志、博学、修身、力行”,努力践行“教育无他,唯爱与榜样”,将中国传统文化教育与国际教育相结合,力争打造中西文化相结合的国际化书院。书院设有院长室、书院办公室、分团委、社区导师团等管理和服务队伍。

(三十二)南昌大学

南昌大学始于 1921 年创办的江西公立医学专门学校和 1940 年创建的国立中正大学。1993 年,江西大学与江西工业大学合并组建南昌大学。1997 年,学校被列为国家“211 工程”重点建设大学。2004 年,教育部与江西省人民政府签署共建南昌大学协议。2005 年,南昌大学与江西医学院合并组建新南昌大学。学校现有前湖、青山湖、东湖三个校区,截至 2019 年 11 月,有全日制本科学生 34753 人,各类研究生 14980 人,国(境)外学生 1492 人,教职工 4362 人。

学校现设有人文学部、社科学部、理工一部、理工二部和医学部,拥有 12 个学科门类的 126 个本科专业。南昌大学积极探索拔尖创新人才培养新模式,推行跨学科、跨学院培养人才的改革。

南昌大学现有际銮书院 1 所书院。

际銮书院✽

2008 年，南昌大学先后开办了本硕实验班、国学实验班、综合实验班、人工智能实验班等拔尖创新人才培养实验班。2015 年，南昌大学成立了以中国科学院院士、南昌大学名誉校长潘际銮院士名字命名的“际銮书院”，实验班学生全部进入书院统一实行书院制管理，书院学生是进入学校后二次选拔产生的。书院下设 4 个实验班，现有学生近 700 人，学生统一住在书院内，实体化运作。书院本硕实验班、国学实验班升学率分别为 100%，综合实验班升学率为 70% 以上，属学校前列。

书院成立由校长兼任主任、分管副校长兼任副主任的院务委员会，设有党委书记、副书记，院长，副院长，党政管理办公室和学生工作办公室等党委和行政机构。书院坚持“以生为本、因材施教、个性发展、品学兼优”的育人理念和“厚基础、宽口径、重德行、强能力”的人才培养目标，实施“个性化、小班化、国际化”的培养模式和“导师制、书院制、学分制”的管理模式，按照“一体化管理、多样化培养、开放式运行”的要求，充分利用高等研究院、国学研究院、前湖学院、人工智能学院等教学科研平台，实现学术资源共享，营造书院学术文化氛围，促进实验班学生相互学习、相互融合。书院教学由四个教学单位负责，教学单位为学生提供境内外访学、企业参观、交流学习等活动。书院建有学术报告厅、图书室、研讨室、健身房、书吧等设施，着力打造融学术报告、自主学习、交流研讨、图书阅览、文体活动为一体的书院文化，探索浸、养、熏、育一体化的新时代书院制管理模式。书院创新思想政治教育模式，引导学生自主学习、自我管理、自我教育、自觉成长，培养既有政治认同、国家意识、社会责任、文化自信和高尚人格，又具备扎实的基础知识、专业技能和创新思维、科学精神、国际视野的精英人才。

（三十三）山东大学

山东大学是中国目前学科门类最齐全的大学之一，是世界一流大学建设高校（A 类）。山东大学是中国近代高等教育的起源性大学，其主体是 1901 年创办的山东大学堂，是继京师大学堂之后中国创办的第二所国立大学，也是中国第一所按章程办学的大学。从诞生起，学校先后历经了山东大学堂、国立青岛大学、国立山东大学、山东大学以及由原山东大学、山东医科大学、山东工业大学三校合并组建的新山东大学等几个历史发展时期。百余年间，山东大学秉承“为天下储人才，为国家图富强”的办学宗旨，践行“学无止境，气有浩然”的校训，踔厉奋发，薪火相传，形成了“崇实求新”的校风，为国家和社会培养了40余万各类人才，为国家和区域经济社会发展作出了重要贡献。学校形成了一校三地（济南、威海、青岛）的办学格局，现有各类全日制学生6万余人，其中全日制本科生40800余人、研究生19000余人、留学生3800余人。

2016年9月山东大学青岛校区正式启用，并率先在青岛校区2016级本科生中试点实行“社区书院制”的管理模式，并以宿舍区为依托，全部本科生入驻书院。

山东大学现有一多书院、从文书院等2所书院。

1. 一多书院☆

一多书院成立于2016年9月17日，书院名称来源于曾任国立青岛大学（山东大学前身）文学院院长的闻一多先生。书院由政治学与公共管理学院、环境科学与工程学院、信息科学与工程学院等2500余名学生构成。

一多书院以“多学多思多悟，求真求实求新”为院训，创新性打造“一二三四五”的工作机制，逐步形成书院独特的育人传统和载体平台。

组织架构方面，书院选聘正处级辅导员作为书院执行院长，全面负责书院工作，内设书院导师工作办公室、书院团总支、书院博雅教育工作室等六个工作室，由相关学院辅导员具体负责工作室工作，选聘学院党委副书记兼任书院副院长并交叉联系指导工作室工作。

学习服务方面，一是实行本科生全员导师制。书院以师生比不低于1:10的比例统筹选聘导师，并加强导师队伍建设，出台《山东大学（青岛）本科生导师队伍建设试点方案》，规定导师的选聘条件、职责及考核办法；二是深化博雅通识教育，设立博雅教育办公室，邀请名师大家、优秀校友来校开展讲座，同时，开设书院博雅课程，探索建设书院荣誉学分体系，推进全方位育人。

一多书院打造“乐、学、美、体”综合素质拓展培养平台，以“乐”为先，以“学”为本，以“美”铸魂，以“体”强身，分别开展校庆灯光秀、国学知识竞赛、创设院刊、鼓励学生每人至少培养一个受益终身的体育爱好等活动。

2. 从文书院☆

从文书院成立于2016年9月17日，书院名称来源于曾任国立青岛大学（山东大学前

身）国文系讲师的沈从文先生。书院由法学院、计算机科学与技术学院、生命科学学院等2100余名学生构成。

从文书院以“从文从心从我，至善至美至家”为院训，逐渐形成了“实践先行、美育同步、兴趣集合、志愿奉献”四位一体的育人格局，并培育出一批特色品牌活动。首先，实践先行，利用社会实践平台，发挥各团队学科交融特色，注重实践主题与社会发展相结合；其次，美育同步，定期举办各类文体活动，打造“雪夜童话镇”等品牌活动；第三，兴趣集合，依托学生社团开展特色活动，如法学社的法律知识讲座、博物社的海洋生物观察活动、国学社“唐韵中秋”、话剧社“人生如戏”话剧展演等；第四，志愿奉献，秉持“奉献、友爱、互助、进步”的精神，组建志愿服务团队，拓展志愿服务基地。

组织架构与学习服务方面同一多书院一致，在此不再赘述。

（三十四）青岛大学

青岛大学位于历史文化名城青岛，办学起源于1909年创办的青岛特别高等专门学堂。学校有浮山校区、金家岭校区、松山校区三个校区，占地2655亩，建筑面积114万平方米。

学校设有36个学院和医学部、101个本科专业，涵盖文学、历史学、哲学、理学、工学、医学、经济学、管理学、法学、教育学、艺术学等11个学科门类。学校现有教职工3900余人，在校生46000余人，其中研究生10600余人、本科生34000余人、留学生1700余人。

学校始终践行“教授高深学问，养成硕学闳才，应国家之需要”的办学宗旨，秉承“明德、博学、守正、出奇”的校训精神，坚持以立德树人为根本，以内涵发展为核心，立足青岛、融入青岛、服务青岛，在服务新旧动能转换中求发展，在“双一流”建设中求突破，勇担使命，奋发图强，努力向国内外有较大影响的一流大学迈进。

青岛大学现有浮山书院1所书院。

浮山书院✽

浮山书院成立于2007年，因青岛大学背靠浮山而得名，推行博雅教育。“博雅”之“博”，是秉承了青岛大学“明德博学”的校训精神，指知识的博通宽广、做人的博大宽厚；“博雅”之“雅”，是指以儒雅的君子之风作为人才培养目标，使学子养成高贵、典雅的理想人格。

浮山书院始终承继中国传统书院文化，融合现代先进教育理念，通过创办博雅班、开设

浮山讲堂、开展读书会等，在融合中西教育实践中发掘教育改革的巨大张力方面，进行了有益的尝试。

《青岛大学浮山书院博雅教育探索与实践》教学成果是依托国家大学生文化素质教育基地，为深化地方高校文化素质教育改革而进行的博雅教育探索与实践，提出了“博、雅、慧、行”四育并重的博雅教育理念，创建了“博雅示范、全校实践”的博雅教育模式，创办了浮山书院博雅班。博雅教育营造了学风浓郁的校园文化生态环境，在地方高校文化素质教育改革创新中具有推广应用价值。书院学规：

一、胸怀坦荡，敢当重任，志存高远。

二、修身笃志，砥砺品行，学有所为。

三、博雅沉毅，通情达理，知行合一。

四、学以广才，志以成学，德才兼备。

五、己所不欲，勿施于人，懂得感恩。

六、孝敬父母，敬重师长，见贤思齐。

七、举止文明，衣着得体，彬彬有礼。

八、教室清洁，黑板常擦，桌椅有序。

九、课堂和谐，手机无响，闲话有禁。

十、旷课三次，迟到六回，此地不留。

十一、作业不好，成绩不佳，本班不收。

十二、请假提前，假条必备，事不过三。

十三、时不我待，只争朝夕，诸君共勉。

（三十五）中国石油大学胜利学院

中国石油大学胜利学院是国家教育部批准设立的全日制普通本科高等学校，是由教育部直属高校中国石油大学（华东）和胜利石油管理局在原胜利油田师范专科学校基础上，利用中国石油大学（华东）东营校区资源举办的规范化独立学院。

学校于2003年3月成立，时称石油大学胜利学院，2005年3月更名为中国石油大学胜利学院。2013年11月，中国石油大学（华东）、胜利石油管理局和东营市人民政府签署共建中国石油大学胜利学院协议，开启学校发展新篇章。

学校坐落在山东省东营市，建有石大、师专两个校区，占地面积1561.6亩，校舍建筑面积33.2万平方米。学校设有油气工程学院、化学工程学院、机械与控制工程学院、文法与经济管理学院、教育与艺术学院、基础科学学院、护理学院七个教学院，开设29个本科专业及15个专科专业，涵盖理、工、文、法、教育、管理、艺术、医学八大学科门类，现有在校生9800余人。

学校秉持“规范创新发展”的办学理念，以培养高素质应用技术型人才为主要目标，聚焦内涵发展，强化办学特色，建设一所理工为主、石油石化特色鲜明、文理兼备的高水平应用技术型大学。

中国石油大学胜利学院现有思达书院1所书院。

思达书院✽

思达书院于2019年7月成立，目前拥有33名2017级本科生，9位旁听生。

为进一步加强校园文化建设，探索人才培养新模式，指导大学生科技创新，实现全员、全程、全方位育人目标，思达书院负责校园文化研究与创新，引领学术型、书卷气校园文化建设的内涵发展；聚焦地方传统文化和石油特色文化的研究，推进优秀传统文化和特色文化的挖掘与传承；以“新工科”建设为契机，开展“新工科创新试验班”人才培养模式的研究与实践；统筹协调大学生科技创新和学科竞赛的组织与管理。

目前，书院已成立石油装备智能制造试验班，旨在面向未来布局“新工科”专业，培养“新工科”人才的创新创业能力和跨界整合能力，积极探索面向石油装备智能制造新产业的新型工科人才培养模式，为石油行业输送具有人文情怀和社会担当的复合型、创新型卓越工程师。

经过探索发展，书院逐渐形成基于校企协同育人平台的微专业人才培养模式，对接产业需求设置专业，对接技术发展建设课程，对接岗位能力设定教学方法，对接企业需求建设工业训练平台，实现了基于校企协同育人平台的模块化、项目式、理实训创一体教学，突出了解决复杂工程问题能力的培养。

学生管理方面，书院实行导师制管理，以专业学院为主体，由思达书院统筹管理，独立制定人才培养方案与教学计划，小班教育教学。试验班的首批学员为油气工程学院、机械与控制工程学院、基础科学学院择优选拔的33名2017级本科生。书院为其开设核心课程，提供智慧教室和开放实验室，推进试验班创新创业训练项目计划，有序推进实践能力培养提升。

书院管理队伍由学业导师、生涯导师和企业导师构成，学业导师从学院内部专业教师中选拔，通过授课、项目指导、创新训练、赛事指导等方式进行专业教育管理；生涯导师由具备多年学生管理与大学生生涯发展指导、就业创业指导经验的教师专任，为学生提供学业发展与日常管理服务工作；企业导师由区域内相关优秀企业的高级技术人员担任，深度参与校企协同育人平台的实践创新项目指导，培养学生解决生产实践问题能力，构建校企协同育人新模式。

书院实行人人进项目组，组组配校企双导师，人人一项省级以上科技大赛获奖。目前，书院的首批学生已有 27 人次主持、参与大学生创新训练计划项目，并有多人在全国大学生机械创新设计大赛、山东省大学生科技创新大赛等高水平赛事中获奖，收到了以赛促学、促教、促训，提升学生创新创业能力的良好效果。

（三十六）山东科技大学泰山科技学院

山东科技大学泰山科技学院是 2004 年经教育部批准的全日制普通本科大学。新校区位于济泰联合发展区——泰安市岱岳区山口镇，占地 1000 余亩。校园建筑结合山东地方文化特色和古代书院围合式格局，致力于建成亚洲第一的新时代书院制本科大学。

学院现设六个系部，有全日制普通本专科在校生 4400 余人，教师 378 人。学校现拥有国家级、省级精品课程 30 余门，省级实验教学示范中心 1 个，省级教学团队 2 个，山东省省级特色专业建设点 3 个。

学校以“信息产业商学院——信息产业企业家的摇篮”为办学定位，培养未来中坚社会的领导者，学校采取“商科教育 + 完满教育 + 通识教育 + 专业教育”四位一体和“书院 + 学院”双院制人才培养模式，构建专业教育为基础，商科教育为核心，信息产业为特色，突出工科优势，工、管、文等多学科协调发展的“新商科”“新工科”“新文科”专业集群，办学特色鲜明，教学与管理精细。

山东科技大学泰山科技学院现有九河书院、五汶书院、瞻岩书院，这三所书院组成一个书院社区，统一管理，下文将直接以第一书院社区来描述。

第一书院社区

山东科技大学泰山科技学院第一书院社区成立于 2019 年 3 月，坐落于山东省泰安市岱岳区山口镇学院西路八号。书院现实行“多个单体书院组成一个书院社区”的社区化、网格

式、交互性运行模式，现有九河书院、五汶书院、瞻岩书院三所书院。九河取自黄河别称，九河书院之名以源远流长的黄河文明为依托，寓意齐心协力的团结精神、勤于务实的实干精神、锐意进取的开拓精神、勇于创造的拼搏精神、甘愿付出的奉献精神。五汶之名以汶水之不息为依托，寓意文化内生如汶水渊源不息，创新融合如汶水勤谨睿智，商科衍生如汶水融会贯通，品格塑造如汶水浸润丰泽。瞻岩书院之名以泰山之雄奇为依托，寓意价值取向重如泰山，意志精神稳如泰山，责任担当坚如泰山，胸怀博大广如泰山。

每所书院都以单独的围合式庭院建筑群为主，总面积6000余平方米，建有健身中心、会客厅、师生共创室、多功能会议室、研讨室、项目工坊、创意生活馆、主题教室、固定教室等九类36间功能房。

第一书院社区以“培养未来中坚社会的领导者(信息产业中小企业管理者)”为使命，培养知识、品格、能力全面均衡发展，能适应和应对时代变革、技术革新的书院学子，愿每一位学生都有情怀、有担当、有魅力，用良好的沟通力去迎接未来。

学校成立书院建设委员会，由校领导担任书院建设委员会主任，校长办公室、书院部、校团委、学生工作处、人力资源处、财务处、教务处、后勤处、资产处、品牌营销与新闻中心等部门作为成员单位，书院建设委员会办公室设在书院部，做好协调、全员联动，保障书院制建设工作的有序推进。书院部组织架构为书院部部长、书院部科员和学生书院联合会，书院部除统筹学校书院建设工作外，同时负责各书院社区统筹指导工作

各书院社区的组织架构为名誉院长、院长、副院长、书院综合办公室主任、书院发展导师和书院学生会。各书院社区下设书院社区综合办公室，全权管理书院社区内各书院的物理空间、设备设施、产品创造、项目开发、文化传播、周边互动等各项工作。

人才培养方面，书院支撑“信息产业商学院”办学愿景，与二级学院围绕隐性领导力和显性领导力进行“领导力分解”，并通过个性的功能环境、包容的文化发展、社交的多元覆盖、活动的设计实践、全息的共享互助，形成协同育人、共建共育的领导力发展平台。围绕“第一社区、第二家园”的理念构建书院“家”和“家文化”，构建书院“家长团队”、书院“社区文化”，开展书院“家庭活动”(师生共膳、集体生日会、书院夜话)、书院“家园项目”(成长档案、两进两谈、三长计划)，有效提升学生的认同感、归属感和价值感。

在移动互联和人工智能全面发展的当下和未来，书院聚焦教育的根本即人的培养，将传授知识与学生的感知、情感和希望连接在一起，提供创造和共同探索的时间空间，让教育更有温度和实效。

（三十七）中国海洋大学

中国海洋大学是一所海洋和水产学科特色显著、学科门类齐全的教育部直属重点综合性大学，是国家“985 工程”和“211 工程”重点建设的高校，2017 年 9 月入选国家“世界一流大学建设高校”（A 类）。

中国海洋大学创建于 1924 年，历经私立青岛大学、国立青岛大学、国立山东大学、山东大学等办学时期，于 1959 年发展成为山东海洋学院，1960 年被国家确定为全国 13 所重点综合性大学之一，1988 年更名为青岛海洋大学，2002 年更名为中国海洋大学。

学校现有崂山、鱼山和浮山三个校区，占地 2400 余亩，正在建设西海岸校区。学校以“海纳百川，取则行远”为校训，以培养德智体美劳全面发展、具有民族精神和社会责任感、具有国际视野和合作竞争意识、具有科学精神和人文素养、具有创新意识和实践能力的高素质创新型人才为目标，以造就国家海洋事业的领军人才和骨干力量为特殊使命。学校遵循“通识为体，专业为用”的本科教育理念，实行有限条件的自主选课制度和学业识别与毕业专业识别确认制度，努力培养复合型、高素质人才。学校现有全日制在校生 27300 余人，其中本科生 15000 余人、硕士研究生 10400 余人、博士研究生 1900 余人。

中国海洋大学现有行远书院、崇本学院等 2 所书院。

1. 行远书院☆

行远书院成立于 2015 年 5 月 14 日，目前共录取学生 305 人，其中在院生为第四期、第五期，共 112 人。进入书院的学生须热衷思考、崇尚知识、塑造自我、关怀社会，珍视集体荣誉，乐于助人和奉献，积极投入行远书院的学习和活动，不断追求进步。

行远书院贯彻“通识为体，专业为用”的教育理念，致力于打造一个特色鲜明的通识教育示范区，实现博雅教育与专业教育的有机融合，培养文理兼备、关怀社会的复合型人才。行远书院依托学校优质师资和海内外名师，开设八门特色通识课：大学之道、日常物理、世界文明史、全球化、数学天文与物理、大海洋、宇宙大历史、专题研究，共约24学分。书院的学生将通过课程学习、反思讨论、生活训练、书院活动，调动求知欲望，拓宽认知视野，强化问题意识，增强以宏观的思维分析问题、以微观的思维解决问题的能力，打造“厚基础”的自学根基，提升“宽口径”的从业能力，养成“深识见”的思维自省，以期发掘自我，进而造福国家和社会。

行远书院学生通过笔试、面试考核后择优录取，并实行集中住宿制。两年内修完书院特设的通识课程，可获得结业证书，未能修读完全部课程的学生，已合格课程的学分可抵通识教育其他课程学分。

教学上，行远书院重视学生自学，一小时的课程至少要自学两小时；推行“小助教”制度，在同年级中遴选小助教，协助任课教师开展课堂讨论、进行作业反馈，注重培养学生独立思考的能力，定期展开讨论。除课程学习外，书院还设有参访实习、行远讲座等教学科目，并辅以生活训练和其他活动。

2. 崇本学院✿

崇本学院成立于2019年7月15日，是结合学校的海洋特色和办学优势成立的我国首个海洋科学创新拔尖学生培养基地。学院冠名“崇本”，一是纪念我国海洋事业的开拓者和主要奠基人、海洋教育家赫崇本先生，担负起先贤使命的继承重任；二是取“崇本”寓意，山高且大为崇，木下为本，希望崇本人志向高远而又脚踏实地。学院现设置海洋科学（物理海洋、海洋地质与地球物理、海洋化学与环境）和生物科学（海洋生物）两个本科专业，目前录取学生48人。

崇本学院以“崇本拓新、向海图强”为院训，通过“一型二制三化”（研究型教学、导师制、书院制、小班化、国际化、个性化），培养具有人文素养、探索精神、家国情怀、全球视野，具有坚实学科理论基础，海洋特色鲜明，能够面对未来海洋领域挑战，满足国家战略需求，引领人类文明进步的基础学科拔尖人才。

每年秋季学期面向全体在校一年级本科生（招生时约定不能转换专业的除外），通过笔试和综合考察等环节遴选50～80人，之后在二年级秋季学期初、二年级春季学期初分别对学生进行一次动态调整，将不适合拔尖培养模式的学生转出崇本学院，转出学生可转回原专业，或转至相关专业学习，同时择优选拔优秀学生补充进入崇本学院。

按照“宽口径、厚基础”的要求，学生一、二年级主要修读基础必修课程和专业通识课程，

“谋改革”要求夏季学期集中培训计算机和英语,“重实践”要求学生需参与课题研究、参加专业性竞赛或学术交流活动,并有不少于3个月国(境)内外其他高水平大学或研究机构交流学习经历。

开展第二课堂,如设置崇本讲堂,丰富学生人文政治、时事热点、科技前沿等方面的知识储备,开展“院长面对面”“优秀学长学姐见面会”等交流活动,为学生答疑解惑,成立兴趣小组,丰富课外活动。

教师队伍包括授课教师、学业导师、科研导师和班级导师,分别负责高质量完成教学任务,帮助学生了解有关专业概况、研究内容、领域前沿,指导学生参加科研活动,提供交流访学机会,培养学生创新意识和科学精神,进行班级建设,引导学生参加社会实践、专业竞赛等其他课外活动,提升学生实践能力和综合素质。

(三十八)青岛职业技术学院

青岛职业技术学院是一所省市共管、以市管为主的全日制普通高校。学校始建于1951年,前身是青岛教育学院,2002年4月与原青岛教育学院合并,组建成新的青岛职业技术学院。学院现有西校区(青岛市黄岛区)、南校区(青岛市市南区)和中校区(青岛市市北区)等三个校区,全日制高职在校生11800余人,每年就业率稳定在96%以上。学院现有教职工760人,其中专任教师约占74%。专任教师中具有博士、硕士及以上学位的占62%,具有高级职称的教师占专任教师的40%。

2013年,学校通过通识教育课程和提供非形式教育(非课程形式),配合完全学分制,拓展学术及文化活动,实现学生文理渗透、专业互补、个性拓展,鼓励不同背景的学生互相学习交流,满足学生的个性化发展需要,最终促进学生的全面发展,逐步设立全部书院制。

青岛职业技术学院现有知行书院、侃如书院、立人书院、瀚海书院、立信书院、儒商书院、艺馨书院等7所书院。

1. 知行书院☆

知行书院成立于2014年11月27日,由合作企业海晶化工集团向青岛职业技术学院捐赠10万元共建。书院设有应用化工技术、海洋化工技术、商检技术、药品生产技术、环境监测与控制技术等五个地方特色专业,目前有学生约1600余人。

知行书院秉持“知行合一”的理念,立足于“技高品端”人才的培养,加强“双师型”教师引导作用，结合高职学生特点，培养学生创新创业能力。同时，书院围绕八大职业核心能力构建学生课程体系，以及与各二级学院积极探索共同建立学生服务一体化平台；设立“知行讲堂”，引导学生养成阅读习惯；提供非形式教育（非课程形式），开展通识教育课程。书院与学院协调，形成“专业学习在学院、通识教育和生活在书院”的良好氛围，继续开展八大工程。

知行书院设有院长，目前由生物与化工学院党总支书记担任。书院设有团总支、学生会、社联、楼管会四个学生组织，是书院学生开展自我管理、自我服务、自我教育的学生自治组织。

2. 侃如书院✲

侃如书院依托青岛职业技术学院教育学院，成立于 2016 年 12 月，现有学生 1300 余人。侃如书院取名于青岛职业技术学院创院先驱、著名古典文学专家陆侃如先生。他在担任山东大学副校长时受青岛教育工会委托兼任教工业余学院院长，该学院即青岛职业技术学院的前身。为了纪念侃如先生的治学精神、教育理念和文化品格，青岛职业技术学院将书院命名为侃如书院。

书院以社会主义核心价值观为引领，以传统文化教育为核心内容，通过重点打造和潜移默化的影响，培养高素质的职业教育人才。侃如书院充分汲取之前书院制工作的先进经验，秉持“一切为了学生，为了学生的一切”这一理念，依托专业教育和通识教育两个平台，深入落实党建创新工程、思政创新工程和阅读工程“三项工程”，全面构建起思政课主导、专业课融合渗透、校园文化熏陶培育和实践活动感知体悟的“四位一体”育人体系。

书院开展形式多样、内容丰富的学生活动，旨在让学生全方位从历史和现实的变迁中感受祖国的巨变，增强民族自豪感和自信心，增强学生们理论联系实际的能力，使其用实际行动践行青年学生的责任与担当。经多年实践与探索，书院确立了学校、企业、社区三方融合，“品行、身心、知识、技能”四维一体的办学模式，会同政府、幼儿园、高校成立了“青岛西海岸学前教育联盟”，引入人力资源公司设立校园分公司，在校园、社区设立“音乐大舞台”，打造产教学研一体化平台。

3. 立人书院✲

立人书院成立于 2017 年 10 月，书院名立意出自孔子《论语·雍也》。子贡曰：“如有博施于民而能济众，何如？可谓仁乎？”子曰：“何事于仁，必也圣乎！尧舜其犹病诸！夫仁者，己欲立而立人，己欲达而达人。能近取譬，可谓仁之方也已。”书院依托旅游学院，涵盖了酒店管理、旅游管理、休闲服务与管理、邮轮服务与管理、商务日语、应用韩语、旅游管理（新西兰合作办学）等特色专业，目前有学生2400余人。

立人书院以“己欲立而立人，己欲达而达人”为院训，其中立人是宗旨，达人是目标。立人书院教育学生“达信、尚礼、至乐”，达信即自信、信人、信于人；尚礼即尊己、敬人；至乐是达到快乐的人生状态和境界。这三者中，信乃立身之基，礼乃相处之道，乐乃人生之态。

立人书院从学生的角度建立书院内涵，一是自立，成就自我；二是利他，服务他人；三是明确自己与他人的关系，服务他人的过程就是成就自我的过程。从学院的角度，旅游专业人才培养的目标为责任心、学习力、创新力、专注力、团队精神等，书院将立人作为目标，高度凝练成具有旅游特性的精神气质。

4. 瀚海书院

瀚海书院成立于2017年11月。书院秉承“围绕学生、关照学生、服务学生”育人理念，依托专业教育和通识教育两个平台，对书院的目标定位、路径措施、人员配备、环境建设、理论研究、宣传推广等工作进行整体谋划，深入落实党建创新工程、思政创新工程、社会主义核心价值观体系工程和大学生文明修身工程，全面构建特色文化育人体系、特色课程育人体系、特色管理育人体系和特色环境育人体系，形成以“厚德、乐学、修能、致用”为目标的“一二课堂”联动机制。书院以创建优质校和特高校为契机，在促进学生全面发展、可持续发展方面形成“青职样板”，走出一条可复制、可推广的书院制改革新路。

近年来，瀚海书院已开展多项朋辈育人活动，“瀚海故事汇”旨在通过“由身边人说身边事、用身边事教育身边人”的朋辈教育形式，进一步强化奉献自我、服务他人的意识观念，引导新时代大学生尽己所能、奉献爱心、传递温暖，汇聚青春正能量，传递志愿好声音；“文明礼仪宣讲团”的成立是进一步推动“大学生文明修身工程”落地实施的积极举措，通过宣讲团的成立，向学生们传递文明素养的内涵和礼节知识，营造人人讲文明、讲道德、讲礼仪的良好氛围，为文明校园创建贡献力量。

5. 立信书院

立信书院成立于2018年11月。书院学生均来自信息学院，涉及云计算、大数据、软件开发、物联网工程设计与实施、电子产品设计等专业，培养电子信息技术产业所需的高素质技术型人才，与山东科技大学建立专本贯通人才培养体系。

立信书院的成立，是继知行书院、侃如书院、立人书院、瀚海书院之后，学院贯彻立德树人根本任务，创新高校思想政治工作，深度推进“二级学院＋书院”育人模式改革的又一轮有益尝试。立信书院成立是青岛职业技术学院不断深化书院制改革、探索“双院”协同育人模式的重要里程碑，标志着学院书院制改革由规模扩展到内涵提升、由初步探索到特色打造的重要转变。

立信书院成立以来，书院组织学生积极参加第二课堂教育学习，在传统文化传承、社会实践、志愿服务、科技创新、红色教育等方面，开展了丰富多彩的活动，受到了学生的广泛欢迎，为学生三观养成，培养社会责任与担当打下良好基础。

6. 儒商书院✲

儒商书院成立于2018年11月。自2014年起，书院以"建有温度的书院，育有情怀的人才"为宗旨，以"住、育、管、服"为职能，以"构建'三全'（全员、全程、全方位）育人体系与学生'四自'（自我教育、自我管理、自我服务、自我监督）体系"为任务，在全国高职院校率先试点书院制改革，并取得积极成效。如今，书院不再是简单的宿舍，而是思想政治教育的载体、学生自我管理的平台和校园文化育人的园区，在人才培养中扮演着越来越重要的角色。

7. 艺馨书院✲

艺馨书院成立于2018年11月，书院学生均来自艺术学院。建院以来，书院开展了丰富的社会实践活动，旨在通过多样的活动来进一步增添艺术氛围、提升学生的审美情趣、增进学生对传统文化的感悟了解，充分锻炼动手实践能力，培养团队精神、审美情趣和创新理念，特别是弘扬雷锋精神和"奉献、友爱、互助、进步"的志愿服务精神，在无私奉献中传播了优秀传统文化、积聚传递了正能量。

（三十九）潍坊医学院

潍坊医学院是山东省省属全日制普通高等医学院校，坐落于山东半岛中部闻名遐迩的世界风筝都——潍坊市。学校历史溯源于19世纪末20世纪初潍县乐道院设立的乐道院医护学校和潍县美国长老会医院，1951年筹建山东省昌潍医士学校，1958年改建为昌潍医学院，1987年更名为潍坊医学院，2017年顺利通过教育部本科教学工作审核评估，获批山东省博士学位授予立项建设单位，学校更名大学列入省高校设置"十三五"规划并报教育部备案。学校有浮烟山和虞河两个校区，占地120万平方米，建筑面积63万余平方米。学校现有教职工1500余人，在校全日制博士研究生30人、硕士研究生1600余人、本科生12000余人、留学生300余人。

学校现有18个院（系）、27个本科专业，涵盖医学、理学、管理学、法学等七大学科门类。

预防医学、临床医学、麻醉学、公共事业管理四个专业列入本科第一批次录取新生。学校有国家级特色专业4个，国家级虚拟仿真实验教学中心1个，省高水平应用型重点立项建设专业（群）3个，省级特色和品牌专业9个。

潍坊医学院现有乐道书院、济世书院等2所书院，但因2所书院是同一个场所，下文将合并为乐道济世书院来描述。

乐道济世书院✽

乐道济世书院成立于2015年初，位于学生宿舍区，占地面积约4000平方米。书院以学校校训"乐道济世"命名，覆盖潍坊医学院各个年级、各个专业学生13900余人。

书院坚持"厚德载医、塑心树人、能力为重、全面发展"的教育理念，构建互动互助互信、共同发展的师生关系，尊重多元智慧的生生朋辈关系，"先理后管"的做法，以岗位胜任力为导向，突出学生主体地位，开发、挖掘学生不同个体身上的潜质与精神气质，培育科学、人文素养兼备，能独立思考，目光远大、博学多才、行为优雅、全面发展的应用型人才。乐道济世书院为医学生人文素质和道德培育提供了一种新的模式，打造医学生素质教育和人格养成的特色书院育人中心。

书院设党建微课堂、水滴创新工作室、非遗工作室、修身馆等十大中心办公室，并实行导师负责制，分为学业导师、成长导师、党建导师、学子导师等，导师由书院统一聘任，负责中心内活动开展及学生评价。各院（系）同时入驻书院，主动联系导师，根据专业特点组织学生参加十大中心的个性化培养和实践活动。

书院在学业促进与发展中心，开展咨询辅导、演讲比赛、"名义爱讲堂"为学生建立良好的学习模式，制定学习规划、掌握学习方法、提升学习技能。朋辈工作室组建了一支团结、温暖、真诚、互助的"朋友+同辈"团队，通过朋辈心理沙龙、沙盘游戏、主题讲座等活动，宣传心理健康知识与心理调适技能，携手同辈共同关注自身发展与成长。在社团发展中心，医学生通过社团活动提高自信和自主意识，体会验证在课堂教学中感知的优良品德和习惯，培养高雅志趣。

书院教育学分实行累积计分制，凡属学校全日制本科学生，参加书院学术报告与讲座类、书院经典活动类、社会实践活动类、科技创新活动类和志愿服务活动类等各项活动，一学年累计达到60个积分，可获得1学分，以此类推。学年积分实行动态管理，连续累积，剩余的可累积转入下一学年。在校期间，学生最少修满3学分。为适应学生个性化发展需要，改变以往过分依赖综合测评评价学生的局面，特设单项奖学金，奖励在科技创新、文化活动、志愿服务等方面表现突出的学生，鼓励个性化发展、多样化成才。

乐道济世书院倡导："发现每个同学的闪光点，让闪光变成光芒！"

（四十）哈尔滨工业大学（威海）

1985 年，经原航天工业部批准，哈尔滨工业大学威海分校成立，2002 年更名为哈尔滨工业大学（威海）（简称哈工大威海校区）。2010 年，工业和信息化部、山东省和威海市人民政府签署共建哈尔滨工业大学（威海）协议。2014 年，工业和信息化部和国家海洋局签署共建哈工大船海学科协议。学校坐落在美丽宜居的海滨城市威海，校园占地面积 1860 余亩，依山傍海的校园到处呈现着恬静博雅的气息，欧风俄韵的校园建筑与各式园林交相辉映，寓意着哈工大文化在威海的传承与创新。

学校现有全日制在校本科生、硕士和博士研究生 11000 多人，设有 11 个院（系）和 2 个教学部，有 37 个本科专业，另有 8 个"新工科"专业及方向。

随着时代发展，书院在大学人才培养中的地位日益重要。校区自 2015 年开始，以泛在通识教育理念为指导，以"书院 + 学院"协同育人为特色，以八融合为模式建设具有哈工大特色的学生书院。学校目前已经拥有六大书院，覆盖全部本硕博学生公寓。书院整合、挖掘各类通识教育资源，聘请了 140 余位校内外书院导师，拥有近百个书院学生社团，打造了一批深受学生欢迎的书院通识培训课程和讲座，开展了一系列丰富多彩的书院活动，为学生的全面发展努力打造通识教育平台，形成通识教育 + 思想引领，通识教育 + MOOC，通识教育 + 课堂教学，通识教育 + 学生社团，通识教育 + 社区环境，通识教育 + 书院精神文化，通识教育 + 书院图书馆，通识教育 + 校史文化的书院建设目标。

书院以学生为本，以书院为载体，以学生成长成才为目的，以社团为主线，以师生、生生互动为方式，以书院设施环境为条件，从而营造一个学生学习、发展、生活于一体的个性化、共享式学习和自由选择与自由发挥的空间，探索"书院 + 学院"协同育人的泛在通识教育体系。按照书院与学院融合、通识与专业融合、导师与学生融合、领袖个体与群体融合、跨年级与跨学科融合、共性与特色融合、学习与养成融合、活动与文化融合的"八融合"建设模式，着力培养信念执着、品德优良、知识丰富、本领过硬、具有国际视野和领军才能的拔尖创新人才。

哈尔滨工业大学（威海）现有丁香书院、雅荷书院、梧桐书院、劲松书院、竹贤书院、海棠书院等 6 所书院。

1. 丁香书院✽

丁香书院成立于2015年6月，是哈尔滨工业大学（威海）成立的第一所书院，位于哈尔滨工业大学（威海）的十公寓。丁香是哈尔滨工业大学的象征之一，书院命名为丁香，寓意传承哈工大精神和文化传统，丁香花花团锦簇、典雅庄重、情味隽永、芳香悠长，与书院的高雅气质和人文环境相合。丁香书院将通过新型的师生、生生关系和丰富多彩的社团、文化活动，让不同专业不同年级的学生像丁香花一样以簇呈现、凝聚同心、合力成长，营造多元、开放、共享的文化成长空间，培育具有工大品格、高雅气质和人文情怀的丁香书院学子。

书院聘请了包括全国教学名师何钟怡教授、威海市书法家协会主席单国防教授、山东大学（威海）文化传播学院院长张红军教授等在内的二十多名在文化、人文教育方面富有经验的名家学者作为书院首批导师。

丁香书院的根本目标在于立德树人，其中蕴含的教育理念体现了学校的人文关怀，书院将通过举办讲座、导师谈心、小型沙龙等方式，让学生思考、创造、参与及行动，成为一个人文意义上的人。书院将努力把工作落到实处，探索符合学校实际的书院特色，为培养学生作出贡献。丁香书院将成为课堂学习、校园活动之外的第三课堂，成为加强哈工大传统教育和通识教育的途径，通过学生社区和丰富多彩的社团、文化活动，创建多元化的学生能力与素质发展空间，更好地实现学生的求知、增能、成才。通过书院的学习、研讨、交流与互动，拓展和提升校区的通识教育水平和实效，提高校园的文化层次与文明程度，共同打造和谐的校园环境。

2. 雅荷书院✽

雅荷书院成立于2016年7月21日，是继丁香书院之后学校成立的第二所书院，现坐落于舞海楼、怡海楼、迩海楼和思海楼，是目前涵盖学生公寓最多的女生特色书院。荷花，迎骄阳而不惧，出淤泥而不染。雅荷书院致力于培养女性优雅气质和高尚情操，帮助哈工大女生成为有技术、有文化、有眼界、有品位的高雅女性。几年来，书院秉承"八融合"指导思想，不忘初心，砥砺前行，以完善的通识课程体系、科学的育人模式、优雅的室内环境，让学生们精致在雅荷，实践在雅荷，快乐在雅荷、成长在雅荷。

雅荷书院LOGO以荷花为主，彰显优雅气质，融入音符元素，意为艺术及中西方文化的熏陶，助力工大社团发展，丰富工大学子生活。

书院坐落于学生五公寓，以培养中西方文化交融、艺术熏陶与专业学习相结合的当代优雅女性为宗旨，服务女生成长，护航学生"求知、增能、成才"之路。

3. 梧桐书院✿

梧桐书院成立于2016年11月17日，建设于齐海楼（原七公寓），是哈工大（威海）六大书院之一。其院名来自古语，“栽下梧桐树，引得凤凰来”。

梧桐书院设立六大部门：事务管理中心、新闻媒体中心、社团管理中心、学业支持中心、创新指导中心和文化活动中心。

书院积极倡导“登高望远，求实创新，向善向美”的书院精神，引导学生要有大视野和大气魄，积极开展科技创新、国际化等活动，并注重高洁品格和文化素质的培养。经过3年的实践活动积淀，梧桐书院形成了浓厚的争先氛围，学子逐渐萌发出敢想敢做、敢为人先的优良品质。2019年，梧桐书院提出了培育“青年先锋”的特色目标、理念和文化，与哈工大精神文化相融合。

书院以“科技创新、国际化育人”为主题，以学生为主体、以社团建设为中心、以贴近学生生活为根本，搭建学习交流平台、丰富科技创新及文化活动，营造“重学、思学、善学、乐学”的学习氛围，培育学生科技创新、团队协作、交流沟通、学以致用的能力，促进学生全面发展。

书院积极开展书院文化节、红色经典阅读、国际文化月等文化建设与国际化有机结合的经典活动；推广科创桐缘、格致论坛等科技创新启蒙活动；开展通识教育课和各类有趣的社团活动。

4. 劲松书院✿

劲松书院成立于2017年4月，是继丁香、雅荷、梧桐书院之后，以八、九公寓为基础筹建的第四大书院。“劲松”二字出自毛泽东诗词“暮色苍茫看劲松，乱云飞渡仍从容”，代表坚忍不拔、不屈不挠。劲松书院目前以计算机学院、理学院学生为主。

劲松书院以提高大学生国际化能力为宗旨，秉持“立足深远、笃志弘毅、开放通达”的精神，从而培养学生树立国际化视野，具备基本的跨文化沟通能力；提升大学生对中国传统文化与当代社会的了解与认同，倡导积极健康生活方式的养成，并结合专业开展具有互联网时代特色的活动。

青松傲骨生沃土，赤子丹心耀长天。书院致力于提升大学生国际化能力和综合素养，聘请的校内导师大多有海外留学经历。书院内部设有劲松讲堂、劲松学苑、劲松俱乐部等公共学习生活空间，还设有大学生国际能力提升中心等七个中心。目前书院已有北美文化交流协会、“望星空”时政讨论协会、环境保护协会、音乐爱好者协会、海阔天空俱乐部等近二十个社团入驻。

5. 竹贤书院✽

竹贤书院成立于2017年10月20日，植中君子为“竹”，才学品格出众为“贤”，以“竹”“贤”二字命名，寄托了学校对于书院学子的殷切期望。

竹贤书院注重人格养成，建立了包括心理调整室、学霸答疑室、社团活动室、健身室、休闲阅读室等在内的公共活动区域，致力于营造温馨家园氛围，构成具有书院特色的文化标识系统和教育管理设施，力求让书院学子达到“以竹正身，以贤求进”的精神追求。

书院一直以“竹贤四季”为主线开展书院活动，推出“竹贤君子训练计划”“卓培体验计划”等系列活动，打造书院文化育人生态。书院每季有大型主题活动，配合相应的主题装饰，季节特点鲜明，增强对学生的吸引力；每月有书院特色活动，如棋牌竞赛、读书分享、心灵公社互动等；每周有社团活动，丰富学生课余文化生活；每天有资讯消息更新，拉近与学生之间的距离。

6. 海棠书院✽

海棠书院于2018年6月8日成立，是校区的第六所书院。海棠是中国传统名花，春华秋实，拥有丰富的精神文化内涵。海棠花也是周恩来总理生前最喜欢的花，海棠的精神映衬出周总理忠诚祖国、奉献人民、“鞠躬尽瘁死而后已”的人生追求和高尚品格。书院以“海棠”命名，就是希望青年学子自觉培养谦逊礼让的涵养，发扬“爱国、求是、团结、奋进”的哈工大精神，把中华民族伟大复兴的中国梦铭记心中、扛在肩上，做有理想、有作为、有担当的新时代青年。

海棠书院在学校现有社团进驻的基础上，成立了以“思考和成长”为主题的10个新型社团。在海棠书院，学生们可以在“学海堂”里漫游学海，“棠棣舫”中切磋学业，“鹿角湾”内休闲栖息，“墨香轩”里挥毫泼墨，“飞天舱”中放飞梦想。

书院目前已邀请校内外知名专家、校友等数十人担任书院导师。

（四十一）聊城大学

聊城大学坐落在具有“江北水城、运河古都”美誉的国家历史文化名城——山东省聊城市，是国家首批“卓越农林人才教育培养计划”、教育部“国培计划”入选院校，是山东省首批“山东特色名校工程”建设的省属重点大学，是鲁西地区唯一一所综合性大学，被誉为“鲁西最高学府”。学校秉承“敬业、博学、求实、创新”的校训，发扬

“崇教、尚学、敦厚、奋进”的聊大精神。学校源于1950年组建的山东师范学院，1970年山东师范学院迁至聊城办学，1974年机关及大部分系部迁回济南，同时筹建山东师范学院聊城分院，1981年经国务院批准改为聊城师范学院，2002年经教育部批准更名为聊城大学。

学校现设25个学院、9个研究所、21个一级学科硕士学位授权点、8个硕士专业学位授权点、98个本科专业。学科专业涵盖哲学、经济学、法学、教育学、文学、历史学、理学、工学、农学、管理学、艺术学、医学等12大学科门类，现有全日制在校本科生、研究生、留学生共30000余人。

聊城大学实行书院导师制，立志于通识教育课程和提供非课程形式教育，配合学分制，推展学术及文化活动，实现学生专业互补、个性拓展，鼓励不同背景的学生互相学习交流，满足学生的个性化发展需要，最终促进学生全面发展。

聊城大学现有学记书院1所书院。

学记书院✽

聊城大学学记书院于2018年9月下旬正式成立，基于宿舍改造，形成各样式的学生活动室，并实行住宿式书院制。学记书院的名称来自世界教育史上第一部专门论述教育和教学问题的论著——《礼记・学记》篇。学记书院由教育科学学院负责组建，主要面向教育科学学院学生，全院1700余名学生，其中600余人居住在学记书院。

学记书院的院训是“学以成人”，借鉴西方大学住宿书院的做法，并承袭中国书院的古老传统，书院构建创新人才培养的第二课堂，如开设“学记讲坛”，每两周由一位副教授以上的教师做一次讲坛报告，从而实现通识教育与专业教育相结合、显性教育与隐性教育相结合；建造高雅的学习与生活空间、创造优雅的学习与生活秩序、营造文雅的学习与文化氛围、打造高雅的育人场所；培养具有独立思想、能够深度学习、保持良好心态、心智模式健全、呈现现代教养与精神气质的新时代大学生。

书院设立院长、院务委员会与导师委员会。导师经常进驻书院，通过小规模的讲坛、论坛、沙龙等形式开展师生面对面交流，在政治思想、专业学习、职业规划等方面加强对学生指导，塑造良好师生关系。书院设置行政机构进行管理，成立学生自治管理组织，包括书院办公室、书院文化部、学术部、心理部、宣传部、宿管部等学生自治部门。

导师入驻是书院的一大特点，共有六十余位导师通过讲坛、论坛、沙龙等多种形式和模块与书院对接，贯通博雅教育、通识教育以及人文教育，其中三十位以上为副教授。

书院还设有党建活动室、心理咨询室、学业指导室等区域。心灵港湾会依托心理系组织心理沙龙活动；博雅书屋会举办定期的经典阅读及朗读者活动；智慧咖吧成为学生与导师沟通交流、完成思想碰撞、获取创新思维的园地;真人图书馆为学生带来多场异彩纷呈的经验分享会,以优秀学生为榜样激励、引导书院学生努力奋斗。

四、华中地区

华中地区(河南省、湖北省、湖南省)

本地区共有4所高校建有16所书院,它们是:

新乡医学院三全学院:仁智书院、羲和书院、精诚书院、崇德书院、德馨书院、智行书院

郑州航空工业管理学院:蓝天书院

郑州西亚斯学院:知行住宿书院、致远住宿书院、至善住宿书院、思齐住宿书院、博雅住宿书院、明礼住宿书院、博艺住宿书院、寰宇住宿书院

武汉大学:弘毅学堂

(一)新乡医学院三全学院

新乡医学院三全学院于2003年获批举办,同年12月份,被教育部确认为独立学院。2009年2月,新乡医学院与中美集团签订合作办学协议,共建新乡医学院三全学院。学校现有新乡、平原两个校区,分别位于新乡市区和平原示范区。学校现有全日制本科(含专升本)、专科两个办学层次,设有基础医学院、护理学院等15个专业院(系、部)、23个本科专业及方向、7个专科专业,涵盖医、管、理、工、文5个学科领域,推行"书院+院系"的"双院制"全新育人模式,在校生共22334人。

新乡医学院三全学院秉承"全面适应社会需求,全面实施素质教育,全面培育医学英才"的办学指导思想,坚持"建设地方性、高水平、有特色、应用型的健康服务大学"的发展目标,突出办学特色,构建了以现代医疗服务为核心,以现代医疗装备与技术、生物医药、养老与康复、现代健康与医疗管理为两翼的覆盖全生命周期的五大健康服务专业集群,积极为地方经济社会发展提供人才保障和智力支持。

新乡医学院三全学院现有仁智书院、羲和书院、精诚书院、崇德书院、德馨书院、智行书院等6个英式住宿制书院。

1. 仁智书院☆

仁智书院于2014年8月成立。院名"仁智"出于《孟子公孙丑章句上》中"学不厌,智

也；教不倦，仁也。仁且智，夫子既圣矣！”院训“精勤不倦、诚爱仁朴”，出自中国唐朝孙思邈所著之《备急千金要方》第一卷《大医精诚》一文，“故必须博极医源，精勤不倦，不得道听途说，而言医道已了，深自误哉！”

书院实施一院两地管理，分别位于新乡医学院三全学院新乡校区二公寓和平原校区 E 型楼。书院现有专职教职工 20 余人，辅导员 10 余人，生活老师 10 余人，由各院系教授和专业教师组成的书院导师有 40 余人，其中党总支副书记兼常务副院长一人，主管平原校区工作，党总支副书记兼副院长一人，主管新乡校区工作。书院现有学生 4000 余人，涵盖临床医学、眼视光学、眼视光技术、口腔医学技术、护理学、检验技术、医学英语和助产学等多个本专科专业大一至大五各年级的学生。

仁智书院坚持德育为先，以“育”对“教”进行补充。在健全人格的基础上，仁智书院开展以青春梦想为主题的“课前三分钟普通话演讲秀”等特色活动，营造书院文化，促进学生在认知、道德、情感、社会性等方面的多维度成长。

书院选聘院系的专业教师组成学业导师队伍，围绕“成长引领、学科导航、科研创新、生涯规划”四个主题，形成了一种在课堂之外对学生进行非正式培育的特色教学方式。

仁智书院以“仁智五一工程”为载体，同时书院贯穿通识教育，培养学生健全人格，掌握学科交叉思维方式，提升独立思考创新能力，最终达到“自爱，为人爱，爱人”三种“仁”的境界。

2. 羲和书院☆

羲和书院成立于 2014 年 8 月。“羲和”出自《山海经》：“东海之外，甘泉之间，有羲和之国。有女子名羲和，为帝俊之妻，是生十日，常浴日于甘渊。”羲和书院旨在培养具有奉献社会、坚守理想、开拓创新精神的医学人才，温暖社会，给世界带来更多光明。

书院秉承学院“全面适应社会需求，全面实施素质教育，全面培育医学英才”的办学理念，以“正学、鼎新”为院训，制定了“五位一体”学风建设体系，引导学生“自我教育、自我监督、自我服务、自我管理”，实现了“六高三低一杜绝”的学风建设目标。

书院现有临床医学、康复治疗学、生物工程、生物技术、生物制药、医学影像技术、药学、药物制剂等本科、专科、专升本专业，在校生近 4500 人。书院设院长、副院长、书记、副书记、院务主任、通识教育教研室主任，并有专职辅导员 15 人、生活老师 4 人，共同为学生的成长成才提供全方位服务。

书院在通识教育改革实践中，创新形成“6A 人才培养模式”，重视学生科研素养和创新能力培养，形成“三五三二”创新型人才培养工作模式。书院通过“最强班委技能大赛”“团旗耀大河”“思邈论方”讲坛、“你的眼里只有我”“紫薇杯”科研创新设计大赛等书院特色活动以加强学生全人教育。

为培养具有国际化视野的高素质医学专门人才，学校设立临床医学专业 2017 级、2018 级、2019 级“卓越创新班”在羲和书院，从临床医学专业本科新生中择优录取学生，从知识能力、人文素质、国际视野三个方面进行医学人才精英化培养。

建一流书院，凭济济时贤；创百年丰功，有莘莘学子。羲和书院借鉴世界一流高校住宿书院管理体制的经验，将成为学生人格养成、自我教育、自我管理的重要平台。

3. 精诚书院☆

精诚书院成立于 2014 年 8 月。精诚书院的“精诚”二字取自药王孙思邈所著之《备急千金要方》之《大医精诚》一文，寓意医者要有精湛的医术，高尚的道德品质。

书院位于平原新区 A –08 栋和新乡校区三公寓，实行住宿制管理，推行通识教育理念，是新乡医学院三全学院六大书院之一。学校现有本专科学生约 3200 余人，涵盖临床医学(专升本)、医学影像技术、药学、药物制剂、护理(中外合作办学)、口腔医学技术等 6 个专业，专职工作人员 16 人，其中，硕士研究生以上学历者 12 人，负责学生日常思想政治教育与管理。书院下设价值理想教研室，承担家国情怀与价值理想模块通识教育教学与研究任务。

精诚书院坚持立德树人，推进书院文化建设与育人环境建设融合，与通识教育课程融合，与大学生思政教育融合，与书院品牌活动创建融合。书院以培育和践行社会主义核心价值观为契机，依托书院通识教育价值信念、爱国情怀、道德修养、法律意识四大课程体系，根据“顶层设计激励引导，通识教育运筹帷幄，育人环境熏陶感染”的原则，扩大书院品牌活动“醉美家乡”“国学达人”“与师品茗”内涵，创新活动形式，打造书院品牌育人战略。精诚书院秉承“博极医源，精勤不倦，勉力修身，诚信致远”的院训，以弘扬爱国主义精神为核心，以家国情怀教育、社会关爱教育和人格修养教育为重点，着力提升书院学生的专业素养和道德品质，培养专业技术上至精至微、精勤治于学，品德修养上至诚至善、诚信立于世，有家国情怀、有价值理想、有道德情操、有信念担当的社会医护工作者、服务者。

书院成立六年来积极开展通识教育、推行导师制、建立内部治理制度、推行学生自我管理制度，积极进行文化建设特色工作梳理总结，使双院制下的书院学生管理工作成绩斐然。

4. 崇德书院☆

崇德书院成立于 2014 年 8 月，现有学生 3100 余人，涵盖护理学、医学检验技术、公共事业管理、劳动与社会保障、电子科技与技术等专业。

“崇德”语出《论语・颜渊》：“主忠信，徙义，崇德也。”崇德书院秉承学校“全面适应社会需求，全面实施素质教育，全面培育医学英才”的办学指导思想，遵循学校向健康服务业应用技术型大学转型的基本原则，以“育人为本、德育为先、个性培养、全面发展”为理念，倡导“崇德笃学，止于至善”的院训。既注重学生知识的传授，又注重学生品德的培养；既注重科学素养的形成，又注重人文素质的提高；既强调求真务实、锲而不舍的学风，又强调开拓创新、追求卓越的精神，培养学生具有坚定的理想信念、深厚的人文底蕴、扎实的专业知识、创新的科学精神、强烈的社会责任和宽广的国际视野。

书院下设院务委员会、导师工作委员会、学生会、学生事务听证委员会等组织，现有教职工近 20 人，与学业导师、通识教育导师一起组成书院的育人队伍。书院现已建成医德文化区、文化长廊、思邈堂、雏鹰空间、文化展示区、荣誉室、会客室、谈心室、健身空间等功能区，并提供各种设施和用品。

崇德书院立足书院通识教育“世界文化与历史传承”模块，以“三大文化”为抓手，举办以“爱家爱校”为主题的中秋节、重阳节等教育活动，使师生直观感受“三大文化”，推动中国特色社会主义文化更加深入人心，坚定“四个自信”，践行和弘扬社会主义核心价值观。

崇德书院打造了一支专、兼职结合的“四型四有”学工专职导师队伍，初步建立起一支学业导师队伍，实现学业导师工作的制度化、系统化。针对大一新生制定了《崇德书院学业适应辅导课程教学大纲》和辅导教学日历，以实现学业导师工作的制度化、系统化、课程化。同时，书院就业率始终名列前茅，先后为郑州大学第一附属医院、河南省人民医院、广东省人民医院等医院输送大批人才；多名学生先后考入名校进行深造。

5. 德馨书院☆

德馨书院成立于 2014 年 8 月。“德馨”出自唐代刘禹锡代表作《陋室铭》：“斯是陋室，惟吾德馨”。书院的院训是“上善若水，德馨满园”，书院的宗旨是以“德”为主线，以“人文修养与生命关怀”模块为中心，以“生命文化”教育为特色，全面引领学生素质发展。

书院致力于培养用医术延续生命，用医德守护生命的德艺双馨优秀学子。这种品质就像水的品性一样，有孕育生命的能力、宽广的胸怀、善良的内心、高尚的品德，虽然无形，但又无处不在，遍布书院。

书院现有医学检验技术、护理学、护理、生物医学工程、药物制剂、市场营销、公共事业管理等本、专科专业 8 个，有在校生 3200 余人。书院设书记、副书记、院务主任、人文素养教研室主任，有专职辅导员 9 人、生活老师 4 人、学业导师 70 余人。书院构建包括常驻导师（辅导员）、通识导师、学业导师、企业导师四层导师机制。育人队伍围绕“思想上引导、学习上辅导、生活上指导、心理上疏导”这一生命成长共同体模式，从导“学”走向导“育”，从学生“人生成长导师”到“生命成长导师”，使学生的潜能和个性在得到充分发展的同时，唤醒学生对生命本真的追求，提升生命质量，实现生命的意义和价值。书院搭建学生自我教育、自我管理的平台，让每一位学子以德立身，以德立业，以德立国，把优良的品德发扬光大，让生命的美好在德馨学子身上悄然绽放。

德馨书院内建有面向学生开放的党团活动室、荣誉室、图书阅览室、信息室、会议室、谈心室、学习讨论室等公共服务设施，书院鼓励不同背景的学生相互学习交流，满足学生们的个性化发展需要，促进学生全面成长。

书院通识教育在“一二三四”文化育人思路（一个宗旨、两项服务、三项建设、四项教育）指导下，已形成融品牌课程、社区文化、队伍建设“三位一体”的生命文化育人模式，建设了以生命教育课程为中心的通识品牌课程。社区文化建设方面：书院的院徽、走廊、功能区都是以绿色生命文化为底色，将以生命素养为核心的生命教育覆盖到公寓的各个角落，营造特色生命文化氛围。书院打造了一批学习科研型主题社区，志愿服务型主题社区，创新实践型、教育关爱型等蕴含书院文化特色的主题社区，主题社区下设有社团，如阳光心社、馨动之旅社、安防教育社、急救社等社团。所有的社区和社团都是围绕生命德育文化设计的，含有热爱生命、尊重生命、敬畏生命、关爱生命、守护生命的人文文化元素。

书院围绕以德育人的核心目标，秉承学院“全面适应社会需求，全面实施素质教育，全面培育医学英才”的办学指导思想，通过非形式教育（即通识拓展教育）和学生自我教育方式，引导大学生自我管理、自我服务，强化社区化书院建设，营造良好生活学习氛围，形成自主学习、良性沟通、专业互补、个性拓展的培养模式，培养道德高尚，基础理论知识、技能扎实，身心健康的综合性高素质人才。

6. 智行书院✻

智行书院成立于 2019 年 8 月。“智行”源于王阳明《传习录》中“知行合一，得到成功”的核心思想，“智”为智识、智育、智慧、智能之意，“行”为慎行、言行、力行、践行之意。书院以学生发展为中心，以“求是创新、博学济世”为院训。

书院现有约 2300 名在校生，包括临床医学、智能医学工程、数据科学与大数据技术、电子科学与技术、生物医学工程、假肢矫形工程、康复治疗学、医学影像技术及市场营销本科、专升本专业 9 个。智行书院整体可容纳在校生 3000 余人。书院现有专职工作人员 9 人，围绕“双院制”一条主线、“智能 + 创新”两大特色进行师资队伍建设，成立科研育人团队，将导师制全程融入书院协同育人培养方案。

智行书院以学生发展为中心，以“求是创新、博学济世”为院训，以“德行养成与塑造、创新思维与训练、公益精神与奉献、智能素养与实践”为人才培养理念，旨在培养具有终身学习能力、坚定理想信念、辩证哲科思维、厚植人文情怀和实践创新能力的应用型、复合型、创新型卓越医学工程人才。围绕“信息素养与创新思维”建设通识课程模块，构建课程涵养、导师引领、行为修身、环境润化“四位一体”育人体系，旨在加强学生对智能的理解与应用，掌握和运用各种智能方法和思维工具，帮助学生建立完善的思维框架，充分拓展创新思维范围，引导学生主动思考和自主学习，成为思维敏捷、适应力强，具有跨学科思维的学习者。

2019 年书院已为 2019 级新生配备 52 名学业导师、5 名双创导师和 9 名朋辈导师，并制定了书院 2019—2020 学年导师工作计划及考核细则，统筹协调导师相关管理工作，推动书院导师制的有效施行。

2019 年 11 月，书院紧密结合自身专业特色和培养目标，着手打造以“智行合一，美好生活”为主题的社区服务中心和功能区，坚持“以学生为中心”，以“一站式社区服务中心”为核心，将空间划分为四个区域：党团思政教育区、导师办公服务区、文体学术活动区、共享研讨知行区。书院通过“一心四区”将书院的教育、服务、活动、知行融为一体，合理规划公共区域，为学生提供一个温馨、舒适的泛在学习生活场地，努力建成集教育、服务、活动和知行为一体的多功能空间。

（二）郑州航空工业管理学院

郑州航空工业管理学院坐落于郑州市，是河南省唯一一所具有鲜明航空特色的全日制普通本科院校。

学校始建于1949年，时称平原省财经学校，隶属航空工业部。1964年全国16所航空学校调整，更名郑州航空工业学校，1978年升格为郑州航空工业管理专科学校，1984年升格为郑州航空工业管理学院（本科），1989年获得学士单位授予权。1999年，学校隶属关系发生转变，由中国航空工业总公司主管转变为中央与地方共建，日常管理以河南省为主的办学体制。2009年，学校通过硕士单位立项建设评审，2013年，新增为硕士学位授予单位，2017年，入选国家中西部高校基础能力建设工程规划高校，2017年12月，成为河南省人民政府与中国民用航空局共建高校，进入省部共建高校行列。学校现有全日制本科生、研究生、留学生28000余人，教职工1880人。

学校施行“书院+学院”双院协同模式，即从组织架构上重新设计的书院与专业学院相互配合、相互促进的本科教育组织模式。学院作为教学单位，负责开设各种课程，开展显性教育；书院作为学生工作单位，负责管理、教育、服务等，开展隐性教育。书院的工作就是通过教育组织的变革来打造全景的育人环境，为学校的人才培养服务。

郑州航空工业管理学院现有蓝天书院1所书院。

蓝天书院✽

蓝天书院成立于2018年9月，是郑州航空工业管理学院积极开展书院制育人模式的探索与实践。蓝天书院为实体新生书院，学生均为纳入大类招生的本科一年级学生，实行一年制管理；学生的专业学习由专业学院承担，素质培养、通识教育和学生事务由书院承担。

蓝天书院为郑州航空工业管理学院独立设置的处级单位，下设3个科级机构，分别为学生事务部、学业指导部、党政办公室（各科室配科长1人、副科长1人、科员1人）。综合考虑学校大类学科、书院社区各楼组住宿人数、不同社区的文化主题等因素，蓝天书院内部包含若干个执行书院，各执行书院设执行院长1人（副处级）、团总支书记1人、辅导员若干人（根据师生比确定）。

蓝天书院紧紧围绕“立德树人”根本任务，以价值引领、知识传授、能力培养为出发点和落脚点，以新生适应性教育为主线，从人生引导、思想启导、学业指导、生活辅导、管理督导等“五导”入手，建立“三精五导”思政教育体系，通过5个大类、20个主题、50个育人项目，重构大一新生的教育、管理、服务内容，助力大学新生德智体美劳全面成长。

一是全力做好人生引导，通过经典阅读、通识讲座、导师沙龙等提升新生的人文素养和人生境界；通过建设书院通识课程、构建书院通识教育体系，帮助新生认识世界、传承文化、提升修养。二是扎实做好思想启导，选聘党建导师，实施入党积极分子“初心”培育工程，将学生党支部活动设在工作室，将入党积极分子谈心谈话放在工作室，将党史党建知识读物摆在工作室，将党建导师和入党积极分子凝聚在工作室，真正让党建工作进入学生社区。同时，开展丰富的第二课堂活动，树立新生的集体意识、协作意识和团结意识，帮助新生顺利度过适应期，快速融入大学学习、生活中。三是认真开展学业指导，实施学业提升“雏鹰”计划，通过开展学业领航、学业预警、学业帮扶、朋辈导学活动等，面向书院全体学生开展学业指导和提升，督促新生调整学习方法，提升自我学习的能力。四是注重开展生活辅导，以“小家大爱”为主题，开展社区公益、劳动养成、运动健康、文明礼仪等活动，建设大学校区温馨的学习生活社区，充分发挥社区的育人功能。五是重视管理督导，建立学生自我管理组织，参与书院的建设和发展，发挥学生的主动性和责任感，推动各项工作的科学化和规范化。

（三）郑州西亚斯学院

郑州西亚斯学院前身为郑州大学西亚斯国际学院，始建于1998年。郑州大学西亚斯国际学院是由美国西亚斯集团公司投资，与郑州大学、美国堪萨斯州富特海斯州立大学（Fort Hays State University，英文缩写FHSU）合作的中外合作办学机构，是河南省首家被国务院学位委员会批准可以实施境外学士学位教育合作项目的全日制本科院校，也是首批被中国教育部中外合作办学评估合格的高校。2018年，经教育部批准，学校转设为独立设置的民办普通本科高校，现有在校生25000余人。

郑州西亚斯学院于2016年开始试行住宿书院制，2018年6月全校推广实施。学校秉承中西合璧的办学理念，践行“兼容中西，知行合一”的校训，将通识教育和专业教育相结合，将第一课堂和第二课堂相结合，实现学生学科交叉，专业融合，文理渗透，最终达到全人教育的培养目标。

住宿书院秉承西亚斯学院中西合璧办学理念，实施国际化全人教育，培养复合型实用人才，坚持英语精、知识新、能力强、视野广、行为雅的培养目标，办有温度、有情怀、有灵魂的住宿书院，培养具备未来眼光和国际化视野的爱国爱家、德才兼备、勇于担当的通识人才。书院通过导师导学、朋辈互学、环境促学、实践践学、自我养学的方式，鼓励和支持学生实行自我管理、自我服务、自我教育、自我监督，促进学生整体素质和能力的提高，指导学生健康成长、成人成才。

郑州西亚斯学院现有知行住宿书院、致远住宿书院、至善住宿书院、思齐住宿书院、博雅住宿书院、明礼住宿书院、博艺住宿书院、寰宇住宿书院等 8 所书院。

1. 知行住宿书院☆

知行住宿书院成立于 2016 年 8 月，是郑州西亚斯学院成立的第一个住宿书院。知行住宿书院以“弘毅力学，知行合一”为院训，倡导“以学生为主体，导师为主导，共育、共管、共建”的理念，打造文明和谐的温馨家园和互学共进的科技港湾。书院现有商学院、电子信息工程学院、音乐戏剧学院等 14 个专业学院的 4500 余名学生。

书院以弘扬传统文化，塑造优秀品格，培育科学精神，打造智汇社区为使命，以科技为主题，从礼仪引领、科技创新、文化传承、国际视野四个角度，培养爱国爱校、德才兼备、勇于担当的国际化复合型人才，建设有人文情怀、有科学精神、有社会影响的现代住宿书院。

知行住宿书院以科技为主题，旨在普及科学知识、提升科学素养、培育科学精神，打造现代化智慧型育人社区，培养德才兼备、有理想、有本领、有担当的德智体美劳全面发展的社会主义建设者和接班人。

2. 致远住宿书院✽

致远住宿书院成立于 2017 年 8 月，致远住宿书院以“厚德博学，天道酬勤”为院训，以“勤学善思，敦笃致远”为主题，培养学生“学知识之精，修大师之风；循学问之藤，攀学术之峰”的治学理念，助推学生成长为刻苦钻研、好学不倦、精益求精、敢勇当先的学习创新型卓越人才，引领学生养成广师求益、终身学习的习惯，致力于打造治学严谨的现代化育人住宿书院。书院现有商学院、会计学院、电子信息工程学院、外语学院等 13 个专业学院的学生 4410 人。

书院以学业导师、育人导师、朋辈导师为依托，以同学们喜闻乐见的活动为抓手，以精干高效的学生团队为基础，以国际化视野为聚焦，实行全方位育人的战略目标。

2018 年 9 月，致远住宿书院在书院建设方面确定“双三年”“两步走”的发展规划，第一个三年达到书院基础设施的完善，育人环境的美化，学生善于学习习惯的养成；第二个三年实现书院内涵的稳步提升，学生乐于学习氛围的渐趋形成。

为帮助学生早日成长成才，致远住宿书院举办了“学习有道”之“勤学论”“善思言”“敦笃谈”“汇致远”等系列活动，开设了学习方法研讨中心、杰出青年核心素质研讨中心、党团活动室、大学生科研中心、英语学习研究中心、考研技巧研讨中心、师生文化活动交流中心、就业创业指导中心等八大学习中心，成立了模拟联合国、瑜伽社、朗读社、建匠、烘焙社、墨渊文学社、美妆社、礼仪社等八大社团，丰富了学生的第二课堂，帮助学生度过快乐、充实、幸福的大学生活。

3. 至善住宿书院✽

至善住宿书院成立于2017年8月，以“崇德、尚学、笃行、至善”为院训，以“融汇中西，追求卓越，创新创业，修身育人，服务社会”为特色，以学生的“育人与修身”为工作核心，以“关爱与提升”为工作基础，通过“两平台，五模块”的育人教育体系，开展创新创业主题特色教育和素质教育，促使学生增强思想道德修养，培养创新创业素质，提高精神文化品位，成为能够肩负起时代重任，德智体美劳全面发展的社会主义合格建设者和可靠接班人。书院现有学生3480人，涵盖全校13个学院，本科、专升本和专科3个层次，50余个专业。

书院秉承全人教育，弘扬中国传统文化，营造博雅向上氛围，助推学生健康成长的理念，全面贯彻落实立德树人教育目标，基于学校国际化全人教育理念，实现通识教育与专才教育有机结合，以生为本，助推学生成长成才。

4. 思齐住宿书院✽

思齐住宿书院成立于2018年8月，书院以“明德、善思、拓新、济世”为院训，肩负“启迪创新思维,汇聚精英智慧，培育青年领袖，助力成长成才”的使命。书院现有学生4100余名，涉及商学院、会计学院、电子信息工程学院等13个专业学院。

书院致力于培养具有深厚人文情怀、广阔国际视野、批判创新思维、卓越领导能力，引领事业发展和社会文明进步的青年领袖人才。书院坚持“明德、善思、拓新、济世”的核心价值培育，让“学聚思齐，引领未来”成为学生的发展指引，将书院建设成具有活力和影响力的西亚斯住宿书院。

书院为学生素质提升和成长发展提供专业化指导和管理。书院育人导师全部为硕士研究生学历，其中10人具有职业指导师等与学生教育管理工作相关的职业资质，占育人导师总数的72%。书院内设育人导师管理办公室、综合服务中心、学生发展保障中心、心理发展中心、师生素质拓展中心、党团组织服务中心、学生团体和活动中心等职能服务部门，为学生素质提升和成长发展提供专业化指导和管理。

5. 博雅住宿书院✲

博雅住宿书院成立于2018年8月，以“博学天下、雅行世界”为院训，崇尚“博采众长，兼容并蓄；博而不杂，雅而不俗；卓然超凡，全面发展”的书院理念；广纳东西先进之理念，荟萃中外文化之精粹，打造鲜明特色之书院，培育全面发展之英才；坚持全人教育，丰富综合知识，提高素质能力，塑造健康人格，培养具有家国情怀、国际视野、创新意识的复合型优秀人才；致力于构建开放包容、和而不同的多元化育人社区，培育兼容中西、知行合一的国际化实用人才，打造共建共享、国内一流的特色化书院品牌。书院现有在校学生4300余人，涉及全校14个专业学院50多个本专科专业学科。

书院配有院长、书记、育人导师、朋辈导师，他们来自不同专业、不同学科，以一流的管理水平和专业化的教育理念，成为学生的精神导师。书院并配有导师办公室、党团活动室、社团活动室、心理咨询室、研讨交流室、咖啡洽谈区、谈心室、自习室、文化活动交流中心、餐厅、商铺、自助洗衣房、健身房、篮球场等设施。

博雅住宿书院树立“学生永远第一”的理念，为学生打造学习交流平台，创造体验实践机会，提供创业指导服务，让他们在书院这个大家庭里快乐学习，健康成长，体验西亚斯兼容中西、知行合一的校训精神，感悟博雅书院仰望星空、脚踏实地的治学态度。

6. 明礼住宿书院✲

明礼住宿书院成立于2018年8月，以“明礼尚行，德才双馨”为院训，坚持“兴国学文化，秀文创技艺，做国家脊梁”的书院理念；致力于传嬗优秀传统文化，赓续华夏文明血脉；敦促学生成为懂仪礼、讲文明、有文化、有教养的谦谦君子，成为知书达礼、责任担当、德才双优、推动中国文化国际化的先锋。书院目前共有在校学生2900余人，涉及全校13个专业学院37个专业学科。

明礼住宿书院以中国传统文化为主题，利用课余时间，通过系统的“兴国学文化，秀文创技艺，做国家脊梁”等通识教育课程体系，践行全人教育理念，以组织和策划多领域的文化创意活动，展示书院文化优秀成果，在潜移默化中，全面提升大学生的人文底蕴，鼓励学生为实现中华民族伟大复兴的中国梦创造新辉煌。

书院围绕育人型建设的目标，力求通过不同专业和学科的交叉融合，以学生社区和书院经典活动为依托，拓宽学生的第二课堂，为学生素质提升和成才提供专业化指导、管理和服务。

7. 博艺住宿书院✽

博艺住宿书院成立于2018年8月，秉承“兼容中西，知行合一”的校训，弘扬“矢志不渝，顽强拼搏，灵动创新，无私奉献”精神，以“坚持立德树人目标，尊重学生兴趣爱好，发展文体音美特长，培养一专多能人才”为使命，以“博学、笃行、尚德、崇艺”为价值导向，积极引导学生自我管理、自我教育、自我服务、自我监督，实现“让每位学子以健康体魄领略艺术之美”的美好愿景。书院现有涵盖商学院、电子信息工程学院、体育学院等13个专业学院的3100余名学生。

为突出“发展文体音美特长”的使命，博艺住宿书院以课外活动为平台，充分利用学生课余时间，开展了阳光体育节、艺术展演节、社区文化节等独具文体特色的“三节”活动，让责任文化、励志文化、诚信文化、感恩文化进社区，在轻松愉快的氛围中达到“优秀文化进书院，润物无声育桃李”的效果，从而提升社区精神文明、提升书院文化内涵。

8. 寰宇住宿书院✽

寰宇住宿书院成立于2018年8月，拥有西亚斯乃至整个河南省高校中最佳住宿条件的育人社区。书院以“学贯中西，名冠寰宇”为院训，秉承“兼容中西，知行合一”的办学精神，立足国际视野，融汇中西风情，培育国之栋梁。书院现有涵盖11个专业学院的3500余名学生。

书院将“各项工作争第一，书院管理创特色，团队合作比贡献，安全稳定抓落实”作为整体的工作思路，并通过一系列国际化的活动步步落实。书院希望通过国际化项目、国际化活动、国际化交流以及国际化环境，搭建起西亚斯的国际交流平台，在将寰宇住宿书院打造成国内一流的现代化知名书院的同时，为国家输送更多的具有家国情怀、创新精神、实践能力和全球视野的复合型人才。

（四）武汉大学

武汉大学位于江城武汉美丽的珞珈山下，溯源于1893年清末湖广总督张之洞奏请清政府创办的自强学堂，历经传承演变，1928年定名为国立武汉大学，是近代中国第一批国立大学。

武汉大学是国家教育部直属重点综合性大学，是国家“985工程”和“211工程”重点建设高校，是首批“双一流”建设高校。学校现有专任教师3770余人，普通本科生2.9万余人、硕士研究生1.9万余人、博士研究生7000余人，另有留学生2000余人。

一百多年来，武汉大学汇集了中华民族近现代史上众多的精彩华章，形成了优良的革命传统，积淀了厚重的人文底蕴，培育了“自强、弘毅、求是、拓新”的大学精神。目前武汉大学学科门类齐全、综合性强、特色明显，涵盖了哲、经、法、教育、文、史、理、工、农、医、管理、艺术等12个学科门类。学校设有人文科学、社会科学、理学、工学、信息科学和医学六大学部34个学院（系）以及3所三级甲等附属医院，有123个本科专业。

武汉大学现有1所书院制荣誉学堂——弘毅学堂。

弘毅学堂✽

弘毅学堂是武汉大学的荣誉学院，成立于2010年，是武汉大学参与国家教育体制改革试点项目与国家“基础学科拔尖学生培养试验计划”以及“卓越工程师培育计划”的具体实践，是武汉大学实行大类招生、大类培养的试验区，亦是学校创建书院式学术社区的前哨站。

“弘毅”是武大校训，出自《论语》“士不可以不弘毅，任重而道远”，意谓抱负远大，坚强刚毅。办学宗旨是遵循各学科拔尖人才的成长规律，创建具有中国特色的拔尖领军人才的培育模式和成长环境，使其逐步成长为人文素养高尚、基础知识扎实、专业技能高超、学术思想活跃、国际视野开阔、发展潜力巨大，在中国，乃至世界相关领域起引领作用的学者、科学家、思想家以及创新工程师。

2018年，弘毅学堂培养专业调整扩充为四个大类，即理科大类（理科试验班：含数学、物理、化学、生物学）、人文科学大类（人文科学试验班：含文学、历史、哲学、英语、国学）、“新工科”大类（工科试验班：含计算机、先进制造、国际工程），以及数理经济与数理金融试验班。

弘毅学堂逐步形成具有显著特色的培养模式，即大类培养、博雅与前瞻性的课程体系、

“二制三化”(导师制、书院制,小班化、个性化、国际化)、强化科研训练等。

大类招生大类培养:根根各学科大类人才培养规律,进校先按大类进行培养,半年到两年后学生根据自己的兴趣和特长,在大类所含专业中进行自由选择。

弘毅学堂课程体系设置为:通识博雅教育课程、大类基础课程、专业核心课程、专业选修课程。博雅与前瞻性的课程体系:按照中国的文明与发展、世界的文明与发展两条主线设计开设通识课程;根据世界最新科学发展态势设计开设科学前沿课,跨学科交叉、创新性实验课等。

导师制:聘请专家学者担任学科责任教授,负责培养方案制定和培养过程的指导;聘请优秀教师担任班级学业导师,负责学生专业导引、课程学习指导、职业生涯规划以及日常生活等方面的指导;聘请高水平专家、教授担任学术导师,在科学研究训练等方面对学生进行指导。

书院制:以独立宿舍楼为依托,推进教授工作室、自主研习室、学生发展中心、弘毅青年智库、心灵成长室等建设;安排责任教授、班级导师固定时间值班,解答学生疑惑,指导学生各项活动的开展;定期举办活动,邀请国内外知名学者、学校知名教授与学生面对面交流。

小班化教学:学生分专业后专业核心课程每个学科小班保持30人左右,采用师生互动的启发式、讨论式、探究式等研究性教学方法,促进学生探究性学习。

个性化培养:定制个性化培养方案,允许改变学科(专业)方向,允许课程免修,逐步实行一个学生一个课程学习方案;为学生提供更多出国交流学习、科研和攻读研究生的机会,广泛开展教师与学生一对一的个性化学习指导。

国际化办学:聘请国际知名大学教师来校讲课、担任学术导师;通过联合培养、暑期学校、短期考察、游学等方式,分期、分批将学生送到国外一流大学学习和交流;充分利用校友资源,为学生到国外优秀实验室和科研组学习创造条件,提供融入国际一流研究群体的机会。

强化科研训练:在课堂学习之外,设立科研项目基金与奖励政策,为每位学生配备学术导师,鼓励学生一、二年级自主进行力所能及的基础科研实践,三年级后进入教师课题组,直接参与、从事国际前沿的科研项目;定期举行学生科研交流会,奖励优秀成果。

截至2018年7月,武汉大学弘毅学堂已有五届毕业生,共计培养学生500余人,继续攻读研究生的人数一直稳定在95%左右,其中出国深造学生比例稳定在50%左右。

五、华南地区

(华南地区:广东省、广西壮族自治区、海南省)

本地区共有14所高校建有49所书院，它们是：

暨南大学：四海书院

广东岭南职业技术学院：明德书院、崇礼书院、砺能书院、思诚书院、笃学书院、至善书院、知行书院

肇庆学院：力行书院、厚德书院、明智书院、博学书院、兰蕙书院

南方医科大学：博雅书院、尚进书院、知行书院、德风书院

南方科技大学：致仁书院、树仁书院、致诚书院、树德书院、致新书院、树礼书院

汕头大学：至诚书院、弘毅书院、思源书院、知行书院、淑德书院、修远书院、敬一书院、明德书院、德馨书院

华南理工大学：峻德书院

广东药科大学：岐黄书院、远志书院、建德书院

深圳大学：正义书院

东莞理工学院：知行学院

广东外语外贸大学：明德书院

深圳职业技术学院：崇理书院、杏林书院、三尚书院、博达书院、日新书院

中山大学南方学院：达人书院

香港中文大学(深圳)：逸夫书院、学勤书院、思廷书院、祥波书院

(一)暨南大学

暨南大学是中国第一所由政府创办的华侨学府，是中央统战部、教育部、广东省共建的国家"双一流"建设高校，直属中央统战部管理。学校在广州、深圳、珠海三地设有五个校区，目前有全日制学生39500余人，其中本科生近27500余人、研究生12000余人，来自112个不同国家和地区的留学生近12000余人。

暨南大学前身是1906年清政府创立的暨南学堂，1927年更名为国立暨南大学。1949年8月被合并到复旦大学、交通大学等高校。学校于1958年在广州重建，"文革"期间一度停办，1978年在广州复办。学校坚持"面向海外、面向港澳台"的办学方针，弘扬"忠信笃敬、知行合一、自强不息、和而不同"的暨南精神，坚持"质量是生命，创新是灵魂"的办学理念，与时俱进，开拓创新，实施"侨校＋名校"的发展战略，努力建设国内一流、世界知名的高水平大学。

暨南大学现有四海书院1所书院。

四海书院☆

2010年7月，暨南大学在珠海校区成立四海书院，具体负责暨南大学港澳台侨本科生通识教育阶段的教学和学生管理工作。2014年9月，四海书院从暨南大学珠海校区转入番禺校区。至今，四海书院已培养学生近5800人。

书院院名源自《尚书·禹贡》篇："东渐于海，西被于流沙，朔南暨，声教讫于四海。"意指将中华文化远播到五洲四海。同时寓意"书的海洋""知识的海洋"，体现学校厚重的知识底蕴和丰富的文化氛围，注重以中华民族优秀的传统道德文化和与时俱进的现代科学技术培养造就"四海"人才。书院的院系包括经济学院、管理学院、法学院/知识产权学院、国际关系学院/华人华侨研究院等，共有来自二十余个国家和地区的学生500余人。

四海书院推进教学改革与教材管理，资助《基于港澳台侨学生创新能力培养的"数据分析实践"教学模式改革》等12项课题，本科教材资助项目（港澳台侨学生使用教材）立项建设，确定《运营管理》等5本（套）教材。目前面向四海书院开设的通识教育选修课程共计40余门次，聘请相关学院老师担任学业班主任，推动外招生（港澳台侨学生）通识教育工作。

四海书院开展学生思政工作，加强港澳台侨学生理想信念和爱国主义教育，开展中华优秀传统文化、革命文化、社会主义先进文化教育。书院加强爱国主义理想信念教育，开展思政第一课、理想信念主题班会、主题教育培训等，引导学生牢记习近平总书记殷殷嘱托，全面强化学生爱国爱校爱港爱澳意识；带领学生骨干赴延安、井冈山、北京等地开展理想信念研习营，让港澳台侨学子们感受到祖国壮阔历程及取得的伟大成就，探寻历史古迹的魅力，领略中华文化的风采，厚植港澳台侨学生的爱国主义情怀，坚定文化自信，明确奋斗目标，激发爱国爱校、投身粤港澳大湾区建设的热情与信心，为中华民族伟大复兴和祖国的繁荣富强贡献青春力量。

书院加强中华优秀传统文化教育，开设中华才艺（书法、舞蹈、古琴、古筝、香文化、广彩、粤剧）课程，定期举办港澳台侨学生书画展及中华传统文化主题展、中华文化知识竞赛系列活动、社会文化考察、四海嘉年华、广彩研习、粤剧鉴赏大讲堂、观赏话剧等校园文化活动，通过以赛促学的形式，让学生们了解中华优秀传统文化；"走出去"领略地方风土人情及悠久历史，营造以中华文化传播为主的校园文化氛围，感受非物质文化遗产的魅力，欣赏传统艺术的表现力与感染力。形式多样的第二课堂学习丰富了学习内容、加深学生对中华文化的认识，进而提高民族自豪感与自信心。

书院加强港澳台侨学生骨干培养。书院成立以院长为组长的专项培养工作小组并形成了系统化的培养体系；优化顶层设计，通过港澳台侨学生干部初级研修班，围绕学生干部的思想素质、心理素质进行理论教育与实践培训，提高低年级学生干部的语言表达能力、组织协调能力、沟通领导能力，发挥其在学生当中的榜样引领作用；通过精英启航计划，在高年级学员中开展理想信念教育、中华传统文化研习、校内外导师引领等工作，塑造一批立场坚定、文化自信、有号召力的学生骨干。

通过本科人才培养模式改革，四海书院探索符合现代教育教学的规律、教学模式和创新人才培养模式，以教学质量与教学改革推动人才培养，努力打造一个“乐于学、爱文化、重基础、求创新”的港澳台侨学生培养摇篮。

（二）广东岭南职业技术学院

广东岭南职业技术学院
LINGNAN INSTITUTE OF TECHNOLOGY

广东岭南职业技术学院的前身是创办于1993年的广州岭南文化技术学校，2001年5月，经广东省人民政府批准，广东岭南职业技术学院成立。学院为民办非企业单位，由广州岭南教育集团有限公司对其进行投资，实行董事会领导下的校长负责制。

学校有广州和清远两大校区，现有高职在校生19600余人。作为广东省唯一一所民办省级示范性高职院校建设单位，学校深入贯彻落实国家对于加快发展现代职业教育的相关意见精神，以立德树人为根本，以服务发展为宗旨，以创新创业为导向，以育人为中心，以校企合作、工学结合为重点，以示范校建设、创新强校工程为引领，注重深化人才培养模式改革，推动学院内涵建设与特色发展。

广东岭南职业技术学院开展特色书院制度，将书院与二级学院相对应，以学生宿舍区为学生文化教育载体，旨在构建全方位、全过程的文化育人环境，营造提高大学生综合素质的文化教育氛围，形成“文理渗透、专业互补、个性拓展”的培养模式，鼓励不同文化背景的学生广泛交往，促进大学生的社会性发展，培养学生的公民意识和公共精神。书院围绕“人文文化、中华优秀传统文化和三创文化”三条文化主线，努力打造具有鲜明博雅文化特色的“创业成长社区”，以培养“学会学习、学会做事、学会做人和学会合作”的高素质人才为目标，通过开展通识教育、学生素质拓展、就业辅导、心理辅导等活动，强调学生自我教育和自主发展。

广东岭南职业技术学院现有明德书院、崇礼书院、砺能书院、思诚书院、笃学书院、至善书院、知行书院等7所书院。

1. 明德书院✲

明德书院成立于 2014 年 9 月，位于广东岭南职业技术学院清远校区，是学校最早成立的书院。书院现有学生 1800 余人，主要来自医药健康学院；有辅导员 8 人，其中高级辅导员 1 人。

书院设有导师导生委员会，下设办公室、副院长、辅导员、教学管理委员会、导师管理委员会和学生自治管理委员会。其中，书院教学管理委员会主要负责书院专业竞赛、明德榜样计划和专业活动等，导师管理委员会负责创业沙龙、明德论坛以及导师项目；学生自治管理委员会负责书院社团管理。同时，书院为丰富学生们的课余生活，设立社区学生运动中心，供学生休闲健身锻炼。

书院是学生进行自我管理、自我教育、自主历练的生活社区，是开展思想政治教育、通识教育、学业辅导、就业指导、心理健康教育、促进学生全面发展的平台。明德书院追求美德、健康、环保和绿色，以打造“健康幸福社区”为目标，形成了优良学风、健康阳光、养生饮食、志愿服务为特色的育人成果。

2. 崇礼书院✲

崇礼书院成立于 2015 年 8 月，位于广东岭南职业技术学院清远校区，取名自《易・大传》中的“知崇礼卑，崇效天，卑法地”，强调人的认识要像天一样高，礼（行动）要像大地一样扎实。

书院现有学生 1500 余人，主要以管理工程学院和财经贸易学院等二级学院为主，涵盖了会计电算化、国际商务、人力资源管理、酒店管理、投资与理财、物流管理、工商企业管理、市场营销、心理咨询等专业的学生，是一所以经济管理类专业为主、以创新创业为特色的书院。

崇礼书院设导师委员会、院长、副院长、辅导员老师等，同时设有团总支、学生会、自律委员会、社团管理委员会。书院还设有安全管理大队，在崇礼书院党委的直接领导和上级有关部门的业务指导下，依据国家有关法律和学校规章制度，维护书院稳定与安全。

崇礼书院实行社区制，以学生生活宿舍为单位，一座单元楼各层以同一个字开头，目前有“崇”“创”“知”三个单元楼；一层为一个社区，每个社区设有社区长；一个社区中又分为若干个小区，每个小区设有小区长；小区是由 4 ~5 个宿舍组成，每个宿舍设有宿舍长。在书院的生活中，各个社区展示自我风采，也常常联合开展各类精彩的学生活动，是学校“社区制”的一大亮点。

书院教育以文化活动和生活社区为载体，注重培养学生的主体性和自我发展能力。书院坚持“知崇礼卑、精业博学、经世致用”的崇礼精神，完善“学业辅导、博雅教育、民主管理和学习生活服务”四大体系内涵建设，努力打造学习型、创新型、责任型、服务型的“四型”书院。

3. 砺能书院

砺能书院成立于2015年9月，位于广东岭南职业技术学院清远校区，涵盖电子信息工程、电子商务、物联网、软件技术等多个专业，现有学生约1900名。书院秉承广东岭南职业技术学院“明德、笃学、砺能、自强”的校训，以工匠精神为指导，砺练打造高素质的技术技能型人才。

书院立足“科技创新型”的书院定位，从学业的培养体系到书院的社区生活服务体系及综合能力体系的建立，都为培养出一批又一批“专砺专能”型人才服务。书院的学生组织包括学生自治管理委员会、学术中心、社区管理中心、问题策划中心、社团管理中心、综合服务中心、新闻中心、党团服务中心等。书院成立书院党支部先锋学习会，是书院入党积极分子和其他先进分子组成的先进组织，主要职责是完成党务工作、负责团员入党工作以及开展党学教育类活动。

4. 思诚书院

思诚书院成立于2016年9月，位于广东岭南职业技术学院清远校区，现有学生3000余名，由现代制造学院、外语外贸学院、艺术与传媒学院、岭南香港铸业学院的学生构成。

书院设有革命地标、名楼古镇、节日文化三个特色社区，并分为十九个子社区。书院成立以来，以立德树人为根本目标，以红色传承为书院特色，从德智体美劳全方面培养学生，在书院制育人模式下开展思想政治教育工作。

书院致力于在“正己修身、厚德思诚”院训的引领下，建设思行合一的生活服务体系，完善以诚信为本的自主管理体系，倡导个性成长的学业培养体系，促进全面发展的综合能力提升体系。书院以四大特色育人体系为核心，形成了励志健美、静思至善、诚信待人、博学笃行的优良院风。

思诚书院设有红色书吧、思诚C1共享书吧、井冈山社区书吧、小诚故事书吧等特色读书学习空间，通过特色书吧营造书院良好读书氛围、激发学生学习兴趣、展现书院红色传承特色，为学生提供一个崭新的共享空间，使学生学习生活更加方便、充满乐趣，让书院更具创新理念和人情化的一面。

5. 笃学书院✽

笃学书院成立于2019年6月，位于广东岭南职业技术学院清远校区，院名取自“笃而求知，学而时习”。书院目前有电信工程学院、药学院、建筑设计学院、时尚设计学院下属专业的学生。

书院努力为学生提供温馨的文化交流场所、浓厚的学习气息和便利的生活条件。书院成立学生事务中心，以便捷、高效的工作理念，切实发挥学生事务中心的统筹协调能力，促进各部门之间的交流与合作，提高书院的管理水平和各部门的工作效率，推动学生管理服务工作的发展。笃学书院以专业为基础，秉承“以文化人、以文育人”的理念，打造以“互联网＋文创”为特色的社区，将时代潮流融入学生的学习与生活中，用“互联网＋”这把钥匙打开学校建设创新创业型职业高校的大门，把不同专业的学生融合起来，开发丰富的文化产品，为学校和社会培育德才兼备的可靠建设者和接班人。

6. 至善书院✽

至善书院成立于2019年9月，位于广东岭南职业技术学院广州校区。院名取自《孔子家语·卷二·好生》中“期于至善，而不亵其为”。书院现有学生6000余人，主要由财贸经济学院、管理工程学院、药学院、护理学院、健康管理学院下属专业的学生组成。书院现有院长、副院长各1名以及24位辅导员老师。至善书院臻于“至善”，更重于创新，探索与时俱进、彰显特色、适合学生发展的人才培养模式，让学生学会自我管理、自我服务、自我教育，提升学生各方面综合素质。

书院大力推广国学(经典)教育、公民教育、成长教育、科学素养教育、健康教育、艺术教育和实践教育，倡导知行合一，推崇感恩至爱。以学生自治、学生社团和书院经典活动为依托，至善书院通过公共设施建设和打造文化标识，营造独具特色的书院文化氛围。

书院通过不同学科的学生混住增加学科交流，通过活动锻炼社会能力，通过科研项目提高学术水平，并且致力于促进学生在认知、情感、社会性等方面的多维度成长，在课堂之外为学生提供全方位的学习和丰富的兴趣活动，建立由不同年级、不同专业的学生和导师组成的关系密切、互动交流的师生社区。立足于学校的实际情况，构建符合本校特色的有益于创新人才培养的“书院负责博雅教育,学院负责专业教育”两者互相融合的育人模式,至善书院学生大一、大二时在清远校区学习生活,接受书院制模式管理,主要以通识课为主,在两年中通过参加书院中的各种社会活动和导师的科研团队更好地明晰个人定位、规划成长历程,大三时搬至广州校区,依托天河科学城的优势资源,接受专业学院模式管理,加强专业能力,为未来发展打下坚实基础。

7. 知行书院✲

知行书院成立于2019年9月,位于广东岭南职业技术学院广州校区,现有学生4800余名,辅导员18人,学生主要来自电信工程学院、外语外贸学院、建筑设计学院、时尚设计学院、文化创意学院、智能制造学院、国际发展学院和慈善公益学院。知行书院致力于建设创新模式书院,在构建“书院+学院”教育模式的基础上积极探索、大胆尝试,践行学校“博学而雅正,业专而技精”的育人理念,努力打造知行书院社区特色。

书院构建“一体两翼”育人体系,即以育人为主体,专业教育、创新创业教育为两翼,努力建设成以大健康产业为主要特色的创业创新型书院。同时书院深化校企合作、产教融合办学体制机制建设。书院围绕“一校一园”“一院一企”教育产业格局,构建“产业园-‘双院长’”制的“二级学院-产业学院”产业链,形成体验-实践-实战教学链(岗位链),建设产业上下游有机衔接的政行校企共建、共治、共享的办学体制机制。知行书院推进“1533”工学结合创业创新型人才培养模式改革,包括“1+3”“5+3”和“3段式”。“1+3”:“1”是指完成国家规定教学任务,“3”是指学生在校期间要完成专业项目、公益项目、电商项目3个真实项目,以真实项目为抓手,重构课程体系;“5+3”:师生组建真实创业项目团队,体验5个角色,配备3个导师;“3段式”:学生在校期间,按照体验、实践、实战的步骤,完成生产实训活动。

同时,书院融博雅教育、创新创业教育和专业教育为一体,打破年级专业,构建师生共同成长的社区。书院努力服务社会发展,积极投入多个领域的服务活动,赢得了良好的社会声誉。

(三)肇庆学院

肇庆学院创立于1970年,是广东省和肇庆市共建的公办全日制综合型大学,位于珠三角核心区广东省肇庆市端州区。1970年3月,广东教育行政学院由广州市迁往肇庆地区办

学，改名为肇庆地区师范学校，后历经肇庆地区师范学校、肇庆地区五·七师范学院、肇庆师范专科学校、西江大学等发展阶段；2000年3月，经教育部批准，西江大学和肇庆教育学院合并组建本科层次的肇庆学院。

学校以“厚德、明智、博学、力行”为校训，致力于建设成为特色鲜明的高水平应用型综合大学，现有全日制在校生20100余人、研究生（联合培养硕士）500余人。书院建设方面，学校成立校级书院管理委员会，设立书院管理办公室，指导书院工作并协调书院与职能部门以及专业学院的关系。学生入住时按照入学顺序随机分入书院中。学生所在院系涵盖了文、理、艺术等14个不同的学院。

肇庆学院现有力行书院、厚德书院、明智书院、博学书院、兰蕙书院等5所书院。

1. 力行书院☆

力行书院成立于2009年9月，院名取自校训“厚德、明智、博学、力行”。书院以“重道、力行”为院训，突出学校培养应用型人才的特色。重道，敬重师道，强调坚持做人做事的正确方向和基本道德；力行，强调在求学与成才过程中实践的重要性。

力行书院的办院使命是传承中华优秀传统文化，注重传统教育理念与现代教育方式相统一；宗旨为立德树人，以文化人，主体共治，和谐相生。书院从中国传统和时代变革中汲取智慧，引导学生在人生路上秉持崇高道德和远大理想，倡导“我试试，我能，我改变”的力行精神，激发主体能量，锻炼主体品格；书院设立大学生机构和文化研习活动，推动学生自我管理、自我服务、自我教育、自我发展。

书院实行院长负责制，成立由导师委员会和导生委员会组成的书院事务管理委员会，书院院长任委员会主任。书院内设院务室和学生事务管理办公室，配备书院院长（名誉式兼任）1人、副院长（主持工作）1人，并按1:500师生比例配备兼职导师，为学生提供专业指导和咨询服务，书院辅导员1~2名，主要开展心理辅导和素质拓展等专业性工作，按1:80的比例配备导生，协助导师开展工作，组织学生社团的专题活动。书院现有书院院长、副院长各1名，2名辅导员和16名聘任导师。学生组织包括主体共治委员会、公正和谐委员会、卫生健康委员会、素质拓展策划中心、志愿者服务中心、力行书院通讯社、广播站等，兴趣团队包括书法团队、摄影团队、网球团队、围棋团队。

书院在通识教育模块设置6个学分，以“一个载体、两支队伍、三个平台、四种活动、六个学分”来强化力行学子的综合素质。“一个载体”是指学生社团或者学生兴趣小组；“两支队伍”是指导师队伍与导生队伍;“三个平台”即信息平台、人际互动平台、公共文化服务平台;“四种活动”是指专题读书沙龙、素质拓展活动、个性化的讲座和辅导活动、社会公益活动。通识课设四个系列:“道法自然”系列课程,旨在拓展学生对天地人、自然与社会法则的认识,培育道德情感和对自然法则的尊敬;“放眼看世界”系列课程,打开学生视野与胸怀,培育大国公民开放包容的气度与风范;“文化修养与实践力行”系列课程,培养学生热爱中国优秀传统文化,了解中国传统哲学的辩证思想,形成科学的世界观,培养坚强而柔韧的意志品质,强健体魄,愉悦身心,提高生活质量;“大学与人生”计划,围绕主题展开八次相关类型的讲座。“力行课程”由院长主持,通过讲座,演讲、对话等形式,采用讲授法、案例教学法和讨论法相结合。通识教育注重内外兼修,开阔视野。

2. 厚德书院☆

厚德书院成立于2010年11月,院名取自校训“厚德、明智、博学、力行”。书院以“厚德载物,自强不息”为院训,通过建设学生生活文化社区,营造校园文化氛围,为大学生自主发展提供文化教育平台,为培养高素质的教师而不断努力。厚德书院现有近4000名本科生,分别来自音乐学院、计算机软件学院、政法学院、数学与统计学院、化学化工学院、文学院、教育科学学院等14个学院。

厚德书院办院使命是德能兼修,注重教师教育特色。书院强化文化熏陶功能和休闲健身功能;抓好导师、导生两支队伍建设,落实师长关怀、学业引导和朋辈教育;构建拓展训练营、文化研习营、对话空间三大平台,践行传道授业解惑的教育使命;开展丰富多彩、贴合书院学生生命律动的文化活动,凝聚人心,提升厚德书院人的精气神,打造厚德书院人的精神家园。

书院的工作人员包括书院的名誉院长、院长、常务副院长和辅导员。厚德书院导生委员会是由导师的助理——导生自愿成立的书院学生自治组织,自主开展书院的日常工作,为宿舍文化建设而努力。

厚德书院作为一个以“教师教育”为特色的学生生活社区书院,在通识课的方向上更多倾向于让更多的师范生感受到独特的师范教育,为师范类学生提供优质的示范技能培训与锻炼平台。书院通过“职业人生”专题讲座、“厚德标杆”评选活动、“团队活动”和“素质拓展”四大模块,开展通识教育活动,同时围绕教师职业生涯进行规划,设置“教师魅力”“教师才艺”“教师职业”等三个专题开设讲座;采取灵活多样的方式举办主题活动,提高师范生个人素质;组织学生自由加入厚德兴趣团队,以朋辈教育的方式,激发学生的学习兴趣。

3. 明智书院☆

明智书院成立于2010年11月，命名取自校训“厚德、明智、博学、力行”。明智书院的院训是“自知者明，知人者智，明智做人，明智做事”。明智书院以非师范理工类学生为主，书院文化建设基于专通结合，注重理工特色。明智书院成立以来，在注重传统文化熏陶和综合素质培养的同时，着眼应用型人才的培养，有针对性地开展以理工特色为主的文化活动。寓教于乐的活动使明智学子得到更多更好的锻炼和发展。

明智书院的工作人员包括院长1名、导师5名和辅导员2名。学生团队为导生委员会，由委员会主任领导，下属5个部门，开展书院日常工作，沟通联系书院师生。同时，书院拥有心理团队、创业团队、学习力发展团队、兴趣团队、易班分会5个学生团队。

明智书院通识教育以综合素质养成为核心，注重引导学生探索人生意义，培养积极向上的人生态度和良好的沟通能力，增强自主发展的能力，通过“幸福学”通识课程、“专家课程”系列讲座和“素质拓展”三大模块的文化活动，促进明智学子综合素质的培养。书院作为一个相对独立的生活社区，是学生的精神家园和自我教育的场所，通过学生自愿组建各类社团和主动参与专题活动，促进学生健康发展。

明智书院居住学生以理工科专业为主，开展素质拓展计划，为书院学生的素质拓展服务。如开展志愿者服务活动、“走向社会”成长训练、能力拓展培训等，使大学生乐于承担社会责任，积极参与社会生活。书院与音乐学院共同筹办“经典音乐欣赏系列”活动，通过开展经典音乐会、专家讲座、与艺术家交流座谈等活动，带动学生开阔艺术视野，提高艺术欣赏水平；举办个性化的讲座和辅导活动，根据自身特点开展人文讲座，营造学术文化氛围，形成自己的文化品牌；开展心理健康辅导和生涯规划指导，增强大学生的社会适应性和竞争能力；编写大学生活导航、心理健康与生涯辅导手册，分享成功经验。

4. 博学书院☆

博学书院成立于2012年9月，院名取自校训“厚德、明智、博学、力行”，取义《礼记·中庸》“博学之，审问之，慎思之，明辨之，笃行之”，意为学识渊博，学问丰富。

书院推动学生从“专”到“博”、从“学”到“用”转变，把对学生的“做人教育”融入书院文化建设和文化传播活动中，使学生通晓做人之理，善博学以致用。书院以培养应用型人才为目标，秉承“博采百家，学以济世”的理念，锻造学生的综合素质尤其是心理品质，使学生做好人、会生活、善学习、甘拼搏、勇进取、纳自我、宽待人，从我做起，从小事做起，以积极心态铸就幸福人生。

博学书院的通识教育秉持“以生为本”的育人理念，注重学生综合素质的培养，培养学生在接触不同知识信息、地域文化以及面对曲折烦扰的个人成长、人际交往时都保持一种宽容、乐观的态度，从而更正确看待身边的人和事，积极享受大学时光。

书院开展多类型活动。“博学才艺达人”以及“一‘战’到底”这两个一动一静的年度比赛，吸引众多学子积极报名，让隐藏在宿舍里的各路高人踊跃参与，关于环境保护的手绘海报比赛让善于绘画的同学大显身手，以和谐宿舍为主题的“创意 PPT 大赛”让同学们更加团结在自己的“小家”中。关于心理健康的漫画大赛、调整心态的“心灵之殇征文大赛”让学生展示了自己的文学素养和漫画天赋。种种比赛既让学生展示了技艺，也引起他们对社会更多的思考，真正达到了寓教于乐的效果。

书院围绕“心育”特色，开展价值观教育、生命意义教育、理想教育、人格教育、情感教育，以培养学生正确的价值观和人生观、远大理想与抱负。书院开设的通识教育重在培育优秀品质和人格，让学生在博文广识中开阔视野、提高修养、修炼心性。通识课中既有展示西方社会的美国文化、研习中国传统的太极、让大家沉静下来反思个人内心的禅悦人生，也有鼓励大家走千里、赏美景的旅游攻略，聘请学者、教授与学生面对面地悦纳自我、快乐生活每一天，以及引导学生关注他人与看清自我的了解人性等。这些课程以兼容并包的姿态让大家共同分享，在满足不同学子需求的同时，也让学生在课堂外有更多开阔视野的机会，让学生理解和接受书院倡导的“心育”内涵，让自己的心灵和精神得到净化与升华。

5. 兰蕙书院

兰蕙书院成立于 2017 年 12 月，现有 3500 余名学生，涵盖学校本科 5 个二级学院的 16 个专业，有书院导师 12 名，常驻导师 5 名。书院旨在培养一批具有爱国情怀、理想信念、责任担当、品行高雅和多维度发展的学生，提升学生的自我管理能力和可迁移性技能。

兰蕙书院坚持“以德树人、以生为本”的工作理念，以书院文化濡染浸润学生，涵养心性，培养“智、仁、勇”三全的高素质人才。书院基于大部分学生是文科类师范生的共性特点，注重师范生实践技能的培养，促进职前教师的专业发展。书院楹联为“立德立功立言士先立志，有猷有为有守学必有师”。

秉承学校“以生为本，以质立校；学术并举，崇术为上”的办学理念，兰蕙书院以“笃学精勤、懿德求真”为宗旨，注重通识教育和全人培养。兰蕙书院通过书院文化节开展系列主题活动，涵盖春运会、三笔字大赛、一封家书、课堂笔记大赛、朗诵比赛、才艺新星、摄影大赛等，为大一新生搭建一个发现自我、展现自我、充实自我的舞台，旨在提倡以文化来涵养心灵，使学生提升自身的文化素养、挖掘自身潜力，养成高雅的品性、服务社会的习惯。此外，书院开设科技文化艺术类专题讲座，帮助学生拓宽视野、增长见识、启发心智，与各二级学院密切联系，建立常态化的沟通机制，推进“二级学院＋书院”育人模式改革的尝试，通过系列讲座、活动竞赛、志愿者活动等形式促进第一、二课堂无缝衔接，引导学生树立正确的价值观，增强学生对专业的认同感，提升综合素质和人文素养。

（四）南方医科大学

南方医科大学前身为中国人民解放军第一军医大学，创建于1951年，1979年被确定为全国重点大学，2004年8月整体移交广东省，更名为南方医科大学。学校是广东省高水平大学重点建设高校中唯一的医学院校，全国首批、广东省唯一一所“部委省”共建高校，全国首批开设八年制本硕博连读临床医学专业的8所高校之一，全国首批卓越医生教育培养计划试点高校。学校现有全日制本科生13500余人、研究生5500余人、留学生1000余人。

南方医科大学顺德校区建设完全书院制，全体学生（本科生、留学生）按照医文、医理、医工、医管法结合的原则分别纳入四个书院培养，构建了跨学科、跨专业、跨文化的师生学习与生活共同体，为学生打造了一个全方位、全时段的成长环境。2019年，书院制教育改革实践获得了广东省第九届教育教学成果奖（高等教育学）一等奖。

南方医科大学现有博雅书院、尚进书院、知行书院、德风书院等4所书院。

1. 博雅书院☆

博雅书院成立于2016年9月，共有学生1400余人，由第二临床医学院、卫生管理学院、国际教育学院、康复医学院组成。书院院训为“博学弘毅，雅行泽公”，充分体现出博雅书院的文化理念和精神内涵，融汇了传统文化和现代思想，蕴含着博雅师生的道德理想、学术人格和社会责任。院徽采用正六边形样式，造型稳重，朴素大方，以“红色”为主题色，此颜色象征热情和希望。“博雅”两字采用汉仪篆书繁体字，汲取中国古代传统之精华，两字相互接通，寓意着书院学子博通上下，雅集古今。

书院院务委员会负责书院的日常管理与运作，由书院院长（暂缺）、执行院长、专业学院领导、导师代表、学生代表组成。主要职责包括研究书院建设工作理论及实际问题；协调书院和学院的工作职责，加快书院建设进程；审定书院工作章程和中长期建设规划；健全规章制度。

书院注重通识教育活动的开展，强调通过通识的知识培养健全的人格，使受教育者成为具备远大眼光、通融见识、博雅精神和优美情感的人，而不仅仅是某一狭窄专业领域的专精型人才。

书院以学业发展为核心，拓展师生之间、同窗之间的交流平台，倡导学生自我教育、自我管理、自我服务，弘扬知识的责任、道德的勇气、人格的正义、文化的自信，营造同生活、同进步、同快乐的书院生活方式，使学生拥有真、善、美的健全人格和广博知识。

围绕培育学生核心素质及医学人才全方位培养要求，博雅书院深化书院制内涵为知识、能力、情感三个方面，三者构成人才核心素养的三个维度，形成书院内涵发展的框架和支撑体系。

书院特色举措及工作成效主要有以下几个方面。

博闻古今——博雅讲堂。书院邀请亚丁湾护航医疗队队长等多位专家学者开讲。讲座主题涉及医者仁心、社会大观、读书为人等多个方面，对于拓宽学生视野，提高学生人文素养起到了重要的作用。

博览文化——文化大观园。此活动包括走进顺德文化、走进中国传统文化、走进国外文化三个部分，通过讲座、展览、参观等方式，带领学生走进顺德文化，更好地了解当地的风土人情、历史发展；通过昆曲进书院、京剧进书院以及相关传统节日活动的举办，增强学生对于传统文化的认同感和历史使命感；通过举办中外学生交流活动，促进中外学生的交流，了解更多不同国家的文化。

博采众长——学业导师交流。书院现有学业导师30余人，学业导师的工作内容是帮助学生进行专业辅导和学业规划指导，指导学生开展研究性学习、帮助学生树立正确的专业思想；与学生分享人生阅历，在日常和学生接触中对学生进行言传身教，引导学生树立正确的世界观、人生观和价值观；组织和指导学生开展学术活动和社会实践，发掘和培养学生的创新意识和实践能力。目前，书院学业导师共开展了“科学有效的学习方法”“临床与科研”“数据处理与论文创新”“我的学医之路”“医学生的自我修养”等多个主题的交流活动，通过线上线下等多种渠道助力书院学子成长成才。

博雅卓越青年骨干培训。为充分发挥学生骨干的示范引领作用，增强学生组织的凝聚力和战斗力，书院围绕团队建设、新闻写作、情绪管理、时间管理、演讲沟通等多个主题，对学生骨干展开全方位、多层次的培训。

雅艺雅趣——博雅导生小课堂。为丰富学生课余生活和书院的文化氛围，更好地发挥学生的主体作用，书院邀请有特殊才艺或技能的学生担任小导师，以课堂授课的形式将自身才艺教授给其他同学。教学内容囊括韩语、舞蹈、声乐、器乐、化妆、烘焙等。

2. 尚进书院☆

尚进书院成立于2016年9月，以学校校训“博学济世，尚德笃行”中的“尚”字命名。书院的人才培养目标是在南医精神指引下，培养思想道德好、专业水平高、人文基础宽、创新能力强的高素质复合型人才。书院学生来自中医药学院、护理学院、法医学院、药学院。

书院从理清工作思路、建立同心协力的合力育人机制、组建高效的工作团队入手，为书院建设发展夯实基础，初步形成了“德行兼修、通专并重、身心同育、师生相长”的育人理念，建立了“尚德计划”“尚学计划”“尚行计划”“尚体计划”“尚进文化”五位一体的育人体系，明确了以建设文化育人的住宿社区、师生共享的交流空间、强化通识教育的第二课堂和引导为主的学生自我发展平台为主的工作目标。书院形成了以院务委员会为核心、执行院长全面负责、书院办公室总体协调、工作团队抓好落实的运行机制，建立了院务委员会会议、书院工作周例会、学生组织联席会议的“三会”制度。

书院致力于打造积极进取的文化内涵和精神追求。书院秉承中国儒家思想精髓，注重道德完善，打造积极进取的文化内涵和精神追求。通过书院文化长廊、文化标识系统、特色文化产品形成环境育人的良好氛围，增强师生对书院文化的认同感和集体凝聚力；建立“青年之声”书院宣传团队，加强书院宣传阵地建设，围绕爱国主义、个人修养等主题开设教育专栏，举办主题演说活动，引导学生自主思考，勇于发声。

书院层面导师制的建立，从单纯导“学”走向全面导“育”，依托各学院的优势资源，建立导师育人长效机制，聚焦学生个性化需求，强调学科交叉、师生互动，通过项目引导、团队交流的形式开展“导师面对面”系列活动，加强师生的深度交流，鼓励导师积极参与书院社团、文体活动和社会实践团队，担任指导教师，在学识上指导学生、生活上熏陶学生、人格上引领学生。

书院积极组织第二课堂教育活动，举办以提升人文素养为主题的“尚进讲堂”、以探究学术科技为主题的“进学说”和以朋辈互勉为主题的“尚 Tall”系列讲座和人物访谈活动，注重中华优秀传统文化的学习与传承，倾力打造“中国传统文化月”和“经典品读”等特色文化品牌活动，建立茶文化和舞龙舞狮等学生社团，提升和丰富学生的文化修养和人文精神，逐步形成书院通识教育的品牌活动。

书院从学生全面发展的成才需求出发，以宿舍为中心，以构成多元化为原则，以学生自治为目标构建学习与生活社区，营造一个小而全的成长环境。按学院、专业、年级交叉原则安排宿舍、划分社区，加强了不同背景、专业、世界观和兴趣爱好学生之间的交流与互动，提高了跨文化理解力，促进了新思想的萌发，实现了多元社区的概念。“新生校区导游活动”“节日慰问”“社区文化标识设计”“社区活动室设计大赛”等活动的开展，使不同的社区形成了各具特色的社区文化，强化了宿舍、社区之间的交流与融合，提升社区归属感。书院成立了团学联合会、学生宿舍生活委员会、社区委员会等学生自治组织，使学生参与到书院和社区的建设决策中，更好地履行自我管理、自我服务、自我教育的职能。

3. 知行书院☆

知行书院成立于2016年9月9日，院名取自《尚书》“知之匪艰，行之惟艰”，希望学生能够知行合一，止于至善，将专业培养与素质教育紧密结合起来，促进自身“身、心、灵”的完整发展。书院现有来自基础医学院、生物医学工程学院、检验与生物技术学院的学生1000余人。

书院设院务委员会，负责书院的日常管理与运作，由执行院长、专业学院领导、导师代表、学生代表组成。书院设常驻专职导师和学业导师两支队伍，成立社区管理委员会、团学联组织，完善社团组织，以1∶4为新生配备朋辈导生，强化朋辈教育。

书院为学生提供最大可能快速成长和全面发展的人文环境，突出以育人为核心的多元文化交流，培养知行合一的优秀人才，努力实现科学与人文有机结合、专业与通识有机结合、师生互动与朋辈交流有机结合，建设科学与人文有机结合、符合人才成长规律、富有时代特征、具有南医大特点的书院制管理模式，打造人文知行、阳光知行。

书院工作理念为“知行合一、学以致用”，以构建新型和谐师生关系为目标，以学生全面发展为宗旨，坚持“以解决问题为导向，以服务学生为根本”的原则，大力开展通识教育，施行“丰富学生第二课堂，服务学生健康成长”系列活动，包括知行讲坛、文体活动、平语近人等；拓展学术及文化活动，实现学生专业互补、个性拓展，鼓励不同背景的学生互相学习交流，丰富社区文化资源和交流互动载体，优化校园环境，促进学生成长成才；建设量大面广、有书院特色的精品社团，塑造良好的学习氛围，满足学生的个性化发展需要，促进学生的全面发展；以知行合一为出发点，探索"管理、实践、培养"联动机制，着力培养学生的实践能力及与社会交流的能力；成立社区管理委员会，着力探索和构建学生自我管理、自我约束、自我服务管理模式，促进学生自治、自律、自理、自立能力的培养，促进学生学会认知、学会生存、学会做事、学会发展。

4. 德风书院☆

德风书院成立于2016年9月，根据学校校训"博学济世，尚德笃行"，摘取校训中的"德"字起名，以培育德学兼备、谦和有礼、专业知识扎实的具有人文情怀的大学生为目标。书院现有来自公共卫生学院、外国语学院、第一临床医学院的学生1800余人。

书院坚持把立德树人作为根本，形成以培养"思想道德好、专业水平高、人文基础宽、创新能力强"的高素质复合型人才为主线的育人理念。

德风书院设有执行院长1名，专职导师8名，学业导师41名，导生80名，旨在以书院为平台，为学生在校健康成长提供更好的服务、更有力的支持。

书院遵循"工作开展服务人才培养"的原则，下设院务委员会、院行政办公室、团学联合会等工作部门，以通识教育为核心，以学风建设为重点，以能力塑造为基础，以队伍建设为保障开展工作，形成了以院务委员会为核心、执行院长全面负责、书院办公室总体协调、工作团队抓好落实的运行机制。

德风书院以理想信念教育为核心，以学风建设为基础，以队伍建设为保障，借助学院优势资源，盯准课堂教学主渠道，利用导师面对面、经典品读、科创计划三大平台，汇聚"师、友、社会、社区"四方力量，建立"青蓝计划、立德计划、家缘计划、A&I爱计划、德行计划"五位一体的育人体系。

书院结合社会时政，开展时事大讲堂等主题教育，强化形势政策教育和爱国主义教育；建设网络宣传阵地，完善书院QQ、微博、网站等新媒体，拓宽思想政治教育平台；开展新生军训日记、主题班会、骨干训练营等活动，提升学生个人综合素质；加强学生人文关怀，开展"谈心谈话工程"，关心指导学生。

书院完善导生队伍、导师队伍、通识教育、团队、宣传工作及团学组织等六大板块建设，规范过程管理；开展"德风讲坛"、导师面对面、"学、研、行"结对子活动、经典品读、科创计划等"学风院风建设月"系列活动，定期检查督导，建设良好学风院风；开展书院午餐会、书院标识文化大赛、社区文化展示大赛、家缘文化节等活动，推进“家园文化”建设，完善书院社区建设。

书院搭建温馨的人文社区，完善学生发展平台，设立德风书院团学联管理书院学生活动，建设学术报告厅、谈心室、文体活动室及生活体验区等共享空间，并在公共活动区域设休闲区，打造专属文化滋养空间；开展党团组织进社区、学业导师和辅导员进社区、心理咨询和职业指导进社区、文化活动进社区、安全保卫进社区、学生自治组织进社区等“六进社区”活动，营造社区化、多样化的学习成长空间，加强社会化和人格塑造。

（五）南方科技大学

南方科技大学是国家高等教育综合改革试验校、广东省高水平大学重点建设高校，由广东省领导和管理的全日制公办普通高等学校，是深圳市创办的一所创新型大学。2012 年 4 月，教育部同意建立南方科技大学。学校以理、工、医学学科为主，兼具部分特色人文社会学科与管理学科，是深圳在中国高等教育改革发展的时代背景下创建的一所高起点、高定位的公办创新型大学，肩负着为我国高等教育改革发挥先导和示范作用的使命，并致力于服务创新型国家建设和深圳创新型城市建设。南科大高度重视人才队伍建设，建立与现代大学制度相适应的人力资源管理制度，已初步建立了一支国际化高水平的教师队伍。

学校大力发扬“敢闯敢试、求真务实、改革创新、追求卓越”的创校精神，突出“创知、创新、创业”的办学特色，努力服务创新型国家建设及深圳国际化现代化创新型城市建设，快速建设成为聚集一流师资、培养拔尖创新人才、创造国际一流学术成果并推动科技应用的国际化高水平研究型大学，为尽早实现创建世界一流研究型大学的宏伟目标打下坚实基础。

书院制是学校全面教育的核心组成部分，致力于促进学生在认知、情感、社会性等方面的多维度成长，在课堂之外为学生提供全方位的学习和丰富的兴趣活动。南方科技大学的书院以学生公寓为核心，若干栋公寓楼及相关的配套设施组成一所书院，各书院有自己的名字、文化、传统、活动和非正式的教育课程、辅导咨询、兴趣社团。新入学的学生可根据各书院的特点，自主选择加入南科大的任何一所书院。

南方科技大学现有致仁书院、树仁书院、致诚书院、树德书院、致新书院、树礼书院等 6 所书院。

1. 致仁书院☆

南方科技大学致仁书院诞生于2011年9月9日，是南方科技大学成立的第一所书院，以“格物致知，格心致仁”为立院精神，寄望致仁学子“正心、修身、齐家、治国、平天下”。致仁书院的核心价值观是“有力量的爱，可实现的责任”。

致仁书院目前有学生600余人。致仁书院通过提供非形式教育，配合课堂教育，开展学术及文化活动，探索实施适应性分类教育模式，实现学生文理渗透、专业互补、个性拓展，鼓励不同背景的学生互相学习交流，满足学生的个性化发展需要，最终促进学生的全面发展。

书院传承倡导“仁者爱人”的文化传统，着力提高全体成员的“爱的意识”、涵养“爱的能力”；把审美和艺术引进教育，塑造“温良致仁”的书院气质；强化自主性、创造性、参与性，通过高品质的丰富活动和精心组织，提升学生责任意识和担当精神。书院立足于传道立身、润物无声，矢志寓教育于生活之中，努力在专业教育之外，营造一方涵养人文、陶冶情操、拓展兴趣、锻造品格的成长乐园，引领学生在人格、身心、道德、视野、能力等方面全面健康发展。

致仁书院管理团队由院长、学术副院长、行政副院长和辅导员组成。书院实行导师制，导师队伍包括生活导师、社会导师和大学长。生活导师由南科大各系各专业的讲座教授、教授、副教授和助理教授担任，每位导师负责指导约12名学生，目前共有导师50余人，包括3位校领导和来自14个院系的教授。社会导师由书院聘请的社会各界杰出人士担任，通过不定期对学生提供指导，旨在对学生的人生规划、职业规划提供指导，并通过分享丰富学生的人生阅历和社会感悟。此外书院还通过大学长计划，发挥优秀大学长的影响力、凝聚力，促进朋辈之间互相作为支持资源，实现自我管理、自我教育、自我成长、自我提升。

书院承担着在院系专业知识教育之外对学生的培育功能，通过在专业课堂之外对学生提供培养教育和关顾辅导，坚持德育为先，以“育”对“教”进行补充，在健全人格的基础上，促进学生在认知、道德、情感、社会性等方面的多维度成长。

书院为不同年级、不同专业的学生及导师营造一个关系密切、互动交流的平台，为学生缔造亲切融和、活跃多彩和挑战自我的生活、学习环境，锻炼学生人际交往、沟通表达和团队领导的能力，促进个体生命的潜能得到自由、充分、全面、和谐、持续发展，培养学生成为全面发展以及对他人关爱、对社会关怀、对国家和人类有积极影响的“有道德、有能力、有国际视野、有社会关怀”的“四有”拔尖人才。

书院还通过教育课程、课外文体实践活动等形式对学生实行全人教育。致仁书院以外语、音乐和体育等兴趣为牵引，设计了系列英语角培训，开展篮球、足球、网球等各种球类运动以及学术讲座、兴趣讲座、分享会等丰富的课外活动，通过致仁讲堂、致仁沙龙、导师分享会等系列讲座，邀请校内外专家学者来校交流专业知识、分享人生经历；开设民乐课、声乐课、日语课等兴趣课程，丰富学生的音乐、外语知识；举办主题活动，如艺术节、运动会、师生集体生日会等活动，提升学生表达交流能力、组织与领导能力；组织科技制作社、书院烘焙室等社团活动，提高学生动手能力和生活趣味。致仁书院设立导师、辅导员、班主任、心理咨询老师、舍监老师，全方位为学生提供指导和关顾服务。

2. 树仁书院☆

树仁书院成立于 2013 年 9 月 9 日，是南方科技大学独具特色的一所住宿制书院。书院院名为创校校长朱清时院士所提，寓意百年树人，任重道远，鼓励书院探索具有南科大特色的育人模式，培养有情怀有担当的德才兼备的人才。书院目前拥有本科四个年级学生近 700 人，涵盖全校各院（系）的所有专业。书院在荔林山庄和湖畔公寓均设有学生生活社区。荔园宿舍楼里设有专门的学生组织办公室、党团活动室、24 小时自习室、多功能活动室、健身房、艺术排练室、乐器陈列室等公共服务设施。树仁书院是“高校书院联盟”成员书院。

书院发扬学校“敢闯敢试、求真务实、改革创新、追求卓越”的创校精神，秉承“居高怀仁、止于至善”的院训，致力于将通识教育与专才教育相融合，重视文理兼修与人文艺术素养的培育，引领学生树立坚定的政治思想与社会责任感，着力培养学生会学习、会做事、会做人，打造不同年级、不同专业学生思想交流与学科交融的学习生活社区，将树仁学子培养为具备国际视野、专业优秀、品格卓越的社会精英。书院培养人才的目标是培养学生要高瞻远瞩、怀着仁慈仁爱之心待人接物，教育引导学生要胸怀宽广、善待他人。

书院现有院长、副院长、辅导员等核心管理团队成员 9 人，来自全校 14 个院系的导师及校领导 64 人，其中 10 名导师获校级“优秀书院导师”，由品学兼优的学生组成的学生辅导员 10 人，与在校外聘请的众多知名社会导师一起构成了树仁书院完善的全员育人队伍。此外，书院还设有树仁党支部、树仁团总支、树仁宿管会及树仁学生会四大学生组织和学生自我管理委员会。

书院紧紧围绕学校中心工作，秉承“居高怀仁、止于至善”的院训，全面提升书院文化内涵，丰富书院通识教育，加快书院学习社区建设，打造成长型、学习型、国际化书院。书院理念是建立一个关系密切，互相交流学习的师生群体，为学生缔造亲切融合的书院生活和学习环境，提供关顾辅导和全人教育，并且通过书院正式及非形式教育机会，与正规课程相辅相成，旨在培养学生的人际关系技巧、文化品位、自信心和责任感，传承弘扬中华优秀传统文化。书院注重培育学生的诚信及对个人责任的承担，并秉承嘉言美行，发挥自助助人精神，立下基础以回馈社会，为国储材及丰富学生的人生。书院重视学生人格的培养和中华传统文化的传播，同时鼓励学生追求自己的志趣。书院给学生提供一个友爱、温暖的氛围，实现师生密切交流，朋辈一同成长。

书院实施书院“导师－学生”活动计划，结合学生成长需求，充分发挥导师制核心作用；创新思想政治教育工作，学生党团组织建设成效显著；打造六大品牌活动，形成书院活动体系；举办各类通识教育课堂，补充专业教育教学课堂；重视创新创业教育，培养学生企业家精神；开展各类校外实践活动，建立多个校外实践基地；健全学生自我管理体系，学生组织作用显著；突出为学生服务的理念，学生日常事务管理规范有效，在发挥导师作用、党团组织建设、特色文化建设、通识教育教学、学生社会实践、学生事务管理等方面为学校探索创新人才培养模式作出了积极贡献。

书院秉承院训，树立“面向学生、服务学生、培养学生”的理念，初步建立“导师指导、书院教育、社区建设、思想引领、治理方式”等五位一体的工作格局，全面推进书院内涵建设，积极发挥书院在人才培养中的重要作用。书院举办“与钢琴弹恋爱”音乐会，积极培育吉他社、手风琴社、钢琴社，开设键盘、弦乐、京剧等内容的音乐艺术课程，开设潜水、英式橄榄球等特色体育课程。书院联合校外优秀企业针对书院学生创立专属奖学金，同时与校外单位联合开展学生社会实践，挂牌设立书院学生“社会实践基地”“就业创业孵化基地”“创新创业孵化基地”“艺术实践基地”“支教服务基地”。

3. 致诚书院☆

致诚书院成立于2015年8月，现有学生近500人，涵盖院系包括数学系、物理系、化学系、生物系、金融系、电子与电气工程系、材料科学与工程系、环境科学与工程学院、海洋科学与工程系、计算机科学与工程系、社会科学中心、艺术中心等。

“致诚”二字来自《荀子·不苟》中的“君子养心莫善于诚。致诚则无它事矣，唯仁之为守，唯义之为行”。书院院训是“致诚无息，博厚悠远”，育人愿景是从致诚出发，融入深圳；从深圳出发，走向世界。创院精神是“致远任重，诚至金开”。德育是致诚书院的核心价值。

致诚书院管理团队由7人组成，有52位教授担任书院导师，包括1位校领导，中国科学院院士1位，加拿大工程院和加拿大皇家学会两院院士1位，国际学会会士4位。导师来自数学系、物理系、社会科学中心、体育中心、思政中心、高等教育研究中心、创新创业学院等19个院系，涵盖理、工、医、商、文五大学科门类。

书院建有团总支、学生会、学生发展中心、新闻中心、歌唱社、设计社等学生组织，创办与"诺贝尔奖获得者对话"系列活动、"致诚开讲了"通识教育系列讲座、"致诚周末夜"、电影之夜、音乐之夜、导师之夜、致诚青春科技行、"学长带你飞"朋辈帮扶活动，"致诚新闻课堂"、致诚公益参与能力系列讲座等。

书院建有自习室，以美国、英国、法国、德国、日本为主题，旨在给学生们在视觉上营造一个国际化的学习、生活环境，充分展示各国的文化特质，引导学生们开阔视野，追求未知领域。书院建有致诚书院图书馆和书院活动室，学生广泛接受通识教育、社团活动、课外辅导、学术沙龙、新闻课堂、文化艺术娱乐活动等非专业教育活动的影响和熏陶，不断拓宽视野，培养综合思考能力，逐步健康成长。

4. 树德书院☆

树德书院成立于2015年7月，书院的院训是"芝兰玉树，立德弘毅"。"树"指大学生的成长过程，也比喻有出息的书院学子，取"芝兰玉树"之意(《晋书·谢安传》："譬如芝兰玉树，欲使其生于庭阶耳。")。"德"乃"三不朽"(立德，立功，立言)之首。"士不可以不弘毅"，树德书院学子当成为立德弘毅之人，即具有高尚的德行、宽广的胸怀和坚韧的品格。

书院愿景是成为学生凝聚青春与智慧、培育德行与情操的精神家园；使命是用科技滋养生命，促进学生自然属性、社会属性和精神属性的有机融合。树德书院管理团队由院长、学术副院长、行政副院长、辅导员组成。

树德书院目前有51位教授担任书院导师，包括校领导3位、院士2位、国家特聘专家15位。为促进学生全面发展，丰富课余生活，书院制定帮助学生成长的"长青计划"，通过组织节日庆祝、趣味互动、知识竞技等活动，将来自五湖四海，有着共同梦想的树德学子凝聚在一起，让学生们在活动中文体相长、才智纷飞，在生活里彼此关心、相互帮助，形成生机盎然、温暖和睦的树德社区。

书院制定了全方位的培养计划，以培养具有家国情怀和社会担当的一流人才为目标，通过文化育人和实践育人等方面，将家国情怀和社会担当教育融入树德人才培养全过程，伴随树德学子学习成长；借助生命旺盛、情趣博雅、研学创新、公益担当、行走四方等平台，实现从一到一千万的成长:跑1次马拉松,交10个志同道合的朋友,完成100小时的志愿公益服务,早起1000次,学习10000个小时,每年完成100000字学习笔记,做出价值1000000元的发明创造,累积行走10000000步。

树德书院秉持"汇聚英才、共创未来"的思想,举办了树德汇、树德沙龙等一系列主题讲座活动。通过精彩纷呈的分享活动,树德学子得以走出书本,与科学家、企业家、社会活动家和优秀毕业生深度接触,实践南科大"培养具有企业家精神的科学家和具有科学家素养的企业家"的培养理念。为鼓励在校学生创新创业,树德书院和学生工作部共同建立创客车间,引入3D打印社、Artinx机器人战队、航模社等,得到了深圳市科创委,华为、大疆创新等公司的资源支持。

树德书院不仅引导学生自我提升、全面成长,还通过公益服务培养学生关爱他人的社会责任感,参与公益项目,用爱心照亮世界,奉献社会收获感动,参与暑期社会实践,独立自主,探寻真知,在艰辛中砥砺品格。同时书院还从提高思政教育、科技实践等方面举办一系列的社会实践活动,如科技行、青马班、珠澳高校交流等。

5. 致新书院☆

致新书院成立于2016年7月,院名"致新"源于《大学》"苟日新,日日新,又日新",寓意学子们要日有所学,日有更新,这是钻研学术的基础,更是国邦发展的需求。目前,书院管理团队有8人。书院有导师53名、学生600余人。

致新书院的主题色橙色与学校校徽颜色一脉相承,象征着书院学子朝气蓬勃的精神面貌。书院院徽以深圳市市花勒杜鹃为创意灵感,寓意立足深圳,面向世界,绽放的花瓣犹如翻开的书页,正在积蓄新生力量。致新书院致力于培养热爱祖国,热爱深圳,热爱非物质遗产文化,有修养,知礼节,务实创新,崇尚公益,有强烈社会责任感的国际化人才。

目前书院导师有53位教授,其中中科院院士1位、加拿大皇家科学院院士1位、英国皇家学会牛顿高级学者1位、国际学会会士2位、深圳市鹏城学者特聘教授1位。他们来自全校不同院系,涵盖理、工、医、商、文五大学科。

书院注重培养学生的自我管理、自我服务、自我教育、自我监督能力。书院围绕"艺术修养、体育锻炼、领袖培养和书院情怀"四大方面开展丰富多彩的书院通识教育活动,形成了深受学生们喜爱的书院活动:拼布工作坊、领导力提升工作坊、技能课堂、戏剧大赛、追光夜跑、五人制足球赛、班级篮球对抗赛等。书院重点发展的体育项目为射箭,艺术项目拟开展古琴和古筝培训。

书院注重发挥学生的朋辈互助作用，成立了书院学长团，聘请优秀的大学长担任书院学生课堂的老师和辅导员的工作助手，对接班级事务。学院重视学生社团的发展，指导成立了应急救援队、雁落弓社、宅舞社、自行车社、网球社等，促进学生的成长成才。

书院学生组织包括书院团总支、学生会、女子足球社、应急救援队、雁落弓社、致新足联、古琴社、非遗社、荔园健身房、宣传中心等社团。书院团总支以组织南科大志愿服务、应急救援队的培养及国际留学生的接收为主要业务，以一个平台（致新讲坛）、两个主题活动（“发现深圳”“非遗工作坊”）三个课堂（“致新礼仪课堂”“南科大安全课堂”“南科大公益课堂”）为重点开展项目。

致新书院致力于打造一系列特色品牌活动：“发现深圳”通过走进深圳的企业、社区、学校、人文场所，了解深圳的历史文化，体会城市精神；“非遗工作坊”邀请非遗传承人通过讲解和沙龙的形式，让学生了解和热爱中华传统文化，做好传播推广；“致新礼仪课堂”向学生传授相关的着装常识和礼仪规范，并教给学生展现个性风格的小技巧；“南科大公益课堂”让学生义工接受相关知识技能的培养，服务他人；“南科大安全课堂”对学生们普及安全知识、生活常识和应急处理知识。

6. 树礼书院☆

树礼书院成立于 2016 年 8 月，《论语・季氏》中有言“不学礼，无以立”。礼是立身之本、修身之要。树礼书院秉承“敢闯敢试、求真务实、改革创新、追求卓越”的创校精神，坚持学校“创知、创新、创业”的办学特色，以“修身、博识、慎思、致远”为院训，通过一系列精心设计的文化、学术和社会实践活动，塑造严谨厚重的学风，鼓励学生博览古今名著、融汇中西文化，致力于培养具有爱国精神、家国情怀、真才实学的国际化精英人才。

树礼书院的院徽是一本打开的书，中间镶嵌了一顶学位帽。书院学子要求学、求问、求索才能学业精进、学有所成。“打开的书”象征着书院开放、包容、批判、争鸣的文化氛围，同时，也体现书院将致力于培养博览群书、学贯古今、融汇中外的精英人才。“学位帽”则寓意大学生活学无止境、学海无涯和书院厚重、严谨的学风。

书院目前有导师 55 人，涵盖数学系、物理系、人文科学中心等 16 个院系，其中来自深圳市教育局、深信服、大疆创新、优必选的社会导师 4 名。学企结合使树礼书院的学生有机会了解企业并考察实践。

文化建设方面，树礼书院开展了一系列品牌活动，包括院长午餐会、院长恳谈会、导师分享会、导师晨跑、导师创新工作坊、人文下午茶、博识讲堂、树礼团聚夜、情书栈道、城市文化漫游、树礼礼遇大赛、树礼母亲节、女生节特别活动、创新企业行、点亮技能树、树礼访谈、书院体育范特西、书院体育文化节、超田村扶贫支教、延安青马班等品牌特色活动。树礼企业行是树礼书院的经典活动之一。书院每年均组织多次企业行活动，使学生通过了解企业发展历程、特色文化、未来战略，与企业优秀员工座谈，直观地感受职场人的豪迈与艰辛。除此之外，书院还拥有多个特色社团，如柔道社、晨跑社、气排球社、模联、拉丁舞社等。

(六)汕头大学

汕头大学位于广东省汕头市，1981 年经国务院批准成立，是广东省“211 工程”重点建设综合性大学，教育部“卓越医生教育培养计划”试点高校，全球唯一一所由私人基金会（李嘉诚基金会）持续资助的公立大学。学校于 1979 年初开始筹办，李嘉诚、庄世平先生捐资建校。1981 年 8 月 26 日，国务院批准成立汕头大学，11 月，著名经济学家许涤新任首任校长。1983 年，学校开始招收本科学生。同年，教育部批准汕头医学专科学校改建为汕头大学医学院。2012 年 6 月，教育部、广东省人民政府、李嘉诚基金会共建汕头大学，现有全日制在校生近 13000 人。

汕头大学以建设“文理医工融合发展，突出学科交叉特色的研究型大学”为目标，围绕“有志、有识、有恒、有为”的育人目标，坚持以学生为本，坚持国际化、精细化的本科教育特色，创新本科人才培养模式，构建知识、能力、素养、意志和精神培养的多元人才培养系统，以独特的学习体验，促使学生在具备良好的专业素质的同时具备超越专业界限、理论联系实际的特点，养成适应社会发展的实践能力和终身学习能力。

汕头大学现有至诚书院、弘毅书院、思源书院、知行书院、淑德书院、修远书院、敬一书院、明德书院、德馨书院等 9 所书院。

1. 至诚书院☆

2008 年 6 月，汕头大学成立至诚书院，着手学生培养模式改革。书院以拉丁文的 Veritas 作为英文名称，中文名则源自《中庸》“唯天下至诚，为能尽其性”，以继承和弘扬中华优秀传统文化为育人理念，并借此树立学生对书院文化和精神的认同感，建设温馨的人文社区。

至诚书院现有专职教师5人，学生900余人。书院以“诚敬谦和”为院训，围绕汕头大学改革的总体目标，落实4C(Culture、Civility、Character、Care)所蕴含的文化、文明、品格和关爱的育人理念，为学生在校健康成长提供更好服务、更有力的支持；推动大学从偏重“专业培养”向具备社会适应能力的“全人教育”转变；将整合思维能力的培养植入书院的通识课程、拓展项目和学生组织建设中，营造一体化的学校育人环境，培养“有志、有识、有恒、有为”的高素质人才。

书院设院长、副院长兼党总支书记、院务主任及院务秘书，同时设导师委员会和导生委员会。导师委员会借鉴普林斯顿大学模式，成员由本校教师和社会知名人士组成，给学生提供学业支持和人生规划指导；导生制借鉴普林斯顿大学住宿学院模式，由品学兼优的高年级学生或研究生组成导生委员会，负责带领20～30位住宿学生(7～8间宿舍组成一个小型团队)。书院老师引导、支持和帮助学生通过组织各种团队实现自我管理。书院大楼共五层，每层楼共设7个区(横向剖面)，每个区就是一个导生区，也是一个团支部。中型团队(团总支、党支部)以大楼的纵向建筑剖面来设置，共设置7个中型团队，每个中型团队由5个不同楼层的区组成。各个大、中、小型团队及各种兴趣社团互相交错，相互独立但又彼此关联，不定期进行交流、联谊等，通过这种小型团队、中型团队和大型团队的协调和运作来实现学生能力与素质的全面发展。

书院聘请导师给予学生专业指导，举办“至诚讲坛”“至诚沙龙”“TEDx Shantou University”开阔学生视野，促进思想交流，举办“导师面对面”“书院日”“院长分享”等活动提供自如交流和无间隔沟通的平台，增进师生感情。书院为学生提供有别于专业学院所提供的特色拓展课程，包括团队、交叉学科、体能、心理和职业生涯等五类拓展项目，以培养学生的社会责任感、沟通能力和团队能力，提升心理品质、挫折抵抗能力和社会适应能力，促进各学科交叉融合，提高学生体能素质和运动热情，并为学生提供职业人生规划等。与高度专业化的专业学院课程相比，拓展课程更注重学科交叉、通识教育、能力提升、潜能发掘，少数是列入学校教学计划的有一定学分的系统课程，多数为不计学分的课外学习。

书院注重将“服务学习”理念与住宿学院育人模式相结合，培养学生公民意识、公益意识、奉献及合作精神。书院以“公益教育与服务学习”理念为指导，以“常青藤”服务学习协会为平台，开展的主要项目包括：训练营义工项目、为中学生开展义教和心灵关怀的“关爱中学生”项目、关注弱势家庭儿童的心理和生理健康成长的“儿童关怀”项目等，通过“服务学习”活动，广泛发动青年学生积极投身社会实践，在服务社会、回馈社会的同时，提升自我，增强社会责任感。

书院以团队的形式来构建学生党支部，按书院纵向建筑剖面来设置，共设置4个党支部。书院通过党支部对书院内部的党员师生进行组织管理，发挥推动书院发展、服务学生、凝聚人心、促进和谐的核心作用，并通过住宿学院党、团和学生组织等社区活动平台的搭建，增强学生综合素质，培养其自信心、独立性和社会责任感，最终把党的思想政治教育工作具体落实到大学生生活社区、学生公寓，使学生的生活、学习、成长融于一体，促进身、心、灵全面健康发展。

2. 弘毅书院✻

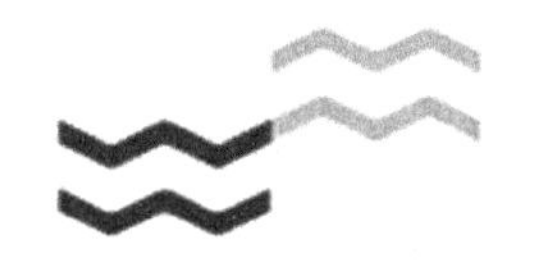

弘毅书院成立于2016年。“弘毅”源于《论语・泰伯》“士不可以不弘毅，任重而道远”，英文名称Perstare（来自拉丁文），取意“毅力，持之以恒”。“弘毅”为宽宏坚毅、刚强勇毅之意，亦谓抱负远大，意志坚强。

弘毅书院希望打造一个良好的社区学习平台和生活区域，通过导师指导、朋辈互助等形式，进行住宿学生间跨年级、跨专业全方位的、立体式的交流和探讨，培养学生远大的理想追求、高尚的道德情操、良好的人文素养和团队协作精神，最终培养一批具有远大理想、社会担当、社群归属感和多元兴趣的学生，并以培养学生的终身学习能力、持续成长和全面发展为己任。

书院下设三个社区，分别为正心居、日新社和明德里，设有院务办公室、会议室、学生素质拓展室、心理咨询室、舞蹈室、琴房、导师交流室、自修室、讨论室、学生会等功能用房，另配有院长公寓、辅导员宿舍、学生自助餐饮区、洗衣房、空中花园、保安室、单车棚等生活休闲区域及辅助空间。

书院配备院长、副院长各1名，专职、兼职的书院辅导员7名组成管理团队，聘请来自学校各个学院的优秀教师组成导师团队，在人生发展和职业规划方面给予学生指导，选拔30名品学兼优的高年级学生或研究生担任导生，在学业、生活上给予书院低年级学生帮助。

书院创新工作形式，实施全人教育，设立党团组织，学生会、青年志愿者协会等学生组织及辩论队、羽毛球队、篮球队、足球队、乒乓球队、排球队、口才与演讲艺术协会、瑜伽学社等学生社团，通过开展丰富多彩的活动，提升广大学生的综合素质和人文素养。

书院开设“三大学堂”和“六馨计划”。“三大学堂”包括瑜伽学堂、书法学堂和舞艺学堂，分别针对瑜伽课程、书法文化和舞蹈艺术开展相关课程，打造书院独特的文化气息。“六馨计划”包括：德馨计划——培养道德品质；知馨计划——拓展知识视野；身馨计划——增强身体素质；艺馨计划——提升艺术修养；职馨计划——提升职业能力；心馨计划——提升心理素质。

书院目前开设了两门公益课程:知书达礼——中小学生文化素养提升营、诵读经典——中国优秀传统文化赏析,通过开设特色公益课程,培养学生的奉献精神及服务意识。书院通过与世界知名大学交换生的分享交流,让学生感受独特的书院文化和学习体验。

目前,弘毅书院已邀请学校11个学院(部门)的28名优秀教师担任书院的导师,并设立导师制度。为加强学生的学术研究和专业应用能力,提升学生的人文素养和综合素质,书院依托导师队伍,启动"毅师一席谈"项目,定期邀请不同专业领域的导师在书院举办小型讲座、沙龙、分享会等,为导师和学生之间交流创造良好的平台及环境。

3. 思源书院✲

思源书院成立于2016年,采用不同专业、不同年级"混住"的现代生活模式,提供优越的居住环境和设施,确保高质量的生活水平。

书院通过优化组织管理结构,设立党团、学生会和学生兴趣社团组织,通过公民意识与道德修养、学术科技与创新创业、社会实践与公益服务、、文化艺术与身心发展、技能培训及其他等五个方面,在大学和学院的大背景下塑造更小的学术和社会团体,为学生全方位发展提供了广阔的舞台,以"为人之道、为学之方"为宗旨,通过各种平台帮助学生实现自我提升。

思源书院旨在培养学生心怀感恩,以己及人,服务社会,注重把学生在书院生活的点滴整合为塑造品行和素质的重要影响力量,提升学生自主学习能力,使其理性规划未来人生发展。书院开设五大特色课程,包括:全人教育、公益服务、生涯探索、创新创业、礼仪艺术等课程。

思源书院将坚持"以人为本,德育为先,修德敬业,全面发展"的育人精神,努力成为最具全人教育理念的示范书院。

4. 知行书院✲

知行书院成立于2016年8月,以"知行合一,止于至善"为院训,希望学生通过在书院的学习生活能够深入认识自己、认识世界,从而树立正确的人生观、价值观、世界观,同时希望学生在书院加强实践,真切感受知识和学习的魅力,深刻理解社会和世界的变革,从而达到追求无我的境界。"以知导行,以行促知",书院希望学生不断提升自我,完善自我,最终成长为博学勤思、认知

清晰、勇于探索、躬行实践的优秀人才。

书院拥有办公室、导师交流室、会议室等 9 处功能用房，设置自修室、讨论室、多功能课室 3 类学习区，并建有洗衣房、琴房、小型戏剧厅、健身房、自助餐饮区、教职工住宿休息室。书院最多可容纳 820 名学生住宿。

书院定期举办“知潮”“知音”“知书”“乐行”“众行”等系列活动，从认知、态度、实践和分享四个方面对学生进行综合素质培养，探索“知行”特质文化，打造书院特色育人平台。

5. 淑德书院✲

淑德书院成立于 2017 年 1 月，是李嘉诚基金会首个捐资成立的女子书院。书院旨在为女性提供更多优质独特的学习机会和关怀指引，使其获得具有针对性的培养和体验。书院院名源自淑德女校，该校是近代汕头地区具有本土特色的女子学校，致力于为潮汕妇女提供平等接受教育的机会，鼓励女性更多地参与社会。书院的目标是让女大学生更好地认识自己、提升自己，让自信和温柔改变世界。同时以“学习生活相融，中西文化相通”为特色，将学习融入生活，为女生提供多种实习、实践的机会，包括实地研究、服务、操作体验等，从而让女生开阔眼界，心系全球。

书院的设计贯通中西文化，注重硬件设计与学习内容两者结合，融合国际与潮汕文化元素。书院以“领导力和服务”为育人理念，旨在通过优越的环境条件、丰富的书院活动以及学生与师长的互动交流过程，给汕头大学的女生提供更多学习和成长的资源和机会、关怀与支持，为其发展提供广阔空间，促进汕大女生全面发展，成为兼具国际视野、社会责任感、创新精神、沟通协作、独立思考、自信自强等领导能力素质的人才，以迎接更多的挑战。

书院每年暑假选拔约 800 名大二女生进入书院学习，提供一周的短期住宿，旨在让她们将所学内容传播给其他同学，持续起到示范作用。每年选拔 4 名大四年级女生作为导生，提供为期 1 年的长期住宿，旨在培育其成为书院领袖，帮助解决住宿学生日常生活问题。

书院将潮汕文化与女性光影元素融入装修设计中，除满足学生日常活动所需的会议室、开放讨论区、自习室、公共餐饮室等，还建设开放多元化功能场所，配备设施供学生使用。图书视听室储存展示与女大学生相关的图书、影视、展览品等，供阅览与借阅。户外活动区利用户外绿地，成为学生聚会、排练、交流与观景的休闲活动场所。百人演绎空间为论坛讲座的空间形态，配之现代科技给予的可能性。多功能厅为无障碍的、可席地而坐的休闲式活动或工作坊提供场地。创意室用于艺术创造的空间，供学生发挥其创新性与艺术性项目想法。谈心室提供舒适、温馨的环境，供师生交流畅谈。

淑德书院在文学院妇女研究中心支持下，面向全校女生举办讲座、与名人面对面、特色主题工作坊、沙龙以及实践学堂等活动，学习潮汕文化，开拓国际视野，培养学生综合素质。每年近2000人次参与其中。

6. 修远书院✼

修远书院成立于2017年10月30日。“修远”取自屈原《离骚》“路漫漫其修远兮，吾将上下而求索”。书院以“务本明志、修身致远”为院训。来自全校各个专业、年级的近600名学生在书院内共同生活、交流、学习。

中国传统文化经典《大学》有云：“自天子以至于庶人，壹是皆以修身为本。”《论语・学而》曰：“君子务本，本立而道生。”而人贵立志，志不立，天下无可成之事。学校“有志、有识、有恒、有为”的育人理念中，也以“有志”为先，故围绕学校“四有”育人理念和“建立自我追求无我”的精神，修远书院期望每个学子都能务求根本、立明志向，不断修身，建立自我，最后追求无我，成就修远之事，服务国家发展，做新时代中国特色社会主义建设者和接班人。

修远书院既是学生住宿及生活的社区，也是开展思政教育、学生事务、咨询辅导和素质拓展、校园文化、社团活动等工作和活动的载体。书院设立办公室、会议室、党团活动室、导师交流室、咨询辅导室、学生组织活动室等6类功能用房和自修室、研讨室、多功能室、休闲交流区等4类学习区，以营造良好环境与氛围，充分满足学生学习、生活、交流的需求。

书院基于学校的人才培养目标体系，开展党团组织建设、育人平台搭建、学生骨干培养、学生关怀、书院文化探索等工作。书院基本完成了以党团组织、学生会、导生、党员志愿服务先锋队和青年志愿者协会(筹)为主体的育人平台和组织建设；开展了以十九大精神专题学习会、“青马工程”学生骨干户外拓展培训、“了解国情，投身时代”专题党课、“不忘初心，牢记使命”主题党日、“传承红色基因——修远书院青年大学生红色之旅接力行”之“七个一”系列活动、大学生党员暑期社会实践、特色团日、雷锋月、导生培训营、新生素质拓展训练营、师生交流会等为特色的系列活动；进行了以书院院训、书院标识、书院网站为代表的书院文化建设；完善了以师生交流、导生走访、老师走访、咨询辅导、奖助贷支持等为途径的学生学习、生活关心机制。

7. 敬一书院✼

敬一书院成立于2017年10月30日，“敬一”一名源于儒道二家的重要理念——“敬”

与“一”的结合。书院院训为“敬德修业，惟精惟一”，勉励学生知敬畏守底线，不断审视自身的价值取向，扣好人生的第一粒“扣子”，追求良善；勉励学生坚定理想信念，不轻易被外界左右，不忘初心，心性专一。同时积极采取行动，不驰于空想，不骛于虚声，不走极端，用工精深，精益求精。

敬一书院搭建各类平台，为学生健康全面可持续发展提供更精细的服务、更有力的支持。书院以党建和思想政治教育为龙头，进行爱国主义教育、革命传统教育和社会主义先进文化教育，建设“红色书院”；以“科技创新节”为平台，培养学生自主发现、自我探究、协同创新意识，提升核心竞争力，建设“蓝色书院”；以青年志愿者协会为依托，弘扬“奉献、友爱、互助、进步”的志愿服务精神，建设“绿色书院”；以“文体艺术节”为依托，通过文体活动立项，引导学生自我管理、自我教育、自我服务和自我监督，建立“橙色书院”；以立德树人为根本任务，通过创建各类平台，提供精细服务，为书院学生的全面健康可持续发展提供保障，建立“金色书院”，最终期望学生胸怀天下，放眼世界，思考并践行“有志、有识、有恒、有为”的育人理念。

8. 明德书院✲

MINGDE COLLEGE 明德书院

明德书院成立于2017年10月30日，共有学生1000余人，来自全校的不同专业与年级。明德书院之名取自《大学》“大学之道，在明明德”，寄望学生通过书院的生活，培养与弘扬优良的品德，不断地认识自我、提升自我与完善自我，成为正直、善良、品学兼优的明德人。书院不仅为学生提供共同生活、交流和学习的平台，还通过开展党团建设、学生事务、素质拓展、生涯辅导、社团活动等系列工作，激励学生砥砺品行，追求卓越。

书院管理团队由1名副院长、4名辅导员组成，书院设院务室、院团委、拓展中心、导生委员会、学生委员会。书院开设2门公益课程：生命教育、“说文解字”——中国汉字文化与解读，同时开设品德行、鉴文化、育职能、塑身心4门课程，丰富学生生活。

书院施行导生制，由品学兼优的高年级学生担任导生并负责带领20～30位学生（7～8间宿舍组成一个小区）。导生委员会是由所有导生组成的学生团队，旨在更好地打造导生团队，增进导生之间的交流和沟通，提升导生工作能力，加强导生团队凝聚力。书院导生工作是学生自我管理的重要措施。导生主要负责各小型团队的工作，协助学生成长成才，建设小区文化，增强学生认同感和归属感，强化学生的自我管理和自我服务。通过导生工作的开展，形成书院学生自助、互助和他助有效机制以提升学生自我管理能力，增强独立性。

书院拓展中心负责研究并组织开展书院团队拓展、学科拓展、心理拓展、体能拓展、职业拓展等活动项目，为学生提供有别于专业学院所提供的特色拓展课程。与专业学院课程相比，书院拓展课程注重学科交叉、通识教育、素质提升、潜能发掘，大部分为不计学分的课外学习，其形式包括讲座、论坛、工作坊、训练营、讨论会、交换计划、实习计划等，课程主要由书院导师、职员开设，同时邀请专家、社会人士、校友等参与课程讲授。

9. 德馨书院✲

德馨书院成立于2017年10月30日，德馨取自《国语·周语》中的“其德足以昭其馨香”。刘禹锡在《陋室铭》中也恰恰提到“惟吾德馨”，寓意居住环境尽管并不豪华，却能因居住的人的道德品质而散发出高雅的气息，体现出浓厚的人文精神。德馨书院不仅是学生住宿及生活的地方，更是培养学生综合素质的重要阵地。书院结合学校的育人目标，通过搭建党团建设、思政教育、学生事务、素质拓展和社团活动等平台，探索书院特色育人模式，以人为本，营造书院温馨家园，致力于培养德艺双馨的人才。

书院院训为“心无界，德惟馨”，秉承立德树人、全面发展的教育理念，致力培养德馨体健，德育、科学与人文精神兼备的优秀人才，期望全体学子努力突破视野界限，既能以全球性的眼光参与世界每一个角落的竞争，也能以赤子之初心坚守家园之路。书院秉承“育”“教”相结合之理念，致力于举办包括心理工作访、音乐演唱会、读书分享会等在内的形式多样的素质拓展和特色党建、团建活动，增强书院学生多元化通识素养认知，促进学生身体和心理健康发展。

书院以培养具有创业基本素质和开创型个性的人才为目标，以培育在校学生的创业意识、创新精神、创新创业能力为主，开展面向社会，分阶段分层次的创新思维培养和创业能力锻炼的实用教育。书院开展潮汕文化探索、公益植树、公益墙绘及福利院志愿服务等多形式服务活动，在寻找和发现“美”的过程中让学生领悟“奉献、友爱、互助、进步”之志愿精神，展现勇于承担社会责任、为社会无私奉献的当代大学生风貌。书院联合社会企业举办多次“职涯学坊”活动，让学生走进工作现场，参观学习生产部门运作模式，并实操考察求职技能。书院结合线上网络直播优点，邀请知名职业生涯规划认证师和咨询师，开展“职涯学坊”线上讲座，帮助学生了解职业发展的自我定位。

(七)华南理工大学

华南理工大学地处广州,是教育部直属重点大学。学校办学历史源远流长,最早可溯源至1918年成立的广东省立第一甲种工业学校,正式组建于1952年全国高等院校调整时期,为新中国四大工学院之一,1960年成为全国重点大学,1993年在全国高校首开部省共建之先河,1995年进入“211工程”行列,2001年进入“985工程”行列,2017年入选“双一流”建设A类高校名单。华南理工大学校园分为五山校区、大学城校区和广州国际校区,是首届“全国文明校园”获得单位。

华南理工大学坚持“追求卓越、创建一流”的信念,坚持以工见长的综合性学科格局,坚持融入发展促发展的办学理念,扎根中国大地,致力于培养高素质、高层次、多样化,兼具社会责任感和全球视野的“三创型”(敢创新、会创造、能创业)社会主义合格建设者和可靠接班人。

华南理工大学现有峻德书院1所书院。

峻德书院✲

2019年8月,华南理工大学广州国际校区以培育新时代国际化人才为导向,探索建立学校首个现代大学书院——峻德书院,作为本科生通识教育和本科生教育改革创新的主体单位。书院院名“峻德”,意即“能够发扬大德”,源自《尚书》中的“克明峻德”。“峻德”二字,体现书院紧扣立德树人核心任务,追求教育本真,回归育人初心。峻德书院以“探索新时代书院制管理模式,构建多元化成长社区”为建设理念及职能。院训为“峻志德正”,意为峻则志高,德而己正,想要达到很高的境界就要志存高远,就要树立高尚品德,端正自身。

书院现有本科生350余名,涵盖生物医学科学与工程学院、吴贤铭智能工程学院、分子科学与工程学院、微电子学院4个“新工科”学院。峻德书院院长由国际知名院士担任,书院设院务主任1名、副院长1名,现有学业导师65名、成长导师23名、朋辈导师(导生、朋辈心理咨询师等)若干名。

华南理工大学广州国际校区实行“书院制+全程导师(组)制”的人才培养模式,以此对中国的大学教育进行新的探索。校区整体作为“新工科人才培养试验区”率先实施“新工科F计划”,通过构建“通识+专业+双创”深度融合的课程体系,推进“5I”(学科交叉融合、产学研合作、国际化教育、工程深度学习、本研贯通）多维培养，着力培养具有学习力、思想力、行动力，兼具家国情怀与国际视野的“三创型”（创新、创造、创业）工科领军人才。成立的首个书院——峻德书院，是本科生综合素质育成和能力提升的主体单位。同时，导师（组）制也在实行辅导员、班主任制度基础上，进一步加强新时代高校学生思想政治工作的先行先试和积极探索，成为新时代社会主义高等教育改革与创新实践的先行者。

（八）广东药科大学

广东药科大学是全国三所药科大学之一，是华南地区最早开办药学系列专业的高等学府。学校办学历史悠久，可追溯至 1902 年伍汉持创办的图强医学堂（图强助产学校）。学校历经岁月变迁，始终保持着医药卫生教育教学的连续性，1958 年创建广东省卫生干部进修学院，1978 年升格为普通本科高校，定名为广东医药学院，1994 年更名为广东药学院，2016 年经教育部批准，正式更名为广东药科大学。

建校以来，学校秉承“药学中西、医道济世”的校训，弘扬“励志笃行、融通日新”校风，现已发展成为“以药为主，药医结合，药工融合，多学科协调发展”独具特色的高等药科学府，是全国药学类专业最齐全的高校之一。学校现有全日制本科生、研究生和留学生共 2.2 万余人。2018 年秋季，学校在云浮校区创新性实施书院制学生管理模式，首期打造三个风格不同的书院，结合传统、现代文化及学校医药特色。

广东药科大学现有岐黄书院、远志书院、建德书院等 3 所书院。

1. 岐黄书院

岐黄书院成立于 2018 年。院名源于中医学奠基之作《黄帝内经》，“岐黄”为医家之祖岐伯与黄帝二人的合称。书院以“岐黄”命名，旨在追溯经典，传承、发展、创新中医药文化，学习和发扬岐黄文化的普惠理念，为实现健康中国贡献力量。

岐黄书院由来自中医学院、护理学院以及医药信息工程学院中医学、护理学、计算机科学与技术、电子信息工程 4 个专业的学生组成。

书院致力于打造具有广药大特色的书院文化，包括中医药文化、国学文化、养生文化、云浮本土文化等，增强师生对书院文化的认同，营造良好的育人氛围。书院设有导师工作室、党团活动室（社团活动室）、心理咨询室等功能室，并在持续完善必要的条件配备，提升辅导员队伍的工作能力。

2. 远志书院✽

远志书院成立于 2018 年。书院以“远志”命名，一方面取其志存高远之意，寄望学子们要有远大志向，立鸿鹄志，做奋斗者；另一方面，“远志”与中药远志同名，意为书院将秉承学校“药学中西、医道济世”的校训，为国家、社会、人民的健康事业贡献力量。

远志书院由健康学院以及医药信息工程学院健康服务与管理、康复治疗学、生物医学工程 3 个专业的学生组成。

3. 建德书院✽

建德书院成立于 2018 年。“建德”，语出汉代班固《两都赋》序：“道有夷隆，学有粗密，因时而建德者，不以远近易则。”书院以“建德”命名，寄望学子们能追求真理，倡明学术，因事而化，因时而进。

建德书院由来自中药资源学院、医药信息工程学院中药资源与开发、中草药栽培与鉴定和计算机科学与技术等专业的学生组成。

（九）深圳大学

深圳大学于 1983 年经教育部批准设立，有粤海、沧海、丽湖、罗湖四个校区，校园总面积 2.72 平方公里。学校现有全日制在校生 37600 余人，其中全日制本科生 28600 余人、硕士研究生 8300 余人、博士研究生 300 余人、留学生 400 余人，成人教育学生近 24000 人。建校三十余年来，中央、教育部和深圳市人民政府给予高度重视。办学伊始，北京大学参与援建中文、外语类学科，清华大学援建电子、建筑类学科，中国人民大学援建经济、法律类学科，一大批知名学者云集深圳大学。

深圳大学秉承“自立、自律、自强”的校训，形成了“特区大学、窗口大学、实验大学”的办学特色，具有从学士、硕士到博士的完整人才培养体系以及多层次的科学研究和社会服务体系，现已成为一所学科齐全、设施完善、师资优良、管理规范的综合性大学。

深圳大学现有正义书院 1 所书院。

正义书院✽

正义书院成立于 2019 年 12 月 31 日，旨在为学生们打造一个温馨、舒适的学习生活环境。院名取自《荀子·儒效》篇：“不学问，无正义，以富利为隆，是俗人者也。”意指培养学生掌握宽厚的知识并学会独立思考，以达至真理、辨别善恶，了解事物的本质和真正意义。同时旨在激励学生善于求学，积极发问，深入思考，求真求是，养浩然正气，希望学生们争做坦荡君子，贡献社会，报效国家。

书院试运行以来，共组织 20 余场丰富多彩的文化活动，将通识课程纳入创新研究短课，进行统一管理，并划分为“三立短课”和“三自学堂”两类。“三立短课”方面，书院以人文素养、国学经典、时事热点为主题，联合马克思主义学院、人文学院开设生活哲学、比较视野下的东西方现代化、文人画鉴赏、禅与中国文化、正义与生活、佛教与生活等六门课程。“三自学堂”通识课由专题讲座、工作坊、精品校园文化活动组成，举办开展各类实用性的学分讲座，如公务员考试必备、托福雅思技巧分享等，并根据学生需求开设了托福、雅思、语音等短期课程。书院深入开展朋辈学业辅导工作，帮助解决学业问题，促进学业发展和进步，加强朋辈间思想交流与情感沟通，组建书院管理团队，鼓励学生主动参与书院的建设，同时对学生活动空间进行优化，升级改造丽湖校区山楂树宿舍的 8 间学生活动室。目前正在筹划推进正义书院二期建设工程。

（十）东莞理工学院

东莞理工学院是东莞市第一所普通本科院校，现有普通全日制学生 19400 余人、继续教育学生 18000 余人，由诺贝尔物理学奖获得者杨振宁博士任名誉校长。学校于 1990 年筹办，1992 年 4 月经原国家教委（现教育部）批准成立，2002 年 3 月经教育部批准变更为本科全日制普通高等院校。

学校主动适应并支撑引领社会经济转型和产业发展，确立“坚持知行合一、立德树人，着力培养适应现代产业发展需求，勇于担当、善于学习、敢于超越的高素质应用型创新人才”的培养目标，根据国家、区域科技和产业发展需求，重点打造智能制造、绿色低碳、创新服务三大学科专业集群。

学校弘扬“学而知不足”的校训，坚持“知行合一、立德树人”的办学思想，倡导“爱国奋斗、追求卓越”莞工精神，秉持“守正出新、登高致远”战略理念，践行“以卓越的创新教育与实践造福社会”的价值追求，以加快建成具有国际竞争力和影响力、国内一流、代表东莞形象的新型高水平理工科大学为目标，培养输送了一大批勇于担当、善于学习、敢于超越的高素质应用型创新人才，为国家和区域经济社会发展作出不可替代的贡献。

东莞理工学院现有学生社区知行学院 1 所书院。

知行学院✽

东莞理工学院|学生社区知行学院
ZHIXING COLLEGE OF DGUT

2013 年，东莞理工学院学生社区开始建设，首批专业社工进驻，与学生工作队伍实现“双工联动”，学生社区党工委正式成立。2017 年 9 月，学校设立了学生社区知行学院，覆盖全体本科生。

知行学院是东莞理工学院的二级教学机构，下设 7 个社区分院，分别是松山湖校区的莞馨分院、莞雅分院、莞逸分院、莞博分院、莞华分院以及莞城校区的莞思分院、莞和分院，成立与之对应的 7 个社区党支部，学生党员开展“院系 + 社区”双重组织生活。

学院以“知行合一、立德树人”为目标，以实现服务管理社区化、价值引领生活化、素质养成场景化，加强大学生人文素质为理念。学院下设综合办公室、杨振宁创新班、人文素质教育中心、社工服务中心、心理发展中心和 7 个社区分院，并在社区建立由知名教授、专家、心理咨询师、社区服务管理员及高年级“导生”组成的工作团队，引进 16 名专业的全职社工，将社会工作的方法、理念带入校园，更好地关怀学生，让学生在领悟茶道间向院长讨教问题，在练习瑜伽时和老师探讨人生方向，在心理辅导中与学长探寻人生价值。

学院以社区为依托开展课程教学、第二课堂教学，推动教学融合；培育和践行社会主义核心价值观，开展社区文化建设；推动社区内多学科学生的交流，提升学生综合能力；为学生提供更优质的心理健康服务；协同相关部门、各二级学院推进学生社区的管理，建设有利于学生成长成才的家园。

知行课程是学院进行通识教育的载体，课程形态灵活多样。上课时间安排在课外进行，不与人才培养方案内课程安排的时间相冲突；教学内容注重拓宽学生视野、引导素质养成、开发潜能、陶冶情操；课堂形式灵活多样、适应学生课外生活作息。

驻院社工根据“双工联动”工作模式，围绕新生适应、社区建设、人才培养和心理健康服务，通过宿舍走访、问卷调查、焦点访谈、服务评估，了解师生需求和建议。依据服务需求，驻院社工扎根学生社区，开展个案工作、小组工作、社区工作、项目工作等服务，注重挖掘服务对象潜能，传播社会工作理念，助推师生成长。

（十一）广东外语外贸大学

广东外语外贸大学系 1995 年 5 月由广州外国语学院和广州对外贸易学院合并组建。学校现有全日制本科生 19700 余人，硕士、博士研究生 3500 余人，各类成人本专科生、进修及培训生、外国留学生 25000 余人。

广东外语外贸大学秉持"明德尚行，学贯中西"的校训，以培养全球化高素质公民为使命，着力推进专业教学与外语教学的深度融合，培养"双高"(思想素质高、专业水平高)、"两强"(跨文化交际能力强、实践创新能力强)以及具有家国情怀、全球视野、创新能力、担当精神的高素质国际化人才。

学校秉承"全人教育、追求卓越"的教育理念和"卓越、诚信、包容、自信"的价值观，以国家"双一流"建设、广东省高水平大学建设、深化自主办学综合改革和"创新强校"工程实施等为契机，坚持内涵发展，加快改革创新，大力推进教育国际化战略，将学校建设成为特色鲜明，品质精良，受社会尊重，让党和国家、人民群众满意的国际化特色鲜明的高水平大学。

广东外语外贸大学现有明德书院 1 所书院。

明德书院✿

明德书院成立于 2019 年 5 月 28 日，以学校校训"明德尚行，学贯中西"中的"明德"命名，意为育人为本，德育为先，培育德才兼备全面发展的人才。明德书院的建立旨在探索学校完全学分制改革过程中人才培养模式，是基于学生社区的学生服务新实践，是深入推进学生工作"四进"的重要载体，也是实现教学相长、思政工作全覆盖所做的探索。

书院设置阅览室、小型图书馆、讨论问题的沙发区、多媒体会议室等，通过硬件设施的提升，将宿舍区打造成一个功能齐备的学生活动空间，为学生提供学术研讨、学业辅导、文化浸润、个性化服务，激发学生求知、探索、钻研、创新精神，致力于打造师生同学互动、小组讨论交流的学生家园，实现第一课堂和第二课堂的相互促进，促进学生成长成才。

书院定期邀请专家学者开展各种科研讲座，助力学生在学业发展过程中找到志同道合、有共同追求的伙伴，助力有科研兴趣的学生开启科研大门，致力于打造一个不同年级、不同专业学生交流的"住学研一体"平台。

(十二)深圳职业技术学院

深圳职业技术学院创办于 1993 年，是国内最早独立举办高等职业技术教育的院校之一。学校坚持"以德立人、以用立业、以特立校"的理念，2001 年首家通过国家示范性高职院校实践教学基地优秀评估，2009 年通过国家示范性高等职业院校建设项目验收，成为我国高等职业教育领域首批国家级示范校。学校现有普通全日制在校生22000余人，包括港澳台学生、四年制高职生、应用型本科生及外国留学生。

从2012年9月开始，深圳职业技术学院以“寓教育于生活”为理念，改革创新、系统推进、全方位、多层次开展书院制教育模式的探索与实践，目前已有20000余名学生进入5所书院学习生活，覆盖率接近90%，计划新筹建4所新书院。各书院建有党建工作室、导师办公室、学生事务大厅、创新创业体验中心、文化创意展示区、书吧、咖啡吧等多功能场所，常年开展常规主题活动、文化育人沙龙、师生定期交流辅导、各类志愿服务等活动。

深圳职业技术学院现有崇理书院、杏林书院、三尚书院、博达书院和日新书院等5所书院。

1. 崇理书院✼

崇理书院成立于2014年3月，依托于学校电子与通信工程学院建设。“崇理”寓意崇尚真理、追求卓越。书院院徽以代表理性与智慧的蓝色为主体颜色；以象征庄重、荣耀与典雅文化氛围的盾牌为外形；以“人”字元素寓意育人为本、德育为先。蓝色寓意书院以培养崇尚真理、追求卓越、创造新知，富有开拓意识和实践能力的高素质人才为使命；白色寓意书院的学术自由和独立精神。院徽将书本和汉字“人”同构，表达书院贯彻“文化育人、复合育人、协同育人”的理念，体现了书院培养“德业并进、学思并举、脑手并用”的复合式创新型高素质高技能人才的育人目标。

书院成立由书院名誉院长、院长、副院长、书院导师代表和学生代表组成的书院工作委员会，负责研究制定崇理书院中长期发展规划、书院章程及各项规章制度，解决书院建设过程中的实际问题。书院工作委员会的常设机构为书院办公室并下设导师管理委员会、教学管理委员会和学生自治管理委员会，目前有学业导师、常任导师、文化育人导师、生活导师、项目化导师和朋辈导师共计150人。

书院努力打造书院“一站式”服务平台，深化书院内涵建设、创新举措、丰富载体，深入推进书院“交流系列”“成长系列”“幸福系列”文化活动，创建书院通识课程、项目化导师制、书院讲堂、走读深圳、书记院长面对面、师生友谊赛、校友论坛等书院文化品牌活动，努力增强思想政治工作有效性。

书院以小型论坛的形式聘请学院内外专家学者举行读书、交流、分享。近五年学院领导、专任老师、辅导员等读书达人在崇理书院举行读书活动30余次，开阔学生文化视野，提升认知维度。书院建立“走读深圳”品牌活动，累计举办18期，来回行程近3000公里，通过师生一起走读深圳，让学生了解深圳，热爱深圳，提高对深圳本地及其周边的认识。书院建立崇理书院大讲堂,以讲座的形式聘请学院内外专家学者举行文化交流。

2. 杏林书院

杏林书院成立于2012年,依托学校医学技术与护理学院建设,致力于打造促进学生在认知、情感、社会性等方面的多维度成长的学生居住社区,以及不同专业学生与导师密切联系、深入互动的场所。

杏林,取自东汉神医董奉"杏林春暖"典故,代称中医学界。书院以"修德修业,博学博爱"为院训。书院以5~7间宿舍为单位成立宿区,目前共有35个宿区,在籍学生共1200余人,涵盖护理、助产、康复治疗技术、口腔医学、口腔医学技术、眼视光技术等专业学生。

书院设立书院领导和指导机构,成员包括书院院长、名誉院长、书院副院长。书院工作委员会由书院名誉院长、院长、副院长、书院导师代表和学生代表组成;导师管理委员会成员为书院院长、副院长、常任导师、学业导师、文化育人导师、助理导师代表,共聘任常任导师6名、文化育人导师46名、学业导师27名、助理导师13名、生活导师16名,已形成了涵盖学业指导、文化素质拓展、常规事务服务、生活服务等方面的导师队伍,具有硕士以上学历的教师超过80%。

书院常年开展常规主题活动、文化育人沙龙、师生定期交流辅导、各类志愿服务等活动,并打造了医心一意暨护士节晚会、杏林音乐节、"健康是福"校内义诊、校内无偿献血、绿丝带——远离抑郁症以及暑期社会实践"三下乡"之卫生下乡等书院特色品牌活动。

3. 三尚书院

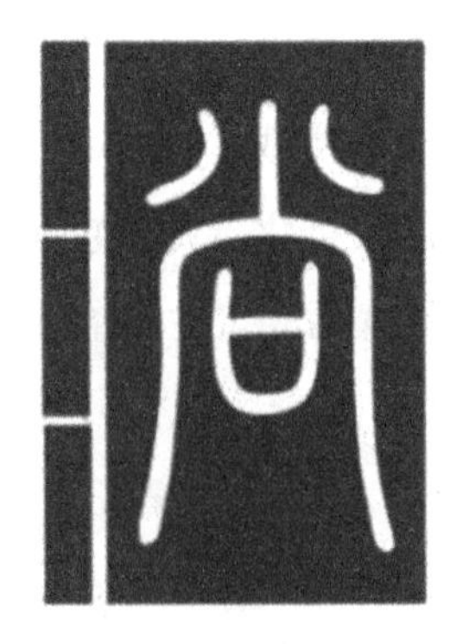

三尚书院于2015年12月15日正式成立,现有学生2400余人,依托学校传播学院、艺术学院、动画学院、人文学院建设。"三尚"是指"尚德、尚业、尚进",以校训"德业并进,自强不息"为立足点,寻求进步,谋求发展。书院成立书院领导小组,成员包括学院领导、校外顾问、校友会代表、专业主任、学工办主任。书院工作委员会下设导师管理委员会、教学管理委员会、学生自治管理委员会3个工作组。书院聘请书院常任导师、学业导师、文化育人导师和助理导师等人员组成书院导师队伍。

三尚书院结合学院专业特色,重点打造"三尚学""三尚谈""三尚行”“三尚创”“三尚展”“三尚艺”等主题特色活动。

“三尚学”：以学生需求为出发点，通过开展内容丰富、形式多样的学习、学术交流活动，例如专业领域的学术讲座、校友沙龙、学生社团沙龙与研讨，以及大学生职业生涯规划大赛、辩论赛、演讲比赛、征文比赛等主题赛事活动，激发学生的学习主观能动性，切实提升学生的可迁移能力和综合素质。

“三尚谈”：师生下午茶，每个月一次，根据学生疑惑或感兴趣的话题，邀请教师畅谈，可以更好地促进老师与学生之间的交流和相互学习，建立良好的师生关系，提高思政教育实效性。

“三尚行”：除了在课堂上师生就专业知识的切磋，课外共同参与体育活动也为师生提供更多了解对方的机会，发现彼此课堂外的另一面。

“三尚创”：以大众创业，万众创新为契机，结合书院专业特色，通过举办创新创业讲座、沙龙、交流会、校友论坛等创新创业主题活动，激发学生创新创业意识，营造浓郁的创新创业氛围。

“三尚展”：展现广大师生在全国各大赛事中的精彩表现及各学生组织的优秀活动，营造积极向上的学风。

“三尚艺”：倡导高尚、健康的文化艺术生活，培养和提高青年学生的文化品位和艺术修养，陶冶他们的性情，丰富他们的知识，培养和提高学生欣赏美、创造美的能力，使学生们在愉悦、向上的校园文化环境中活泼健康地成长，形成良好的校园文化氛围，如“碟艺”创意绘画大赛，“我绘我心”手绘大赛等。

书院探索开展学生社区“网格化”管理，实现党建引领、协同管理、队伍进驻、服务下沉、文化浸润和自我治理的“一站式”学生社区；打造了学生事务服务中心，力求实现学生“一站式”服务，提高学生事务办事效率，实现所有办事流程的公开化、透明化，让学生准确了解当前学生事务的操作办法，方便学生的同时提高了行政办公效率。

4. 博达书院

博达书院创建于 2016 年，依托学校化生和经济学院建设。书院共有教工 190 余人，其中常任导师（辅导员）12 人。书院现有学生 3600 余人。书院院名“博达”、院训“博习亲师，知类通达”均取自《礼记·学记》，寓意书院在引导学生掌握专业知识即“小成”的基础上，注重其健全人格的养成和对社会的适应，将培养知识广博、成熟豁达的“大成”之才视为己任。

书院设置以书院工作委员会为首的书院运作管理架构，负责研究制定本书院中长期发展规划、书院章程及各项规章制度，并具体负责书院的考核评价和日常运行管理。书院设名誉院长2名、院长2名、副院长2名；聘请书院专职辅导员担任常任导师，目前有常任导师12人，学业导师共100余人，通识导师65人，并从高年级优秀学生中选聘助理导师；下设学生自治管理委员会，对现有主要学生组织进行了系统整合。

书院依托专业特色，邀请名师入驻博达书院，打造国学养生、红酒品鉴、非遗传承、花言茶语、烘焙等多间名师工作室，积极发挥党建引领作用，指导学生社团活动融合中华优秀传统文化，增强学生人文素养，从生活美学方面提升书院育人功能。

书院将党建和思政教育下沉，定期开展"书记、校长下午茶"、院长面对面、知心工程（班主任谈心活动），构建党建进学生公寓的"三个一"模式：一个书院"一个党支部"、一名党员"一面旗帜"、一个主题"一条主线"，选拔优秀学生党员担任楼栋长、楼层长，实行网格化管理。导师进驻书院办公，方便与学生们交流；助理导师从高年级学生中产生。书院推进"交流系列""成长系列""幸福系列"文化活动，开设大学生职业素质拓展与实践等特色课程，举办"红书会"、青马工程、走读深圳等品牌活动。

书院花言茶语工作室开展组织第二课堂教学活动，由化生学院园林专业教授和马克思主义学院思政教授开设对话君子课程，将园林插花、茶艺等人文赏析与思想政治教育融合，创新思政教学新模式。

5. 日新书院✲

日新书院成立于2018年6月12日，以书院创客中心为依托，重点实施寓教于生活的全人教育理念，利用跨学院、跨专业优势，引进、开发、组织有特色的文化素质拓展类课程和活动，建成生活设施齐全、师生深度共融、文化精神彰显、实践活动丰富的第二课堂和育人平台，围绕书院院训"厚德笃行，日省日新"培育德业并进，勇于创新，开拓进取，自强不息的日新学子。

书院由人工智能学院、建筑与环境工程学院、汽车与交通学院共建，日常管理运行以人工智能学院为主导，融合三个学院优势资源，共同打造书院品牌项目。目前1000余名学生入住书院宿舍区。书院日常工作服务可辐射4500余名学生。

书院成立书院工作委员会，负责研究制定书院中长期发展规划、书院各项管理规章制度，解决书院建设发展过程中的实际问题。书院工作委员会成员由书院名誉院长、书院院长、书院执行院长、书院副院长等组成。书院工作委员会下设书院工作办公室，书院工作办公室设在人工智能学院，主要负责统筹协调书院日常事务，办公室主任由人工智能学院学工办主任兼任。

书院致力于大学生创新创业基础教育，通过设立创客项目、开设创客课程鼓励学子投身创新创业实践，累积孵化出党云 Plus、量子盾等十几个创客项目。书院依托学生科技创新社团如计算机学会、甲骨文俱乐部、智能信息处理协会、云数融合学会、软件创新工作室、大数据应用与技术协会、计算机创新工作室等，打造创新创业体验中心。在中心的孵育下，书院有多名学生在校期间成立了创业公司，为各大企业输送优秀人才。

（十三）中山大学南方学院

中山大学南方学院是 2006 年经教育部批准，由中山大学与广东珠江投资股份有限公司合作创办的独立学院，是一所多学科、全日制的应用型本科高等学校，2016 年被遴选为广东省普通本科转型试点高校。

中山大学南方学院现设有 10 个院系 42 个专业，形成以管理学、经济学、文学为主，工学、医学、艺术学协调发展、结构合理、优势互补的学科体系。学校现有本科生 19500 余人，继续教育在校生 2300 余人。

中山大学南方学院坚持“高起点、有特色、更开放”的办学理念，坚持为地方经济建设和社会发展培养输送综合素质高、实践能力强、具有创新精神的应用型人才的办学定位，深化教学改革，学校构建高素质应用型人才培养体系。结合学校、教师和学生定位，通过变革专业培养方案的逻辑起点、课程体系和学分结构，构建了适应自身特点的“立体化”人才培养方案，将“专业教育、思政教育、通识教育、成长教育”四个教育充分融合，实施“思政、通识、学工”三位一体的特色育人模式，形成了培养学生“成人”的多维育人体系，促进学生德智体美劳全面发展。

中山大学南方学院现有达人书院 1 所书院。

达人书院✽

达人书院成立于 2019 年 9 月 15 日，设置中文、外语、行管、财经、金融、计算机与信息工程等多门学科专业，从各相关专业院系按严格的比例选拔学生。书院在布局、风格、设施上赋予物理空间多种功能，如学生活动室、才艺室、书报室、会客室等，营造学生与老师、学生与学生之间各种社交机会和氛围。书院在校图书馆二楼设立达人书院专属图书角，以专业常用书籍、学术参考书、教学用书、工具书、文史哲经典著作、文化拓展类图书为主，兼配各科学术杂志数种，以供达人书院学生修习之用。

达人书院秉持“专精博雅、学兼中西、志存高远、修己达人”的校训，要求学生具备高远的志向和情怀，以“自由和煦的风”为口号，坚持学术自由探索的精神，营造书院和谐温暖的文化氛围。书院以优秀传统文化为基础，以加强型的专业学习为主干，以博雅教育为拓展，以跨学科学习和交流为特色。

达人书院借鉴国外文理学院和国内高水平大学的先进经验，将古代传统书院与现代大学的办学体制进行优化组合，探索中山大学南方学院本科专业“加强型”“小而精”的专业精英培养模式。书院为各专业小班量身制定新型人才培养方案，课程结构由公共教育课程、专业精修课程、成长教育课程、达人特色课程四大模块组成，满足和服务于具有不同天赋、不同需要、不同理想、不同个性的全体学生。书院每月举办两次文化雅集活动，主题为琴、棋、书、画、音乐、戏剧、朗诵、歌咏，组织茶艺，红酒、咖啡品鉴会，同时组织读书会、中西社交礼仪演习、诗社雅集等，创造师生交流互动的机会，增强雅文化素质的培养。书院通过更专门、更精深的专业学习和中西兼容的博雅教育，培养学生以优异的成绩实现个人价值，为国家和社会服务。

（十四）香港中文大学（深圳）

香港中文大學（深圳）
The Chinese University of Hong Kong, Shenzhen

香港中文大学（深圳）是一所经国家教育部批准，按中外合作办学条例设立的大学。学校现有 4 所书院、3 个学院及研究生院，在校本科生、硕士及博士研究生 4500 余人；引进教师约 200 位，包括中国工程院院士、中国科学院院士、美国工程院院士、美国科学院院士、加拿大皇家科学院院士等 12 名，IEEE Fellow13 名。

学校具有国际化的氛围、中英并重的教学环境、书院制传统、通识教育、新型交叉学科设置和以学生为本的育人理念。学校传承香港中文大学办学理念和学术体系，在中英双语及全球视野的教育教学、学术成果及社会贡献诸方面，达到较高水准。

学校为中国培养国际化的创新型领袖人才，致力于发展成为享誉世界的中国一流学府。学校采用书院制，所有学生分别隶属于不同书院，建立各自的书院文化。书院旨在打破学院和专业的界限，将不同学科和文化背景的学生聚集在一起，促进师生密切交流，朋辈共同成长；着重全人发展，提供众多非形式教育机会，与学院的专业课程互为补充、相辅相成；鼓励师生多做交流，互相学习，以举办集体活动来授予学生人际交往技巧、文化品位、自信心和责任感等软技能，发挥个人成长的潜力。

香港中文大学（深圳）现有逸夫书院、思廷书院、学勤书院、祥波书院等 4 所书院。

1. 逸夫书院✿

逸夫书院成立于2016年9月，邵氏基金(香港)有限公司捐赠，由邵逸夫先生担任书院创办人，故以其名字为院名。书院有本科生约1200人，研究生近100人，另有交换生10余人。

书院院训“修德讲学”出自《论语·述而》。子曰：“德之不修，学之不讲，闻义不能徙，不善不能改，是吾忧也。”院训勉励学生德智并重。只有修养品德，追求学问，兼而行之，修德以居仁由义，讲学以温故知新，两者兼备，才能接近君子的境界。书院的口号是“臻善存德，居高怀仁”，强调学生在追求卓越之余要注重操守，居于领导地位仍要怀有仁爱之心。

书院致力促使全院师生成为有求知精神，有操守，有社会承担的共融群体。书院通过大量教育活动丰富书院生活，给予学生关爱，提供包括通识教育在内的全人教育，帮助学生锻炼能力、开拓视野、树立价值观，让学生在各自所选择的领域和专业上卓有所成。

书院设董事会、院务委员会、舍监、住宿导师以及附属学术老师、书院办公室。由学术界专家和工商界精英组成的董事会为书院的发展战略和方针提供指导和建议。院务委员会具有监督书院的功能，制定并批准书院管理宿舍和学生的各种政策、方向和目标。舍监对整栋宿舍的全体学生负责。住宿导师对其管理的各自楼层的学生负责。每位学术老师都附属于大学的其中一所书院。办公室行政老师由院长直接领导，负责书院的日常运营和管理工作，并通过持续推进书院大型特色活动，凸显书院的精神价值和诉求。行政老师在学生、学术导师和住宿导师之间扮演二传手的角色，及时对书院的日常运营和管理工作进行调整以营造一个全方位服务学生、优质舒适的社区环境，助力学术导师、住宿导师的师生关系和谐发展。书院设立奖学金，对社区服务有突出贡献的志愿者学生予以“逸夫服务奖”表彰，对为书院更好发展出谋划策的学生给予“逸夫精神奖”表彰。

书院举办“逸闻论道”系列讲座，邀请不同领域学科的专家、学者和经验丰富的行业从业人员走进逸夫，与书院师生一起交流探索，自由表达。每周举办院长茶聚，书院院长邀请学生分批参加茶聚，通过茶聚近距离和学生互动，了解学生的动态，解决学生关心的问题。书院每月邀请一位教职人员与学生共进午餐，分享老师的学术经历与人生经验，并就学生感兴趣的话题展开讨论，为学生学习成长提供不竭的动力。

2. 学勤书院✿

学勤书院成立于2016年，由正中公益慈善基金会支持建立，学勤书院倡导润物细无声

式的教育，通过提供众多非形式的教育机会，引导学生从归属感、主人翁意识、创新及进取精神、多元化视角、社会责任感五个维度开展丰富多彩的校内外集体活动，让学生得到情志身心的全面发展。

学勤书院院徽由香港著名创意平面及广告设计师陈幼坚先生的公司设计。整个图形由国际通用的标点符号构成一个汉字“学”，突显学勤书院以学为宗旨的理念：学会做人，学会服务社会。圆形背景代表世界，图形上下不封口，表示在学勤人眼中，世界是开放的，知识是浩瀚的，故学无止境。圆形的天蓝色代表海洋，寓意学勤学子志在四海，以求探索世界、开拓视野、精进学业。天蓝色同时也凸显着年轻与活力，与学勤学子自诩“山里的蓝精灵”相呼应。图案中，构成汉字“学”的标点符号，均采用不同国籍和文化背景的学生所熟悉的国际通用符号，体现大学希望将中西文化精粹融会贯通的教育目标。

学勤书院院训是：“修己以善群，力行致良知。”“修己”意为完善自我修养，“善群”意为构建和谐的群体，“修己”和“善群”之间存在着因果关系。个体只有通过不断地反省、完善自身自我，发现和重建自己和他人的关系，方能与他人共同构建更好的群体环境，群体中个体相互关联，共同改善环境，最终可以改造社会。“力行致良知”就是通过在日常生活中的磨炼和修行来发现真理，达到对道德良知的认识和体悟，并予以践行，使心与行一致，追求更高的真与善，以良知本来的状态来对待这个世界，行其所当行，止其所当止，做身心怀有至真至善之人。

书院通过促进学生情志身心的全面发展，引导学生认知自己并激励他们有价值地参与社会生活，建立正直、和谐、合作、创意、创新的文化。书院致力于开创一片利于学生智性、个性和社会性发展的沃土，培育他们发现并了解自己独特的潜能，成长为有思想、富有同理心、有创意、勇于担当的人以及未来领袖。

书院以艺术工坊、语言文化、动静相辅三个版块，开展了丰富的特色课程，包括书法、瑜伽、油画、中国舞、丙烯画及水彩画等课程。每门课程时间跨度为 1～2 个月，分为 4～10 节课不等，旨在通过运动、艺术体验等形式，使学生们得到情志身心的全面发展。

3. 思廷书院✽

思廷书院成立于 2016 年秋季，现有近 1200 名学生，因鸿荣源集团及赖海民、陈思廷伉俪捐赠而命名。书院以中国传统文化为本，结合现代社会的多元性，推进全人教育之理念，致力于把学生培养成有高尚品格、国际视野、创新精神的人才，服务中国乃至世界。

思廷书院的院训是“道器并重，兼善天下”，分别引自《周易・系辞》：“形而上者谓之道，

形而下者谓之器”;《孟子·尽心章句上》:“穷则独善其身,达则兼善天下。”学之极,乃道,术之成,为器;大学乃探究学术和求道用器之地。重道者,必须苦读冥思。重器者,必须身体力行。在道器之外,学子应不忘中华传统——以天下为己任,以一己之力关顾社会,凭所学所得兼善天下。

书院的教育理想是“道器并重,兼善天下”,涵盖三个核心价值:共生、共享及共济。思廷书院提供大量非形式教育机会,培养学生的人际交往技巧、文化品位、自信心和责任感,并提供各种非形式学习机会,让学生丰富自己的大学生活体验,旨在创建融洽的集体氛围、和谐的师友关系、多彩的文化活动,发挥学生会的引领作用,营造亲切、温暖、和睦的学习生活环境。

书院旨在建立一个包容、友善、尊重、互信的社群空间,推行知识、能力和价值观培养并举的全人教育,通过一系列全人发展计划和活动项目,将学生培养成品格高尚、博学多才、能力卓越、关怀社会的世界公民。书院致力于开创具有书院特色的全人教育,制定并开展了一系列全人发展计划以帮助学子提升公益意识、促进心灵成长、培养学习习惯、增强文化能力等。

结合发展规划和理念,书院推出了特色品牌活动体系,包括大中小型的讲座、沙龙、工作坊、座谈、外出交流,书院以“MUSE(书院英文名称)一二三四”为其活动统称,下设四大项目:“合一作坊”是以培训技能、传授知识为核心内容的小型工作坊;“不二倾谈”是让嘉宾和受众平等对话、深入沟通的小型沙龙;“三思讲堂”是通过传道、授业来启迪学生思辨的大型讲座;“四方广志”集中于外访交流活动,开阔学生视野。

4. 祥波书院

祥波书院成立于2018年3月29日,厚蒙杨祥波先生捐赠而得名,现有学生总数超过1200人。书院有四栋建筑,共计约400间学生宿舍,可为约1400名学生提供住宿。书院内设有餐厅、厨房、洗衣房等设施,为学生提供一应俱全的基础生活支持,营造温馨而多元的书院社区。

书院设院务委员会、舍监导师以及书院办公室,并配有书院学术导师。书院舍监导师团队为居住在书院的兼职学生管理团队。舍监由学院助理教授、讲师及行政部门管理人员担任,为每栋宿舍楼的“大家长”。舍监导师来自大学各学院以及行政部门,与学生同住一层,是书院与学生之间交流的纽带。

书院依托“詹姆斯·莫里斯奖学金”资助书院学子前往香港地区高校进行交换交流,促进学术交流和联系。书院将秉承学校书院制的全人教育理念，实现通识教育的愿景，建立独具一格的祥波文化。书院设置有阅览室、研讨室、音乐室、艺术工作室、乒乓球室、多功能活动室等公共空间，为学子们营造温馨而多元的书院社区，已成功举办迎新破冰、高桌晚宴、博学详说系列讲座、中秋派对等活动。

书院致力于为学生们提供丰富多彩的非形式教育机会和课外活动，藉以培育学生们"弘毅致远"的优秀品质，使其成为自信、自律、自强，富有同情心和社会责任感的个体。学生在校期间，除了住宿在书院，还可以参与书院组织的各项活动，藉此机会加深与院长、老师及其他书院成员的联系，在互爱互助，温馨祥和的气氛里一起成长，建立积极进取、奋发图强的书院文化，携手共建祥波大家庭。

六、西南地区

（西南地区：重庆市、四川省、贵州省、云南省、西藏自治区）

本地区共有 6 所高校建有 17 所书院，它们是：

重庆邮电大学移通学院：天渠书院、智能工程学院、南湖书院、爱莲书院、北山书院、别都书院、花果书院、汇江书院、廊桥书院、鱼城书院、远景学院

西南交通大学：唐臣书院、竺可桢书院

四川大学：吴玉章学院（玉章书院）

成都工业学院：晏济元书院

四川城市职业学院：东坡书院

成都中医药大学：国医书院

（一）重庆邮电大学移通学院

重庆邮电大学移通学院成立于 2000 年，是经教育部批准，由重庆邮电大学创办的独立学院，属全日制普通本科院校，坐落于重庆市。学校占地面积 2131 余亩，在校学生 21000 余人。

学校确定了"乐教、乐学、创造、创业"的校训，明确了信息产业商学院的总体办学定位，构建了"四位一体（商科教育 + 完满教育 + 通识教育 + 专业教育）+ 双院制（学院 + 书院）"人才培养模式，致力于建成以"新工科"为主体、以电子信息为优势、中西部一流的民办应用型本科院校，服务信息行业和地方社会经济发展。

2017年3月起，重庆邮电大学移通学院开始实施书院制，现有专业集中式书院3所（天渠书院、南湖书院、智能工程学院）、社区文化式书院7所（爱莲书院、北山书院、别都书院、花果书院、廊桥书院、汇江书院、鱼城书院）、文理学院式书院1所（远景学院），共11所书院。

专业集中式书院，包括外国语言文学系（天渠书院）、中德应用技术学院（南湖书院）、智能工程学院（竹逸书院、梅若书院、松格书院、荷悦书院），这些书院的学生院系专业集中、住宿集中、配套设施齐全，通过专业认同与社会实践加强学生专业素质的培养。

社区文化式书院，包括爱莲书院、北山书院、别都书院、花果书院、廊桥书院、汇江书院、鱼城书院，这些书院的学生学习在专业学院，生活在社区书院，在互补、互动、互融中由“双院”共同培养。

文理学院式书院，即远景学院（远景书院），对学生实行独立培养，以全程导师、通识育人、国际交流、自主管理为育人特色，不分专业但分年级集中上课、住宿，旨在培养具有全球视野、具备通识教育的精英人才。

1. 天渠书院

天渠书院属于专业（外国语言文学系）集中式书院，现开设英语、德语本科专业，承担全院的公共外语和英语、德语专业的专业课程教学。书院有学生近900人。书院强调学生专业素质的培养，并在学院“完满教育”育人理念的指导下，通过组织各类校园活动培养完整的社会人。

2. 南湖书院

南湖书院又称中德应用技术学院，位于学校南校区，包含第6教学楼，南湖书院1、2号住宿楼。书院围绕国际、文化、互助，培养具有国际视野、国际交流能力和较强专业技能的高级应用型人才。目前，书院已送出600余名学生至德国合作大学就读，在校预备赴德学生近1600人。

3. 智能工程学院

智能工程学院属于专业集中式书院，包括竹逸、梅若、松格、荷悦四大书院，现有学生2600余名，涉及8个本科专业和1个专业方向。学生集中住宿在行者公园的竹逸、梅若、松格、荷悦书院内。书院现有各类功能区20余个，包括健身房、阅览室、排练厅、放映室、创新中心等。学院致力于将学生培养成为自强、自立、自信、智能化的人才。

4. 爱莲书院

爱莲书院位于北校区的爱莲1、2号楼，现有学生1700余名。功能区位于爱莲1号楼内，面积1298平方米。书院打造13间个性功能室，其中有咖啡厅、排练厅、乐器房及多功能影音室等，所有功能室设备齐全。书院以想象、品鉴、艺术为培养基点，致力于培养具有优秀鉴赏力的人才。

5. 北山书院✽

北山书院位于北校区北山书院1至3号宿舍楼，现有学生3000余名。功能区位于北山书院2号楼、3号楼及新增建筑，共涉及改建面积1133平方米，共改造寝室22间，主要采用"斯坦福学院"风格。书院以坚持、勇敢、自信为培养基点，致力于培养具有杰出坚韧力的人才。

6. 别都书院✽

别都书院位于南校区，涵盖别都1至4号宿舍楼，现有学生2700余名。改造主要集中于别都书院3号楼一楼及两栋新增建筑，可使用总面积1138平方米，采用温馨、质朴、活力的"时尚轻奢风格"。书院以目标、博弈、协调为培养基点，致力于培养具有卓越统筹力的人才。

7. 花果书院✽

花果书院位于南校区花果书院1至3号宿舍楼，现有女学生2300余名。功能室位于花果3号楼一楼与楼栋间新增建筑，新建面积约403平方米，改建面积约1343平方米，采用"Ins风"。书院以"责任、立己、达人"为发展愿景，以感召力为培养方向，致力于培养立己达人，有责任有魅力的花果人。

8. 廊桥书院✽

廊桥书院位于南校区廊桥书院1、2号宿舍楼，现有男学生2600余名。功能室位于廊桥书院1、2号楼一楼，设计面积约1200平方米，共涉及改造寝室40余间，硬件改造软装风格为"日式原木风"。书院以"洞察、对话、格局"为培养基点，致力于培养具有优秀决策力的人才。

9. 汇江书院✽

汇江书院位于南校区汇江书院1、2号宿舍楼，现有男学生1000余名。功能室位于汇江1号楼二楼，设计面积约870平方米，共涉及改造寝室20间，硬件改造软装风格为“北欧风”。书院以“探索、精进、创造”为培养基点，上下求索，纵横创造，培养与众不同的汇江人。

10. 鱼城书院✽

鱼城书院位于南校区鱼城书院1、2号宿舍楼，现有学生1400余名。功能室位于鱼城书院2号楼一楼及新增建筑，设计面积约798平方米，共涉及改造寝室18余间，硬件改造软装风格为“现代简约风”。书院以“博观、慎思、改变”为培养基点，为缔造“会思考、敢批判、有改变”的鱼城家园而不懈努力。

11. 远景学院✽

远景学院属于文理学院式书院，位于学校C区，包含远景书院住宿楼1号楼，共有学生560余名。学院的学生实行独立培养，不分专业但分年级集中上课、住宿。学院致力于培养具有全球视野的精英人才。

（二）西南交通大学

西南交通大学创建于1896年，前身为山海关北洋铁路官学堂。学校是教育部直属全国重点大学，国家首批“双一流”“211工程”“特色985工程”“2011协同创新计划”研究型大学，坐落于成都。学校现有九里、犀浦、峨眉三个校区，共占地5000余亩，犀浦校区为主校区。学校现有全日制本科生29025人、硕士研究生10489人、博士研究生2364人、留学生900人。

在124年的办学历程中，学校始终坚守大学使命、服务国家社会，形成了“竢实扬华、自强不息”的精神，“严谨治学、严格要求”的办学传统和“精勤求学、敦笃励志、果毅力行、忠恕任事”的校训。学校构建起了“价值塑造、人格养成、能力培养、知识探究”四维一体拔尖创新人才培养体系。

西南交通大学现有茅以升学院（唐臣书院）、竺可桢书院等2所书院。

1. 唐臣书院☆

2010 年，学校组建了茅以升学院，2016 年，学校成立了唐臣书院，书院以茅以升先生的字“唐臣”命名，旨在完善荣誉学院、专业学院、书院合作共融的长效机制。

书院遵循茅以升“求实创新”的教育思想，以学习传承茅以升精神、培养“当代茅以升”为历史使命，依托学校一流学科、高水平师资，以高端的国际化项目、优质的课程资源、高层次的培养模式，搭建跨学科的卓越拔尖人才培养平台，实施通识教育与专业教育相融合的精英化教育。培养人格健全、基础宽厚、知识丰富、能力突出、视野宽广、善于创造、通专结合的具有学术大师、管理精英、行业翘楚潜质的面向未来的高层次工科类卓越拔尖创新和跨学科交叉复合型人才。

2019 年，书院设立“卓越工程师拔尖班”，在“双院制”模式下开展卓越工程师教育培养计划。“卓越工程师拔尖班”包括土木工程、机械类、电气工程及其自动化、计算机大类、交通运输、测绘类、材料类、建筑学等 8 个专业。

自 2019 年起，书院采用“高考成绩 + 入校选拔”相结合的录取形式，录取学生集中入住唐臣书院，参加相关新生教育和书院特色育人活动。

作为茅以升学院重要育人实现载体，书院形成了“精英化、贯通化、养成化、个性化”的跨学科精英人才培养特点。“精英化”是指学院致力于培养具有学术大师、管理精英、行业翘楚潜质的国际化拔尖创新人才；“贯通化”是指为学生开通本硕、本博衔接培养通道，制定贯通式人才培养方案；“养成化”是指学生集中住宿，按照书院制管理模式培养，倡导书院养成教育，依托话剧、文学、音乐、舞蹈、书画等不同艺术形式，开展思政教育；“个性化”是指实施学生分类培养，实行严格的选拔、培养、审核机制和开放包容的流动循环机制，为不同学生定制个性化的人才培养方案；“跨学科”是指为学生提供跨学科的教育平台，包括跨学科的专业、跨学科的课程、跨学科的教学团队、跨学科的教学构成以及跨学科的教育教学理念。

书院以“卓尔乐群”为核心理念，打造了“一个社区”“两套体系”“三个平台”“四个领域”“五个课堂群”和“跨学科教育导师群”。“一个社区”是指师生共处交流的校园社区；“两套体系”是指学生学习生活的服务体系、师生相辅相融的辅导体系；“三个平台”是指学生自治管理的锻炼平台、学生需求导向的服务平台、学生综合素质提升的培育平台；“四个领域”是指综合工科、理科、艺术、人文四大领域，开展融合专业培养和文化浸润的拔尖创新人才培养；“五个课堂群”是指课程学习、第二课堂、实习实训、联合培养、云学习等；“跨学科的教育导师群”是指学术导师团、第二课堂导师团、实训导师团、海外导师团、云学习导师团、校友院友导师团、书院常任导师团等。

书院在茅以升学院的统筹下，有效将专业学院的学科专业、师资课程等资源整合优化，使师生之间、生生之间的沟通交流、砥砺攻错畅通无阻，将追求学问、培养品德的过程融入学生的成长点滴之中，使学生处于一个充满温暖、期望和归属感的氛围中。

2. 竺可桢书院☆

竺可桢书院成立于 2016 年 8 月，以知名校友竺可桢的名字命名，是西南交通大学在人才培养方面做的一项探索与实践。书院现有专兼职教师 27 名，学生约 2800 人，涉及土木、机械、电气、交运、信息、外语、地环等 7 个学院，分布在铁道工程、交通设备与控制工程、电气工程与智能控制、安全科学与工程等 12 个专业。

书院秉承竺可桢的求是精神，以“求是、明德、博学、游艺”为院训，坚持“和谐教育、全人培养”的教育理念，其内涵是人之为人的全人教育；其核心是通过师生关系、教学关系、社会学校家庭关系的和谐，促进学生德智体美劳全面协调发展的全人育人理念。

书院党群组织分别有党总支、纪委工作组、书院团委、工会；行政机构设书院办公室、素质拓展办公室和学生事务办公室。

书院特色育人工作以培育“五有交大人”为目标；以“五育”学生活动育人体系为平台；以专才与通才教育相结合，形式与非形式教育相结合，第一课堂与第二、三、四、五课堂相结合，理论教学与实践育人相结合为抓手，培养德智体美劳全面发展的社会主义建设者和接班人。书院近年实行的特色举措包括以下几个方面。

构建“五育”学生活动育人体系。书院围绕人才培养目标，在引导学生完成好第一课堂学习的基础上，针对学生对德育、智育、体育、美育、劳育的普遍需求，以人才培养为中心、目标管理为核心、规范管理为保障、队伍建设为支撑，按照“从下到上提需求、从上到下做指导”的原则，充分调动学生积极性和主动性，加强引导，通过分层级（书院级、团学级、班团级等三级）、分类别（讲座、活动实践、其他等三类）构建学生活动育人体系，使各类育人活动走向日常化、精品化、规范化、体系化。目前，书院已形成了竺可桢大讲堂、明德传习所、游艺美学苑、运动交大人等“五育”类品牌活动，从各级层面覆盖了书院全体学生，强化书院非形式教育活动对学生综合素质培养的重要作用，围绕德智体美劳五育人要求构建的具有书院特色的、完整的、系统的学生活动的育人体系。

构建书院特色学风建设体系。书院以一流的学风建设为突破口，促进学生全面发展成长成才。书院制定了《竺可桢书院加强学风建设实施细则（试行）》，成立书院学风建设工作组，开展品牌智育类系列活动，包括学风建设月，形成学期学风建设报告、主题班会、“书院之星”评比展示、优秀班级答辩等。

探索菁英人才培养模式。2017 年 11 月，中国孔子基金会批准书院开设孔子学堂。学堂将书院制育人与峨眉校区实情相结合，是书院开展精英学生培养的实践育人基地。学堂秉承书院“和谐教育、全人培养”育人理念，以弘扬和传承中华优秀传统文化为己任，以践行孔子的优秀教育思想和教育方法为宗旨，以搭平台、提要求、促发展、强自律、养习惯、促提升为手段，旨在培养具有深厚科学素养功底、宽广人文艺术知识、良好自律学习生活习惯、较强创新实践能力的当代大学生精英，截至目前，已成功举办两期学员班，培养学生近 50 名。

书院积极开展“校校、院院、校地、校企、校军”合作，与汕头大学至诚书院，乐山师范学院音乐学院、美术学院，成都大学艺术学院，学校茅以升学院（唐臣书院）、国际创新创业学院，乐山文化发展研究中心，嘉州画院，峨眉山市武术协会及峨眉武术院等签订合作协议，搭建了 12 个育人平台。目前，书院已初步建成全方位、多层次、宽领域的育人平台，为培养高质量人才奠定了基础。

（三）四川大学

四川大学由原四川大学、原成都科技大学、原华西医科大学经过两次合并而成，是教育部直属重点大学，是国家在西部重点建设的高水平研究型综合大学之一。原四川大学起始于 1896 年的四川中西学堂，原成都科技大学始于 1944 年国立四川大学建立的工学院，原华西医科大学源于 1910 年的华西协合大学。四川大学坐落于成都，有望江、华西和江安 3 个校区，占地面积 7050 亩，校舍建筑面积 256.3 万平方米。学校现有全日制本科生 3.7 万余人、研究生 2.8 万余人、留学生及港澳台学生 4500 余人。

学校在长期的办学历程中，逐步形成了“海纳百川，有容乃大”的校训和“严谨、勤奋、求是、创新”的川大精神。近年来，学校确立了“以人为本，崇尚学术，追求卓越”的现代大学办学理念，建立了“以院系为管理重心，以教师为办学主体，以学生为育人中心”的管理运行新机制，提出了“精英教育、质量为本、科教结合、学科交叉”的人才培养指导思想，确立了培养“具有崇高理想信念、深厚人文底蕴、扎实专业知识、强烈创新意识、宽广国际视野的国家栋梁和社会精英”的人才培养目标。

四川大学现有玉章书院 1 所书院。

玉章书院✿

玉章书院成立于 2019 年 9 月，以“厚德博学、虚心从善”为院训，立足价值塑造、修身立德、人格养成、知识拓展和能力提升，是面向拔尖学生设立的交叉学科学习共同体和共享公共空间，以及学生自我管理的教育平台，现有学生 330 余名。

玉章书院采用“驻院导师制”，通过导师与学生之间的有效沟通、共同实践，更好地实现导师的育人目标，影响学生的人生观、价值观、世界观，培养学生的“软实力”，使学生具有家国情怀、世界胸怀、健全人格、健康体格。首批 32 名驻院导师入驻书院，确保书院每天都有至少 1 位导师驻院指导学生。

学校教务处教育创新改革办公室牵头书院的运行及管理，设立了学生管理协会和跨学科师生团队。学生管理协会下设秘书处、学业发展评价系统管理办公室、科创部、视野拓展部、权益部、美体劳部、志愿者协会、宣传部等 8 个职能部门，共有干事 20 人，负责书院日常管理工作，书院活动策划、执行及宣传工作等；跨学科师生团队由历史文化学院、艺术学院教师、教务处创新办以及不同年级的书院学生组成，在书院营造跨学科学术、人文氛围，举办了以圣地亚哥州立大学访学项目、硅谷实训营、泰国第十届世界大学生领袖研讨会为主要内容的留学经验分享会。

书院充分发挥驻院导师作用，开展“科学、哲学与人生”研讨课、“Have Fun——我的学科真有意思”课业展示活动、驻院导师计划以及“科技月”学术活动等代表性活动。

（四）成都工业学院

成都工业学院创办于 1913 年，是四川省人民政府主管的公办全日制普通本科学校，坐落于成都，主校区位于成都市郫都区，此外还有成都市中心的花牌坊校区、北郊的大丰校区，以及正在建设的宜宾校区，占地面积 1000 余亩。学校现有全日制在校生约 12700 人。

建校一百余年来，学校形成了“手脑并用、学做合一”的校训和“严谨、朴实、勤奋、创新”的校风。学校严格按照合格本科标准和应用型高校发展的总体要求，确立了“地方性、应用型、开放式”的办学定位和“根植地方、魂在应用、产教融合、协同育人”的办学思路。

成都工业学院现有晏济元书院 1 所书院。

晏济元书院✿

书院秉承学校“艰苦奋斗”的办学精神和“卓越创新”的价值追求，坚持学校“根植地方、魂在应用、产教整合、协同育人”的办学思路，以“设计安身、人文立命、健康壮行”为理念，积极建设“新工科”，着力打造通识教育立体平台，在培养具有人文情怀和创新思维的应用型设计人才的同时，为学校高水平应用型人才的培养和全面发展提供有力支撑。

书院所在的学院有工业设计、视觉传达、通识教育和公共艺术等 4 个教研室，现有工业设计和视觉传达 2 个专业 370 余名学生。书院建有四川省哲学社会科学重点研究基地 1 个，校级设计中心 1 个。同时，书院与多家企业合作建立了 5 个校外产学研实习基地。

2018 年 7 月，书院成立了实验中心，建设了人机工程实验室、模型制作实验室、产品创新实验室、CMF 实验室、美术实训室、陶艺工作室、漆艺工作室、计算机辅助设计实验室、健康教育俱乐部以及多个设计工作室，旨在实验教学过程中产、学、研的相互结合，使理论教学与实验教学一体化，培养学生创新精神、创新实践能力和综合素质。中心持续开展教学模式改革，从传统的单元教学模式转变成以创作、设计的实际课题为训练内容的“课题制”实验教学模式，强调在课题中进行实验和实践，与社会的人才需求、社会生产和设计趋势紧密结合。同时，书院着重培养学生的人文艺术养成和专业基本能力，如造型能力、设计思维能力、徒手绘图的表现能力、工程制图能力、产品结构与功能的研究能力、模型制作能力、计算机辅助设计能力、市场调研能力等。通过第二课堂实践教学，弥补了第一课堂的不足，实现了对学生综合素质、个性发展、创新精神和创新实践能力的培养。除此以外，实验室内设交流区，全天开放，为师生参加各种竞赛、自主研发、交流互动创造了一个良好的平台。

（五）四川城市职业学院

四川城市职业学院创办于 1999 年，前身为四川师范大学南洋学院，2007 年、2017 年学校先后与四川师范大学外事学院、四川城市技师学院合建。学校是四川省“十三五”高校设置规划升本院校，现有成都和眉山两个校区，占地面积 1602 亩，校舍建筑面积 53 万平方米，现有全日制在校高职专科学生 13000 余人。

学校坚持“服务城市化发展，培养技术技能人才”的办学理念，紧贴区域经济社会发展需求，面向先进制造业、现代服务业，与城市化发展同步同频，对接成都国家中心城市建设和四川天府新区建设。学校坚持产教融合，多元协同打造新一代信息技术、智能制造、智慧城市、现代服务业专业集群，学校坚持一升两转走内涵式发展道路。

四川城市职业学院现有东坡书院 1 所书院。

东坡书院✿

东坡书院成立于 2015 年 12 月。书院位于眉山校区，是学校本专科学生住宿制社区学院，以眉山名人苏轼的号命名，旨在汲取苏东坡磊落坦荡的人格风采和至真至善至美的文学风采，走“全人”养成之路。书院秉承“团结奋进、追求卓越”和“修德砺能、务实拓新”办学精神，坚持“博学、审问、慎思、明辨、笃行”价值追求，打造独具特色的教育教学和学生成长的组织形式。

书院实施“社区学院＋专业学院”双院育人模式，学生进校就具有双重身份，既是专业学院的学生，又是书院的一员。专业学院负责专业知识的传授、专业技能的培养与实践、教学运行与质量监控、专业与课程建设、师资队伍建设、校企合作等；书院负责思想政治教育、心理健康教育、体育健康等通识课程建设，以及第二课堂的建设和活动开展。

书院是学生的思想政治教育中心、生活服务中心、活动体验中心、师生交流互动中心、社团活动中心、社会实践中心。书院实施导师制，专业教师兼任班级导师，对学生进行思想道德和专业学习的引领，促进专业学院与书院的融合。书院实施导生制，从高年级学生中选派学生组成导生委员会，组织开展文化体育活动、社团活动、心理健康活动和社会活动，促进学生自主管理，培养学生民主管理、自主管理的能力。书院实施社区班级化管理，书院的班级按公寓划分，不同专业学生自由选择公寓形成班级，在公寓中建有党团活动室、图书阅览室、社团活动室、心理抚慰室、导师恳谈室、辅导员工作室、健身房和棋琴书画室等场所，加强了跨专业学生之间的交往交流，为学生的全面成长和人格健全创造良好的环境。

书院改革教学模式，使专业教育与通识教育有机融合，学业进步与人格塑造有机融合，知识积累与文化素养提高有机融合，提倡“全人”教育，促进学生的全面发展。

书院传承“会讲”传统制度，聘请校内外专家学者为书院客座教授，为学生开设课程或讲座，扩展学生知识面和学术视野。书院继承和发扬“讲会”模式，采用问难论辩的教学法，发扬传统书院先生的启发式、诱导式教学方式，提倡师生互动、互辩，启发学生思维，激发学生自学能力。书院强化身正为范，辅导员和学生同住书院，深入学生，言传身教。

（六）成都中医药大学

成都中医药大学，原名成都中医学院，创建于 1956 年，是最早建立的四所中医药高等院校之一，是国家中医药管理局、教育部与四川省人民政府共建高校，是国家“双一流”学科建设高校。学校坐落于成都，占地 1800 亩，有全日制在校生 2.4 万余人，其中研究生 3100

余人。

学校历经60余年的发展，坚持"奋进成中医、幸福成中医、美丽成中医、仁爱成中医"建设理念，坚持"高质量、高水平、高效能、强特色"发展路径，已经成为一所以中医药学科为主体，医药健康相关学科专业相互支撑、协调发展的特色鲜明的高水平中医药大学。

成都中医药大学目前拥有国医书院1所书院。

国医书院✻

国医书院成立于2018年9月，校党委书记刘毅教授任书院院长。书院是学校在新形势下实施的一项教育综合改革项目，意在破解当前中医药高等教育医药分离同质化教育、中医药特色不突出、创新和可持续发展能力不足等问题。学校通过实施国医书院试点，旨在培养医药融合、兼具传统文化素养和创新实践能力的一流中医药拔尖创新人才。

书院以文育医，以医载道，将德智体美劳育人内涵与优秀传统文化的继承、发扬与传播深度融合。结合校情，学校在将书院与高等教育模式嫁接、落地过程中体现出中医药学科特色，保持教育改革过程先进性，发挥多方面优势，引导学生站在文化层面、历史格局去深刻理解爱国主义与制度优势，引导其站在人类命运、学科发展与价值实现的角度去深入钻研专业领域。

书院举办中医传承创新人才实验班和中药研究创新型人才实验班，配置专门的行政管理组织机构和专职的教师教辅人员。学院负责专业教学及学术研究，书院负责课外活动及人格培养。书院实施"三导制度"，医、药不同专业背景的学生混合住宿，混合编入学习小组；开设侧重传统文化特色的通识教育课程，打通文史哲教育和医药融合教育，深入实施课程体系和教学模式改革，建立自主、开放的师生学习、生活、社区共同体。

七、西北地区

（西北地区：陕西省、甘肃省、青海省、宁夏回族自治区、新疆维吾尔自治区）

本地区共有10所高校建有37所书院，它们是：

西安交通大学：彭康书院、文治书院、宗濂书院、南洋书院、崇实书院、仲英书院、励志书院、启德书院、钱学森书院

西安电子科技大学：丁香一号、丁香二号、海棠七号、海棠八号、海棠九号

西北农林科技大学：右任书院

陕西师范大学：哲学书院

西安建筑科技大学：南山书院、紫阁书院

西安美术学院：弘美书院

西安外事学院：七方书院、正蒙一院、正蒙二院、正蒙三院、正蒙四院、正蒙五院、正蒙六院

西京学院：万钧书院、行健书院、南洋书院、至诚书院、创业书院、博雅书院、允能书院

兰州大学：萃英学院

甘肃民族师范学院：莲峰书院、香巴拉书院、亭林书院

（一）西安交通大学

西安交通大学创办于1896年，是国家“七五”“八五”重点建设单位，首批进入国家“211”和“985”工程建设学校。2017年学校入选国家“双一流”建设名单A类高校。

建校120余年来，学校形成了“兴学强国、艰苦创业、崇德尚实、严谨治学”的优良传统，“爱国爱校、追求真理、勤奋踏实、艰苦朴素”的优秀品格，“起点高、基础厚、要求严、重实践”的办学特色。学校落实品行养成、知识传授、能力培养、思维创新“四位一体”人才培养理念，建立“通识教育+宽口径专业教育”、本－硕－博贯通式人才培养体系。自1956年从上海西迁以来，学校为国家共输送27万余名各类人才，其中40%在西部工作，为改变西部地区的落后面貌提供了巨大智力支持。学校现有全日制在校生4万余人，其中本科生2万余人。

2005年，西安交通大学以学生生活社区为载体，成为我国最早推行现代书院制的高校之一。2016年，学校整合全校本科生教育资源，成立本科生院。自此，在9所书院与23个学院并存的格局基础上，“通识教育+宽口径专业教育”新模式得以全面展开，并成为大类招生教育教学改革背景下，解决通专融合、师生交流研讨、不同专业学生相互融合等问题的有效依托。

书院以住宿社区为载体实施通识教育，学院以专业学科为基础开展专业教育，横向实现了教书育人两套体系协调联动，纵向建立了“校－院－系”三级责任体系，将校内外资源向学生身边汇聚，实施品行养成、知识传授、能力培养、思维创新“四位一体”育人模式，形成“四个一百”育人行动、“知心工程”、大学生综合能力提升计划、学业辅导体系、新生养成教育体系等育人品牌，凝聚以学生全面素质提高、综合能力培养、人格养成教育为目标的全员全过

程、全方位育人合力。

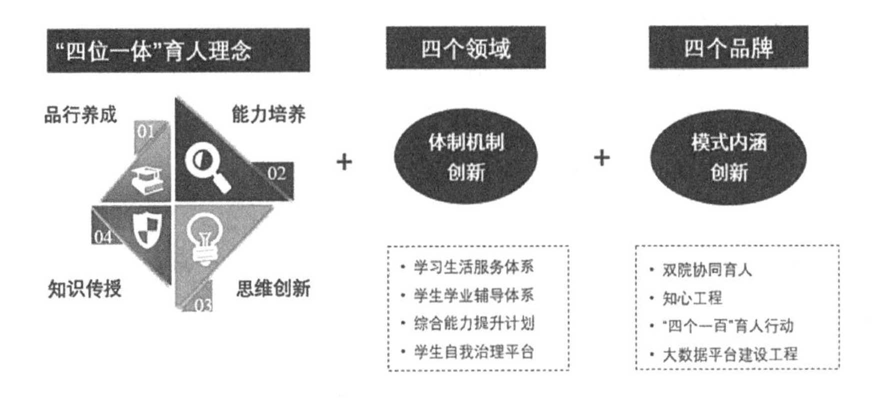

西安交通大学育人理念体系

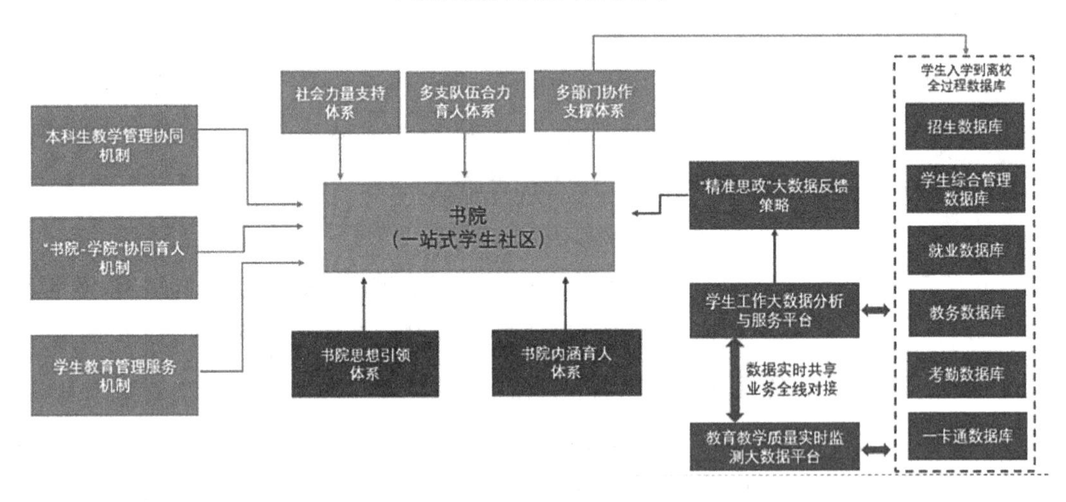

书院制育人体系的基本逻辑和框架

西安交通大学现有彭康书院、文治书院、宗濂书院、启德书院、仲英书院、励志书院、崇实书院、南洋书院、钱学森书院等9所书院。

1. 彭康书院☆

彭康书院成立于2006年9月，是西安交通大学最早成立的书院，也是21世纪以来大陆高校最早创办的书院之一。书院以早期马克思主义哲学家、革命家、教育家，新中国成立后交通大学的首任校长、党委书记彭康同志的名字命名。书院坐落于西安交通大学兴庆校区东南角，由四栋宿舍楼群构成。书院目前拥有3000余名本科生，分别来自能动学院、机械学院、材料学院、航天学院、化工学院、人居环境学院、数学学院、化学学院、物理学院、外国语学院等学院。

书院以彭康校长提出的“思想活跃、学习活跃、生活活跃”的“三活跃”教育思想和育人理念为院训，高扬爱国主义、集体主义、英雄主义、乐观主义旗帜，大力弘扬爱国奋斗的西迁精神，致力于培养崇尚科学、求实创新、勤奋踏实、富有社会责任感和高尚品质的杰出人才。书院通过开展丰富多彩的校园文化活动，为学生提供自我教育、自我管理、自我服务的平台，使书院成为学生思想品德教育、文化素质教育、心理健康教育、人格养成以及健康生活的基地。

书院有一支思想水平高、业务能力强的专职辅导员团队，同时在研究生中聘任部分兼职辅导员作为辅助，并从相关学院聘任专业教师担任学业导师，开展学业辅导。

经过十多年的探索改革，书院已经形成一个包括思想引领、经济资助、学业辅导、领导力培养、职业生涯规划、心理健康教育等较为完善的第二课堂文化育人体系，助力学生人格完善和良好的行为养成。

书院已经建成初具规模的学生活动场所，具有报告厅、会议室、档案室、阅览室、多功能活动室、排练厅、中心花园等公共设施，为广大学生提供社团活动、图书阅览、健身锻炼、娱乐休闲等服务功能。

书院坚持“四个一百”引领未来，坚决落实“阅读一百本经典、聆听一百场报告、参加一百场活动、认识一百位老师”的“四个一百”育人行动，锻造活跃思想，以党团支部为抓手，以品牌活动为载体，线上线下相结合，专兼职队伍齐发力，形成了读书注重经典性、报告注重实用性、活动注重趣味性、导师注重接地气的彭康特色。书院建设有多个品牌活动：“师友计划”聘请有所成就的校友担任校外导师，与学生结对子，小组指导；“悦经典·阅享读”“百本经典品读会”“30天阅读计划养成”“图书漂流”等读书活动，营造了人人好读书，人人读好书的好学氛围；“彭康之夜”文艺晚会、“灞河竞渡”赛艇比赛、“新生杯”篮球赛、“模拟招聘大赛、“咸阳之行”志愿活动等践行“三活跃”的育人理念。

书院坚持“四个要强”夯实根基，打造服务学生硬核实力，通过提升辅导员的政治站位和政策水平，加强辅导员的政策学习和思想养成；通过扎扎实实开展知心谈话、主题班会、宿舍走访等工作，在实践中提升辅导员的基本工作技能；通过辅导员工作室、书院专项工作、品牌活动等提升辅导员创新工作能力；通过撰写工作日志、开展学生事务研究等凝练固化工作成果，提升辅导员专业化水平和职业化能力。

书院倡导建立“大气、开放、活跃、助人”的彭康书院新风尚，充分发挥其在思想引领、品格陶冶、知识优化、视野拓展等方面的重要作用，以四种品格来引导大学生成长，践行书院的育人理念，多年来书院涌现出了大批优秀学子。

2. 文治书院☆

文治书院成立于2007年7月，以著名国学大师、教育家、交通大学老校长唐文治先生的名字命名。书院坐落于兴庆校区西南角，由三栋相互连接的楼宇组成，拥有独立庭院“一等苑”。书院院训为“欲成为第一等学问、事业、人才，必先砥砺第一等品行”。

书院秉承唐文治校长“一等”育人理念，传承西迁精神，高扬爱国主义旗帜，践行“四个一百”育人行动，促进学生品格、思维、知识和能力的养成，实践书院式生活方式，努力讲好“文治故事”，塑造“智慧闪耀、活力担当、友善互助”的书院特色文化。

书院现有本科生2600余名，涵盖机械学院、能动学院、人居学院、化工学院、材料学院、航天学院、电信学院等多个学院的学生。书院育人团队结构多元，经验丰富。书院院长为中国科学院院士、美国科学院院士安芷生教授。书院现有院务主任、副主任各1人，主任助理1人，辅导员10人，书院聘请学业导师、通识教育导师、校外辅导员近百人。此外，书院还拥有研林工作室、文言文工作室、萌芽工作室、智行工作室等四个辅导员工作室。

书院指导成立了学生会、团工委、党建办、宿生会、治学团、文心茶室、西迁精神宣讲与践行团等多个学生组织。书院目前已建成报告厅、党员之家、学业辅导中心、大学生职业发展室、文心小筑、文心茶室、思政视听室、阳光房等多个学生公共活动空间。

书院持续加强基层党组织的建设，严格落实“三会一课”制度，依托学生党建办公室开展党建工作，通过丰富多彩的活动展现学生党员自我教育和自我管理的责任担当，充分发挥基层党组织战斗堡垒作用。书院通过党建带团建，通过社会实践、政府见习、志愿服务、文化交流等活动，培养学生的社会责任感。

书院全面开展“四个一百”育人行动，着力打造“百本经典百班读”“悦享读”读书分享会、“师友导读会”“百本经典心得集”等品牌活动，通过党团支部、学生组织、社团多层次多维度开展读经典活动，营造了处处书香的阅读氛围。为充分发挥经典书籍的育人作用，书院将读经典与认识老师、听取报告、参加社会实践活动深度融合，陆续推出了“双青十月谈”“行走的青春”“文以载道”等活动，引导学生汲取经典之精华，在融会贯通的基础上走出书本，在社会实践中认识百位老师、完成百场活动。

书院推行“精勤学业提升计划”，努力打造“文以载道、治可安邦、书贵精勤、院荣诚信”的文治学风，倡导“同生活、同进步、同祝福”的“师生共同体”。书院以学业辅导中心和治学团为依托，优秀学子、班干部和党员为主体组成志愿服务团队，全方位搭建学业互助平台，坚持开展专业认知教育、优秀学子分享会、学业专题讲座、线下线上答疑、书里馆晨读夜读、21天打卡等活动，致力于打造乐教好学的优良学风。

书院注重学生身心健康发展，以心理健康月为依托，开展了丰富多彩的身心健康活动。书院宿生会定期组织心理健康知识讲座，开展班级心理委员系列培训、心理主题班会，承办校级心理知识竞赛等，同时，以知心谈话为依托，实行普谈、重点关注、危机干预的三级谈话网络，实现学生谈话全覆盖。书院坚持辅导员家访制度，每年寒暑假走访重点关注学生家庭，身体力行关爱学生。

书院以综能课为抓手，促进辅导员的职业化专业化发展。书院着力打造综能金课，坚持开展“文治十二景”系列大学生综合能力提升计划，将辅导员能力提升和学生能力提升统筹起来，以生涯发展、时间管理、传统文化、沟通表达等为特色，为学生提供与第一课堂相衔接、相匹配、相补充、相融合的能够拓宽视野、积累经验的高质量实践学习平台，从而促进学生全面发展。自 2011 年起至今，书院综能课程累计开设 60 余门次，深受学生欢迎。

书院还活跃在高校书院间合作交流的舞台上。2014 年，文治书院联合北京航空航天大学知行书院、复旦大学任重书院、华东师范大学孟宪承书院、台湾清华大学厚德书院、台湾政治大学政大书院、香港中文大学联合书院、澳门大学郑裕彤书院，共同发起高校书院联盟，并任常任理事单位。2015 年，书院还与澳门大学曹光彪书院结成姐妹书院，组织学生定期交流。

3. 宗濂书院☆

宗濂书院成立于 2007 年 7 月，以我国著名医学生理学家、医学教育家侯宗濂先生的名字命名，现有全日制本科学生 2200 余名，学生分属医学部临床医学、药学、制药工程、口腔医学和经济与金融学院的金融学、财政学、经济学、电子商务、贸易经济、统计学等十多个专业，有藏族、维吾尔族、回族、哈萨克族、土家族等民族学生 300 余名。2011 年，书院在西安交通大学第二临床医学院和口腔医学院设立了宗濂书院分院。

宗濂书院的院训为“明德立信，笃学济世”。书院秉持“爱国、团结、拼搏、温馨”的育人理念，围绕学校人才培养目标和任务，通过精细管理、温馨服务、人性化培育，致力于学生人格塑造、品格历练、学业精勤和能力培养。书院延伸第一课堂，构建师生同生活、共发展、充满温馨的“宗濂家园”，培养富有社会责任感和优秀品格的公民。

书院实行院务委员会领导下的院长负责制，院务委员会是书院的最高决策机构。书院院务主任兼任书院党总支书记，主持书院的日常管理和党建工作。书院设学业委员会、学生综合能力提升指导委员会等相应组织，对书院专项工作进行指导。

书院在“双院制”育人模式下进行积极的实践和探索，取得了一定的成效并形成了自己的特色。书院定期走访学院，通过召开辅导员和班主任座谈会，确保双院沟通渠道畅通。书院践行“四个一百”育人行动，举办“百本经典”读书分享会、骨干领诵进支部、春日读书会、师生下午茶等活动，提升育人实效。书院实施“大学生综合能力提升计划”，以“践行四个主义、培育五种能力、建设六个宗濂”为目标，围绕传统文化、沟通表达、职业规划、心理健康、垃圾分类、安全防卫、学业规划等主题举办讲座，每年覆盖学生 1500 余人次。

书院围绕“服务、完善、创造、发展”的指导思想，举办元旦游园会、“宗濂不眠夜”联欢晚会、“假面荧光趴”“宿舍大作战”“感谢邮你”“新生辩论赛”“冬至饺子宴”等特色活动，丰富学生业余生活，营造健康向上、积极活泼的校园文化氛围。书院积极弘扬体育精神，组织学生参加体育赛事，曾荣获学校灞河竞渡女子组冠军、足球联赛男子组冠军、校运会男子团体第二和女子团体第二等好成绩。“西行雪莲同心雪域”实践团队荣获“2019 年互联网 + 创新创业（公益组）陕西省金奖”“2019 年陕西省暑期‘三下乡’社会实践标兵团队”“2019 年西安交通大学公益之星团队”荣誉称号，被中央电视台、光明网、新华网等 30 余家媒体报道。

书院构建学生学业帮扶体系，成立由专业教师、辅导员、优秀学生组成的学业辅导团，开展“一对一”“多对一”和团体辅导等形式的学业帮扶，通过班会、宣传横幅、宣传片等多种形式在全院范围内开展诚信教育，营造优良学风。

书院重视民族学生之间的交往、交流、交融，营造了各民族学生团结奋进的和谐氛围。为了丰富民族学生的课余文化生活，书院选派学生代表参加“走中国青年知识分子成长的正确道路”骨干研修营和陕西省第七届少数民族传统体育运动会，组织观看《西藏春天》大型音乐演出，举办民族服装文化节等活动，同时积极鼓励少数民族学生参加学校举行的各项活动，展现各民族的灿烂文化，铸牢中华民族共同体意识。

4. 南洋书院☆

南洋书院成立于 2008 年 7 月，坐落于唐代大诗人白居易曾居住过的东亭之畔，取交通大学前身南洋公学的“南洋”二字为名，秉承“兴学强国，传承薪火”的南洋精神。书院现有学生 2000 余人，分属于 91 个班级，包含电气工程与自动化、测控技术与仪器（电类）、计算机科学与技术、物联网工程、公共管理、电类等专业。

书院的管理机构为院务委员会，由联系书院的校领导，院长，院务主任、副主任，学生代表，入住学生所属学院的教学副院长和教师代表等人员组成，负责研究和决定书院的重大事

项。香港理工大学荣休校长潘宗光教授担任南洋书院院长。书院现共有教职工 14 人，院务主任、院务副主任各 1 名，辅导员 10 名。

书院党总支书记由院务主任兼任，设有团工委、学生会，以及南洋青协、赛艇队等学生社团。各学生组织和社团之间团结协作，共同构建了书院“家、人、爱”的社区文化。

南洋书院紧密围绕西安交通大学办学定位，以立德树人为根本，以培养德智体美劳全面发展的创新人才为根本任务，高扬爱国主义、集体主义、英雄主义、乐观主义旗帜，着力培养崇尚科学、求实创新、勤奋踏实、富有社会责任感和高尚品质的杰出人才，培养社会主义合格建设者和可靠接班人。

南洋书院通过学业辅导、科创指导、社会实践、志愿服务、美育体育教育等具体工作为学生搭建成长平台，积极开展“四个一百”育人行动。

“书香南洋”是南洋书院的名片。书院评选“南洋之星”等学生榜样，开展“南洋大讲堂”“名师说”“学长说”等分享讲座，重视班级学风建设，组织学风先进班级建设经验分享会。书院学业辅导中心长期开展重点学科辅导和集中答疑，建立伙伴帮扶小组，学生党员发挥传帮带作用。书院持续开展中秋灯谜会、南洋辩论赛、经典导读、“南洋大讲堂”“一句话书评”、Reader 养成计划、21 天养成计划等品牌活动。

书院重视学生科创能力培养，积极为学生参加科创活动搭建平台。书院开展科技游乐园、科技下乡、义务维修等活动，将科技知识运用于实践。书院学生屡屡斩获国内外科创大赛奖项，书院多次获得学校“腾飞杯”科创比赛优秀组织单位。

书院开展多种形式的志愿服务活动，常年开展“爱心地铁站”“市图书馆”等志愿服务活动。在社会实践方面，书院暑期三下乡团队开展了红色调研、支教活动、脱贫攻坚调研、理论政策宣讲、走访抗战老兵等系列活动。

书院重视美育，开展“艺蕴致远，美育修身”美育项目，与大明宫研究院共建实践基地。书院注重传承体育精神，号召学生走下网络、走出宿舍、走向操场，组建了赛艇队、篮球队、足球队等，其中赛艇队曾获得书院组冠军，连续两年获得年度积分总冠军。

书院重视辅导员队伍建设，目前书院有四个辅导员工作室。书院辅导员开设综合能力提升课程 6 门，将辅导员职业能力提升与学生综合能力提升相结合。书院组织辅导员积极申请研究课题，将工作实际与科学研究相结合，努力提高辅导员工作的职业化和专业化水平，更好地服务于学生的成长成才。

5. 崇实书院☆

崇实书院成立于2008年7月，坐落于兴庆校区西南角，院名取自1921年交通大学首次定名时的老校训“崇德尚实、重文健身、勤俭敬信、完全之人”，是一所涵盖文、工、艺、管等学科，思想活跃、环境优美的现代化书院。书院秉持“崇德、尚实、博文、健体”的育人理念，致力于发挥专业所长，打造书香、艺术等美育特色育人环境，着力创建博雅明智的文化氛围，培养具有家国情怀、国际视野的杰出学子。

崇实书院现有本科生1800余名，分别来自管理学院、公管学院、人文学院、人居学院、材料学院、航天航空学院、马克思主义学院、新媒体学院、法学院、能动学院、机械学院、化工学院、金禾研究中心等13个学院和中心。书院教师队伍由院务主任、院务副主任、辅导员、研究生兼职辅导员、校外兼职导师组成。书院成立了由书院领导、专家教授和学生代表组成的院务委员会。书院院务主任、副主任与对口学院党委副书记互相兼任书院、学院职务，定期召开双院育人工作交流会，建立科学规范的协同育人机制。书院拥有在地国际化（IaH）工作室、张楠工作室、“崇读经典”工作室3个校级工作室，曾获西安交通大学先进基层党组织等多项荣誉。

书院指导成立团工委、学生会、西迁精神读书会、无止桥、魔方协会、书画协会、3S2青创空间等近20个学生组织和社团。书院内设健身房、排练厅、谈心室、阅览室、洗衣房等设施。

书院设立大学生党员工作站，紧扣学党章党规，打理论基础；学系列讲话，明自我认知；做合格党员，促实践教育，全面培养学生党员，制定《崇实书院党员考核办法》，精细化、科学化、规范化进行党员日常管理。

书院以文化育人为鲜明特色，建设“仙交文创工坊”，聚焦文创潮品的设计孵化，助力“思想交大”建设；创作具有交大品质、崇实特色的宣传片、院歌、五四主题微视频等影、视、音文化产品，在公共活动空间装饰体现书院制育人模式的文化长廊、毕业生合影墙、学生作品展示区、学生活动照片墙等，打造书院文化名片。书院积极贯彻落实学校“四个一百”育人行动，依托西迁精神读书会构建五级阅读结构，开展“读书会+”系列活动，打造“书香崇实”氛围；组织“带着书籍去见习，配妥行囊再出发”特色社会实践活动，阅读经典、深入讨论、实践检验、感悟人生价值、领悟实践真谛；选树先进典型，举办“百人明星”“四面旗帜之星”等评奖评优活动，开设“我心中的四面旗帜”专栏，开展“崇实六雅”、《我和我的祖国》快闪等文化活动近50项，覆盖书院全体学生。

书院推行以美育为特色的“综合能力提升计划”，构建第二课堂育人体系，并首创朋辈综能提升课程，开设涵盖德育、感恩、阅读、美育、体育五大主题的16门综能提升课程，全年覆盖学生近1000人次。

书院选聘112位学业导师，通过学习讨论会、学业分析会、学业导师进书院等措施开展学业辅导。书院依托在地国际化工作室，与香港中文大学和声书院、澳门大学蔡继有书院、北京航空航天大学冯如书院、华东师范大学孟宪成书院签署姊妹书院合作备忘录，开展交流互访活动。书院成立3S2青创空间，下设青创沙龙、青创咖啡、青创伙伴项目，致力于推动大学生创新创业。

书院打造“全国辅导员年度人物”张楠工作室品牌，将“知心工程”“场景互动辅导法”贯穿辅导员工作和研究，及时掌握新学情，关注有学业问题、身心问题、情感问题及重大变故等重点学生，实施精细化管理和精准帮扶。每学年辅导员人均开展知心谈话超过200人次，覆盖全体书院学生。书院全面开展“抓两头，全覆盖”的家访工作，实现家访常态化。

6. 仲英书院☆

仲英书院成立于2008年7月，得到国际著名慈善家、唐氏工业集团董事长唐仲英先生及唐仲英基金会大力支持，书院以唐先生名字命名，院长为唐仲英基金会执行总裁徐小春女士。书院位于西安交通大学兴庆校区，由四栋宿舍楼构成。书院目前有学生2900余名，涵盖电信、电气、生命、管理、能动、机械、材料、航天、化工、人居、食品等11个学院(部)20多个专业学生。

书院以“服务社会、奉献爱心，推己及人，薪火相传”为院训，以“品行养成、能力培养、知识传授、思维创新”为育人理念，以“爱国主义、集体主义、英雄主义、乐观主义”为行为规范，依托“一站式”学生社区综合管理模式建设，建成了四面旗帜文化传承、爱国奋斗党团先锋、集体互助学业提升、英雄成长就业创业、乐观向上心理健康等五大辅导员工作室。建院以来，书院共培养了8000多名富有责任感的谦谦君子，形成了鲜明的文化特色。

书院设院务主任(兼党总支书记)、副主任各1人，主任助理1人，辅导员12人，并选聘由讲席教授、学业导师、通识导师和校外导师组成的教师队伍，与高年级学生精英组成的朋辈辅导体系，一起构成仲英书院全员育人队伍。书院成立总支委员会、团工委、学生会、社委会、英仔爱心社、学长团、学业辅导中心等20多个组织和社团，助力学生自我管理、自我服务及自我成长。

书院建有唐仲英报告厅、阅览室、学业辅导室、谈心室、观影吧、品阁咖啡屋、自习室、爱心宿舍、洗衣房等公共设施，为学生学习生活提供便捷，打造温馨舒适的生活园区。

经过十多年的探索，仲英书院积累了“一站式”学生社区综合管理的丰富经验：在思政引领方面，以培育和践行社会主义核心价值观为根本任务，形成了具有思政工作引领作用的品牌——做四面旗帜行动派；在立德树人方面，以加强和推进理想信念教育为中心环节，培育社会主义建设者和接班人，引导学生们到祖国最需要的地方去，就业率超过99%，继续深造率接近70%，年均志愿服务千人次，志愿工时超十万；在学生活动方面，以传统文化进校园为教育传承，形成了独具仲英特色的文化活动；在文化产品方面，以加强思政工作的针对性和亲和力为目标形成了一批文化精品。

2019 年，书院根据立德树人人才培养工作的需要，将“家文化”升级为“家国文化”，突出家国文化氛围的营造，以党团建设引领方向，以学业提升固本强基，以职业发展科学领航，以心理健康明德暖心，以和谐书院共谋发展。在书院发展过程中，书院特别注重双院协同育人的理念，在人才培养过程中合力筑牢学生理想信念、提升学生学业学风、丰富书院文化活动、突出书院鲜明特色，在“志愿立院、科创强院”的浓厚氛围中，把英仔培养成德智体美劳全面发展的社会主义建设者和接班人，将仲英书院建设成特色鲜明、学生喜爱的最具活力和创新力的现代书院。

7. 励志书院☆

励志书院成立于 2008 年 7 月，由理科、民族预科生组成。书院现有学生 700 余人，涵盖数学、物理、化学、航天、生命、电信、电气、机械和能动 9 个学院。书院以“励志”命名以激发学生树立远大抱负、做励志青年。

书院建立了完善的社区服务平台，设有星空间多功能厅、党员之家、学业辅导室、器乐排练室、职业规划指导室、民族文化展示室、观影室、陈列室、会客区等公共活动区域。

书院坚持以立德树人为根本，秉承“励精明志”的院训，围绕教育、管理、服务三条主线，以培养“志向高远、意志坚定、博学睿智、体魄强健”的创新型人才为目标，以丰富多彩的社区非形式教育活动为载体，服务第一课堂的同时，注重第二课堂的教学和实践，形成了“纪律严明、张弛有度、团结协作、生动活泼”的书院氛围。

书院现有辅导员 5 人，包括院务主任、主任助理各 1 人，专职辅导员 3 人，学业导师 44 人，通识导师 10 人，形成了一支职责明确、分工负责、团结协作的专兼职育人队伍。

书院建立完善的管理体制，设有书院党总支，下设学生党支部3个，教工党支部1个。书院党总支领导书院团工委，并指导书院学生会的工作。书院现有学生会、学生生活委员会、学业促进与发展中心、《微光》杂志社、辩论队、赛艇队、舞龙舞狮队、光影绘、东亭书社等十余个学生组织和社团，为学生搭建了自我教育、自我管理和自我服务的平台。

书院建立特色化的培养目标和培养方案：对民族预科生实施思想引领，以德育智育双达标为基准，采取"严、爱、细"的工作原则，推行集体早操集体晚自习制度，坚持寒暑假家访、"一师对一家"谈话；对理科生开展"忠魂铸志、学艺冶志、文思育志、体能强志、实践扬志"五项育人计划。

书院建立多维度的思想教育体系。高扬"四面旗帜"、传承"西迁精神"、深化"五个认同"，是励志书院对"国防绿、理科蓝、民族红"三类学生思想教育工作的主线。国防生开展形势政策教育、赴军事基地实践、延安研学、隆德支教等活动。民族预科生开展"行走的思政课"系列红色寻访、"西迁精神"学习班、"走中国青年知识分子成长的正确道路"研习营等活动。在全院师生中，充分发挥党团支部的作用，通过理论讲堂、微宣讲、支部书记讲党课、参观实践、志愿服务、劳育教育、征文等活动，让爱国奉献内化于心、理想信念外化于行、家国情怀入脑入心。目前爱国主义也已成为每位"励小志"最鲜亮的青春名片。

书院建立多层次的学业促进与发展体系。书院设立尚学辅导员工作室和学生学业促进与发展中心，组建由志愿者线上线下答疑、研究生志愿者系统串讲、学业导师点睛授课、专业教师课后辅导、同伴学习小组互帮互助等组成的多样化、多种形式的辅导体系，举办了"榜样星粒子"优秀学子分享会、"科技星粒子"竞赛系列分享会、"留学那些事"经验交流会、考研保研经验交流会等品牌活动。

书院建立形式多样的综合能力培养体系。书院大力开展通识教育，开设汉字书法的审美与提升等6门综合能力培养课程；积极拓宽交流合作渠道，已与香港理工大学、澳门大学张昆仑书院、哈尔滨工业大学竹贤书院、华东师范大学光华书院、北京航空航天大学士嘉书院、宁夏隆德第三小学等建立了合作关系。

8. 启德书院☆

启德书院坐落于雁塔校区，成立于2008年7月，院名"启德"寓意启迪智慧，立德树人，意在培养德才兼备的新型人才。书院现有学生1900余名，涵盖经济与金融学院、医学部，涉及临床医学、预防医学、护理学、法医学、金融学、经济学等18个专业。

书院以"启迪智慧，立德树人"为院训，将"以学生为本"的理念始终贯穿整个培养过程，强调学生发展要德才兼备，通识教育与专业教育并重，重视学生自我认识和价值观念的建立，学问领域的均衡融通，独立思考和处事应变能力的提高。

书院设院务主任兼党总支书记 1 人、院务副主任 1 人、兼职副主任 2 人、院务主任助理 1 人、辅导员 8 人。书院还聘有校外辅导员、学业导师、体育导师、学长辅导员，优秀的师资队伍全面帮助学生成长。书院设有"西安交通大学启德书院"官方网站、微信公众号展示平台，"启德书院党员之家""青听启德"党团微信公众号信息发布平台。

书院设置咖啡屋、信息室、阅览室、自习室、会议室、心理咨询室、少数民族学生工作室、学业辅导室、楼层活动室等活动场地，为学生提供良好的硬件设施。

书院作为校园文化传承和学生全面发展的载体，旨在构建全方位、全时段的成长环境，为学生的发展提供最大的空间，通过"传承文明、传授知识、培养能力、陶冶情操、开创未来"系列活动，实现学生的自我服务、自我教育、自我管理、共同成长。

书院注重学生的全面发展，弘扬西迁精神，落实"思想交大"建设，高扬爱国主义、集体主义、英雄主义、乐观主义旗帜，为学生成长奠定坚实的基础。书院设红十字协会、学生经济学会等 13 个学生社团，开展了金秋晚会、毕业音乐节、暖暖饺子宴等一系列深受学生喜爱的品牌活动。书院搭建"导师有约""1896 启德书院讲书会"等开放性平台，营造了浓浓的人文气息。

为培养人格健全、坚忍不拔、积极健康、朝气蓬勃的启德学子，书院积极推进以体育精神教育、"三走"活动、阳光体育活动为代表的体育行动，多次在校运会等各类体育比赛中夺得优异成绩。

书院积极开展大学生综合能力提升计划项目。目前开设项目有城市生存训练等 6 项提升计划，深受学生欢迎，获中央人民广播电台、光明日报等百余家媒体报道。书院以培养学生个人思维和团队合作意识相结合、锻炼逻辑思维能力为出发点，组织学生参加各类社会实践，建立了 13 个社会实践基地。

书院始终坚持关注学生学业发展，成立学业辅导中心，聘请学业导师 108 名、校外辅导员 5 名。同时，书院设有学长辅导团，聘请国家奖学金获得者、"单科状元"等优秀学生担任学业辅导中心成员，积极开展团体辅导、一对一辅导、资料分享、经验交流等学业辅导。

书院加强对党员的教育，充分发挥学生党员的榜样示范作用，提高党员在学生中的影响力，实行"党员联系寝室制""重点学生跟踪制""学生党员承诺制"等，党员一带一，党员文明督导，充分发挥学生党员和学生干部的作用。

书院扎实开展知心工程谈话，健全贫困生、特殊学生、少数民族学生档案，做到精准帮扶。

9. 钱学森书院☆

2016年12月，西安交通大学成立以杰出校友钱学森学长名字命名的钱学森学院，同时成立钱学森书院，学院与书院合署办公、统一管理，探索双院融合育人模式。书院现有本科生1300余人，包括少年班、工科试验班（钱学森班）、理科试验班（数学、物理、化学生物、计算机、人工智能）、侯宗濂医学试验班和越杰班等九类拔尖试验班的学生。

钱学森之子钱永刚教授和航天十二院院长薛惠锋教授担任荣誉院长。学院设常务副院长1名，主持钱学森学院工作；副院长1名，负责教学运行工作。书院设院务主任兼党总支书记1名，负责学生管理工作。

书院践行“欲成第一等学问、事业、人才，须先砥砺第一等品行”的育人思想，传承弘扬西迁精神和钱学森精神，引导学生崇尚科学、勤奋踏实，使学生成为具有社会责任感和家国情怀的“四有青年”。

钱学森学（书）院不仅体现着前期建设经验中的“特殊人才培养”属性，而且在新的时代环境和背景下，由于自身兼具书院和学院合署办公的客观性，将促成人才培养模式向纵深发展。

建立多元化学生选拔方式，创新提高试验班选拔，实行双向选择，建立学生评估指标，保证各类试验班开展的活力。同时，为了避免单一的以考试选拔人才的弊端，学院提出了“兴趣使然、学业优秀、心理健康、体能达标”的德智体综合评价体系，采取高考录取和新生校内选拔相结合的招生模式。

学院根据各类试验班培养目标，制定培养方案和特色学生管理办法并不断修改完善。一是制定特色课程，拓宽学生在人文、艺术、创新思维等方面的知识面。二是建设高水平师资队伍，聘请具有丰富教学经验和国际视野的教授担任项目主任，聘任有能力、有责任的青年教师担任班主任。学生由一流的教师授课，实施导师制，一个学生配备一位学业导师和一位科研导师，分别侧重学生专业学习兴趣的养成和科研训练的辅导。三是借助国际优质资源，聘请国际知名学者授课、讲座、交流座谈，鼓励和创造机会让学生出国学习和访问，培养学生国际视野和创新能力。学院已与美国麻省理工学院、加州大学伯克利分校、佐治亚理工学院，新加坡国立大学，英国曼彻斯特大学等27所知名大学签订联合人才培养协议，每年资助近300名本科生赴国外高校交流学习。

书院始终重视对拔尖学生家国情怀的培养。书院以钱老的名言“Nothing is final”作为院训，激励学生不断追求卓越，引导学生从大一开始投身学科竞赛、科创活动和科研训练；以爱国主义为引领、“四个一百”为抓手，将西迁精神和钱学森精神融入学生成长全过程；以科学与艺术相结合的钱学森教育思想为指导，将第二课堂与第一课堂相结合，开展美育、劳育教育；整合各方资源，为学生搭建平台，创办学生刊物《珠峰学报》，培养学生科学思维，引导学生投入科研实践，组织开展国际社会实践活动，拓展学生国际视野，培养学生人类命运共同体的大局意识；建立多元化学生评价体系，将创新思维、科研训练、研讨参与度等合理地融入学生考核指标中；建立学生培养档案库，建立拔尖人才选拔—培养—毕业档案库，并长期动态追踪校友毕业后的职业发展，形成完善的信息反馈体系。

钱学森学院和书院深度融合，将教书育人职能和书院制的第二课堂育人有机结合，将成才教育与成人教育无缝衔接，开辟拔尖创新人才培养试验区，发挥教学改革引领示范作用。

(二) 西安电子科技大学

西安电子科技大学是以信息与电子学科为主，工、理、管、文多学科协调发展的全国重点大学，直属教育部，是国家“优势学科创新平台”项目和“211 工程”重点建设高校之一，国家双创示范基地之一，首批 35 所示范性软件学院、首批 9 所示范性微电子学院、首批 9 所获批设立集成电路人才培养基地和首批一流网络安全学院建设示范项目的高校之一。2017 年学校信息与通信工程、计算机科学与技术入选国家“双一流”建设学科。截至 2019 年 3 月底，学校共有全日制在校生 3.5 万余人，其中本科生 2.2 万余人、硕士生 1 万余人、博士生近 2000 人。

学校坚持“因材施教、分类培养”的教育理念，积极探索实施“卓越工程师教育培养计划”“钱学森空间科学实验班”和“科教结合协同育人行动计划”等一系列创新型人才培养模式改革。

西安电子科技大学现有丁香一号书院、丁香二号书院、海棠七号书院、海棠八号书院、海棠九号书院等 5 所书院。

1. 丁香一号书院✽

丁香一号书院成立于 2019 年 7 月，坐落于西安电子科技大学南校区西南角。书院现有学生 1600 余名，包含计算机科学与技术学院、机电工程学院、先进材料与纳米科技学院、数学与统计学院等学院的学生。

丁香一号书院围绕促进学生真正成人的教育目标，打造“品悦丁香”系列文化活动，全面推行导师导学制，提升育人成效，落实“一体两翼三轮驱动”的导学体系，选拔“领航学长”，组建导学团队。

为了帮助学生们及时解决自己的心理困惑，丁香一号书院专门开设学生心理咨询室，学校心理健康教育中心特派老师入驻书院咨询室，为学生开展心理咨询及团辅活动。

为进一步巩固和加强“不忘初心、牢记使命”主题教育活动的学习成效，更充分地发挥书院、学院各自优势，实现育人资源共享，双方共同创新基层党建工作载体，服务学生成长成才。

2. 丁香二号书院✲

丁香二号书院是学校第二批改革试点建设书院，位于西安电子科技大学南校区西南方位，由丁香 12 号、13 号学生公寓楼群组成，涵盖 11 个学院、41 个专业、58 个行政班，学生 3700 余人，学生宿舍 280 余间。

书院坚持立德树人根本任务，以促进学生正真成人为目标，依托生活社区阵地，通过书院学院共同育人，强化通识教育、提倡跨专业交流、促进师生互动、弘扬公共精神、服务学生个性成长。书院通过对教育场域和生活场域的重塑整合，为学生的成长发展提供具有目的性、支持性、互动性、功能性的优良社区环境和“一站式”的学习发展支持，是促进师生交流互动的情感共同体、培养学生公共精神的生活共同体、引导学生自我发展的成长共同体。

书院开展本科生导师全面导学活动，每学期不少于 8 次，实现了教师与学生零距离对话，充分发挥了教师和学生两方面的积极性、创造性和内在的潜力，进一步融洽了师生关系，提升了导师的教育理念和教书育人的水平，促进了学生全面发展、自主创新、健康成长，形成了“教授午餐会”“最美的青春遇见你”“导师面对面”“好 high 哟学习小组”“品悦丁香·零距离”等品牌活动。书院每学期组织教授午餐会、导师分享会 160 余场，有效促进师生交流，构筑沟通桥梁；实施“领航学长制”计划，加强朋辈引领；持续开展特定群体学业辅导，针对学业困难学生启动“一帮一”结对帮扶计划，保证每个学生不掉队。

丁香二号书院组织辅导员利用线上平台为学生开展“声动丁香”系列线上集体点名教育活动，用图文和音频的形式，切实保障特殊时期学生思想政治教育工作的实施。自线上开课至今，丁香二号书院已经持续推出了六期专题线上晚点名。辅导员们熟悉的声音，为学生们带来的不只是温馨的情感体验，更是启迪思想、引发思考、促进成长的精神盛宴。为了鼓励更多的学生关注身心健康，参与到健康的运动生活中，书院开办“芬芳瑜伽会”，推出系列线上瑜伽课程，让学生们在专业教练的指导下，通过练习瑜伽获得身心平衡的愉悦，体验书院带来的关爱与温暖。

3. 海棠七号书院✽

海棠七号书院成立于2018年7月，位于西安电子科技大学南校区海棠公寓7号楼。书院现有学生1600余名，包含计算机科学与技术学院、人工智能学院、网络与信息安全学院、生命科学技术学院、人文学院的12个专业的学生。理工和人文相交融，为书院学子提供了广阔的知识天地和成长空间。

海棠七号书院现有专兼职辅导员9人，其中专职7人、兼职2人。书院结合公寓实际，为学生打造舒适、温馨、和谐的环境，努力让学生更快融入大学生活，促进学生全面成长。

构建"一站式"社区，形成空间育人新格局。海棠七号书院建设文化沙龙区、24小时自主学习空间、舞蹈音乐室、乒乓球室、研习空间、心理健康活动室、创新创业工作室等，塑造别具魅力的"学在海棠、乐在海棠、成长在海棠"的书院式生活方式；运用信息化手段，建立公共空间自主预约系统，制定《海棠七号书院公共空间预约管理办法》，实现手机端、PC端双端预约，为学生在社区学习生活提供便捷服务；构建"人工+智能"的社区管理模式，利用人工智能手段，安装宿舍人脸识别设备，配合电子签到和人工查寝，建立学生安全的大数据体系，实现智能化预警机制。

为了打造第二课堂，拓展学生自我发展空间，海棠七号书院实施书院思想导师制度，以"启迪智慧、开启心智"为宗旨，邀请校内外知名专家、学者走进"启心讲堂"，以报告会、座谈会等形式分享他们对学习、工作和生活的感悟，讲授做人、做事、做学问的道理，帮助学生树立正确的价值观、培养健全人格、拓展思维方式、提升学习能力。实施科技创新项目培育"雏鹰计划"，书院自筹经费，导师自主出题（79个项目指南），学生自主组队，首批立项26项科技创新培育项目，着力培养学生至诚报国的理想追求、敢为人先的科学精神、开拓创新的进取意识和严谨求实的科研作风。

书院重视"家文化"建设，旨在培养学生认同感和归属感。书院强化"家礼"，举办"文化引领价值，信仰铸就青春"主题成人礼活动，为学生按照传统冠笄之礼举办成人礼；弘扬"家风"，鼓励学生拍新年全家福、送"亲情红包"、晒家训家风，引导学生感悟传统家规家训所蕴涵的人生智慧，学习家规家训所体现的家国大义和民族情怀；诵读"家书"，开展诵读红色家书、弘扬五四精神主题团日活动，举办"担国家重任，做时代青年"家书诵读大赛，深入发掘家书中所蕴含的情感记忆与民族精神，教育引导新时代青年学生坚定理想信念。

4. 海棠八号书院✽

海棠八号书院成立于2018年7月，坐落于西安电子科技大学南校区西北角。通信工程学院、机电工程学院、物理与光电工程学院、经济与管理学院、外国语学院和先进材料与纳米科技学院的2300余名学生在此学习，是目前校内人数最多、规模最大的书院。

书院以培养担当民族复兴大任的时代新人为目标，将教育空间与生活空间相融合，围绕中华优秀传统文化和西电红色文化，着力营造具有书院特色的文化氛围，持续推进书院内涵式发展，为学校本科生教育培养提供海棠八号书院的智慧和方案。

书院由院长、党委副书记、办公室主任、11名辅导员、行政管理人员、教务管理人员、学籍管理人员组成。

书院形成包括创新创业空间、美育空间在内的9个活动中心、4个自习场地，共计13个研习空间，提供了完善的创业、学习、科研环境。书院构建6个空间，实现了从生活空间到育人空间的全方位覆盖：构建文化空间，挖掘文化底蕴，加强人文书院建设；构建学习空间，以学生为中心，构建三级导学空间；构建社交空间，空间与内容叠加，构建开放式社交圈，加强跨学科和跨专业交流互动；构建素拓空间，进行个性化发展和多样化兴趣拓展，促进学生自主发展；构建生活空间，以服务育人为指向，辅导员、学籍员、教务员入住书院，为学生提供全方位的日常事务管理服务；构建创意空间，尊重学生自主性和创造性，培育“三创精神”。

为促进学生文理交融，增强书院凝聚力，使学生全面发展，以学生素质和能力发展为中心，书院开展科幻电影展播、科技嘉年华、民族文化交流、国庆音乐会、中秋晚会等活动。星火杯、大学生创新创业训练计划、辩论赛、测功仪竞赛等科技文体竞赛活动中，文理兼有、交叉组队的情况越来越普遍；班团交流、主题活动在书院内蔚然成风，课余时间的书院内随处可见热烈交流讨论的学生们，思维的碰撞、彼此的交流融合也在不经意间加深。书院成立美育教育中心，打造“最美的青春遇见你”“糖巴”系列文化品牌。

5. 海棠九号书院✲

海棠九号书院成立于2018年7月，现有学生1500余名，包含电子工程学院、微电子学院、空间科学与技术学院以及数学与统计学院的电子信息工程、信息对抗技术、电磁场与无线技术、遥感技术与科学、微电子科学与工程、集成电路设计与集成系统、空间科学与技术、探测制导与控制技术、数学与应用数学、信息与计算科学以及统计学等11个专业。

书院坚持以立德树人为根本，秉承“以学生为中心”的理念，注重制度建设、学风建设、文化建设，深入开展一系列富有时代精神和书院特色的教育活动，构建亦师亦友关系，营造浓厚文化氛围，致力于学生思想引领、行为养成、人格塑造和实践锻炼，注重培养学生独立思考、批判性思维、道德伦理、职业规划、人际交往、国际胜任力等能力。

书院秉持智慧闪耀、活力担当、友善互助的文化观，重点开展综合能力提升实践训练，构建以学生议事为主体的学生权益中心，在同生活、齐进步、共祝福的“师生共同体”基础上，发挥书院育人优势，深化书院文化内涵，努力促进学生知识、能力、品格的全面发展，塑造别具魅力的“学在西电”的书院式生活方式。

书院由院长、党委副书记、办公室主任、辅导员（8人）、行政管理人员、教务管理人员、学籍管理人员组成，书院聘有78名导师，每位导师指导4～5名研究生，每个导学团队负责20名本科生。

书院建设了开放式咖啡厅、学生研习室、党团活动室、谈心室以及书吧等公共服务设施，努力为学生们创造一个温馨、便捷、宜居的空间，是学生实现自我管理、自我教育、自我历练、自我服务的生活社区，同时，也是开展大学生思想政治教育、通识教育、学业辅导、就业指导、心理健康教育、促进学生全面综合发展的有效平台。

书院以推进信息化为核心，努力打造“智慧书院”，通过通识教育课程和提供非课程形式教育，推进开展学术及文化活动，实现学生文理渗透、专业互补、个性拓展，鼓励不同背景的学生互相学习交流，满足学生的个性化发展需要，注重行为养成和实践，最终促进学生的全面发展。书院辅导员在信息化平台上完成学生日常管理工作内容。根据追踪学生的学习、生活行为数据，形成学生日常行为分析报告。

在学生建设方面，书院开展“笔尖上的文化”优秀笔记展览活动。针对学生的课程疑难点、学业规划问题，书院利用信息化手段，推出了线上的“五分钟小讲堂”，老师、同学们通过录制小视频的方式，就一个问题进行详细讲解、阐述，这种“课程包”更便于学生们及时获取知识。

书院打造“书院集结号”品牌活动，通过“教授午餐会”“导师下午茶”“思想会客厅”“创客咖啡会”等形式多样、有温度、接地气的载体活动，进一步增强师生交流互动，拓宽学生视野胸怀，浓郁书院文化氛围，让学生在与大家、大师、大咖近距离接触中，感悟大爱、大道、大学的真谛。

书院实施了贯通“价值－能力－知识”培养的“德显”优才系列计划：“德显”价值引领计划，坚定学生理想信念、厚植家国情怀、锤炼品德修为、强化责任担当；“德显”科创菁英计划，最终形成85项科研课题；“德显”文化涵养计划，涵蓄人文情怀、坚定文化自信、培养审美情趣、提升个人品位；“德显”全球胜任力培养提升计划，拓展学生国际视野、启迪开放思维、提升合作能力、培养领袖精神。

（三）西北农林科技大学

西北农林科技大学地处中华农耕文明发祥地、国家级农业高新技术产业示范区——陕

西杨凌，是教育部直属、国家“985 工程”和“211 工程”重点建设高校，2017 年首批入选国家“世界一流大学和一流学科”建设高校名单，由教育部与中国科学院、农业农村部、水利部、国家林业和草原局等 16 个部委和陕西省共建。学校有全日制本科生 2 万余人，各类研究生近 1 万人。

学校前身是创建于 1934 年的国立西北农林专科学校。1999 年 9 月，经国务院批准，由原西北农业大学、西北林学院、中国科学院水利部水土保持研究所、水利部西北水利科学研究所、陕西省农业科学院、陕西省林业科学院、陕西省中国科学院西北植物研究所等 7 所科教单位合并组建为西北农林科技大学。合校以来，学校不断突出产学研紧密结合的办学特色，积极推进和深化科教体制改革，各项事业均实现了历史性跨越式发展，进入了新的发展阶段。

建校 80 余年来，学校秉承“经国本，解民生，尚科学”的办学理念和“诚朴勇毅”的校训，心怀社稷，情系苍生，承远古农神后稷之志，行当代“教民稼穑”之为，坚持走产学研紧密结合的办学道路，为推动我国农业现代化建设和农业科教事业发展作出了突出贡献。

西北农林科技大学现有右任书院 1 所书院。

右任书院☆

右任书院成立于 2014 年 9 月 12 日，“师生共进、知行卓越”为该院院训。书院按照“育人为本、德育为先、能力为重、全面发展”的育人观，通过丰富和优化德育教育方法、拓展德育教育空间，探索构建具有西北农林科技大学特色的书院制本科生教育管理新模式和书院管理的新机制。同时，书院按照“整体规划、适度规模、分步实施、稳步发展”的思路，依托学校现有资源，以学生公寓为物理空间，以食品科学与工程学院、葡萄酒学院和创新实验学院 3 个学院本科生为对象，探索书院管理的新机制，创新德育新模式。

右任书院立足当前我国高等教育改革与发展要求和学校的目标定位，以通识教育课程及多样化文化实践活动为载体，突出思想政治教育、通识教育、学生素养与科研创新教育，创新人才培养的第二课堂，促进学生创新综合能力发展和全面成才，把学生培养成社会主义建设者和接班人。

右任书院设院长、执行院长、教务主任等，设有办公室、德育教育部、学业指导部、生活事务部和学生自律委员会等机构。书院实行理事会指导下的运行机制，理事会负责书院总体发展规划，指导书院教育活动，协调处理书院运行中的重大问题。同时，书院实行院务会议制，具体研究书院建设及学生教育管理等重要事项。学校划拨专项经费，优化资源配置，加强保障措施；书院统筹资源，自主创新。

右任书院围绕立德树人根本任务，以社会实践和主题教育活动为依托，通过开设研讨课、党团主题活动及影视教育等，探索思想政治工作新方法、新技术、新途径，营造思想政治教育氛围，强化思想引领，坚定学生理想信念，创新德育模式。书院引导思政教师进社区、学术研讨进社区、党建团建进社区，探索学生教育管理服务新方式。通过书院文化活动与创意服务、师生互动与朋辈交流，构建以德为先的学生教育管理新模式，促进学生全面成长成才。

右任书院积极培养科研兴趣，重视科研思维启迪，积极营造浓厚的学术氛围。书院每年举办学术海报设计大赛，主题“咖啡沙龙”等活动，以兴趣类社团为依托，提升学生专业兴趣，促进学生自主学习能力。

右任书院以优良学风建设为重点，促进学生良好学习习惯养成。书院基于他律理念，以“线上线下结合”“虚拟与现实结合”“自律与他律相结合”的模式，实行了“微动力联盟”互联网＋养成教育学生思想政治教育工作创新体系，帮助学生形成阅读习惯、晨读习惯及上课远离手机的习惯；启动卓越英文计划，通过卓越英语俱乐部 E－Club，开展主题讨论会、英语角等主题活动，通过“晨起饥饿单词”和英语话剧大赛，培养学生的英语学习兴趣。

右任书院坚持以文化人、以文育人的养成教育理念，通过建设立德坊、励志坊、科学工作坊等十个特色活动室，建设特色书院文化活动，着力提升学生身心素质，为学生创造良好的生活环境和文化环境；依托书院文化场所和实践基地开展活动，为学生提供一系列通识教育课程和丰富多彩的书院文化活动，为学生搭建与专业学习环境互补的学习生活平台，增进学生文理渗透、跨学科交流，历练学生服务“三农”的情怀和使命感，满足学生的个性发展需要，又养成学生博雅志趣和立志农业科学的情怀。

书院强化学生自我管理，激励学生参与社区管理、社会实践和科研创新等活动，培养学生良好的行为习惯和文明素养，全面做好学生德育培养、品行塑造、行为养成、文化素质教育、学业规划与心理健康教育辅导、社会实践及学生自我管理等，实现学生德智体美劳全面健康发展。

（四）陕西师范大学

陕西师范大学是教育部直属、世界一流学科建设高校，是国家培养高等院校、中等学校师资和教育管理干部以及其他高级专门人才的重要基地。学校前身是 1944 年成立的陕西省立师范专科学校，1954 年更名为西安师范学院，1960 年与陕西师范学院合并，定名为陕西

师范大学，1978 年划归教育部直属。

学校现有全日制本科生 17000 余人、研究生 18000 余人。建校 70 多年来，学校秉承“西部红烛精神”和“厚德、积学、励志、敦行”的优良传统，立足西部，服务全国，已发展成为一所具有重要影响的综合性一流师范大学，为国家培养各类毕业生 41.7 万余人，形成了“抱道不曲、拥书自雄”的学风和“淳厚博雅、知行合一”的校风。

陕西师范大学现有哲学书院 1 所书院。

哲学书院✽

哲学书院成立于 2019 年 6 月，是陕西师范大学设置的独立实体性教学机构，相当于一个二级学院，是学校为加快推进人才培养体制机制改革，借鉴国内外高校书院制建设成功经验，并结合学校实际情况，充分发挥哲学学科在拔尖创新人才培养中的作用而打造的基础学科拔尖创新人才培养试验区，是全国首个以学科命名的书院。书院首任院长由全国知名哲学家、教育家韩震教授担任。

书院对标“双一流”与“新文科”理念，打造特色鲜明的书院文化和核心通识课程群。书院重专业融通与综合素质培养，重理性精神与批判性思维能力训练，重开放性国际视野与创新意识规训，重优良心智与健全人格养成，为基础学科拔尖创新人才助力。

书院设置以经典阅读为核心的哲学通识教育核心课程群。哲学书院将提供“经典哲学智慧”“伦理与政治生活”“科学与宗教世界”“逻辑与批判性思维”“古典语言与文明”五大模块共 24 门通识核心课程，每学期开设 12 门课程（第一年每学期开设 6 门课程）。书院加盟学生将接受系统的哲学通识课程教育，通过健全心性修养、优良德性养成和卓越思维训练，形成特定的哲学态度和气质，成为兴趣丰富、人格完整、头脑健全的通识人才、思辨型人才，拓展和提升在原有专业的发展空间与层次。

书院实行形式多样、创新的教学模式。书院推行“小班教学 + 小组研讨”的教学形式，开展多种形式的教学。每个课程小班不超过 30 人，满足学生个性化的学习需求。每个学习小组不超过 15 人，由哲学学科的青年教师和优秀博硕士生担任课程助教，力图通过自主性研读，提升学生主动参与、勇于担当、勇于创新的能力。

针对不同类型、不同专业的学生，书院积极探索新的教育教学方法，在书院内开辟经典读书会、学术沙龙、演讲、阅读行动等形式多样的第二课堂，采取“形式教育 + 非形式教育”相结合的教育方式，力图通过更多的非形式教育，真正做到以能力培养为核心，达到健全学生人格与心智的作用，助力学生成长。

书院施行全程全员导师制，每位学生都有四个导师陪伴成长：第一位是专业导师，主要基于书院核心课程群建立的导师团队，负责专业方向教学计划制定、课程讲授以及第二课堂的组织开展；第二位是常任导师，常驻书院办公，统筹教务学务，第一时间一对一解答学生疑问；第三位是课外导师，不定期为学生开展系列讲座课程，广泛参与第二课堂的拓展，并对学生科研实践和生涯规划提供支持；第四位是助理导师，辅助专业导师、常任导师开展工作。

书院设立促进人才培养的奖助研修体系。哲学书院建立了有利于高素质创新人才培养的奖助研修体系。学生经申请并通过评审，将获得书院单独设立的奖学金和科研项目支持。书院还积极拓展海外学习交流项目，每年将选拔并资助 5～10 名优秀学生赴国内外著名高校的书院参加暑期班学习、夏令营活动等学习交流活动。

（五）西安建筑科技大学

西安建筑科技大学位于陕西省西安市，是中国"建筑老八校"之一，原冶金工业部直属重点大学，住房和城乡建设部与陕西省人民政府共建重点大学。学校现有雁塔校区、草堂校区和产业园区等校区，现有在校学生 34000 余人，其中全日制本科生 19000 余人、研究生 5600 余人、留学生近 70 人，继续教育学院在册学生 9500 余人。

学校办学历史悠久、底蕴深厚，最早可追溯到建于 1895 年的北洋大学，1956 年全国高等院校院系调整时，由原东北工学院、西北工学院、青岛工学院和苏南工业专科学校的土木、建筑、市政系（科）整建制合并而成，积淀了我国近代高等教育史上最早的一批土木、建筑、市政类学科精华，时名西安建筑工程学院，是新中国西北地区第一所本科学制的建筑类高等学府。1959 年和 1963 年，学校先后易名为西安冶金学院、西安冶金建筑学院，1994 年 3 月 8 日，经原国家教委批准，更名为西安建筑科技大学。1998 年，学校划转陕西省人民政府管理，现为"国家建设高水平大学项目"和"中西部高校基础能力建设工程"实施院校，陕西省重点建设的高水平大学，教育部、陕西省和住房城乡建设部共建高校。学校从 2012 级本科生开始，在草堂校区全面试行现代书院制人才培养模式。

西安建筑科技大学现有南山书院、紫阁书院等 2 所书院。

1. 南山书院☆

南山书院位于西安建筑科技大学草堂校区西南端，占地面积 118542 平方米，集学生住宿、教学办公、文体活动、餐饮后勤、图书借阅等功能于一体，目前能容纳 8000 余名师生工作、学习、生活。南山书院现有土木工程学院、管理学院、材料科学与工程学院、文学院、理学

院、安德学院、资源工程学院和公共管理学院的本科生4000余名。

南山书院秉承培育“公民良民”的宗旨，引导学生成为懂礼貌、守秩序的“规矩人”，通过开展爱国爱校教育、感恩教育、个人发展规划教育、党团活动实践教育，培养学生在“合格人”的基础上知感恩、懂廉耻；通过开展社会实践、志愿服务教育、社区服务教育等活动，培育学生兼济天下、勇挑社会重担。书院将素质教育纳入学分考核体系，做到综合考量人才，全面培育和塑造人才。

按照学校现代书院制的工作要求，南山书院成立综合事务办公室、素质培养办公室、教学管理办公室，负责学生的日常生活、通识教育和非形式的养成教育（如社团活动）。学院、学科则主要完成基础理论和专业知识的教育以及相关的科学研究。

南山书院借鉴博雅教育和通识教育的经验，在原有的培养模式下，加大人文社科课程的比重，大范围开设通识课程，不断丰富课外校园文化，形成了南山书院特有的、与国际接轨的教育教学管理体系，在蕴含古典文化色彩的同时兼顾全球化视野，积极开展对外交流，吸收外界优秀教育教学经验，提升人才培养能力。为了能使学生在实践中充分成长，南山书院精心打造了“南山行仁”“南山习礼”“南山取智”“南山恪信”四大综合素质教育平台。

2. 紫阁书院☆

2012年10月，西安建筑科技大学在草堂校区成立子午书院，后更名为紫阁书院。书院有环境与市政工程学院、信息与控制工程学院、机电工程学院、冶金工程学院、艺术学院、体育学院、建筑设备科学与工程学院、化学与化工学院等8个学院本科生，共计5000余人。

目前，紫阁书院下设综合事务管理办公室、素质培养办公室、教学管理办公室，现有教职工22人。书院有学生活动管理中心，主要负责规划书院社团发展与建设，监督社团行为，促进社团交流，协助书院对社团进行管理。

紫阁书院以合理规划学生综合素质教育学分体系、大学生社团体系、国学经典传颂体系等为工作抓手，形成了“紫阁有曰”“紫阁有约”“紫阁有悦”“紫阁有阅”四大素质教育特色平台，创建了“逸茶雅集”创客空间和“互联网＋”大学生创新创业实践基地。

“紫阁有曰”平台主要围绕国学经典诵读、传统文化传承，积极开展弘扬传统文化的经典活动，邀请知名专家学者开展高水平素质教育报告和学术讲座，开阔学生视野，启迪学生奋发成才，提升书院文化对学生的教育影响；“紫阁有悦”平台营造“书院有品牌，学院有特色，月月有主题，周周有亮点”文化氛围，在书院范围内开展各类文艺体育活动，极大地丰富学生们的课外文化生活，提高书院大学生的身体素质和艺术修养，让不同学院、不同专业的学生相互交流，分享成长；“紫阁有约”平台邀请知名校友、校内党政领导或高年级优秀学生作为嘉宾，与书院学生开展面对面交流，解决学生成长过程中各方面的困难，通过冷餐会、午餐会、下午茶等形式，营造轻松愉悦的氛围，组织学生与嘉宾进行交流互动；“紫阁有阅”平台鼓励大学生多读书、读好书，开展“书香作伴、阅读随行”读书分享会等活动，结合书院下各学院专业特色以及各类社团，开展日常志愿服务和社会实践活动，拓展学生自我发展空间。

紫阁书院始终坚持“以生为本、立德为先、发展个性、注重养成”的思想，不断强化育人意识，持续改善育人环境，全力营造“全员化、全过程、全方位”的育人氛围。书院侧重于学生思想政治教育、人文素养和科学精神培育、创新创业培育、社会责任感培育等综合素质教育。主要内容包括：基本素质和行为养成教育、先进文化与现代文明教育、创新创业及实践能力教育等3个模块。书院围绕学校确立的集品德、能力、专长为一体，德智体美劳全面发展的本科人才培养目标，不断完善现代书院制人才培养模式。

（六）西安美术学院

西安美术学院建校于1949年，其前身为西北人民艺术学院二分部，1949年7月由山西临汾迁至西安市长安县兴国寺，更名为西北军政大学艺术学院，后历经西北艺术专科学院、西北美术专科学院等阶段，于1960年5月正式定名为西安美术学院。学院现有全日制在校生7000余人。

学院现有本科专业27个，设有中国画系、油画系、版画系、雕塑系、公共艺术系、设计系、建筑环境艺术系、服装系、实验艺术系、美术史论系、影视动画系、艺术教育学院、基础部、造型艺术部、特殊教育艺术学院共15个本科教学系（部），下设50个专业方向工作（教研）室。学院秉承“艰苦创业，追求卓越”精神，恪守“弘美厚德，借古开今”校训，坚持周秦汉唐文化、延安革命文艺、西北民族民间艺术、“长安画派”和“黄土画派”四大传统，夯实绘画、书法、美术史论、中国民间美术“四大基础”，注重学术前沿，突出办学特色，以建设高水平有特色的“国际知名、国内一流”美术院校为办学目标。

西安美术学院现有弘美书院1所书院。

弘美书院

弘美书院成立于2014年10月，以强化学生人文素质教育，传承和发展中国古代书院和西方博雅教育精神，探索拓展学生人文素质和兴趣教育的全新人才培养模式。

书院与学院各教学单位互为补充，学科为本与学生为本并重，将学院的专业培养与书院的素质教育有机结合。

书院的领导机构为西安美术学院书院建设指导委员会，学院党委书记、院长任组长，学院党委副书记、副院长任副组长。书院院长由德高望重的社会名流、热心于教育事业的社会著名人士担任，每届聘期为4年。党委书记担任名誉院长，主管学生工作的党委副书记担任常务副院长，下设的办公室，由学工部负责人及相关人员担任办公室主任、副主任。

教学上以学生第二课堂为主，同类课程可以修学分，上课时间与学生的专业学习时间不冲突，通过学生自选形式计算学分。学分记入学生成绩档案，并可冲抵专业选修课和公共选修课学分。

书院以学生为中心，通过人文素养教育、传统文化教育，夯实大学生专业学习的文化内涵与文化功底，稳步推进大学生学业规划、诚信教育、综合素质拓展、实验训练、创新创业项目训练、心理健康教育等一系列育人计划，帮助学生进行学业进程和人生发展规划，引导学生积极参加社会实践活动，发掘学生的创新意识和实践能力，培育学生的科学精神和人文素质，进一步培养学生的科研兴趣、科研能力、创新能力和社会实践能力，促进学生健康成长、顺利成才。

书院的课程体系由通识教育平台、素质拓展平台、实践训练教育平台三部分组成。通识教育平台设置国学经典选讲等传统文化课程，根据学生兴趣开设特色课，以实现培养学生人文素养、文化艺术欣赏能力的目的。素质拓展平台给学生提供了解学科前沿和开展科学研究的途径，也可开设地方特色课程，拓宽学生知识面。实践训练教育平台承担项目训练、实验实训、社会实践、创新创业实践等活动。

（七）西安外事学院

西安外事学院创建于1992年，是一所以本科教育为主的国际化、应用型、综合性、高水平民办非营利性普通高校。学校开设本科专业40个、高职专业27个，涵盖经济学、管理学、文学、医学、工学、艺术学、农学、教育学8个学科门类，形成了以经、管、文、医为主，工、艺、农、教协调发展的学科专业体系和独特的创新创业教育、国际化教育、德育教育三大办学特色。学校设有商学院、人文艺术学院、医学院、工学院、国际合作学院、创业学院、七方书院和继续教育学院8个二级学院，主要培养面向经贸物流、文化传媒、医疗保健、智慧制造等产业的应用型人才。学校有在校学生

2.1 万余名。

西安外事学院现有七方书院(正蒙书院)、正蒙一院、正蒙二院、正蒙三院、正蒙四院、正蒙五院和正蒙六院等7所书院。

1. 七方书院☆

七方书院于2015年3月成立，是由西安外事学院董事长黄藤教授与国内外著名教育专家、学者共同发起并创办的“中国特色现代教育教学思想与实践孵化基地”，以建立中国特色的博雅教育计划、研究生升学教育和外事风格的人才培养模式。书院以人格培养和学生的全面发展为目标，配合专业教育；以通识教育、个性养成、专业渗透、文化推展、交流融合、思想教育、素质拓展和生活服务为抓手；协同党团、社团、校园文化、生涯规划等多种活动，进一步推动学生自我管理、自我提升。

七方书院秉承“知行合一，乐于有用”的理念，传承中国数千年书院思想，借鉴牛津大学、剑桥大学、耶鲁大学等国外书院教育理念，积极探索实践现代书院教育模式，突出精英教育，重在夯实人文底蕴、爱国情怀、国际化视野、创新精神和实践能力培养，让学生受益、社会认可、家长满意。

为了构建全过程、全员育人工作机制，全面落实立德树人根本任务，2018年学校进一步深化“学院+书院”制改革，成立正蒙书院，正蒙书院和七方书院结合设置，负责“正蒙导师”和“教职工正蒙导师学习小组”统筹工作，七方书院作为优秀文化艺术传承总基地，书院下设各正蒙分院，负责具体工作的组织实施。正蒙书院的组成人员为“正蒙导师”，由420余名德才兼备的教职工担任，做德育和良好校风的践行楷模和导师，全面引导、帮助学生践行优秀传统文化，树立正确的世界观、人生观和价值观，养成良好的行为习惯。书院既是传统文化教育学习与养成训练之所，又是个性爱好、施展特长的全面多样发展之地，也是实现学生自主成长、促成个性发展、注重行为养成的多元育人平台。书院为优秀文化艺术融入学生教育教学和管理，融入育人全过程搭建了平台，拓展了路径。

2. 正蒙一院✽

2014年9月29日，以国际贸易学院学生为主体的西安外事学院鱼化龙书院正式成立，取“畅想青春，化鱼成龙”之意。思想影响行为，行为形成习惯，习惯成为素养，培养良好的思想、行

为、习惯和素养，成为鱼化龙书院的育人理念。2015 年，原国际贸易学院并入商学院，鱼化龙书院由一栋宿舍楼扩展到六栋宿舍楼，学生涵盖商、文、医、工各学科不同专业。2018 年初，西安外事学院成立了正蒙书院。在这一体制下，原鱼化龙书院更名为正蒙书院旗下的“正蒙一院”，为学校正蒙书院在商学院的分支机构。它延续“畅想青春，化鱼成龙”的梦想，以《正蒙》《西铭》等关学儒家学说为理论基础，以礼乐教化为先导，以学生通识教育为着力点，立足书院学生自我教育、自我管理、自我服务、自我监督的育人平台，使书院中华优秀传统文化的育人功能得到充分发挥，形成了正蒙一院独特的育人体系。

在鱼化龙书院原有组织架构的基础上，进一步落实“全国党建示范校”的标准要求，加强“一站式”学生社区综合管理模式的发展与建设，正蒙一院后续建立了“党员服务站”“正蒙一院学生自律委员会”。书院学生的教育管理实行“正蒙导师制”，辅导员、教师和行政干部以正蒙导师的身份进入书院开展工作，每名导师负责 9～10 间宿舍、50～60 名学生的思想教育工作。正蒙导师们深入宿舍，深入学生中间，立足正蒙文化的推广，了解学生的所思、所惑、所求，积极和学生对话沟通，为学生传道、授业、解惑。

书院内建立了“正蒙先锋队”，涵盖党员、入党积极分子、团学组织学生干部、班级学生干部中的优秀骨干，作为正蒙导师的工作助手，通过党组织、团组织、学生会、专业班级开展各类文化推广与实践活动，弘扬中华优秀传统文化。“我的公开课”“我的演绎场”“书音留香”“最美宿舍秀”等书院活动成为正蒙一院的文化品牌，为学生喜闻乐见和广泛参与。

在中华优秀传统文化的熏陶下，师生们举止有礼，行为有规，待人有诚，做事有章，思想有根，以往“脏乱差”的宿舍现在变得干净整洁，曾经的相遇漠视变成诚恳的见面问好。古圣先贤“知行合一”“蒙以养正”的文化传承正在外事校园里焕发着时代新生。

3. 正蒙二院

2014 年 9 月 20 日，以人文学院为主体的西安外事学院雨花书院成立；同年 9 月 23 日，以外国语学院国际合作学院学生为主体成立开元书院，书院以“开元”命名，譬喻书院的发展和学生的成长，每天、每周、每学期、每学年都是崭新的开端。2015 年 1 月，人文艺术学院与原外国语学院、国际合作学院合并建制，组建人文艺术学院；2018 年 3 月，学校正式设立正蒙书院，书院下设正蒙分院，人文艺术学院为“正蒙二院”。

正蒙二院现有学生 7200 余人，导师 75 人，成立正蒙二院书院办公室，根据书院实际情况下设六个分部，同时设立分部部长，在正蒙二院院长的统一领导下开展日常工作，正蒙二院办公室负责具体工作的部署落实，扎实细致做好书院工作。正蒙二院秉持“多元集纳、自强创新”的校训，弘扬“发展个性、注重养成”的学风、“爱岗敬业、感恩奉献”的校风，为青年学子提供格物致知、穷理尽性的空间与平台，以期能自觉于修齐治平之道，大用于社会，最终将学生培养成有人文修养、自由意志、知行合一、乐于奉献的雅乐之人。

正蒙二院以书院楼为单位，依托正蒙书院的博雅教育、学院专业特色，开展“一楼一品”活动，形成了独具文化特色的正蒙阵地。书院内开展正蒙二院党建网格化帮扶工程建设，优秀正蒙学生党员帮扶后进学生，建立了“一名党员一面旗帜”活动，把正蒙思想与党建进行有效融合。

正蒙二院学生工作在服务学生、日常工作开展、正蒙思想传播、学生成长建设上实行“五个一”建设工程：一个浅浅的微笑、一句温馨的问好、一次真诚的交流、一段礼乐的洗礼、一生坚强的助力。书院依托团学第二课堂平台，不断丰富大学生的课外实践活动，结合通识教育的学习，辅之以丰富多彩的文化活动，寓教于乐，寓教于学，以文化人，礼乐化心。

4. 正蒙三院✽

正蒙三院

正蒙书院第三分院前身为医学院天使书院，创建于2014年6月10日，是西安外事学院首家挂牌的书院。书院以新时期党的教育方针为指引，坚持文化自信，弘扬国学经典，秉持先贤张载“为天地立心，为生民立命，为往圣继绝学，为万世开太平”之志，传承“医者仁术、大医精诚”之精神，以践行“明道、修身、利他、共荣”为己任，坚持教书和育人相统一、言传和身教相统一、潜心问道和关注社会相统一、学术自由和学术规范相统一，引导广大教师以德立身、以德治学、以德施教，彰显学校特色德育体系和校风建设新面貌，全面落实立德树人的根本任务。

正蒙三院下设3个工作室（正蒙导师工作室、辅导员工作室、传统文化教育工作室）、4个中心（学生服务中心、党建中心、团建中心、社团发展中心），共有导师180名，其中硕士研究生120名，博士研究生10名。书院以人文医学素养教育为抓手，以创建系列品牌活动为主线，为学生创造一个全方位、新体验、多样化的学习生活环境。

正蒙三院书院开展的品牌活动有“正蒙导师公开课”“佰草集”“我的中国我的节”“5·12国际护士节”“青马工程”讲座、诗画的民族精神线上线下分享、文舞争斗赛、寝室文化节、“奔跑吧，青春”主题素质拓展等特色活动。

5. 正蒙四院✽

正蒙四院

正蒙四院是西安外事学院正蒙书院下设的二级书院，是工学院所对应的书院，正蒙四院前身为

“龙腾书院”，成立于2014年9月30日，龙腾书院包含的“龙腾”是学校“鱼化龙”精神的一部分。在“学院+书院”新型教育模式下，书院的成立进一步实现学生全面发展的目标，促进学院的发展和学生的成长，营造文化育人的氛围，提供师生共享的空间和学生自我管理的平台。

2018年学校成立正蒙书院，龙腾书院更名为“正蒙四院”。正蒙四院以人格培养和学生的全面发展为目标，以打破专业界限，充分照顾学生的个人生活喜好，创建学生对宿舍和校园的归属感，营造“一家亲”的氛围为宗旨，为学生提供一个可以学习和实践的机会，让学生有一个可以更好展示自我、相互交流和学习的平台，有助于培养高素质、现代化人才。正蒙四院根据学校办学使命“化鱼成龙”和校训“多元集纳、自强创新”，结合专业特点制定书院理念使命。龙腾书院的理念是“学生有一个可以更好展示自我、相互交流和学习的平台”。

正蒙四院现有院长1人，办公室3人，正蒙导师40人，2800多名学生。书院有两个分部，10号公寓楼为正蒙四院一分部，7号公寓楼为正蒙四院二分部。书院下设6个中心，分别是党建中心、团建中心、学生服务中心、心理工作站、正蒙导师工作室和辅导员工作站。6个活动室分别是传统文化体验室、正蒙书屋、电子阅览室、社团活动室、爱心屋、党员服务站和创新创业工作室。书院自行成立楼委会，实行学生自我管理、自我服务、自我教育，2019年12月，以楼层为单位成立党小组，把党建工作下沉到书院。

正蒙四院坚持以立德树人为根本，以“四有好老师”“四个引路人”“四个相统一”为指导抓好导师队伍建设，围绕社会主义核心价值观、优秀传统文化，以“传承工匠精神，缔造工程人才”为重点，以学生的健康成长为出发点和归宿，进一步构建和完善学校德育工作体系，努力培养“六有大学生”，促进学生养成良好的行为习惯，具有优秀品德和工匠精神，积极打造能充分体现工科鲜明特色的二级书院。

6. 正蒙五院✽

正蒙五院前身是2014年9月以西安外事学院外国语学院和国际合作学院学生为主体成立的开元书院。2018年3月，学校进一步深化改革，在原开元书院的基础上，以国际合作学院为单元成立正蒙五院。

正蒙五院自成立以来，始终围绕特色学院建设，坚持以生为本，注重学生的思想政治教育，立足应用型人才培养，规范常规工作，积极探索国际化视野下的学生教育管理模式，强化正蒙导师队伍和学生骨干队伍建设，努力提高管理服务质量与效能，充分发挥“鱼化龙”校园文化精神的浸润作用，积极推行以关学、阳明心学为重点的中华优秀传统文化的学习教育，深化通识教育内容，以正蒙文化育人，大力弘扬“发展个性、注重养成”的优良学风。

书院现有党建中心、团建中心、家文化体验中心、心理互助中心、正蒙文化交流中心、学生创意工作坊等六大功能服务区。在实际建设发展中，书院大胆革新辅导员工作机制，根除书院辅导员管理机制，根据辅导员特点，以工作组形式划分，即在书院办公室的带领下，成立书院行政保障组、纪律督查组、活动宣传组、学生事务组，每个小组根据工作实际配备辅导员和学生干部，同时围绕革新后的书院管理工作，成立学生自主管理委员会，对人员配备和功能进行重新整合。

在团学队伍的基础上，书院将学生自主管理委员会的定位分为两级管理，第一层是自管会总部，第二层是宿舍舍长，大力扩充队伍，从学生纪律督导、权益维护、书院文化活动开展、新媒体建设、对外宣传、志愿服务等方面明确机构设置，有效对接书院教师工作组和正蒙导师开展工作，同时，夯实舍长责任制，从而真正发挥书院学生自管会作用，彰显学生自我管理、自我教育、自我服务、自我监督的意识。

书院借力学校国际化办学特色，结合自身实际和专业特色，在育人体系中植入“家”文化理念，以培养学生爱国情怀为出发点，让学生形成国际化视野。书院在实践育人中根据学生自身情况，从新生的学业规划开始，为其确立整个大学期间的生涯目标，确定行动方向、行动时间和行动方案，致力于将学生培养为“完整的人”，并通过为学生提供完全不一样的生活体验和成长平台，培养每一位学生在求学的过程中全面认识自己、做好当下的自己、实现可能的自己，从而提升学生幸福感，形成以家国文化为核心的“国合新青年”学生工作品牌。

7. 正蒙六院

正蒙六院前身为西安外事学院博雅书院，书院成立于 2014 年 10 月，2018 年正式更名为正蒙六院。正蒙六院以“明道、修身、利他、共荣”为指导思想，以正蒙导师为教育核心力量，以传承关学、阳明心学等中华优秀传统文化内涵为德育工作主线，大力弘扬社会主义核心价值观，进一步推进学校“学院＋书院”建设，不断提高教育服务意识，强化学校特色德育教育体系，最终将“鱼化龙”校园文化精神根植于外事人的血液里。

正蒙六院现有学生 700 余人，正蒙导师 13 名。书院内搭建“一院两组”的组织架构，其中“一院”为正蒙书院第六分院；“两组”为正蒙六院一组（4 号女生公寓 276 人，47 间宿舍）、正蒙六院二组（4 号男生公寓 428 人，68 间宿舍）。

正蒙六院在工作实践中不断探索，认真总结，积累经验，锻炼队伍，完善机制，不断彰显继续教育的育人特色，同时，持续改善育人环境，强化正蒙导师和教职工的育人意识。

正蒙六院将以通识教育为重要平台，与学院知识育人互为补充，实现学院与书院的科学定位，合理分工，全面推进德育为先，立德树人的教育本质。

(八)西京学院

西京学院位于陕西省西安市。学校始建于1994年，2005年获批为普通本科高校。学校始终秉持“诚、健、博、能”的校训，以创办“有使命，有远见，有智慧”的大学为己任，培育英才，传承文明，努力建设高水平大学。学校现有全日制在校生2.2万余人，教师1500余人。

学校不断强化学生综合素质和创新能力的培养，紧紧围绕“学生服务与发展”这一主线，坚持“学生为本、德育为先、引导为主、服务为基”的指导思想，大力推行住宿书院制管理模式，充分发挥书院和专业学院的作用，通过构建素质拓展教育、人际交往和信息化建设三大载体，配合大学生综合素质教育评价体系，不断更新教育内容、改进教育方法、创新教育模式、拓展学术及文化活动，为青年学子的健康成长营造丰富高雅、活泼向上的校园文化氛围，塑造学生的健全人格、高尚品德、创新精神和实践能力。

西京学院现有万钧书院、行健书院、南洋书院、至诚书院、创业书院、博雅书院、允能书院等7所书院。

1. 万钧书院☆

万钧书院成立于2014年7月，以西京学院创办人任万钧教授的名字命名，是西京学院成立的首个书院。书院现有院长(兼分党委书记)1名，辅导员14名。书院紧紧围绕“无私奉献、报国为民、挑战极限、追求卓越”的理念培养人才，竭力为广大学生提供成长空间和发展平台，全面提升人才培养质量。

书院现有学生4000余人，来自机械工程学院、商学院、会计学院、理学院、医学院5个院系，涵盖会计学、机械制造及其自动化、电气工程及其自动化、护理学、医学影像技术等12个专业，为文理交融、学科交叉打下良好基础。

书院秉承学校“为学生成长服务、对学生发展负责”的学生工作理念，坚持“铸魂、立德、树人”的指导思想，致力于加强校园文化建设的传承与发展，培养具有深厚人文底蕴、创新科学精神、扎实专业知识、宽广国际视野、勇于担当社会责任的高素质应用人才。书院确立了“分类引导、分层施教”的培养方式，通过创新第二课堂活动载体，完善书院文化体系，实现了对学生全方位教育、管理与引导。从学生成长需求出发，万钧书院形成了全员、全过程、全方位、个性化的育人方式。

一是建设十大学生组织，打造个性发展平台。万钧书院下设团建中心、学生自治中心、学业指导中心、志愿服务中心、新媒体中心、综合素质测评中心、就业创业中心、心理中心、体验式教育中心、导师中心十大学生自治组织，引导学生根据自己的兴趣爱好举办多种多样的书院活动。

二是依托“两院”协同，落实全方位育人要求。书院和学院建立了健全沟通机制、加强业务合作，积极构建“双院同行、协同育人”的工作办法，学院负责第一课堂专业教育，书院负责第一课堂以外的教育，书院和学院深度合作，使得第二课堂活动由娱乐化、碎片化向学术性、系统化转变，一二课堂紧密联系，专业、通识教育深度融合，与学校的人才培养目标相统一。

三是确立“双分”体系，实现个性化育人。万钧书院作为综合性书院，实现学生个性化发展的路径急需探索。书院确立了“分类引导、分层施教”的育人体系，促进学生综合能力提升，采用分门别类、重点培养的方法，将书院特色班作为载体，个性化引导学生，实现了全才与专才教育互相渗透、协同发展。目前书院已与校内各部门合作，建立了卓越学生培养班、数学应用技术班等6所书院班。

四是依托导师队伍，实现全员育人。导师制是书院的三大要素之一，万钧书院搭建以“常任导师、人生导师、学业导师、学长导师”为要素的导师队伍，建立“常任导师天天见、人生导师面对面、学长导师谈经验、学业导师进到班”的工作机制，充分发挥辅导员、教师、社会各界成功人士、在校高年级学生的力量，促成育人合力。

万钧书院根据学生成长的多方面需求及四支导师队伍的构成特点，以育人为根本目标，开展了“成长路上·与师同行”系列专题活动，包括“经典与师同读”“榜样与师共进”“学业与师同研”“迷茫与师共解”4个子活动，定期举行，发挥文化活动中隐藏的育人力量，使学生在日常活动中不断进步。

2. 行健书院☆

行健书院成立于2015年6月，是西京学院唯一的精英书院。书院现有院长（兼分党委书记）1名，辅导员16名。书院坚持“博学笃行、厚德鸿健”的院训，致力于培养一批全能型的考研及出国人才。书院按“文理渗透、专业融合”的原则组建，现有长江、大华、含笑、皇甫、芳华、璞玉、京华、紫薇、茂林、翰林、厚德、北辰、岳麓等13所书院班，共计2000余名学生。

书院秉承“德育为先、学生为本、引导为主、服务为魂”的育人思路，通过实施“精英学生孵化计划”彰显自身育人特色，基于全面育人机制创新，开展个性化学业指导与精准服务，以培养具有国际视野、健全人格、独立思考、创新学习能力人才为总目标。

书院汇集了全校最优质的教学资源和精英管理人员，积极构建新型的师生共同体，探索本科教育与研究生教育的有机结合。书院采取竞争机制，择优补缺，层层筛选人才。以2019级新生入驻为例，按照自愿加面试的原则，得分从高到低的学生依次确定入驻书院。此外，书院每个学期末都会进行自主命题的考试，根据书院席位和考核成绩确定入院学生。

导师制是行健书院的一大特色，经过数年的发展，取得了一定的成绩。书院导师团队分为卓越导师、荣誉导师、学业导师、常任导师、学长导师五个层面。例如书院聘请西京学院董事长和校长为卓越导师，充分发挥导师在学术引领和精神启迪方面的重要作用，激励学生发扬“无私奉献、报国为民、挑战极限、追求卓越”的精神。书院根据培养全能型考研人才的目标，聘请专业硕士研究生入学考试名师为荣誉导师，还聘请优秀的在读研究生为学长导师，引导学生确立目标理想，规划学习生活，帮助其快速成长。

共膳制是书院文化的核心制度之一。书院定期举行共膳活动，邀请国内外知名人士以师生共膳、文化聚餐、高桌晚宴的形式进行交流分享。低年级学生在师生共膳宽松的氛围中畅所欲言，开阔眼界和扩大社交圈；高年级的学生在高桌晚宴和文化聚餐中交流学术知识，增加对正式场合社交礼仪和西方学术文化传统的了解。

书院还注重家校联动，家校共建。书院于2016年10月正式成立家长委员会，试行学校+家庭+社会“三位一体”育人理念，探索育人方向社会化。家长委员定期参与书院发展研讨交流会，提出发展和改进意见，有效发挥社会建言监督功能，促使书院健康快速发展。

经过数年的发展，行健书院作为西京学院书院制改革后成立的第一个精英型特色书院，通过学业导师面对面、Office Hours、走进科研平台、英语四级辅导、师生共膳、高桌晚宴、学术沙龙、经典导读等诸多创新性、实效性较强的活动载体，增强了育人的合力，促进学生全面发展。学生的思想积极健康向上，学习的积极性、主动性显著提高，参加学科竞赛的主动性和获奖人数、获奖等级逐年上升。

3. 南洋书院☆

南洋书院成立于2015年9月，现有学生4100余名，涵盖经济、管理、商贸3大类8个专业方向。南洋书院现有院长（兼分党委书记）1名，辅导员21人。

南洋书院扎实推进国际化教育进程，在国际交流方面取得了显著成效。书院依托电子商务“山阳模式”，秉承“实践出真知”的育人思路，发挥专业优势，积极探索“互联网+电子

商务"实践育人途径。在学生教育管理中,书院坚持以提升学生的职业素养为宗旨,以培养学生全面成人成才为目标,以学生的身心健康发展为己任,全面服务学生的日常学习生活。

书院自成立以来,注重从多维度实现育人方式的实施与创新,一是践行四自教育,实现学生自我成长;二是一二课堂衔接,两院育人同步发展;三是拓宽学习平台,校内校外互相补充;四是国际交流频繁,培养高职生国际视野;五是创业就业并重并举;六是因材施教,引导学生多元化发展。南洋书院始终秉承"诚、健、博、能"的校训,以"有使命,有远见,有智慧"为己任,坚持以"培养人格健全,基础知识扎实,专业实践能力强,勇于创新创业,从事行业应用技术型人才"为目标,以市场为导向,建立产教融合、校企合作的发展模式,突出实践能力与职业素养的培养。

书院始终坚持以"思想政治教育"为长线,紧紧围绕"综合素质教育"的主线,以"学生的安全稳定"为底线,充分发挥书院和专业学院的协同育人作用,大力推行住宿书院制管理模式,力求为青年学子的健康成长营造活泼向上、丰富高雅的校园文化氛围,塑造学生的健全人格、高尚品德、创新精神和实践能力。

4. 至诚书院☆

至诚书院成立于 2015 年 11 月,是西京学院设立的综合书院。书院现有学生 4000 余人,包含信息工程学院、会计学院、土木工程学院、经济管理系、理学院五个本科教学院系,涉及管理学、工学、经济学、理学等 13 个本科专业。

书院设院长(兼任分党委书记)1 名、副院长兼学生发展科科长 1 名、学生事务科科长 1 名,学生事务科配备 2 名科员,学生发展科配备 1 名科员,每个年级组各设组长 1 名,四个年级同时设置四个学生党支部,年级组长兼任党支部书记。同时,依据辅导员工作职能划分,书院还设有学生综合素质教育评价、学生事务、学生活动等 10 个辅导员工作职能中心。

中华优秀传统文化是至诚书院的育人特色,借鉴《中庸》"至诚无息"的精神理念,结合西京学院文化精神内涵,把"至诚不息,博厚悠远"作为院训,以此来影响和教育学生。

书院坚持以学生为本,贯彻全人教育和"科学 + 艺术"的总方针,不断完善通识教育,有效衔接一、二课堂,充分发挥中华优秀传统文化的教育功能,鼓励学生实行自我管理、自我服务、自我教育、自我监督,着力从"大气、感恩、文明、合作、严谨"五个方面进行教育引导,将学生培养成有宽广胸怀、求真务实、明礼诚信、知恩感恩、团队协作等优秀特质的人才。

书院全力配合相关专业院系，不断完善通识教育，辅助专业教育，配合实践教育，结合学校的人才培养方案，充分发挥传统文化的育人功能，树立具有典型传统文化氛围的书院特色，搭建促进师生全面发展的平台，建立书院与专业院系协同育人新模式。

书院开展一系列传统文化教育活动，帮助学生成长成才：一是诗歌朗诵艺术文化活动；二是中国传统节日文化特色项目育人活动；三是开展挖掘学生自身潜能、增强学生团队协作意识的挑战类活动；四是开展中华传统文化通识教育线上、线下课程。

5. 创业书院☆

在国家“大众创业、万众创新”这一结构性改革大背景下，按照国内外名校的书院制建设经验，西京学院于 2016 年 6 月正式成立创业书院。书院现有院长（兼任分党委书记）1 名，创业导师 20 名，每年面向全校各专业遴选具有创新创业意向的学生入驻书院，为其提供指导。

创业书院坚持以培养人格健全、基础知识扎实、专业实践能力强、勇于创新的一线工程师和行业创新型人才为目标，以增强学生的创新创业意识、提高学生的创新创业能力、提升学生的创业成功率为根本任务，为有志于进行创新创业实践的学生搭建全面成长的平台，为学生创新创业提供全方位的培训、服务、支持。

书院构建了“一融入二协同三促进”的应用技术型大学创新创业教育模式，形成了完善的创新创业教育机制；突出五大特色，专业教育与通识教育深度融合、第一课堂和第二课堂紧密衔接、学科竞赛与创新创业竞赛全面覆盖、创新创业课程开发与创新创业能力培养重点突出、创新创业实训与项目孵化有机结合，全程为学生创新创业提供物质保障和智力支持，实现学生的全人教育。

书院紧紧围绕人才培养目标和规格定位，开展以增强学生的创新创业意识与精神、提高学生的创新创业能力、提升学生的创业成功率为核心的第二课堂活动，打造“一院一品”精品活动，培养学生创新创业精神，为学生提供“SYB”创业培训、创新创业特色课程学习、创新创业讲座、创新创业沙龙、一对一（点对点）创业指导、创业实训、项目孵化、专利辅导、竞赛项目精准培育（指导）、项目（成果）推介等教育和服务项目。

书院依托科技部国家级众创空间、全国社会科学普及基地、陕西省高校实践育人创新创业基地、陕西省青年创业孵化基地、陕西省中小企业高校创业孵化基地、蒜泥创客空间、洪泰大程创新空间、西京·京东校园实训中心等十余个政府和行业机构资源平台，推动形成“政府主导、学校主动、企业支持、社会参与”的创新创业格局，发挥协同育人机制优势。

通过4年的发展，创业书院的创新创业指导服务水平、创业活动类型和数量、竞赛获奖数量和质量以及学生创业比例均得到了显著提升。

6. 博雅书院☆

博雅书院成立于2016年12月，现有学生3000余人，包含艺术、外语、新闻等相关专业。书院现有院长(兼分党委书记)1名，辅导员16名，下设学生发展科、学生事务科两个科室。

博雅书院高度重视文化建设工作，积极探索、大胆创新，通过关注要点、积极进取、创新载体、两院联动，围绕学校的人才培养方案，建全“艺术+实践”的育人体系，充分发挥管理育人与服务育人的双重作用，突出学生的艺术素养，实现学生全面发展，着力构建书院特色文化，弘扬书院精神，培育学生健康品格，提升学生综合素质，促进书院的全面发展。

关注要点，构建书院“艺术+实践”育人新格局。书院注重培养学生的爱国主义信仰，开展了“艺缕阳光”系列育人活动，根据学生专业优势，将艺术素养和实践培养相结合，引导学生根据专业所学，积极参加各种实践活动，以实际行动实践专业理论，进而培养学生在人格上讲道德、崇知识、悦身心，在实际生活中有担当、敢创新、重实践。

积极进取，探索书院“艺术+实践”育人新模式。书院积极建设“全员育人，全过程育人”的育人机制，形成书院师生共同体的同时，不断发展与创新，依托书院导师制体系，自主创办了博雅讲堂，通过讲座、访谈、交流、分享等方式，以德育教育为主线，围绕大学生学业生涯规划、心理健康、理想信念、道德品质、实践育人、大学生自我教育等方面，紧扣学校“为学生成长服务，对学生发展负责”的全人格教育目标，引导书院学生日常行为养成，通过讲堂的形式重点讲授学业发展、生活感知、心理疏导等方面问题，采取各种方式让学生在聆听中启迪，在思考中升智，在实践中成长。

创新载体，开拓书院“艺术+实践”育人新途径。书院组织开展了“对口协议”教育等系列活动，以感恩教育为主线，树立特色书院文化，全面提高学子思想素质，促进健康成长，努力开拓书院文化建设的新途径。

纵横结合，促进书院“艺术+实践”育人新发展。博雅书院根据学生的专业，开展对应的第二课堂活动，提升课余文化活动的活力和影响力，充分发挥和调动各班级干部积极性、主动性和创造性，致力于开展有创意、有内涵的第二课堂活动，着力打造培育“一院一品”的特色，有力推进第二课堂活力育人提升工程。

两院联动，搭建书院"艺术 + 实践"育人新平台。博雅书院与专业院系设立联动机制，相互整合资源，创立了"艺烁手绘工作室""蛋雕工作室"等诸多开放工作室。书院构建培养创新创业人才的全新教育模式，从而提升书院学生的实践能力、创新创业能力和社交能力。

博雅书院围绕立德树人的根本任务，突出学风建设在大学生思政教育和全人格培养中的关键作用，不断健全学风建设相关制度，积极探索协同育人、竞赛育人、管理育人、活动育人、实践育人、榜样育人"六位一体"的学风建设措施。书院通过系列学风建设工作的实施，初步实现了"学生学习方式、老师教育方式和书院管理方式"的三个转变，有力推动了书院内涵建设，全面提高书院育人效果。

7. 允能书院☆

允能书院成立于 2016 年 12 月，由高职生组成。书院目前共有 2600 余名学生，分布在医学院、管理技术系、机电技术系的 9 个专业。书院现有院长（兼分党委书记）1 名，科长 2 名，辅导员 13 名，学业导师 78 名。

"允能"出自《诗经·鲁颂·泮水》中"允文允武，昭假烈祖"。"允能"突出了西京学院校训"诚、健、博、能"的"能"，"能"包括智能、体能、技能、才能。允能书院就是以培养勤奋学习、务实创新、无私奉献的高素质应用型专业人才为目标。

书院全面落实立德树人根本任务，以培养"匠心精神 + 艺术素养"应用型人才为目标，致力于学生全人格教育，全面推行学生综合素质教育评价，加强学风建设，优化育人环境，通过开展志愿服务特色文化建设，弘扬社会主义核心价值观。书院坚持"学生为本，德育为先，引导为主，服务为基"的指导思想，协同院系促成专业教学与素质教育有机结合。

为了实现第一、二课堂紧密衔接，专业教育与通识教育（训练）深度融合，书院与院系形成科学定位、合理分工、双向互动的协同育人局面。书院采取院长与院系主任人才培养联席会议制度，书院发展科、辅导员与院系教务科、专任教师建立信息沟通机制和渠道，书院与院系联合召开学生干部、学生代表座谈会等方式，构建连接通识教育与专业教育的桥梁，促成通识教育与专业教育有机结合，共建书院与专业院系协同育人局面。

书院连续 4 年打造以志愿服务文化为特色的第二课堂系列品牌活动，成立了 12 支志愿服务队伍，每年开展近 50 次志愿服务活动，取得了较好的社会反响。其中书院志愿服务项目"关注空巢老人 关爱留守儿童"在省委教工委的评选活动中获得"陕西省最佳志愿服务"项目；书院爱心医疗服务队连续五年被评为"陕西省大中专学生志愿者暑期文化卫生'三下乡'社会实践活动优秀团队"。

（九）兰州大学

兰州大学是教育部直属的综合性全国重点大学，由国家国防科技工业局与教育部共建，是世界一流大学建设高校（A类），"985工程"和"211工程"重点建设高校。

兰州大学创建于1909年，其前身是清末新政期间设立的甘肃法政学堂，1928年扩建为兰州中山大学，1946年定名为国立兰州大学，1952年，被确定为国家十四所综合性大学之一，1954年开始研究生教育。2001年，教育部与甘肃省政府签订省部重点共建协议。2002年、2004年，原甘肃省草原生态研究所、兰州医学院先后并入兰州大学。学校现有榆中、城关两个校区，截至2020年4月，有在校本科生20030人、硕士研究生11285人、博士研究生3200余人，教学科研人员2250人。

兰州大学现有萃英学院1所书院。

萃英学院✽

萃英学院成立于2010年8月，专门负责实施国家"基础学科拔尖学生培养试验计划"。学院依托基础学科优势，致力于建立拔尖人才重点培养机制，吸引最优秀的学生投身基础科学研究，努力使进入计划的学生成长为未来基础学科领域的国际领军人才。学院每年在数学、物理学、化学、生物学、人文（文史哲）等学科方向选拔五个"萃英班"，每班20人左右，与相关学院共同完成培养任务。学生本科毕业后，以赴国际一流大学或研究机构继续攻读研究生为目标。

萃英学院是兰州大学探索本科拔尖学生培养模式创新的荣誉学院，是拔尖学生自主学习、个性发展、成长成才的重要基地，是学校深化教育教学改革的试验区。学院院长由兰州大学校长兼任，主管教学的副校长兼任常务副院长，国际知名教授担任执行院长。

师资队伍方面，学院从国内外不同渠道选聘一流师资。学生入选以后，将集中安排在校本部住宿。学院办公与教学集中在一起，环境优雅、静谧、舒适，师生交流方便直接。萃英学院的学生均实行动态进出管理机制。书院按照学生兴趣、学业成绩、科研潜质和创新能力等指标，不定期进行评估与考核，对不适应、不合格者重新定位，实行分流、退出计划，转到相关学院，同时，补充吸收优秀学生进入本院。

在初步探索和实践基础上，学院将人才培养理念概括为“十化”，即①学术精神质疑化（质疑知识、质疑科学、质疑老师、质疑前辈）；②学术氛围宽松化（平和平等、思维多元、兴趣自由、个性培养）；③学术环境国际化（书院氛围、原版教材、双语教学、国际交流）；④授课教师高端化（教学名师、著名教授、知名学者、杰出人士）；⑤学期课堂小型化（小学期制、小班授课、小组指导、小考多讲）；⑥授课形式互动化（师生互动、教研互动、讨论学习、辩论求是）；⑦学习经历多元化（跨实验室、跨越学科、跨越学校、跨越文化）；⑧能力培养实践化（导师指导、科研训练、野外实习、社会实践）；⑨素质教育通识化（传统传承、民族民俗、生态生活、爱家爱国）；⑩学生管理动态化（优中选优、滚动分流、评估预警、追踪管理）。

学院招生选拔更加注重志向、兴趣和能力，培养过程更加注重通识教育和国际化，努力为学生科研生涯的长远发展奠定坚实基础。学院实行导师制，学生入院即进入导师团队，参与科研实践，并可申请“萃英创新基金”，开展科研探索。学院以小班教学为主要授课方式，鼓励学生质疑，强调师生互动。学院尊重学生的个性发展，在课程设置中努力扩大学生自主选择的空间，包容学生的多元志趣。学院重视国际交流，设有“萃英海外交流奖学金”，资助学生到国际一流大学或科研机构进行交流学习。学院根据导师制、小班化、个性化和国际化培养（即“一制三化”）的要求设计培养方案，按照国际通行的三学期制安排教学。

学院重视学生价值观教育，通过强化实践教学，教育学生爱家、爱国、敬业、奉献，使学生兼具国际视野与本土情怀，塑造学生思想上积极上进、道德上严格自律、生活上情趣健康、行为上阳光和谐的人生态度，鼓励学生发挥特长、展示个性、创新创造、服务社会，养成关心人类命运、关爱社会发展的人文情怀。

（十）甘肃民族师范学院

甘肃民族师范学院位于甘、青、川三省交界处的甘南藏族自治州首府合作市。学校前身是合作民族师范高等专科学校，始建于1984年10月。2009年3月，学校升本改建为甘肃民族师范学院，2013年5月，确定为国家民委与甘肃省人民政府共建学校。

甘肃民族师范学院是甘肃省唯一一所省属民族师范院校，是甘肃省重点建设院校，甘肃省人民政府与国家民族事务委员会共建高校。学校各类普通在校学生已达万人，少数民族占68%左右。

甘肃民族师范学院现有莲峰书院、香巴拉书院和亭林书院等3所书院。

1. 莲峰书院☆

2013 年 9 月，甘肃民族师范学院成立莲峰书院，在甘肃省率先试行“书院制”管理模式。书院得名于对“所育人才如莲洁，志比峰高”的期望。书院坚持以学生为本和人才培养的宗旨，秉承“大爱无华、昂扬向上、追求和合、自强不息”的阳光精神，构建“各美其美、美人之美、美美与共”的和谐书院。书院现有外语系、物理与水电工程系、藏汉双语理科系和汉语系四个系的学生，约 2200 余人，生源来自甘肃、青海等 10 个中西部省（自治区、直辖市），学生由藏族、回族等 18 个民族组成，其中少数民族学生占 70%。

书院注重学生的自我组织与自我管理，高度关注学生自身的成长，大力推进学生的自我管理和基层组织建设，使书院成为学生进行自我教育、自我管理、自我服务的社区和养成高雅的生活情趣、朴素的生活习惯、友爱的生活风尚、严明的生活纪律的文化家园，引导学生树立公民意识和社会责任感，奋发图强，健康成长。书院致力于培养学会求知、学会做人、学会合作、学会做事的优秀人才。

为了进一步提升学生的综合素质，书院通过非课程教育、多元文化交流和社会实践活动，鼓励学生互相学习，实现文理渗透、专业互补、个性拓展、知行结合。为了促进学生全面发展，书院全力推行“学科专业学院制，学生生活社区书院制”。书院建立三笔字实训室，拓展了书院育人平台，提升学生专业综合实践能力和专业素养；跨专业多领域建设“活动课程”，开展“国学经典与文化传承”文化讲堂、诗歌朗诵会、才艺竞赛、迎新晚会等活动，营造书院文化氛围，提高学生综合素质。书院努力拓宽学生实践成长平台，进行集体职业生涯规划指导，邀请创业成功的学长面对面交流，进行职业生涯辅导；建立课外兴趣小组，通过多种形式的社会实践活动，拓宽学生的视野；打造书院文化长廊，引导学生热爱生活，注重生活情趣培养和个人素质养成。

2. 香巴拉书院☆

香巴拉书院成立于 2014 年 10 月，“香巴拉”是藏语的音译，又译为“香格里拉”，其意为“极乐园”。作为甘肃民族师范学院最具特色的书院，香巴拉书院寄托着学生的热情、创造、智慧，体现着公寓文化，秉持“大爱无华、昂扬向上、追求和合、自强不息”的阳光精神，构建“各美其美、美人之美、美美与共”的和谐书院。

书院按学校的住宿区域划分，按照学科交叉和大类融合的原则安排住宿。书院内有马克思主义学院、音乐舞蹈系、化学系、预科部等四个院系，现有学生约 1700 人。书院的组织架构与莲峰书院基本一致，设有书院领导、分团委、学生会三个部门。书院全面提升学生的自我管理能力，打造自我成长的教育平台。书院在内部文化建设上，着力体现民族特色，其中书院文化墙根据学生专业特点，设计了具有相关专业文化特点的墙体以及名人名言、语录等。

书院以立德树人为教育理念和有利于学生成长为原则，尊重各民族风俗习惯和文化，开展了各项文化活动，将民族文化寓含在各类活动中，兼顾民族文化和传统文化的传播和发扬，在活动中，营造了良好的书院文化氛围，提升了学生对祖国、对人民、对民族和中国特色社会主义道路的认同感。

3. 亭林书院☆

亭林书院成立于 2014 年 10 月，入住院系有数学系、体育系和历史文化系，共计约 2200 人。亭林书院秉承中国古代书院人文精神和西方住宿学院传统，通过非课程教育、多元文化交流和社会实践活动，鼓励学生互相学习，实现文理渗透、专业互补、个性拓展、执行结合，促进学生全面发展。亭林书院的组织架构与莲峰书院、香巴拉书院基本一致，实行导师制、导生制，下设分团委、分学生会等。

书院以营造文化氛围、注重思想引领为管理理念，教育思想重在寓于活动教育中的学生主体性的培养，形成文化管理、自主发展、适性发展的管理特色，以着力培养"品德高尚、学业优良、能力突出、身心健康"的合格学生为培养目标。

书院在组织建设上，制定并完善多项规章制度，坚持学生工作例会制，确保书院管理工作规范化和科学化；在书院学生工作队伍建设上，保证每个系有一名负责的学业导师，负责本系的学生工作以及专业指导。在日常管理中，书院积极引导学生自我管理、自我教育、自我服务和自主发展，培养学生养成高雅的生活情趣、朴素的生活习惯、友爱的生活风尚、严明的生活纪律，从而促进学生成长成才。

书院打造人文培养平台，构建双创平台，促进空间共享，推进互助学习，取得了很好的效果。书院通过干部培训及互助学习、创建新媒体宣传平台、开展创新创业活动、创办书院书刊报刊、成立特长兴趣小组等，推进大学生人文素质的培养和创新创业意识的提升；贯彻全员、全过程、全方位育人理念，致力于培养符合现代社会发展要求的综合性人才。

第三章

高校书院类型分析

经过多年的探索与发展，全国高校书院不管从数量还是质量上都有了极大提升，同时在书院模式的定位上也发生了许多新变化。2017 年以来，每年都会有一批新的书院成立，即便是新冠疫情肆虐的 2020 年，也有许多新成立的书院：5 月清华大学为实施“强基计划”，推进完善以通识教育为基础、通识教育与专业教育相融合的本科教育体系而成立的致理书院、日新书院、未央书院、探微书院和行健书院；6 月厦门工学院成立了友达书院；7 月中国人民大学成立了同时实施“强基计划”和“拔尖计划”的明德书院和明理书院。大量书院的实践经验不断推动全国范围高校书院制发展向深度和广度扩展。同时，尝试书院制建设的高校类型也正在逐渐呈现出多样化的特点，由最初的“985”“211”高校扩展到了其他公办本科、民办本科以及专科学校。在书院制蓬勃发展的今天，书院的类型尤其是非全员制模式的书院更是百花齐放，除了原先的按照年级、学科（专业）、校区、特定群体，或者是否为实验班分类以外，还出现了许多新模式，例如涉及商业合作、国内外联合办学、面向特定行业、文化传承等。根据书院模式的发展情况，为了便于研究，我们对所有书院进行了重新划分，不再将非实体书院进行单列，对《高校书院发展报告（2017）》中的分类进行了部分调整优化，新设其他书院类型，并对实验班模式书院和特定群体模式书院进行更清晰的区分（见图 3－1）。

全员制模式：所有专业、年级的本科生均有所属的书院，由书院进行管理教育的模式，我们称其为全员制模式。现有 36 所高校的 183 所书院采用全员制模式办学，占所有书院的 60.2%。

低年级模式：仅有低年级学生或新生有所属的书院，则为低年级模式。低年级模式书院许多是为方便在低年级开展通识教育而设立。现有 7 所高校的 13 所书院为该模式办学，占所有书院的 4.3%。

分学科模式：若仅有部分学科（专业）学生入住书院，则为分学科模式。现有 7 所高校的 10 所书院为该模式，占所有书院的 3.3%。

实验班模式：若以某种选拔机制为基础，开设的某个学科（专业）实验班或拔尖人才实验班，我们将其设定为实验班模式。现有 32 所高校的 48 所书院为该模式，占所有书院的 15.8%。

特定群体模式：若是为某些具有共同属性的特定群体设立的书院，则为特定群体模式。现有 9 所高校的 10 所书院为特定群体所设，占所有书院的 3.3%。

除以上五种模式外，还有一些书院采用校地商业合作、文化传承、文化建设、特定校区内建设、面向特定行业等模式建设，我们将其统一划归为其他模式，现有 22 所高校的 40 所书院为其他模式，占所有书院的 13.1%。

一、基本类型分析

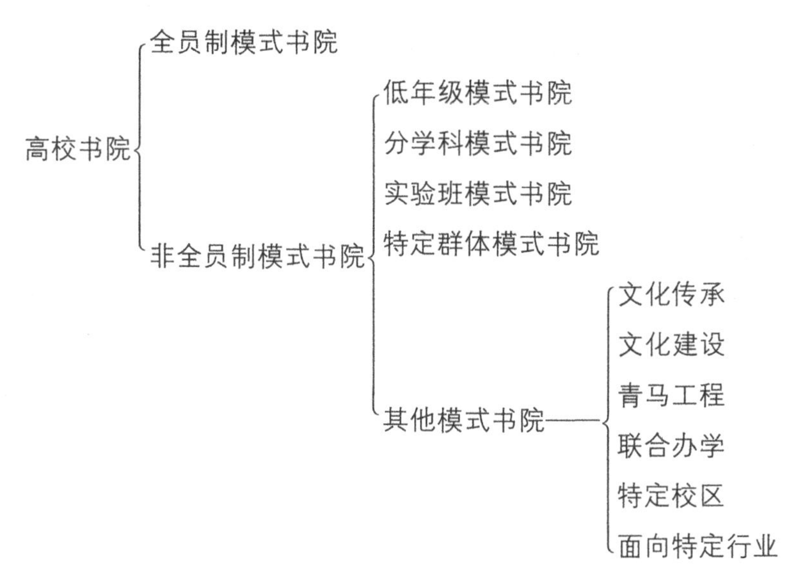

图3－1　高校书院类型图

(一)全员制模式书院

全员制模式书院，是指在一个大学里，其全部本科生均有所属的一所或几所书院，即每一名学生都有属于自己的书院，同时书院覆盖了全校所有的学生。此模式中，书院既是学生的住宿点、生活区、活动处，又是学生交流思想、培养集体意识、提升综合能力的成长空间。目前实行全员制模式书院的高校主要有西安交通大学、大连理工大学盘锦校区、南方科技大学、南京审计大学、河北大学工商学院、西安外事学院、厦门工学院等36所学校的183所书院，较《高校书院发展报告(2017)》新增26所学校127所书院。现全员制模式书院高校占全国有书院制高校的37%，《高校书院发展报告(2017)》中该数据为27%，而183所全员制模式书院占全国书院总数的60.2%，《高校书院发展报告(2017)》中该数据为48.2%。可以看出不论是开设全员制书院高校的比重还是全员制模式书院的比重都有了大幅增长。

许多全员制模式的书院都侧重打造"一站式"学生社区综合管理模式建设，是在大类招生趋势下人才培养模式的实践。全员制模式书院具有师生共处、朋辈互勉、学科交融、注重养成、环境温馨、开放民主的基本特征，目的在于培养具有坚定的理想信念、强烈的社会责任感、宽广的国际视野、卓越的领导才能以及具有儒雅人格风范的优秀人才。

在推行全员制书院的学校中，除了《高校书院发展报告(2017)》中已有的全日制书院，还有先由点状试点，近年进入全面推进书院制阶段的学校。例如青岛职业技术学院原设有1所书院，2017年至今增加至7所书院，实现了学院书院制改革由规模扩展到内涵提升、由初步探索到特色打造、由非全员制模式到全员制模式的重要转变。有根据不同学生不同学院情况，虽然全员施行书院制，但各个书院有自己特点的学校。例如重庆邮电大学移通学院，该学院现有专业集中式书院3个、社区文化式书院7个、文理式书院1个。专业集中式书院，即外国语言文学系（天渠书院）、中德应用技术学院（南湖书院）、智能工程学院（竹逸书院、梅若书院、松格书院、荷悦书院），这些书院的学生们院系专业集中、住宿集中、配套设施齐全，通过专业认同与社会实践加强学生专业素质的培养。社区文化式书院，包括爱莲书院、北山书院、别都书院、花果书院、廊桥书院、汇江书院、鱼城书院，这些书院的学生"学习在专业学院，生活在社区书院"，在互补、互动、互融中由"双院"共同培养。文理学院式书院，即远景学院（远景书院），学生实行独立培养，以全程导师、通识育人、国际交流、自主管理为育人特色，不分专业但分年级集中上课、住宿，旨在培养具有全球视野、具备通识教育的精英人才。

实行全员制模式书院的高校有北京理工大学、天津大学等8所"985""211工程"重点建设的综合性大学，上海科技大学、河北大学工商学院等22所全日制普通高等学校，还包含重庆邮电大学移通学院、西京学院、郑州西亚斯学院等6所民办高校，可见在高等教育的发展过程中，不同类型的高校均立足本校实际，不断对全员制模式书院的人才培养进行实践探索。

新成立的全员制书院与以往全员制模式的书院相仿，首先，都是以住宿平台进行学生教育和管理，以达到住宿区培养人才的目的。在一定的住宿范围内，不区分专业混合居住，书院的设立可以帮助学生扩大交友平台，帮助学生个性化发展，实现环境育人。其次，组建有相应的管理机构，以保障学生的教育和管理，配备辅导员、学业导师，成立学生自管会等，实现管理育人。再次，设立配套的活动场所和设施，以保障学生的学习和生活，构建阅览室、自习室、健身房、多功能演播室、舞蹈房等种类丰富的功能房，为学生提供生活上的便利，培养学生品格和行为养成，培养高尚的情操和文化涵养，实现服务育人。最后，开展丰富多彩的第一课堂主题教育和第二课堂实践活动，履行通识教育理念，充分继承和发扬已有积淀与传统，彰显书院的特色和优势，实现文化育人。

我们可以看到全员制模式书院在许多方面都有了新的发展和提升。一方面是规模的不断扩大。许多学校在经过初步的探索后，逐步完善书院制办学的规模，由非全员制模式转变为全员制模式，这既是对书院制育人模式发展的认可，也展现了全员制模式的优势。还有许多原先没有设立书院制的高校开始实施书院制，不论是学校的数量还是书院的数量都有了较大的增长。另一方面是办学的不断深入。将所有学生均纳入书院，不再仅仅停留在住宿，更多的是实现它的各类育人功能。书院的生活支持、教学辅助、文化教育、行政协助、社团自治等功能在全员制模式的书院中得以更好地开展。

(二)低年级模式书院

低年级模式是指将大学低年级学生纳入书院管理，学生到大学二年级或三年级时，再转入专业学院进行学习和管理的模式。根据调研，低年级模式书院由原来的北京航空航天大学和南方医科大学 2 所大学的 8 所书院发展到 7 所高校 13 所书院，探索书院低年级模式的队伍逐步壮大。

下面分别就几所新成立的书院的培养目标略做简述，使大家明晰各大学推行低年级模式书院制的理念和思路。

上海大学自 2011 年实施大类分流通识教育教学改革以来，按照人文、理工、经管大类招生的新生，均需在社区学院完成为期一年的学习与生活。

太原理工大学 3 所书院均隶属于基础学院，涵盖全校 11 个专业大类，53 个专业一年级本科生，实施书院制育人模式，进行“通专融合”的大类培养。3 所书院共同贯彻“厚基础、宽口径、强能力、高素质”的培养理念，不断丰富完善以立德树人为目标的育人体系，筑牢学生信念基石，夯实学生知识基础，增强学生创新能力，努力培养视野开阔、基础扎实、全面发展的一流人才。

华东政法大学的文伯书院采取“1 +0.5 +X”模式，即“1 年书院新生学习 +0.5 年衔接专业学院学习 + 多形式、多时段的全程书院教育”的衔接教育方案和通识教育体系。所有新生将在文伯书院接受为期 1 年的集中学习，为以后的专业学习和未来的职业生涯、人生选择打下基础，从大二开始，学生进入专业学院开始专业学习。文伯书院相较其他低年级模式的书院更有特点的是即使学生进入了专业学院，书院仍然为其提供通识教育、素质训练、成长支持等服务，助力学生长远发展，既是对低年级模式的一种拓展，也是向全员制模式转变的一种探索。

浙江大学的求是学院由丹阳青溪学园、紫云碧峰学园、蓝田学园 3 个学园组成，专门开展大一学生通识教育与管理服务工作，是学校实施通识教育、大类培养的重要机构，是“一横多纵”学生教育管理体制的重要平台。

浙江工业大学的健行书院面向全体一年级本科生，围绕通识教育培养核心任务，以“广雅通学”文化育人为主线，着力构建较完善的培养体系。书院以“广雅学堂”为实施平台，实施“六个一”计划，包含上好一门慕课、精读一本好书、品味一场讲座、细赏一个博物馆、乐做一回志愿者、用心写一篇心得等模块。书院主要负责新生入学教育、教学教务管理、专业确认、通识教育等工作，同时协同专业学院做好学生思想政治工作和学生事务。

郑州航空工业管理学院的蓝天书院为实施"大类招生、交叉培养、通专融合、书院管理"为核心的本科人才培养模式改革而组建，书院以大类人才培养方案为基础，推行通识教育，实行宽口径、大平台的专业设置与培养，秉承"三精"育人理念，全面实施"五导"工程。

低年级模式书院普遍是针对大类招生的特点而创办的书院。学生进入学校后，由于没有具体专业，书院更加注重培养学生基础能力素质，更加强调通识教育，更加关注学生适应大学生活的情况，从培养时间段上可以看作是全员制模式的压缩版。针对学生刚入校的迷茫期、困惑期，书院利用开展的各类活动进行教育指导，帮助学生在入校初期就能在较短的时间内适应大学生活，在书院的学习中不断扩宽视野，夯实基础，锻炼学生综合能力，激发学生潜能。

（三）分学科模式

分学科模式书院主要是指在部分学科学生中实施书院制的一种模式。培养具有专业特色、社会责任担当的建设者和合格人才，创新大学人才管理教育模式，是各大学推行该模式的共同目的。目前，大学中实施分学科模式的书院有：聊城大学学记书院、厦门大学香山书院、陕西师范大学哲学书院、南京信息工程大学龙山书院等7所高校的10所书院。

聊城大学学记书院主要面向教育科学学院学生，旨在通过实行住宿式书院制，借鉴西方大学住宿书院的做法，承袭中国书院的古老传统，构建创新人才培养的第三课堂，实现通识教育与专业教育相结合、显性教育与默会教育相结合。

南京信息工程大学龙山书院包含大气科学和应用气象学两个专业。培养厚基础、宽视野、强能力、高素质的创新型气象人才为目标，致力于构建通识教育、全人培养，导师引领、个性发展，双院联动、协同育人，自主管理、快乐成长为特色的人才培养新模式。

厦门大学香山书院包含公共卫生学院、能源学院、环境与生态学院三个不同属性学院的学生，以打造小范围学科的互动交流、学科融合、多重思维模式碰撞的平台。

陕西师范大学哲学书院是该校为充分发挥哲学学科在人才培养中的作用而设立的，打造特色鲜明的书院文化和核心通识课程群，重专业融通与综合素质培养，重理性精神与批判性思维能力训练，重开放性国际视野与创新意识规训，重优良心智与健全人格养成，为基础学科拔尖创新人才助力。

上述几所高校分学科的书院均为近年成立，聊城大学学记书院、陕西师范大学哲学书院、南京信息工程大学龙山书院是这3所大学对书院制的第一次小范围探索；厦门大学香山书院是厦门大学在探索了数年书院制后，逐步推进书院制改革，探索实践新模式发展起来的。

（四）实验班模式

实验班模式旨在探索创新人才培养模式，培养出一批高素质创新型拔尖人才。其本质是在承认学生差异的前提下，运行出一种区别于一般人才培养的特殊培养模式，它强调人才培养的特殊性处理、有针对性的教学与辅导模式、更高质量的课程学习、个性化的专业实践等。因此，在此基础上，国内各个高校围绕此内涵，进行了不同程度的探索与尝试，相较传统意义的"实验班"。实验班模式的书院除在专业学习上给予有针对性倾斜以外，还增加了师资配备、环境营造、机构保障等具有书院特色的特性。书院制与实验班的结合，使得资源更加集中、服务更加全面、学生视野更加开阔，根据多年探索经验不难看出，这种模式是国际化顶尖人才培养的有效方式，在全方位培养顶尖人才方面发挥了不可替代的作用，如今 25 所高校 47 所书院的办学规模也足以说明这一点。

北京大学原有一所实验班模式的元培学院，2019 年新成立鹿鸣书院，该书院为教育部拔尖学生培养计划 2.0 首批启动的生物科学创新人才培养基地。"鹿鸣书院强基班"统筹本硕博阶段学业发展，设计"名师引领、学科交融、本博衔接、国际竞雄"人才培养方案，为国家培养具有国际竞争力、能支撑未来生命科学发展的学术领军人才。

清华大学在 2017 年之前就建有 2 所书院，2020 年结合教育部"强基计划"的发布实施，清华大学又增设 5 所新书院，均是面向国家基础学科和重大战略领域，以培养精英后备人才为目标的实验班培养模式书院。这一变化在一定程度上说明了清华大学以往"书院与学院共同负责学生培养，落实以通识教育为基础、通专融合的教育体系，强化宽口径、厚基础、重交叉的培养理念"的书院制育人模式探索展现了在精英人才培养中的特有优势。

北京航空航天大学的致真书院以培养具有高度国家使命感和社会责任感，理想高远、学识一流、胸怀寰宇、致真唯实的领军领导人才为育人目标，主要是理科试验班类学生大一年级在书院内学习生活，书院为学生配备了高质量的师资队伍。

北京理工大学特立书院是北理工人才培养特区，采用书院制管理，形成了本博贯通的拔尖创新人才培养模式，担负培养领军领导人才重要使命。书院人才培养坚持"导师制、严要求、小班化、定制化、国际化"，采用"3 +X 年"动态学制的本博贯通培养模式，形成办学特色文化体系，实现"担当民族复兴大任、具有扎实的数理化科学基础、优良的人文素养、宽广的国际视野、敏锐的学术前沿意识、卓越的研究能力的领军领导人才"的培养目标。

上海应用技术大学工程创新学院鲁班书院的学生主要来自不同专业的 6 个卓越工程师

计划试点班和少数民族预科班，学生统一入住书院。每一位学生既是专业学院的学生，也是书院的学生。该书院以我国古代工匠鼻祖鲁班命名，旨在继承及弘扬勤于思考、勇于创新、不断学习、立足实践、刻苦钻研、乐于奉献以及精益求精的工匠精神。

东南大学秉文书院是对文科人才培育模式的创新和探索，专业覆盖哲、文、管、政、经、法等学科，是东南大学为继续探索文科人才个性培养和通识教育相结合的重要手段，旨在营造博雅环境，统筹课内外资源，培养具有爱国情怀、国际视野、创新精神和实践能力的拔尖领军人才。

《教育部高等教育司 2020 年工作要点》第八条“深入实施‘基础学科拔尖学生培养计划 2.0’”中提到“推动多样化探索，支持高校开展‘三制’（书院制、学分制、导师制）拔尖人才培养模式改革”。这将极大促进实验班模式书院的发展，可以预见在短时间内实验班模式书院的数量还会持续大量增加。

（五）特定群体模式

特定群体模式书院是指学校面向某一具有共同属性的特定学生群体设立书院，以提高教育的针对性。这一模式的特点在于书院学生具有特定的属性，在书院内集中住宿或集中管理，以书院制的管理模式，利用为特定群体而营造的特定学习生活氛围，以达到更好的培养效果。

北京大学“一带一路”书院的学生是从全球选拔的具有领导潜质的中青年人才。

北京理工大学北京书院主要承接北京市“高水平人才交叉培养计划”和“高端人才贯通培养实验”项目等北京地区高校的访学学生，组织实施“访学项目”的制度建设、教学运行、学生管理、校际融合等相关人才培养工作。令闻书院的学生均为北京理工大学留学生中心的本科留学生。

北京师范大学教育家书院主要为优秀教师（校长、班主任、幼儿园园长）的成长提供服务。

北京工商大学嘉华学院国际学院书院班主要为培养高端、精品、贵族化的国际商科人才，书院为学生提供国外全真环境，探索中式书院管理对于国际化双方学生的应用模式。

同济大学女子书院是面向全体同济女生，以培养高层次、复合型、国际化女性人才为目标的一个女性特色教育主旨书院。

上海交通大学创业学院主要为学生创新创业提供平台和指导，支持学生参加大学生创新创业大赛等。

上海海事大学的励志书院主要面向来自中西部地区家庭经济困难的学生，目的是将扶困与扶志结合起来，增强这部分学生信心，积极培养自立自强、诚实守信、知恩感恩、勇于担当的良好品质。

暨南大学四海书院的学生均为港澳台学生及外籍学生。

通过简要的介绍可以看出，特定群体模式在为部分有共同属性的学生群体提供更加定制化的教育和培养上的优势十分明显，在书院社区特色的文化背景下，可以更加有针对性更加集中地开展教育，书院内部氛围和谐，相比其他类型书院，学生往往在特定群体类型的书院中能获得更强烈的归属感和认同感。正因如此，特定群体书院在实际需求的催生下，数量不断增多。由于此模式的书院面向的群体规模相对较小且性质特殊，因此管理方式培养方法也会在工作中不断探索和发展区别于其他模式的特点。

（六）其他模式

除以上几种较为传统的模式以外，近年随着对书院制的不断了解和探索，还逐步演化出许多其他种类的书院。虽然各个书院具有面对学生不同、设立目标不同、实施范围不同等特性，但都选择了将特色与书院制融合，这主要是因为书院制的实施，能够在保持和突出特色的基础上，强化通识教育、增强学生之间师生之间的交流、培养集体意识、提升综合能力，为特色育人提供支持支撑。

北京师范大学的启功书院、上海理工大学的沪江书院、浙江大学的马一浮书院、西安外事学院的七方书院（正蒙书院）都是以文化传承为目的建设的书院。

中国民航大学天文书院、吉林省长春师范大学女子书院、通化师范学院长白学院均为非实体书院，以论坛、会议、活动的形式开展教育，分别侧重于文化建设和青年马克思主义者培养工程的模式，传播中华文化、培育家国情怀、陶冶艺术情操、锤炼意志品质、崇尚科学精神，全面提升学生综合素质。

厦门大学博伊特勒书院以全英文的授课环境，汇集国内外生命科学领域顶级科学家，为有志于从事生命医学研究的优秀学生提供学习平台，力争将其培养成为生命医学领域国际大师级后备人才。书院内同时设置有“拔尖计划”与“普适计划”两种人才培养模式。

西南交通大学竺可桢书院可以归为分学科模式的书院，但由于该书院内部开设孔子学堂班，探索菁英人才培养模式，即竺可桢书院与厦门大学博伊特勒书院类似，同一书院内既有普通学生的培养模式也有拔尖人才的培养模式。

台州学院的心湖和广文书院采取学生自主申请加盟的制度，均按照 10:1 的生师比建院，以确保达到预期的育人效果。虽然招收的人员有限，但是以较高的生师比，有效提高了育人的效率以及效果。

上海交通大学的密西根学院、巴黎高科卓越工程师学院为中美、中法高校合作办学，是以培养国际化人才为培养目标的书院制探索。

上海交通大学远东书院与商业结合较紧密，是由上海交通大学人文艺术研究院和远东控股集团有限公司合作创建的一所研修型教学机构，主要是以专题讲座、高端沙龙、学员论坛等形式为社会提供更多、更好、更积极的思想文化资源，让更多的大众汇入思考、探索和交流的大潮中。

天津工业大学博雅书院结合图书馆的空间布局，汲取其他高校书院建设的经验，构筑了以“博、雅、慧、行”为引领的书院布局及培养模式，为全体学生提供了一个以不同培养目标而设置的 4 个园区的大平台。

书院制的实施为高校育人模式提供了一个兼具传统和创新的思路，如何去探索，以何种模式去探索，这不应该成为一种束缚，不需要拘泥于原有的模式。书院以学生心灵的陶冶和思想的完善为目的，只要是能帮助学生建立全面的人格、提升生命境界、发展理性道德和审美而设立的模式就应该去勇敢地探索。在教育部等部门提出的《推动“一站式”学生社区建设的意见》和《教育部关于在部分高校开展基础学科招生改革试点工作的意见（即“强基计划”）指引下，全国各高校对书院模式探索的脚步不会停歇。

二、书院类型新变化

（一）原有书院类型的变化

《高校书院发展报告（2017）》中收录的探索书院制的 37 所高校中有 19 所高校有探索书院制的新变化，超过了原本收录学校数的 50%。

已经施行全员制模式书院的 3 所高校进一步扩大全员制模式书院的规模，不论从书院的数量（见图 3 –2）还是从书院覆盖学生的数量（见图 3 –3）上都有所增加。其中包括郑州西亚斯学院在 2018 年转设为独立设置的民办普通本科高校后，全面扩大书院的规模，共成立了知行、致远、至善、思齐、博雅、明礼、博艺、寰宇等 8 所书院，学生规模也从 2200 余人增加到 30000 余人；新乡医学院三全学院新增智行书院，书院数从 5 所增至 6 所，学生规模从 15600 余人增加到 20300 余人；青岛职业技术学院由原先的 1 所书院演变发展为 7 所全员制模式书院，学生规模从 800 人增加到 11500 余人。

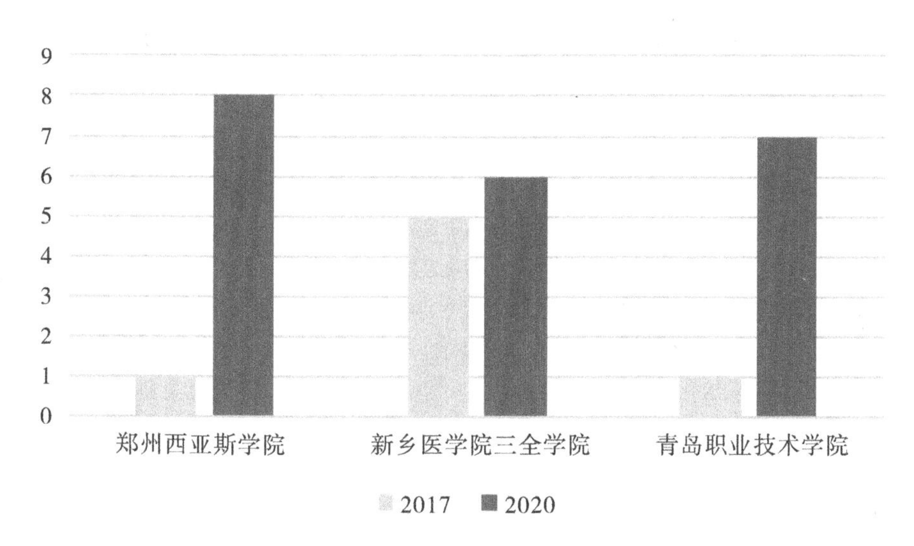

图 3-2 2020 年较 2017 年实施全员制书院的学校书院数量变化图

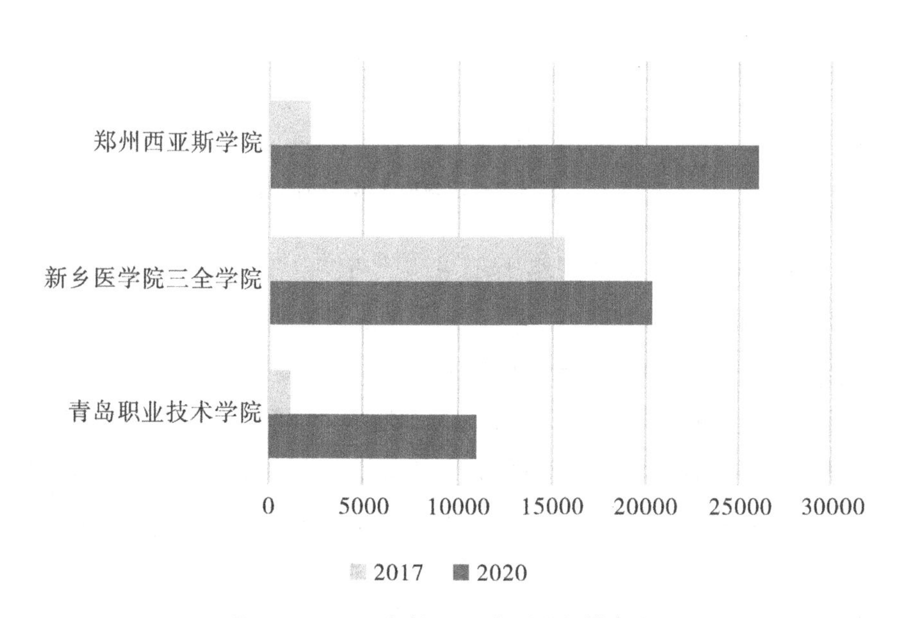

图 3-3 2020 年较 2017 年学生规模变化图

原先没有施行全员制模式书院的高校有 6 所开始增设全员制模式书院(见图 3-4)。华东师范大学在原有孟宪成书院的基础上增加了 3 个书院,并均采用全员制模式办学;青岛职业技术学院由 1 所非全员制模式书院知行书院发展到 7 所全员制模式书院;汕头大学由 1 所特定群体模式书院发展至 9 所全员制模式书院;肇庆学院在 3 所全员制模式书院和 1 所特定群体模式书院基础上增加 1 所书院,并均采用全员制模式办学;西安建筑科技大学 2 所书院学生规模扩大了接近一倍;西安外事学院重新调整书院设置,现有 6 所全日制书院。可以看出在初步探索书院制育人模式后，更多的学校体会到书院制的实施能够给学生的成长成才带来更多的帮助。

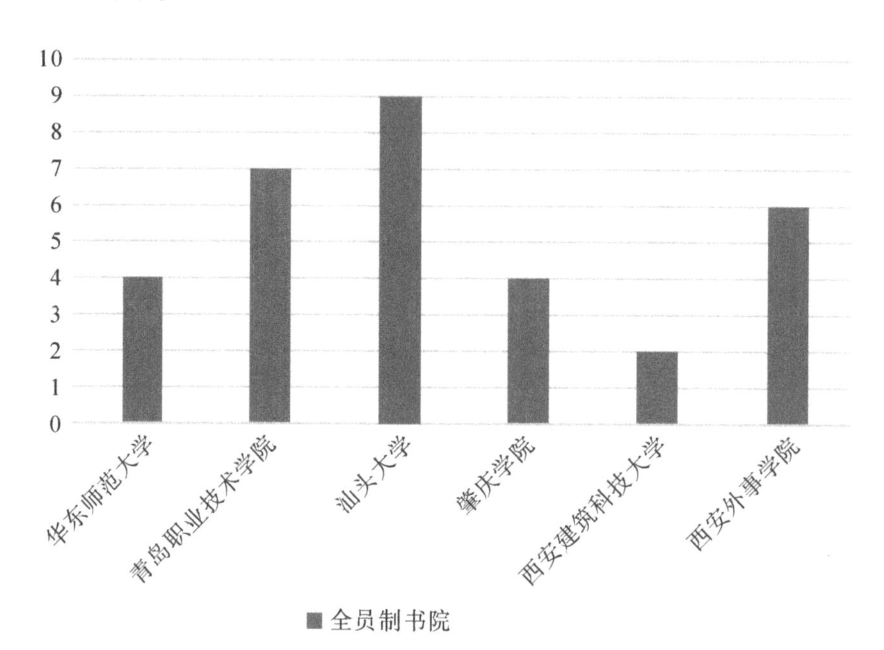

图3－4　新设立全员制模式书院数量图

除了向全员制模式发展的趋势以外，原有书院的高校中增设实验班模式书院的共4所高校（北京大学增设1所书院、清华大学增设5所书院、北京联合大学增设11所书院、中国海洋大学增设1所书院）；增设特定群体模式书院的有北京大学，增设了1所书院；而北京航空航天大学新增了5所低年级模式书院，浙江大学增加1所低年级模式书院；厦门大学、苏州大学均新增1所分学科模式的书院；浙江大学新增2所其他模式书院（见图3－5）。这9所高校在原有书院制实践的基础上，更有针对性地开设新书院，为拔尖人才培养、"强基计划"的开展、特定人才的培养、新生教育、通识教育等开辟了平台，提供了支持。

此外，我们还发现《高校书院发展报告（2017）》中包含的9所"985工程"学校中，有8所学校均有新成立的书院，唯一没有新成立书院的西安交通大学自2006年成立首家书院——彭康书院至2017年成立以拔尖人才培养为目标的钱学森书院后，全部本科生均已纳入书院管理。由此可见，高水平办学的高校对书院制育人的探索始终处于活跃期，并且形成了一种趋势。

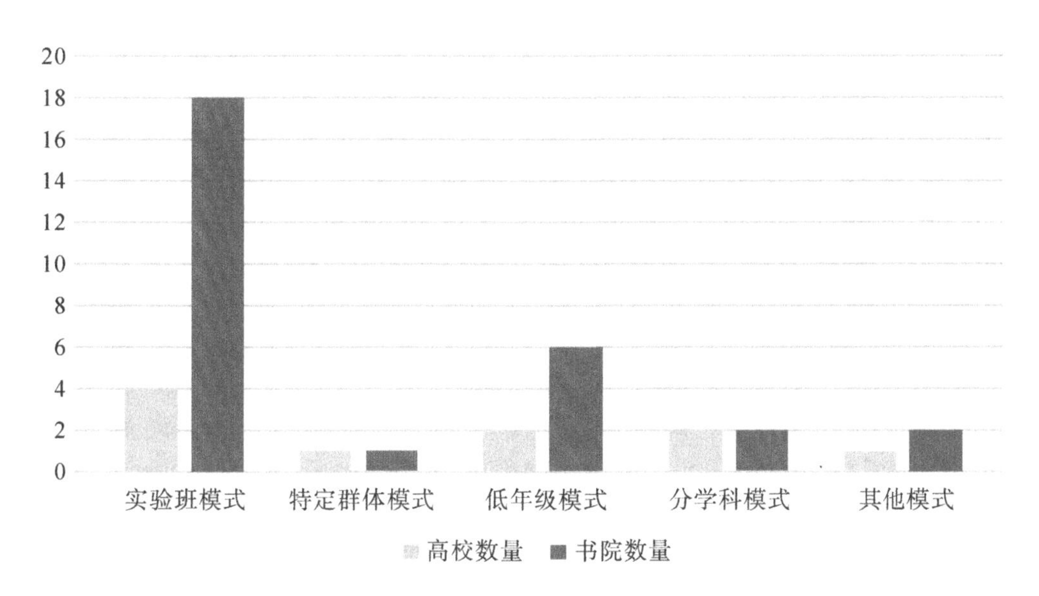

图 3－5　非全员制模式书院新增数量图

（二）新增高校书院类型分析

经过本书编撰前的调研，书院模式的探索不仅停留在 2017 版收录的 37 所高校，我们还了解到近年来有 62 所高校也开始对书院制育人进行了探索与实践。这 62 所高校中有 18 所高校成立了全员制模式的书院，占新设置书院制育人高校总数的 29%；有 18 所高校成立了实验班模式的书院，占新设置书院制育人高校总数的 29%；有 9 所高校设立了分学科模式或者低年级模式的书院，占新设置书院制育人高校总数的 14.5%；有 7 所高校设立了特定群体模式的书院，占新设置书院制育人高校总数的 11.3%；而设立其他模式书院的高校有 17 所，占新设置书院制育人高校总数的 27.4%。

从图 3－6 可以看出，在新设立书院制的高校中，全员制模式书院所占比例最高，从侧面说明了全员制模式书院育人成效显著且得到了大家的认可，这也与 2019 年 10 月教育部思政司《关于开展"一站式"学生社区综合管理模式建设试点工作的通知》中提及的推动学生社区教育培养模式、管理服务体制、协同育人体系、支撑保障体系改革，推动形成全员全过程全方位育人格局，以及 2020 年 5 月，教育部等八部门发布《关于加快构建高校思想政治工作体系的意见》（教思政〔2020〕1 号）提出推动"一站式"学生社区建设的要求相契合。

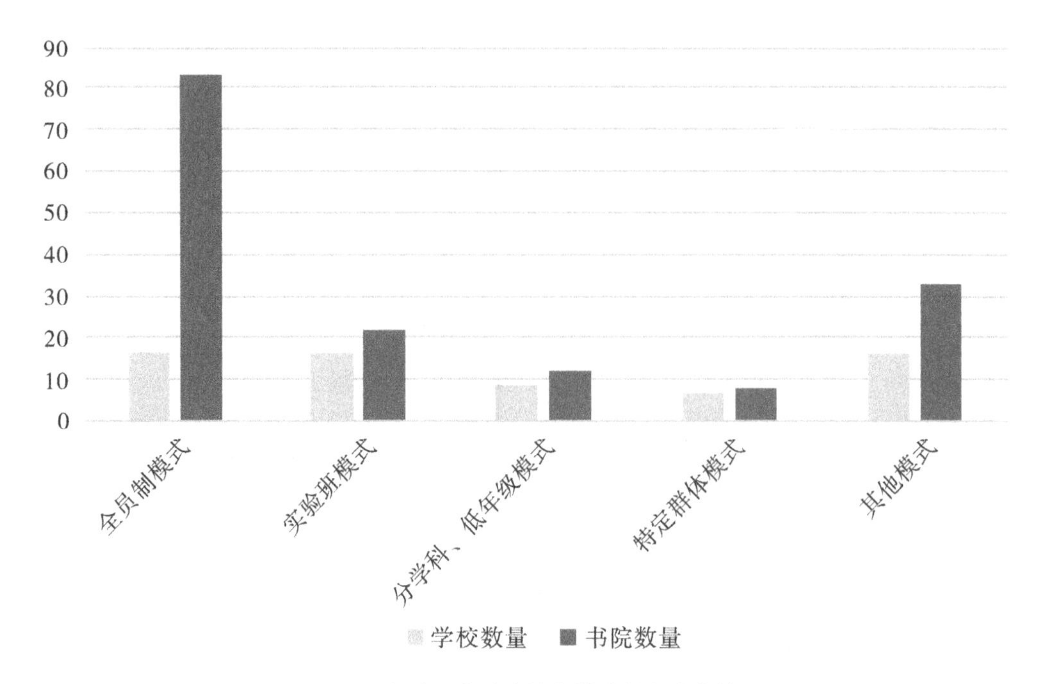

图3－6　新成立书院高校各模式数量分布情况

排在第二位的实验班模式书院与教育部“强基计划”的实施和国家“基础学科拔尖学生培养试验计划”的实施密不可分，许多高校也认识到在做好全员育人的基础上，突出拔尖人才培养的重要性尤为突出。排在第三位的是其他模式，随着时代浪潮的推进高校在书院制发展上不再拘泥于原有形式，书院模式定制化，其他模式中有以文化传承为目的的北京师范大学启功书院，有以论坛形式育人的中国民航大学天问书院，有以文化建设为主的山西农业大学信息学院的青藤、杏花、三达、太行、无边、箕城、右岸书院和上海理工大学沪江学院等；有与商业合作的上海交通大学远东书院；有以申请加盟为特色的台州学院心湖、广文书院；有着重开展第二课堂活动的广东外语外贸大学明德书院；有中西合作办学的上海交通大学密西根学院和巴黎高科卓越工程师学院；有以青马工程为基础开设的白城师范学院鹤城书院等。其他模式中各类型的发展充分体现了，书院制育人形式的多样性和内容的包容性。随着社会的发展与进步，高校书院制模式的发展也将迎来新的机遇与挑战，相信未来书院制模式也会随着时代的进步而不断扩宽育人维度、增加育人深度。

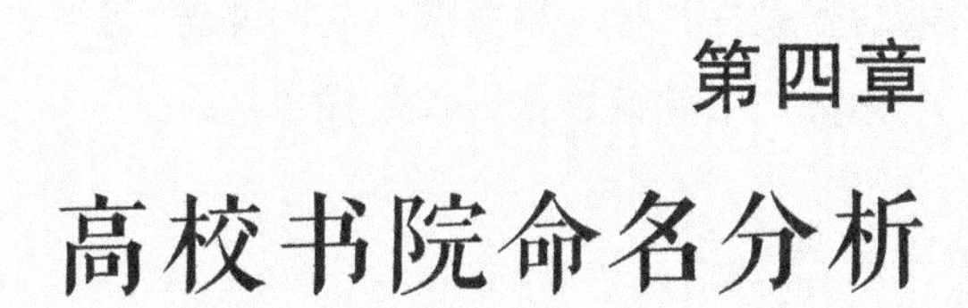

第四章 高校书院命名分析

一、书院命名类型

“名,明也,名实使分明也”,一所书院的命名传递着书院的价值诉求、精神传承、育人理念和发展方向。本次各高校书院情况统计共涉及全国 97 所高校及其所设的 304 个书院。各书院的命名内涵丰富,依来源可分为七类:国学典故类、知名人物类、价值理念类、地域地理类、景观花木类、历史文化类以及育人愿景类。书院的名称或传承传统文化,或弘扬科学精神,或沿袭前人风范,或聚焦社会需求,体现了各具特色的教育理念,蕴含着不竭的生命力量。因此,借助探讨和考察书院命名的渊源,可以进一步了解高校的历史沿革和书院制的文化记忆,为推广书院模式育人提供借鉴。

(一)国学典故类

援引经典,博古知今,弘扬优秀传统文化。书院在中国古代教育史上占有重要地位,为传统文化的传承作出了巨大贡献。中国古代书院制度蕴含的教育理念,仍在为现代大学提供重要借鉴。南宋学者、教育家张栻主管岳麓书院教事期间,从学者达数千人,初步奠定了湖湘学派规模,成为一代学宗。他在《潭州重修岳麓书院记》中提到:“盖欲成就人才,以传斯道而济斯民也。惟民之生,厥有常性,而不能以自达,故有赖于圣贤者出而开之。是以二帝三王之政,莫不以教学为先务。”他主张书院的教育宗旨是培养“传道济民”的人才,不只为“决科利禄计”,不只为“习为言语文词之工”。书院“传道济民”,所传之道就是“仁”,如在《洙泗言仁录》序中,张栻写道:“昔者夫子讲道洙泗,示人以求仁之方。盖仁者天地之心,天地之心而存乎人,所谓仁也。”这种“仁”的思想、“求仁”的教化目的及“传道”的教育手段,在中华文明流芳百世的国学典故中体现得淋漓尽致,故而当代书院多引用“经史子集”中的名言警句命名,用中华传统文化持久深沉的力量,为当代书院思想文化建设注入生命力。

引用“经史子集”理论名词及衍生词命名的书院达 96 个之多,数量居各类别之首,涉及历朝各代近 30 部典籍。被引频率最高的典籍当属四书五经。四书中的《大学》被引 23 次,频率居各典籍之首,其中引用“大学之道,在明明德”最多,如在广东外语外贸大学、汕头大学等 4 所高校中均有以“明德”为名的书院;天津大学格园、诚园、正园、修园、齐园等书院名称来源于“古之欲明明德于天下者,先治其国。欲治其国者,先齐其家。欲齐其家者,先修其身。欲修其身者,先正其心。欲正其心者,先诚其意。欲诚其意者,先致其知。致知在格物。”同篇章中另有名句“苟日新,日日新,又日新”,清华大学日新书院名称寓意着为学绝不能因循守旧,而要革故鼎新、勇于突破,寄托着清华“人文日新”的办学追求;“致新”和“日新”也分别为南方科技大学、深圳职业技术学院所用。《中庸》被引3次，山西农业大学信息学院三达书院之名出自指向“智”“仁”“勇”的“三达德”概念；汕头大学、西京学院都有“至诚书院”，源自“唯天下至诚，为能尽其性”。《论语》被引15次，其中《论语·泰伯》被引4次，河北大学工商学院、广东岭南职业技术学院都设有“笃学书院”，源于“笃信好学，守死善道”；武汉大学与汕头大学均有“弘毅书院”，引自“士不可以不弘毅，任重而道远”；青岛职业技术学院立人书院之名出自《论语·雍也》“夫仁者，己欲立而立人，己欲达而达人”；南方科技大学树礼书院取名源于《论语·季氏》中“不学礼，无以立”；北京师范大学学而书院出自《论语·学而》“学而时习之，不亦说乎”；郑州西亚斯学院思齐书院援引《论语·里仁》“见贤思齐焉，见不贤而内自省也”，让“学聚思齐，引领未来”成为学生的发展指引；新乡医学院三全学院引用《论语·颜渊》“主忠信，徙义，崇德也”命名崇德书院；厦门工学院友恭、友容、友敏、友善、友惠、友达书院，源于《论语·阳货》“恭则不侮，宽则得众，信则人任焉，敏则有功，惠则足以使人”“益者三友，损者三友。友直，友谅，友多闻，益矣。友便辟，友善柔，友便佞，损矣。”《孟子》被引3次，北京理工大学引用《孟子·告子上》“令闻广誉施于身，所以不愿人之文绣也”命名令闻书院，旨在为留学生深入了解北理、了解北京、了解中国搭建桥梁；广东岭南职业技术学院思诚书院之名源于《孟子·离娄上》“诚者,天之道也;思诚者,人之道也”，寓意“大道至诚,思诚则立”。

五经中，《诗经》出现2次，北京大学鹿鸣书院之名出自《诗经·小雅》“呦呦鹿鸣，食野之蒿；我有嘉宾，德音孔昭”，寄托了“未名学子如小鹿般欢唱，在学术原野汲取营养；我们未名湖畔携手成长，学术显耀且品德高尚”的美好期望；西京学院采用的“允能”之“允”出自《诗经·鲁颂·泮水》“允文允武，昭假烈祖”，“能”出自校训“诚、健、博、能”，包括智能、体能、技能、才能。《尚书》被引11次，以“知之匪艰，行之惟艰”为最多，此句被王阳明在《传习录》中引申为知行合一，得到成功，北京航空航天大学、南方医科大学等9所高校便以“知行”或“智行”命名书院，其中北航又以“德才兼备、知行合一”为校训；不同于其他引用《大学》“明德”的书院，北京理工大学明德书院命名根据的是《尚书·君陈》“至治馨香，感于神明。黍稷非馨，明德惟馨”，同时学校校训为“德以明理、学以精工”，书院院训为“明德惟馨，笃行致远”；华南理工大学有书院名为“峻德”，源自“克明峻德”，意即“能够发扬大德”。《礼记》使用2次，聊城大学学记书院的名称来自世界教育史上第一部专门论述教育和教学问题的论著——《礼记·学记》篇；深圳职业技术学院书院名“博达”及其院训“博习亲师，知类通达”都取自《礼记·学记》。《周易》被引3次，“天行健，君子以自强不息”一句为清华大学、西京学院等采用，取名“行健书院”，清华大学校歌中也有“行健不息须自强”一句；广东岭南职业技术学院崇礼书院名出自“知崇礼卑”，讲的是人的认识要高瞻远瞩，行动要踏实，从平凡处起步。《春秋》未被直接引用，但《左传》作为对《春秋》进行解释和说明的经典，被引 2 次，分别为“太上有立德，其次有立功，其次有立言，虽久不废，此之谓不朽”和“无礼，无以立”，用于南方科技大学树德书院和郑州西亚斯学院明礼书院的命名中。

二十四史中，《汉书》《后汉书》和《南史》引用次数较多，尤以《后汉书 · 杜林传》中“博雅多通，称为任职相”一句为最，“博雅书院”存在于南方医科大学、天津工业大学等 4 所高校中。台湾政治大学也设有以“博雅”为名的书院。“博雅”谓学识渊博、品行端正，“博雅教育”的传统在中国可以追溯到先秦时代注重综合知识和技能的六艺教育。在当今时代，“博雅教育”一词又被用于翻译西方经典的“Liberal Arts Education（也可译为通识教育、素质教育）”，旨在培养学生在不同领域间触类旁通的能力，使他们不仅学会思考，而且学习不同的思考方式；不仅吸收知识，而且对新旧知识进行思辨。此外，郑州西亚斯学院寰宇书院引用《南史 · 梁本纪论》“介胄仁义，折冲尊俎，声振寰宇，泽流遐裔”；汕头大学所用“淑德”出自《汉书 · 王莽传中》“昔齐太公以淑德累世，为周氏太师，盖予之所监也”，同时也对近代的汕头淑德女学有纪念与借鉴的意义。

古代中医经典著作成为医学院校书院命名的来源。广东药科大学有书院名为“岐黄”，是医家之祖岐伯与黄帝二人的合称，源于中医学奠基之作《黄帝内经》；新乡医学院三全学院精诚书院取自唐代孙思邈所著《备急千金要方》中《大医精诚》。其他“经史子集”中有许多脍炙人口的名句并被引用于书院名称，如《离骚》“路漫漫其修远兮，吾将上下而求索”、《诫子书》“非宁静无以致远”为汕头大学修远书院、郑州西亚斯致远书院所用；汕头大学、新乡医学院三全学院均设有德馨书院，源于《国语 · 周语》“其德足以昭其馨香”；中国民航大学天问书院之名出自《楚辞 · 天问》，意借传统文化概念，劝学问道，务求愤启悱发；山东科技大学泰山科技学院引用《閟宫》“泰山岩岩，鲁邦所瞻”命名瞻岩书院，体现独特地域文化和丰富历史积淀；北京联合大学树人书院之名出自《管子 · 权修》“一年之计，莫如树谷；十年之计，莫如树木；终身之计，莫如树人”，寓意培养人才是长久之计，承载了教育者寄予学生的厚望。

（二）知名人物类

钟灵毓秀，鸾翔凤集，传承名人学行风范。古今杰出人物的思想学行往往折射出浓厚的家国情怀、独特的人格精神和深刻的育人理念，成为书院命名的重要来源。本次统计中有81 所书院以人名命名。其中，29 所书院以学校创始人或校长的名字为名，秉承其教育理念，形成独具特色的书院教育模式。北京大学元培学院以教育家、革命家、政治家蔡元培命名，他任北京大学校长时提出的“兼容并包”学术思想，不仅是他主持北大教育工作的指导方针，同时也是他所坚持的办学原则。在此思想的引领下，元培学院借鉴世界优秀大学的成功经验，坚持贯彻加强基础、促进交叉、尊重选择、卓越教学的方针，建立起一套中国特色的博雅教育计划和北大风格的本科人才培养模式。北京航空航天大学守锷书院以学校建校元老屠守锷院士的名字命名，屠守锷是中国导弹与航天技术开拓者、“两弹一星功勋奖章”获得者，被尊称为“航天四老”之一，守锷书院的宗旨就是培养向屠守锷看齐，具有高度国家使命感和社会责任感的航空航天大类领军领导人才。南开大学第三智慧书院——伯苓智慧书院以张伯苓的名字命名，他先后创办南开中学、南开大学、南开女中、南开小学和重庆南开中学，接办四川自贡蜀光中学，形成了南开教育体系，被尊为“中国现代教育的一位创造者”。复旦大学志德书院系纪念马相伯（原名马志德），他一生筚路蓝缕，创办了震旦学院、复旦公学、辅仁大学，志德书院取“明志且道德高尚”之意，培养继承相伯先生衣钵的人才。西安交通大学彭康书院以新中国成立后交通大学的首任校长、交大西迁的领导者彭康同志的名字命名，书院秉承彭康老校长提出的“思想活跃、学习活跃、生活活跃”的“三活跃”教育思想，致力于为学生提供高质量的通识教育和个性化的辅导咨询服务，大力弘扬爱国奋斗的西迁精神。西南交通大学茅以升学院唐臣书院秉承茅以升（字唐臣）老校长“求实创新”的教育思想，贯彻“以学生的成长与发展为中心”的办学理念，以学习传承茅以升精神、培养当代茅以升为历史使命。苏州大学紫卿书院以原苏州丝绸工学院校长、苏大纺织与服装工程学院创始人之一、被尊称为“中国蚕丝界泰斗”的郑辟疆先生的字“紫卿”命名，紫卿书院的命名既体现学校历史，又包含产业特点，且具有当地特色，内涵丰富。

另有13个书院以捐赠人的名字命名，如清华大学苏世民书院以美国黑石集团主席苏世民为名。苏世民认为：“中国将成为世界上最大的经济体，西方要更全面更细致地了解中国的社会、政治以及经济环境，双方建立互相尊重的双赢关系，亚洲及世界其他地区都将受益，经济合作关系由此增加，世界将迈入共同繁荣的新纪元。”根据这样的理念，清华大学苏世民学者项目面向全球选拔卓越青年人才，培养了解中国社会、理解中国文化，有志于为促进人类文明与进步、世界和平与发展贡献聪明才智的未来领袖，为崛起中的中国与变化中的世界作出重要贡献。苏州大学、苏州科技大学、江苏师范大学均设立了敬文书院，以向香港爱国实业家朱敬文先生致敬。朱敬文先生祖籍江苏扬州，大半生在香港奋斗发展，事业有成，慷慨捐助教育，扶掖后进，亲力亲为。北京师范大学瀚德学院由著名实业家、香港万都集团有限公司主席钟瀚德博士捐资成立，旨在培养适应国家建设和外向型经济发展需要的涉外经贸、法律等领域的业界精英和领袖人才。上海交通大学远东书院由上海交通大学人文艺术研究院和远东控股集团有限公司合作创建，旨在采取专题讲座、高端沙龙、学员论坛等形式，搭建业界和学界之间沟通对话的平台。

值得一提的是，在港澳台地区，香港中文大学也设有"敬文书院"，并且由曾获朱敬文先生资助负笈海外求学、现今在各行业和专业领域皆有杰出表现的朱氏学人担任同学学长，传承先生乐善好施的衣钵。澳门大学有诸多书院以捐赠人为名，如曹光彪、郑裕彤、张昆仑、蔡继有、霍英东珍禧、吕志和、马万祺罗柏心、满珍纪念、绍邦、何鸿燊东亚书院等，这些捐赠人全部为港澳著名实业家，是房地产业、文化产业、纺织业、食品制造业等各行各界的翘楚。

此外，19 个书院以知名学者的名字为名，这些学者或曾在本校执教，或为知名校友，如山东大学从文书院、一多书院，纪念曾在校执教的沈从文先生、闻一多先生。西安交通大学钱学森书院以杰出校友钱学森的名字命名；宗濂书院以我国著名医学生理学家、医学教育家侯宗濂先生的名字命名。厦门大学博伊特勒书院是该校与美国著名免疫学家和遗传学家、诺贝尔生理学或医学奖获得者布鲁斯·博伊特勒教授长期讨论后酝酿设立的，博伊特勒教授为书院撰写的致辞中深情提到："百年之后，摘得诺奖桂冠的人除极少数之外都会被遗忘；而那时书院的学生还将自豪地谈论着在这里学到的免疫学和遗传学知识……这所书院才是我生活和工作的真正遗产。"中国海洋大学崇本书院的命名一为纪念我国海洋事业的开拓者和主要奠基人、海洋教育家赫崇本；二为取"崇本"寓意——山高且大为崇、木下为本，希望崇本人志向高远而又脚踏实地。大连理工大学的 4 个书院全部以知名人物为名，其中令希书院之名源于我国计算力学工程结构优化设计的开拓者、在学校任教并培养出一支优秀计算力学队伍的钱令希；长春书院以"中国奥运第一人"——大连理工大学功勋教师刘长春命名；国栋书院之名来自著名机械工程专家、内燃机专家、柴油机预混合燃烧理论的奠基人胡国栋，他重建大连工学院船舶系，奠定了大连理工大学船舶科研与教学的基础。

其余 20 个书院则采用历史文化名人的名字命名，这些名人或是籍贯位于书院所在地的先贤，或是开辟书院学生学业领域的先驱。南开大学第四智慧书院又名图灵书院，阿兰·图灵（Alan Mathison Turing）是英国著名的数学家和逻辑学家，被誉为"计算机科学之父""人工智能之父"。图灵书院围绕计算科学及其在各学科应用这一主线，建设由跨学科（包括电子信息与光学工程学院、软件学院、数学科学学院、统计与数据科学学院、环境科学与工程学院、化学学院、物理科学学院、人工智能学院等）师生组成的智慧书院。绍兴文理学院的 9 个书院全部以绍兴籍历史名人为名，如羲之书院之名源于南渡后居于会稽山阴（今绍兴）的书圣王羲之；阳明书院之名源于绍籍乡贤王阳明先生；树人书院以绍籍名人鲁迅先生的原名周树人命名；竞雄书院以绍籍先烈秋瑾先生的字命名。四川城市职业学院位于眉山，眉山是宋代大文豪苏轼的故乡，其诗词品格如万古不绝的岷江，滋养一方文化土壤，该校书院名为"东坡"，旨在汲取当地文化养分。

（三）价值理念类

校训为据，育人有方，彰显院校育人特色。校歌、校训是高校形象的直接展示，以校歌、校训为书院命名，能够对内形成号召与激励，对外展示态度和特色。本次统计中共有54所书院使用育人理念作为命名依据，其中23所书院引用校歌、校训或院训，体现高校独特的文化内涵和精神气质，传承学校优良传统，凝聚学生理想信念。例如，清华大学探微、未央、致理书院命名出自校歌歌词“致知穷理，学古探微”“春风化雨乐未央”；北京理工大学校训“德以明理，学以精工”，故有书院名为“精工”；西安交通大学崇实书院“崇实”二字取自1921年南洋公学首次定名交通大学时的校训“崇德尚实、重文健身、勤俭敬信、完全之人”，励志书院以院训“励精明志”命名；江南大学至善书院之名源自校训“笃学尚行，止于至善”；中国海洋大学校训“海纳百川，取则行远”，命名书院为“行远”；北京理工大学知艺书院以院训“继求真知，创行新艺”命名。

在理念类命名范畴中，还有31所书院根据具体育人理念命名。例如，清华大学新雅书院秉承“渊博雅正、器识为先、文艺其从、传承创新”的理念，努力形成教学与养成相结合、学习与实践相结合、通识与专业相结合，由“新”到“雅”、由“通”到“专”、厚积薄发、传承创新的“新雅”学术共同体；北京师范大学有书院名为“励耘”，即刻苦修炼、彰显的意思，注重从史学经典入手培养学生；北京航空航天大学致真书院的名称寓意追求科学真理、探索客观世界发展规律的大学精神，诠释北航“尚德务实，求真拓新”的办学理念；广东药科大学远志书院一方面取名称之志存高远之意，寄望学子们要有远大志向，立鸿鹄志、做奋斗者；另一方面，“远志”与中药远志同名，意为书院将秉承“药学中西，医道济世”的校训；深圳大学以“正义”为名成立“正义书院”，寓意“养浩然正气”。此外，港澳台地区高校也常常采用理念命名，如香港中文大学新亚书院采取“新亚洲”之意，即“重新赋予亚洲以新生命”，来源于钱穆先生的理想，展现了学校代代相传、历久弥新的办学理念。

有2所书院在命名时将国家发展战略与具体育人理念相结合，体现了产学研合作以促进高校科技成果转化的趋势。北京大学“一带一路”书院在“一带一路”倡议的时代背景下，在“一带一路”沿线国家广泛招收卓越人才，开展跨领域、跨国别的经济和商业研究，反哺中国对外开放，推动“一带一路”建设。浙江大学国际校区书院是浙江大学国际联合学院的下设单位，设立若干中外合作办学机构、交叉研究中心和成果转化机构，与世界一流大学开展教育、科研和成果转化的合作。此类书院的进一步增多，将进一步提升高等教育在国家发展中的战略地位，是时代发展的大势所趋。

(四)地域地理类

寄情于水，托思于山，发扬地域文化之风。中国古代多以地名命名书院，生动反映地域文化特征，且便于记忆，这种命名方式在今天同样受到许多高校书院的青睐。以地域地理命名的书院，多采取当地古称、历史名胜、山水景观以及院校名称，共有35所书院以地域地理命名，其中直接使用地名的有6个，如南京信息工程大学龙山书院、甘肃民族师范学院香巴拉书院等。北京理工大学北京书院的学生主要来自该校北京学院，而北京学院主要承接北京市“高水平人才交叉培养计划”和“高端人才贯通培养实验”项目等北京地区高校的访学学生，组织实施相关人才培养工作。山西农业大学信息学院箕城书院之名取自历史地名箕城县，以发扬“箕国都城”的底蕴，体现了学校注重中华传统文化教育的办学特色。上海交通大学的2所中外共建学院以注重通识教育和跨学科融合教学为特色，其培养模式、组织架构及育人理念与书院制具有高度相似之处，它们均选择以合作院校命名：密西根学院是美国密西根大学和上海交通大学推行国际合作的重要成果；巴黎高科卓越工程师学院由上海交通大学与法国巴黎高科技工程师学校集团合作创办成立。上海科技大学书院直接以校名命名，整个学校作为一个书院，与学院分工合作培养人才，学院侧重于专业能力的培养，书院侧重于综合素质培养和人格养成。

16个书院使用山川湖泊的名称、别称或古称，其中多为饱含中华民族文化记忆的名山大川。西安建筑科技大学草堂校区位于秦岭山麓终南山(简称南山)附近，而古时终南名山之首称“紫阁峪”，故其有一书院名为“南山”，另一书院名为“紫阁”。山东科技大学泰山科技学院九河书院采取黄河别称，依托源远流长的黄河文明；五汶书院采用孕育大汶河文化的汶水之名，“汶凡有五，皆源别而流同”，寓意海纳百川、有容乃大的包容精神。青岛大学浮山书院因背靠浮山而得名。通化师范学院坐落于长白山脚下，故有书院名为“长白”。浙江工商大学杭州商学院坐落于塘湾山旁，西临富春江，于是使用“塘湾”“春江”命名两所书院。

(五)景观花木类

草木品格，意味深远，融风物品格于实践。天人合一，万物化生，民胞物与，具有象征意义的花卉草木在中国文化中被赋予美好的寓意和高尚的品格，也成为书院命名之源。有16所书院以景观花木为名，共使用了海棠、丁香、杏花、松、竹、梅、荷、梧桐等8个品种。哈尔滨工业大学(威海)丁香、雅荷、梧桐、劲松、竹贤和海棠6所书院全部以植物为名，这些植物在文学史上被历代文人赋予丰富的象征意义，具有美好动人的品格，如松、竹、梅都象征不畏艰险、坚忍不拔、高洁正直的品质。丁香常被称为“丁香结”，不单暗喻情结，还有聚集的意思。丁香花为哈尔滨市市花，哈尔滨市每年在春夏之交的丁香花开时节举办“丁香节”，花香四溢，游人如织；哈尔滨工业大学也遍植丁香，它朴实无华而芳香迷人，就像哈尔滨工业大学的教职工恪守“规格严格，功夫到家”的校训，踏实奉献、投身教育的精神。丁香书院的命名即寓意着让不同专业不同年级的学生像丁香花一样以簇呈现、团结奋进。雅荷书院是女生特色书院，荷花迎骄阳而不惧，出淤泥而不染，书院致力于培养女性优雅气质和高尚情操。海棠因花姿潇洒、雅俗共赏而入诗入画，苏轼云：“只恐夜深花睡去，故烧高烛照红妆”；元好问咏道：“爱惜芳心莫轻吐，且教桃李闹春风”，饱含对新生力量的呵护。哈工大威海校区海棠书院因周恩来总理生前最喜爱海棠而得名，旨在激励学生秉持周总理在少年时期就立下的“为中华之崛起而读书”这一伟大志向。上述植物也应用于重庆邮电大学移通学院智能工程学院竹逸、梅若、松格、荷悦四大书院，以及西安电子科技大学海棠七号、八号、九号书院和丁香一号、二号书院。杏花象征纯洁高贵，且有“杏林成才”之寓意，为山西农业大学信息学院杏花书院所用。

（六）历史文化类

承前启后，洞鉴古今，赋予书院全新内涵。中国传统书院在教育史上占有重要地位，为千年文脉的赓续提供了客观载体。书院的名称始于唐代，最初是官方修书、校书和藏书的场所，如始建于唐玄宗开元十一年（723 年）的丽正修书院（后改名为集贤殿书院）。清代学者袁枚在《随园随笔》一书中指出：“书院之名，起于唐玄宗时，丽正书院、集贤书院皆建于省朝。为修书之地，非士子肄业之所也。”这成为研究者所公认的关于书院起源最权威的结论。据《新唐书·百官志》记载，书院主管人员的职责是“掌刊辑古今之经籍，以辨明邦国之大典，而备顾问应对”，同时兼作皇帝的侍读，“以质史籍疑义”。据地方志记载，唐玄宗时期之前已有四所民间书院诞生：湖南攸县的光石山书院（718 年以前）、陕西蓝田的瀛洲书院（623 年）、山东临朐的李（靖）公书院（649 年以前），以及河北满城的张说书院（约 693 年）。

为反映书院制源远流长的历史，4 所书院选择延续古代书院的名称，既弘扬传统书院精神底蕴，又赋予新时代的教育内涵。太原理工大学河汾书院、晋阳书院均源于明嘉靖九年（1530 年），由山西按察司副使陈讲在晋阳（今太原市）利用原巡抚衙门旧址开办，招收城中学士、仕子讲读于此的“河汾书院”，其在万历二十一年（1593 年）改称“三立书院”，在雍正十一年(1733 年)改称“晋阳书院”;令德书院源于清光绪九年(1883 年),由山西巡抚张之洞创建“令德堂”书院。

另有 7 所书院的名称为纪念学校前身、历史渊源或历史典故,如华东师范大学光华书院的名称源于 1925 年成立的光华大学;大夏书院以华东师范大学的前身之一“大夏大学”命名。西安交通大学南洋书院取交通大学前身——光绪二十二年(1896 年)开办的“南洋公学”为名。绍兴文理学院东山书院以上虞先贤谢安“东山再起”的典故命名。除此之外,一些港澳台高校书院的命名方式展现了与内地的亲密渊源,如香港中文大学联合书院(United College)是该校九家成员书院之一,成立于 1956 年 6 月,由平正会计专科学校(1937 年在港创办,1946 年于广州设分校)、华侨(1938 年在港创办,1947 年分设广州华侨大学,1949 年合并)、广侨(前身为广州大学,1949 年创办)、文化(前身为广州文化大学)及光夏(前身为上海大夏大学,1949 年创办)五所书院组成,这五所学院均是从广州或邻近地区南移的私立大学,与香港关系密切。

(七)育人愿景类

十年树木,百年树人,有的放矢明确目标。除前述命名类别外,以育人愿景命名也是一些书院的选择,使书院的功能和定位一目了然,有 16 所书院以培养对象群体为名,鲜明突出办学理念、教学特色和教育方针,明确体现培养目标。例如,暨南大学四海书院之名表明暨南大学作为“华侨最高学府”,招收的学生来自五湖四海,体现了暨南人以“弘教泽而系侨情”为不变初心,以“言忠信,根在中华;行笃敬,走遍万邦”为始终坚守的使命,培养港澳台侨学生及外籍学生。同济大学女子书院面向全体同济女生,开展女性特色教育,提高女大学生在国学、国乐、文学艺术修养等方面的综合素质。长春师范大学女子书院是面向女教师和女大学生打造的文化服务载体,提升女性师生的学识、认知、审美和修养,促进家庭和谐,提高育人水平,推动社会进步。北京师范大学教育家书院旨在孵化品格优秀、业务精良、职业道德高尚、有创造性与个性的教育家。北京理工大学依托管理与经济学院设立经管书院,包含经济管理试验班和会计学(中外合作办学)两个大类专业。华东师范大学经管书院隶属于经济与管理学部,立足经管学科特点和职业发展方向,发挥住宿书院作为“第二课堂”的育人功能,因材施教,致力于把学生培养成“有专业底蕴、有领导力、有国际视野、有社会关怀”的创新型经济管理类人才。陕西师范大学哲学书院以学科命名,是学校为充分发挥哲学学科在拔尖创新人才培养中的作用,打造的基础学科拔尖创新人才培养试验区。上海海事大学励志书院面向来自中西部地区家庭经济困难的学生，将扶困与扶志结合起来，培养学生自立自强、诚实守信、知恩感恩、勇于担当的良好品质。青岛职业技术学院立信、儒商和艺馨书院因面向海信学院、商学院和艺术学院学生而得名。成都中医药大学国医书院鼓励不同专业背景的学生混合住宿，注重人文科学与自然科学的融汇、素质教育和专才教育的结合，以解决当前中医药高等教育面临的医药分离、专业教育与通识教育不平衡等问题。

二、高频命名分析

在本次书院命名类别及特征分析中，我们发现有22组高频命名，共涉及57所书院。其中，最受欢迎的名称出现了8次，是出自《尚书》“知之匪艰，行之惟艰”的“知行”，为北京航空航天大学、南方医科大学、汕头大学、华北理工大学轻工学院、郑州西亚斯学院、广东岭南职业技术学院、东莞理工学院、青岛职业技术学院8所高校所用。上述高校校训和书院院训也多见“知行”，如北航校训“德才兼备、知行合一”；汕头大学知行书院院训“知行合一，止于至善”；华北理工大学轻工学院知行书院院训“敏思健行，知行合一”等，体现了高校融国学典故于育人理念的生动实践。

包含“知行”在内，共有13组高频名称涉及国学典故，出现频率居于其次的是“明德”，出自《大学》：“大学之道，在明明德，在亲民，在止于至善”，《尚书·君陈》：“至治馨香，感于神明；黍稷非馨，明德惟馨”。“明德书院”出现在北京理工大学、广东外语外贸大学、汕头大学、广东岭南职业技术学院、河北大学工商学院5所高校中。“博雅”被用4次：天津工业大学、郑州西亚斯学院、南方医科大学和西京学院均设有“博雅书院”，出自《后汉书·杜林传》：“博雅多通，称为任职相”。“至善”为江南大学、郑州西亚斯学院、广东岭南职业技术学院3所高校所用，分别出自《大学》：“言明明德，亲民，皆当至于至善之地而不迁”和《孔子家语·好生》：“期于至善，而不袭其为”，同时江南大学校训为“笃学尚行，止于至善”。“德馨”出自《国语·周语》：“其德足以昭其馨香”；“笃学”出自《论语·泰伯》：“笃信好学，守死善道”；“至诚”出自《中庸》：“唯天下至诚，为能尽其性”；“行健”出自《易传·乾象》：“天行健，君子以自强不息”；“弘毅”出自《论语·泰伯》：“士不可以不弘毅，任重而道远”；“日新”出自《大学》：“苟日新，日日新，又日新”，均被重复引用于书院命名中，可见高校多侧重选取国学典故中表现社会教化意义、个人美好品格的概念，将中华传统文化精粹作为书院文化内涵的源泉。

此外，2组高频名称属于育人愿景类别：北京理工大学、华东师范大学均设“经管书院”；同济大学、长春师范大学均有“女子书院”。2组高频名称来源于知名人物，如苏州大学、苏州科技大学、江苏师范大学均有“敬文书院”，以向祖籍江苏扬州的香港爱国实业家朱敬文先生致敬；竺可桢先生是浙江大学老校长、西南交通大学知名校友，这两所高校分别设置了“竺可桢学院”“竺可桢书院”。西安电子科技大学、哈尔滨工业大学（威海）所设书院重复使用“丁香”“海棠”2 种景观花木命名。

304 所书院名称中，有一些汉字出现的频率甚高。“德”字以 23 次的使用频次高居榜首，可见“国无德不兴，人无德不立”，育人的根本在于立德。此外，“学”字被使用 21 次，“行”字 17 次，“文”字 12 次，“知”字 11 次，“博”字 9 次，“远”字 9 次，“明”字 8 次，“致”字 8 次，“诚”字 7 次，“新”字 5 次，“善”字 4 次。这些汉字的词源分析如表 4－1 所示。

表 4－1　书院名称中高频汉字的词源分析*

汉字	所用书院	来源构成	基本释义	经典例句
德	明德、崇德、峻德、树德、淑德等书院	形声。从彳（chì），㥁（dé）声。从“彳”，表示与行走有关	道德，品行	德行，内外之称，在心为德，施之为行。（《周礼・地官》）
			恩惠，恩德	是不敢倍德畔施。（《战国策・秦策》）
			福	百姓之德也。（《礼记・哀公问》）
学	学知、学记、笃学、博学等书院	形声。本作“斆”，双手构木为屋形，后作声符，加“子”为义符。子，孩子。孩子是学习的主体	学习	学，识也。（《广雅》）
			学校	学则三代共之。（《孟子》）
			学问	天子积学。（《后汉书・列女传》）
行	诚行、行远、力行等书院	象形	道路	行，道也。（《说文》）
			走路	行到水穷处，坐看云起时。（王维《终南别业》）
知	知行、知艺、乐知等书院	会意。小篆字形，从口矢。段玉裁："识敏，故出于口者疾如矢也"	知道	心彻为知。（《庄子・外物》）
			了解，理会	百姓闻之，知与不知，无老壮皆为垂涕。（《史记・李将军列传》）
			主持，管理	有能助寡人谋而退吴者，吾与之共知越国之政。（《国语・越语上》）

续表

汉字	所用书院	来源构成	基本释义	经典例句
文	敬文、文治、从文、文澜等书院	象形。甲骨文此字像纹理纵横交错形。“文”是汉字的一个部首	花纹	文，错画也。象交文。今字作纹。(《说文》)
			文字	饰以篆文。(《后汉书·张衡传》)
			文章	故说诗者不以文害辞。(《孟子·万章上》)
			美德，文德	圣云继之神，神乃用文治。(杜牧《感怀诗一首》)
			文才，才华	而文采不表于后世也。(汉·司马迁《报任安书》)
博	博达、博雅、博艺、博学等书院	形声。从十，尃(fū)声。“十”意思是四方中央齐备。“尃”有分布之义	大	博，大通也。(《说文》)
			宽广，广博	博闻强志，明于治乱，娴于辞令。(《史记·屈原贾生列传》)
			众多，丰富	博我以文，约我以礼。(《论语·子罕》)
			渊博	君子博学而日参省乎己，则知明而行无过矣。(《荀子·劝学》)
			广泛，普遍	风雨博施。(《荀子·天论》)
明	明德、明智、阳明等书院	会意。甲骨文以“日、月”发光表示明亮。小篆从月囧(jiǒng)，从月，取月之光；从囧，取窗牖之明亮	清晰，明亮	照临四方曰明。(《左传·昭公二十八年》)
			明白，清楚	明谓左右。(《战国策·赵策》)
			明察，明智	明智而忠信。(汉·贾谊《过秦论》)

续表

汉字	所用书院	来源构成	基本释义	经典例句
远	修远、行远、远志等书院	形声。从辵(chuò),袁声	距离大	远,辽也。(《说文》)
			长久,长远	则筮远日。(《仪礼·士冠礼》)
			高远,远大	将有远志。(《国语·周语》)
致	致新、致仁、致远、致诚等书院	送詣也。从夂从至	送到	君子以致命遂志。(《易·象下传》)
			招引,招致	致天下之士。(汉· 贾谊《过秦论》)
			造成,导致	何意致不厚。(《玉台新咏·古诗为焦仲卿妻作》)
			求取,获得	家贫,无从致书以观。(明· 宋濂《送东阳马生序》)
诚	精诚、诚行、思诚等书院	形声。从言,成声	诚实,真诚	诚,信也。(《说文》)
			真实	此谓诚于中,形于外。(《礼记·大学》)
新	新雅、新亚、日新等书院	形声。从斤,从木,辛声。据甲骨文,左边是木,右边是斧子,指用斧子砍伐木材	砍伐树木	新,取木也。(《说文》)
			更新,使之新	旧染污俗,咸与唯新。(《书·胤征》)
			初次出现	于彼新田。(《诗·小雅·采芑》)
善	至善、友善、善衡等书院	会意。从言,从羊。言是讲话。羊是吉祥的象征	吉祥	善,吉也。(《说文》)
			好,美好	母氏圣善。(《诗·邶风·凯风》)
			善良,好心	供养三德为善。(《左传·昭公十二年》)
			善于,擅长	友便辟,友善柔,友便佞,损矣!(《论语·季氏》)

* 汉字来源构成出自《说文解字》《汉典》;基本释义出自《康熙字典》《汉语大辞典》等。

上表所述汉字之外,“国”“仁”“礼”“真”“启”“思”等字也不止一次出现。

如上述对304所书院命名渊源的归类分析,可以反映新时代中国书院各具特色的育人理念和文化传承,有助于我们从中国高校历史沿革和中国历史文化传承视野理解书院教育理念的发展。此外,书院命名的地域性差异特征也能体现书院育人理念的底蕴和追求。不同地理区域的书院在命名方法上呈现出鲜明的差异化特征,反映不同地区高校所偏重的教育理念的区别。以华北地区(京、津、冀、晋、蒙)为例,48%的书院使用理念命名,其中包含求知、实践、创新等具体理念的最多;23.3%的书院引用经典古籍;15.6%的书院使用人物姓名。华东地区(沪、苏、浙、皖、闽、赣、鲁)人才辈出,高校引以为傲,以人物为名的书院占45%;引用典籍和使用景观植物命名的各占13.4%。华南地区(粤、桂、琼)62.5%的书院名称引经据典,尤以“明德”“知行”等经典概念为多。华中地区(豫、鄂、湘)属于黄河流域和长江流域地带,是中华文明的重要发源地,历史悠久,文化积淀丰厚,用典命名的书院达87.5%之多。西南地区(川、渝、黔、滇、藏)有6所高校建立了书院制,其中四川大学和西南交通大学的书院采取老校长与杰出校友的名字,重庆邮电大学移通学院则使用理念、古籍、植物等多种命名方法。位于东北地区(黑、吉、辽)的书院有7个,其中大连理工大学的4个书院全部以人物命名。西北地区(陕、甘、青、宁、新)自然景观秀丽、人文历史悠久、底蕴深厚,书院命名来源平分秋色。值得注意的是,港澳台地区的书院命名也多以人物和理念为特色,其体现的文化传统与内地高校同根同源、一脉相承,源于中华文明共同的精神家园,也反映了港澳台地区高校对立德树人教育本质的积极践行。

与2017年相比,三年来新增的190所书院更偏重以育人理念、国学典故命名。总体而言,无论是援引古籍经典,还是取自校训、人物、地域、风物,或是对区域地域文化选择性的凸显,书院命名无不体现出对优秀传统文化价值的自觉传承和立德树人根本任务的秉承,反映出中国高等教育在立德树人、文化传承上的深刻认知和一脉相承。在“双一流”大学建设高校中,有39所高校设置了共114个书院。其中,37.7%的书院以创始人、校长、知名学者等人物名字命名,20.2%的书院采取价值理念,19.3%的书院引用国学经典。这些书院名称中的汉字,在不同地理区域的出现频率不同,体现了鲜明的地方特色。东北地区仅有大连理工大学1所“双一流”大学建设高校设立书院制,4个书院的命名全部与流芳校史的知名人物相关。华北地区“双一流”大学书院多采用国学典故、价值理念及知名人物命名方法,其中“德”“知”“行”“致”等字多次出现。华东地区“双一流”大学偏爱知名人物、景观植物及价值理念,书院名称中多见“文”“远”等字。在华南地区,华南理工大学和暨南大学2所“双一流”大学分别设置了“峻德书院”和“四海书院”。武汉大学的“弘毅学堂”是目前华中地区唯一的“双一流”大学书院。西北地区“双一流”大学的书院名称中以“英”“棠”等字为多。四川大学和西南交通大学是西南地区仅有的设置书院的“双一流”高校,都采用了人物命名方法。此外,建立书院制的民办高校有20所,共设78个书院,在命名原则上尤为偏重国学典故，比例达 55.1%，“行”“德”“诚”等字最为常见。

这些美好的语词及其含义中所承载和散发着的育人光辉，既是中华民族在漫长的文明发展历程中孕育形成的文化道德基因，也是社会主义核心价值观的凝练表达。“德”“学”“行”等字以最高频率出现在书院名称中，充分体现现代书院对立德树人这一教育根本任务的清晰认知，表明书院在新时代条件下通过命名传达着立德树人的根本追求，传承着中华优秀传统文化，并以书院育人实践积极推进优秀传统文化的“创造性转化”和“创新性发展”。这样的人才培养理念深植于中华优秀传统文化沃土，立足于新时代历史方位下中国特色社会主义伟大实践，各书院对这些重要价值的突出和追求，彰显着现代书院制弘扬传统、勇于创新的育人理念，以及对立德树人教育本质的积极践行。

“一年之计，莫如树谷；十年之计，莫如树木；终身之计，莫如树人。”习近平总书记在全国高校思想政治工作会议上指出：“高校立身之本在于立德树人。只有培养出一流人才的高校，才能够成为世界一流大学。”中国近现代高等教育走过百余年，所育人才如满天星斗，光辉灿烂。书院，在中国教育史长河中一度是滔滔主流，在山野溪林间传承千年，弦歌不辍，这种独特的文化现象和别具一格的教育制度，更在新时代焕发勃勃生机。正如书院命名的渊源般，恰是这般包罗万象、海纳百川的现状，预示了书院制建设所蕴含的无限可能，也承载着中国高等教育的无限希望。

表 4－2　高校书院命名类别及特征分析

<table>
<tr><th>学校名称</th><th>书院名称</th><th>书院名称分析</th><th>命名类型</th><th>详细备注</th></tr>
<tr><td>清华大学</td><td>日新书院</td><td>“苟日新，日日新，又日新。”</td><td rowspan="6">国学典故</td><td>《大学》</td></tr>
<tr><td rowspan="5">天津大学</td><td>格园一斋、二斋、三斋书院</td><td rowspan="5">“古之欲明明德于天下者，先治其国。欲治其国者，先齐其家。欲齐其家者，先修其身。欲修其身者，先正其心。欲正其心者，先诚其意。欲诚其意者，先致其知。致知在格物。”</td><td rowspan="5">《大学》</td></tr>
<tr><td>诚园六斋、七斋、八斋书院</td></tr>
<tr><td>正园九斋、十斋书院</td></tr>
<tr><td>修园十一斋、十二斋书院</td></tr>
<tr><td>齐园十三斋、十五斋书院</td></tr>
</table>

续表

学校名称	书院名称	书院名称分析	命名类型	详细备注
南方科技大学	致新书院	“苟日新，日日新，又日新”。	国学典故	《大学》
深圳职业技术学院	日新书院	“苟日新，日日新，又日新”。		《大学》
河北大学工商学院	明德书院	“大学之道，在明明德，在亲民，在止于至善。”		《大学》
广东岭南职业技术学院	明德书院	“大学之道，在明明德，在亲民，在止于至善。”		《大学》
汕头大学	明德书院	“大学之道，在明明德，在亲民，在止于至善。”		《大学》
广东外语外贸大学	明德书院	“大学之道，在明明德，在亲民，在止于至善”；校训：“明德尚行 学贯中西”		《大学》/校训
河北大学工商学院	治平书院	“身修而后家齐，家齐而后国治，国治而后天下平。”		《大学》
郑州西亚斯学院	至善书院	“言明明德，亲民，皆当至於至善之地而不迁。”		《大学》
南方科技大学	树仁书院	书院院训“居高怀仁，止于至善”出自“大学之道，在明明德，在亲民，在止于至善。”		《大学》
	致仁书院	“格物致知，格心致仁”		《大学》
山西农业大学信息学院	三达书院	三达德即指“智”“仁”“勇”此三大品行		《中庸》
汕头大学	至诚书院	“唯天下至诚，为能尽其性”		《中庸》
西京学院	至诚书院	“唯天下至诚，为能尽其性”；校训“诚、健、博、能”		《中庸》/校训
河北大学工商学院	笃学书院	“笃信好学，守死善道”；校训“实事求是，笃学诚行”		《论语·泰伯》/校训
广东岭南职业技术学院	笃学书院	“笃信好学，守死善道。”		《论语·泰伯》

续表

学校名称	书院名称	书院名称分析	命名类型	详细备注
武汉大学	弘毅书院	“士不可以不弘毅，任重而道远。”	国学典故	《论语·泰伯》
汕头大学	弘毅书院	“士不可以不弘毅，任重而道远。”		《论语·泰伯》
青岛职业技术学院	立人书院	“己欲立而立人，己欲达而达人。”		《论语·雍也》
北京师范大学	学而书院	“学而时习之，不亦说乎？”		《论语·学而》
厦门工学院	友恭、友容、友敏、友善、友惠、友达书院	“恭则不侮，宽则得众，信则人任焉，敏则有功，惠则足以使人。”		《论语·阳货》
新乡医学院三全学院	崇德书院	“主忠信，徙义，崇德也。”		《论语·颜渊》
郑州西亚斯学院	思齐书院	“见贤思齐焉，见不贤而内自省也。”		《论语·里仁》
南方科技大学	树礼书院	“不学礼，无以立。”		《论语·季氏》
北京理工大学	令闻书院	“令闻广誉施于身，所以不愿人之文绣也。”		《孟子》
广东岭南职业技术学院	思诚书院	“诚者，天之道也；思诚者，人之道也。”		《孟子》
新乡医学院三全学院	仁智书院	“学不厌，智也；教不倦，仁也。仁且智，夫子既圣矣！”		《孟子》
北京大学	鹿鸣书院	“呦呦鹿鸣，食野之蒿。我有嘉宾，德音孔昭。”		《诗经》
西京学院	允能书院	“允文允武，昭假烈祖”；校训“诚、健、博、能”		《诗经》/校训
北京航空航天大学	知行书院	“知之匪艰，行之惟艰”“知行合一，得到成功”；校训“德才兼备、知行合一”		《尚书》《传习录》

续表

学校名称	书院名称	书院名称分析	命名类型	详细备注
华北理工大学轻工学院	知行书院	"知之匪艰,行之惟艰""知行合一,得到成功";院训"敏思健行,知行合一"	国学典故	《尚书》《传习录》
新乡医学院三全学院	智行书院	"知之匪艰,行之惟艰""知行合一,得到成功"		《尚书》《传习录》
郑州西亚斯学院	知行书院	"知之匪艰,行之惟艰""知行合一,得到成功"院训"弘毅力学,知行合一"		《尚书》《传习录》
广东岭南职业技术学院	知行书院	"知之匪艰,行之惟艰""知行合一,得到成功"		《尚书》《传习录》
南方医科大学	知行书院	"知之匪艰,行之惟艰""知行合一,得到成功"		《尚书》《传习录》
东莞理工学院	知行书院	"知之匪艰,行之惟艰""知行合一,得到成功"		《尚书》《传习录》
汕头大学	知行书院	"知之匪艰,行之惟艰""知行合一,得到成功"院训"知行合一,止于至善"		《尚书》《传习录》
青岛职业技术学院	知行书院	"知之匪艰,行之惟艰""知行合一,得到成功"		《尚书》《传习录》
华南理工大学	峻德书院	"克明峻德"		《尚书》
北京理工大学	明德书院	"至治馨香,感于神明。黍稷非馨,明德惟馨。"		《尚书》
聊城大学	学记书院	世界教育史上第一部专门论述教育和教学问题的论著——《礼记·学记》篇。		《礼记·学记》

续表

学校名称	书院名称	书院名称分析	命名类型	详细备注
深圳职业技术学院	博达书院	院名"博达"及院训"博习亲师,知类通达"取自《礼记·学记》	国学典故	《礼记·学记》
清华大学	行健书院	"天行健,君子以自强不息。"		《易传·乾象》
西京学院	行健书院	"天行健,君子以自强不息";校训"诚、健、博、能"		《易传·乾象》/校训
广东岭南职业技术学院	崇礼书院	"知崇礼卑"		《易经》
天津工业大学	博雅书院	"博雅多通,称为任职相"		《后汉书》
郑州西亚斯学院	博雅书院	"博雅多通,称为任职相";院训"博学天下,雅行世界"		《后汉书》/院训
南方医科大学	博雅书院	"博雅多通,称为任职相";院训"博学弘毅,雅行泽公"		《后汉书》/院训
西京学院	博雅书院	"博雅多通,称为任职相"		《后汉书》
郑州西亚斯学院	致远书院	"静以修身,俭以养德。非淡泊无以明志,非宁静无以致远。"		《诫子书》
	博艺书院	"好学博艺,省物而勤也,是冉求之行也。"		《孔子家语》
	明礼书院	"无礼,无以立。"		《左传》
南方科技大学	树德书院	"譬如芝兰玉树,欲使其生于庭阶耳";"立德,立功,立言"		《晋书》《左传》
	致诚书院	"君子养心莫善于诚。"		《荀子·不苟》
郑州西亚斯学院	寰宇书院	"介胄仁义,折冲尊俎,声振寰宇,泽流遐裔。"		《南史·梁本纪论》

续表

学校名称	书院名称	书院名称分析	命名类型	详细备注
汕头大学	淑德书院	“淑德”出自《汉书·王莽传中》，解释为美德	国学典故	《汉书》
	修远书院	“路漫漫其修远兮，吾将上下而求索。”		《楚辞·离骚》
	思源书院	南北朝·庾信《征调曲》“落其实者思其树；饮其流者怀其源。”		《征调曲》
	德馨书院	“其德足以昭其馨香。”。		《国语·周语》
北京理工大学	求是书院	《说文解字》“求”追求、探究；“是”，真也。院训“求知求理，是德是行”		《说文解字》/院训
北京联合大学	树人书院	“一年之计，莫如树谷；十年之计，莫如树木；终身之计，莫如树人。”		《管子·权修》
	学知书院	“学之乃知，不问不识。”		《论衡》
邯郸学院	劝学书院	取自古代著名教育家荀子《劝学》篇名		《劝学》
山东科技大学泰山科技学院	第一书院社区瞻岩书院	“泰山岩岩，鲁邦所瞻”		《閟宫》
新乡医学院三全学院	羲和书院	“东海之外，甘泉之间，有羲和之国。有女子名羲和，为帝俊之妻，是生十日，常浴日于甘渊。”		《山海经》
	精诚书院	唐朝孙思邈所著《备急千金要方》之《大医精诚》一文。		《备急千金要方》
	德馨书院	“其德足以昭其馨香。”		《国语·周语》
广东岭南职业技术学院	至善书院	“期于至善，而不袭其为。”		《孔子家语》
中国民航大学	天问书院	源自《楚辞·天问》		《楚辞·天问》

续表

学校名称	书院名称	书院名称分析	命名类型	详细备注
广东药科大学	岐黄书院	源于中医学奠基之作《黄帝内经》，岐黄为医家之祖岐伯与黄帝二人的合称。	国学典故	《黄帝内经》
	建德书院	“道有夷隆，学有粗密，因时而建德者，不以远近易则。”		《两都赋》
重庆邮电大学移通学院	爱莲书院	北宋著名思想家、文学家、教育家周敦颐的《爱莲说》		《爱莲说》
	天渠书院(外国语言文学系)	“天”字引自王勃的《滕王阁序》“物华天宝，龙光射牛斗之墟”；“渠”字引自朱熹的《观书有感》“问渠那得清如许？为有源头活水来。”		《滕王阁序》《观书有感》
西安外事学院	正蒙一院、二院、三院、四院、五院、六院	源自儒家学说《正蒙》		《正蒙》
北京航空航天大学	守锷书院	以我国导弹与航天技术开拓者、北航建校元老屠守锷院士命名	知名人物	创始人
	士嘉书院	以著名流体力学家、北航建校元老陆士嘉命名		创始人
	士谔书院	以自动控制学家、北航建校元老林士谔命名		创始人
南开大学	第三智慧书院——伯苓智慧书院	以南开大学创始人张伯苓命名		创始人
温州大学	溯初学区	以温州大学创始人黄溯初命名		创始人
复旦大学	志德书院	以复旦创始人马相伯(原名马志德)命名		创始人
东南大学	秉文书院	以东南大学创始人郭秉文命名		创始人
苏州大学	唐文治书院	以苏州大学前身之一无锡国专的创始人、著名教育家唐文治命名		创始人

续表

学校名称	书院名称	书院名称分析	命名类型	详细备注
丽水学院	德涵书院	以学校创办者孙诒让之别名命名	知名人物	创始人
浙江树人大学	家扬书院	以学校创始人、终身名誉校长、浙江省原政协主席王家扬命名		创始人
西北农林科技大学	右任书院	以国立西北农林专科学校(今西北农林科技大学)创办人于右任命名		创始人
西京学院	万钧书院	以西京学院创始人任万钧命名		创始人
大连理工大学	伯川书院	以学校创始人、“211 工程”首倡者、著名教育家屈伯川命名		创始人
北京大学	元培学院	元培学院以教育家、革命家、政治家蔡元培命名		校长
浙江大学	竺可桢学院	以浙江大学老校长竺可桢命名		校长
上海大学	钱伟长学院	以上海大学老校长、著名科学家、教育家、社会活动家钱伟长命名		校长
温州大学	步青学区	以中科院院士、杰出温籍数学家、原温州大学名誉校长苏步青命名		校长
	超豪学区	以温州大学老校长、著名温籍数学家谷超豪命名		校长
南昌大学	际銮书院	以中国科学院院士、南昌大学名誉校长潘际銮院士命名		校长
复旦大学	腾飞书院	系纪念复旦老校长李登辉(字腾飞)而命名		校长
	任重书院	系纪念新中国成立后第一任校长陈望道(字任重)而命名		校长
	希德书院	系纪念复旦大学杰出女校长谢希德而命名		校长
华东师范大学	孟宪承书院	以我国现代著名教育家、华东师范大学首任校长孟宪承命名		校长
华东政法大学	文伯书院	纪念华东政法大学首任校长魏文伯同志		校长

续表

学校名称	书院名称	书院名称分析	命名类型	详细备注
苏州大学	紫卿书院	以原苏州丝绸工学院校长，中国蚕丝界泰斗郑辟疆（字紫卿）命名	知名人物	校长
四川大学	玉章书院	以老校长吴玉章之名命名		校长
西南交通大学	唐臣书院	以杰出校友、老校长茅以升（字唐臣）命名		校长
西安交通大学	彭康书院	以马克思主义哲学家、革命家、著名教育家，新中国成立后首任校长彭康命名		校长
	文治书院	以著名国学大师、教育家、交通大学老校长唐文治命名		校长
清华大学	苏世民书院	以美国黑石集团主席苏世民命名		捐赠人
北京师范大学	瀚德学院	以捐资方，香港万都集团有限公司主席钟瀚德命名		捐赠人
上海交通大学	远东书院	以合作方远东控股集团命名		捐赠人
苏州大学	敬文书院	以香港爱国实业家朱敬文命名		捐赠人
苏州科技大学	敬文书院	以香港爱国实业家朱敬文命名		捐赠人
江苏师范大学	敬文书院	以香港爱国实业家朱敬文命名		捐赠人
江南大学	君远书院	以捐资方“上海唐君远教育基金会”命名		捐赠人
温州商学院	文博书院	以捐资方温州文博教育集团命名		捐赠人
香港中文大学（深圳）	学勤书院	以捐资方正中投资集团创始人邓学勤命名		捐赠人
	逸夫书院	以慈善家邵逸夫命名		捐赠人
	思廷书院	以捐资方鸿荣源集团以及赖海民、陈思廷伉俪命名		捐赠人
	祥波书院	以捐资方厚蒙岁宝集团创始人杨祥波命名		捐赠人
西安交通大学	仲英书院	以捐资方、国际著名慈善家、唐氏工业集团董事长唐仲英命名		捐赠人

续表

学校名称	书院名称	书院名称分析	命名类型	详细备注
北京理工大学	特立书院	以北京理工大学前身延安自然科学院院长、杰出教育家徐特立命名	知名人物	知名学者
北京师范大学	启功书院	以北京师范大学教授启功命名		知名学者
南开大学	第二智慧书院——穆旦书院	以现代主义诗人、翻译家穆旦命名		知名学者
山东大学	从文书院	以曾在校执教的沈从文命名		知名学者
	一多书院	以曾在校执教的闻一多命名		知名学者
西安交通大学	钱学森书院	以交通大学杰出校友钱学森命名		知名学者
	宗濂书院	以著名医学生理学家、医学教育家侯宗濂命名		知名学者
北京航空航天大学	冯如书院	以"中国航空之父"冯如命名		知名学者
浙江大学	马一浮书院	以学者、国学大师马一浮命名		知名学者
复旦大学	克卿书院	以上海医学院创办者颜福庆(字克卿)命名		知名学者
东南大学	吴健雄学院	以著名物理学家、东南大学杰出校友吴健雄命名		知名学者
中国海洋大学	崇本书院	纪念我国海洋事业的开拓者和主要奠基人、海洋教育家赫崇本		知名学者
上海立信会计金融学院	序伦书院	以我国现代杰出的会计学家和著名教育家潘序伦命名		知名学者
厦门大学	博伊特勒书院	以2011年诺贝尔生理学或医学奖得主布鲁斯·博伊特勒(Bruce Beutler)命名		知名学者
西南交通大学	竺可桢书院	以知名校友竺可桢命名		知名学者
青岛职业技术学院	侃如书院	以青岛职业技术学院创院先驱著名古典文学专家陆侃如命名		知名学者

续表

学校名称	书院名称	书院名称分析	命名类型	详细备注
大连理工大学	令希书院	以我国著名力学家、教育家、中国科学院院士钱令希命名	知名人物	知名学者
	长春书院	以“中国奥运第一人”——大连理工大学功勋教师刘长春命名		知名学者
	国栋书院	以我国著名机械工程专家、教育家、柴油机预混合燃烧理论奠基人胡国栋命名		知名学者
南开大学	第四智慧书院——图灵书院	以英国著名数学家和逻辑学家阿兰·图灵(Alan Mathison Turing)命名		历史名人
温州商学院	水心书院	以南宋永嘉学派集大成者叶适的别名命名		历史名人
	德涵书院	以温州近代著名教育实业家孙诒让的别名命名		历史名人
丽水学院	行知书院	以人民教育家陶行知命名		历史名人
	石湖书院	纪念宋代文学家范成大(字致能,号石湖居士)		历史名人
	伯温书院	以当地先贤、明朝开国元勋刘基之字命名		历史名人
台州学院	广文书院	唐杜甫称郑虔为“广文先生”,后泛指清苦闲散的儒学教官		历史名人
绍兴文理学院	阳明书院	以绍籍乡贤王阳明命名		历史名人
	成章书院	以绍兴先贤、“辛亥三杰”之一陶成章命名		历史名人
	仲申书院	以绍籍名人蔡元培(字鹤卿,又字仲申、民友、孑民)的字命名		历史名人
	建功书院	以绍籍名人陈建功命名		历史名人
	竞雄书院	以绍籍先烈秋瑾(字竞雄)命名		历史名人
	树人书院	以绍籍名人鲁迅(原名周树人)命名		历史名人
	青藤书院	以绍籍先贤徐渭的别号青藤居士命名		历史名人
	文澜书院	以绍籍历史学家范文澜命名		历史名人
	羲之书院	以书圣王羲之命名		历史名人

续表

学校名称	书院名称	书院名称分析	命名类型	详细备注
上海应用技术大学	工程创新学院鲁班书院	以我国古代工匠鼻祖鲁班命名	知名人物	历史名人
成都工业学院	晏济元书院	以中国美术家协会会员、重庆国画院名誉院长晏济元命名		历史名人
四川城市职业学院	东坡书院	眉州是宋代大文豪苏轼的故乡		历史名人
甘肃民族师范学院	亭林书院	以顾炎武(字亭林)命名		历史名人
清华大学	探微书院	出自校歌“致知穷理 学古探微”	价值理念	校歌
	未央书院	出自校歌“春风化雨乐未央”		校歌
	致理书院	出自校歌“致知穷理 学古探微”		校歌
北京理工大学	精工书院	校训“德以明理、学以精工”		校训
河北大学工商学院	诚行书院	校训“实事求是,笃学诚行”		校训
江南大学	至善书院	校训“笃学尚行,止于至善”		校训
中国海洋大学	行远书院	校训“海纳百川,取则行远”		校训
浙江大学	求是书院	校训“求是创新”		校训
浙江工业大学	健行书院	校训“厚德健行”		校训
潍坊医学院	乐道济世书院	校训“乐道济世”		校训
广东岭南职业技术学院	砺能书院	校训“明德、笃学、砺能、自强”		校训
肇庆学院	力行、厚德、明智、博学书院	校训“厚德 明智 博学 力行”		校训
南方医科大学	尚进书院	校训“博学济世,尚德笃行”		校训
	德风书院	校训“博学济世,尚德笃行”		校训
西安交通大学	崇实书院	交通大学老校训“崇德尚实、重文健身、勤俭敬信、完全之人”		校训
西安美术学院	弘美书院	校训“弘美厚德,借古开今”		校训
北京理工大学	知艺书院	院训“继求真知,创行新艺”		院训

续表

学校名称	书院名称	书院名称分析	命名类型	详细备注
浙江工业大学之江学院	尚德书院	院训“尚德致知，敢为人先”	价值理念	院训
深圳职业技术学院	崇理书院	院训“崇尚真理，追求卓越”		院训
西安交通大学	励志书院	院训“励精明志”		院训
清华大学	新雅书院	育人理念“渊博雅正、器识为先、文艺其从、传承创新”		育人理念
北京航空航天大学	致真书院	办学理念“尚德务实、求真拓新”		育人理念
北京理工大学	睿信书院	睿寓意长远性、建设性、创造性的智慧。信一指信息，表示学生学习研究内容；二指诚信，书院要求学生恪守信义		育人理念
北京师范大学	励耘书院	“励耘”即刻苦修炼、彰显的意思		育人理念
中华女子学院	育慧书院	来自培育卓越女性的育人理念；校区位于育慧路		育人理念/地域
河北大学工商学院	致用书院	“学用结合、学以致用”，意在坚持马克思主义学风，实事求是，学以致用		育人理念
邯郸学院	启航书院	“启”取开启、启发之意，“航”取航行之意，“启航”寓意整装待发		育人理念
南开大学	第一智慧书院	“第一”是书院运行早期探索阶段的编号；书院属于线上线下运营，广泛利用信息技术，相对传统学院具有智慧功能；书院致力于培养高质量智慧型人才		育人理念
	第五智慧书院——妙悟书院	“妙悟”二字出《涅槃无名论》，指超越寻常的、特别颖慧的觉悟、悟性		育人理念
天津体育学院	墨盾书院	秉承墨家“兼爱、非攻、博爱、和平”的思想		育人理念

续表

学校名称	书院名称	书院名称分析	命名类型	详细备注
山西农业大学信息学院	青藤书院	借“春天希望、藤树常青”之意；取意常青藤大学联盟，希望打造常青藤式教育	价值理念	育人理念
	无边书院	以“无边三力（关注力、执行力、担当力）”和“无边三创（创造自己、创造喜乐、创造改变）”为核心理念		育人理念
上海交通大学	致远学院	源于“思源致远”，致力于培养视野开阔、勇于创新的人才		育人理念
绍兴文理学院元培学院	吾育书院	蔡元培先生军国民教育、公民道德教育、世界观教育、美感教育等“五育并举”的教育方针		育人理念
	吾展书院	蔡元培先生“尚自然、展个性”的教育理念		育人理念
中国石油大学胜利学院	思达书院	来自英文单词“star”，寄托对学生创新、引领的期望		育人理念
青岛职业技术学院	瀚海书院	“瀚海”可解释为戈壁沙漠，也可解释为浩瀚书海之意		育人理念/地域
汕头大学	敬一书院	“敬一”源于儒道二家的重要理念“敬”与“一”的结合；院训为“敬德修业，惟精惟一”		育人理念
广东药科大学	远志书院	一方面取志存高远之意；另一方面，“远志”与中药远志同名		育人理念
深圳大学	正义书院	寓意养浩然正气		育人理念
中山大学南方学院	达人书院	办学理念“专精博雅，学兼中西，志存高远，修己达人”		育人理念
深圳职业技术学院	三尚书院	书院精神“尚德、尚业、尚进”		育人理念
重庆邮电大学移通学院	北山书院	“北”因坐落于北校区得名；“山”寄语书院学子勇攀高峰		育人理念/地域
	廊桥书院	重庆合川毗邻三江，廊桥通达四方，架连合川与世界		育人理念
	远景学院（远景书院）	致力于培养具有全球视野的学子		育人理念

续表

学校名称	书院名称	书院名称分析	命名类型	详细备注
西安交通大学	启德书院	寓意"启迪智慧,立德树人"	价值理念	育人理念
兰州大学	萃英书院	致力于萃取英才,建立拔尖人才重点培养机制,吸引最优秀的学生投身基础科学研究,努力使进入计划的学生成长为未来基础学科领域的国际领军人才		育人理念
甘肃民族师范学院	莲峰书院	书院得名自对"所育人才如莲洁,志比峰高"的期望		育人理念
西安外事学院	七方书院	"七方"是基础理论名词,七方书院以古琴、围棋、书画、茶道等中华传统国粹为载体		育人理念
北京大学	"一带一路"书院	书院在"一带一路"相关国家广泛招收具有优秀学业表现,胸怀远大,具有全球视野,敢当精神和强烈使命感,同时具有卓越领导才能或具备领导潜质的中青年人才		育人理念/国家战略
浙江大学	国际校区书院	海宁国际校区设立若干个中外合作办学机构、交叉研究中心和成果转化机构,与世界一流大学开展教育、科研和成果转化的合作		育人理念/国家战略
北京理工大学	北京书院	书院的学生主要来自北京学院,北京学院主要承接北京市"高水平人才交叉培养计划"和"高端人才贯通培养实验"项目等北京地区高校的访学学生	地域地理	地名
山西农业大学信息学院	箕城书院	书院之名取自历史地名箕城县。箕子,名胥余,是商纣王的叔父,曾任太师之职。箕子之封邑箕,即今之榆社		地名
南京信息工程大学	龙山书院	书院之名源自地名"龙山县"		地名
重庆邮电大学移通学院	别都书院	出自重庆合川的别称"巴国别都"		地名

续表

学校名称	书院名称	书院名称分析	命名类型	详细备注
甘肃民族师范学院	香巴拉书院	书院以香巴拉命名,“香巴拉”是藏语的音译,又译为“香格里拉”,其意为“极乐园”	地域地理	地名
西京学院	南洋书院	以学校建设举行的“南洋会议”举办地为书院名		地名
上海交通大学	密西根学院	是美国密西根大学和上海交通大学推行国际合作的重要成果		学校名
	巴黎高科卓越工程师学院	上海交通大学与法国巴黎高科技工程师学校集团合作创办成立		学校名
上海科技大学	上海科技大学书院	上海科技大学校名		学校名
天津大学	鹏翔一斋、二斋、三斋、四斋、五斋书院	取自卫津路校区鹏翔公寓之名		宿舍楼宇名
南京审计大学	澄园书院	以社区为单位划分书院,保留原有社区名称		宿舍楼宇名
	润园书院			
	沁园书院			
	泽园书院			
上海大学	社区学院	因在学生社区成立而命名,今后将根据学生居住区域成立若干个社区学院分院		宿舍楼宇名
山西农业大学信息学院	太行书院	太行山名		山川湖泊
	右岸书院	右岸湖畔		山川湖泊
山东科技大学泰山科技学院	第一书院社区九河书院	“九河”为黄河的别称,追溯于大禹治水,即“禹开九河,通九道”		山川湖泊
	第一书院社区五汶书院	取汶水不息之意,寓意文化内生如汶水渊源不息,创新融合如汶水勤谨睿智,商科衍生如汶水融会贯通,品格塑造如汶水浸润丰泽		山川湖泊

续表

学校名称	书院名称	书院名称分析	命名类型	详细备注
青岛大学	浮山书院	青岛大学背靠浮山而得名	地域地理	山川湖泊
浙江工商大学杭州商学院	塘湾书院	因书院坐落于塘湾山旁而得名		山川湖泊
	春江书院	因西临富春江而得名		山川湖泊
台州学院	心湖书院	学校有湖名为心湖		山川湖泊
厦门大学	香山书院	取名学校旁边的特色风景“香山”		山川湖泊
肇庆学院	兰蕙书院	坐落于兰蕙湖畔		山川湖泊
重庆邮电大学移通学院	汇江书院	合川地处嘉陵江、涪江、渠江三江汇流处		山川湖泊
	花果书院	书院坐落于花果山下；花果之名也表达对书院学子“春华秋实”的期盼		山川湖泊
	中德应用技术学院（南湖书院）	因位于学校南校区，毗邻双子湖畔而得名		山川湖泊
西安建筑科技大学	南山书院	位于秦岭山麓终南山（简称南山）附近		山川湖泊
	紫阁书院	源自“紫阁峪”，古时是终南名山之首		山川湖泊
通化师范学院	长白书院	坐落于长白山脚下、鸭绿江畔、中朝边境的通化市		山川湖泊
西安电子科技大学	海棠七号、八号、九号书院	海棠花	景观花木	花名
	丁香一号、二号书院	紫丁香		
山西农业大学信息学院	杏花书院	源自纯真、高贵、有骨气的杏花精神，也寓意杏林成才		花名

续表

学校名称	书院名称	书院名称分析	命名类型	详细备注
重庆邮电大学移通学院	智能工程学院（竹逸、梅若、松格、荷悦四大书院）	竹子、梅花、松树、荷花	景观花木	花名
哈尔滨工业大学（威海）	海棠书院	海棠是中国传统名花，也是周恩来总理生前最喜欢的花		花名
	丁香书院	丁香是哈尔滨工业大学的象征之一		花名
	雅荷书院	荷花，迎骄阳而不惧，出淤泥而不染。书院致力培养女性优雅气质和高尚情操		花名
	梧桐书院	源自“栽下梧桐树，引得凤凰来”		树名
	劲松书院	出自毛泽东诗词“暮色苍茫看劲松，乱云飞渡仍从容”		树名
	竹贤书院	植中君子为“竹”，才学品格出众为“贤”		树名
太原理工大学	河汾书院	命名源于太原古代书院“河汾书院”	历史文化	古代书院
	令德书院	命名源于太原古代书院“令德堂”书院		古代书院
	晋阳书院	命名源于太原古代书院“晋阳书院”		古代书院
白城师范大学	鹤城书院	命名源于江西资溪古代书院“鹤城书院”		古代书院
上海理工大学	沪江书院	命名源于上海理工大学前身沪江大学		历史渊源
华东师范大学	光华书院	命名源于1925年成立的光华大学		历史渊源
	大夏书院	命名源于华东师范大学前身之一大夏大学		历史渊源

续表

学校名称	书院名称	书院名称分析	命名类型	详细备注
西安交通大学	南洋书院	命名源于交通大学前身"南洋公学"	历史文化	历史渊源
重庆邮电大学移通学院	鱼城书院	命名源于合川钓鱼城历史典故，钓鱼城之战发生于潼川府路合州（今重庆合川）		历史典故
绍兴文理学院	东山书院	命名源于上虞先贤谢安"东山再起"的典故		历史典故
深圳职业技术学院	杏林书院	命名源于三国时吴国名医董奉"董仙杏林"典故		历史典故
同济大学	女子书院	书院面向全体同济女生，开展女性特色教育	育人愿景	女性
长春师范大学	女子书院	书院面向女教师和女大学生，提升女性师生的学识、认知、审美和修养		女性
北京师范大学	教育家书院	书院旨在发现、孕育教育家		教育家
北京理工大学	经管书院	书院依托管理与经济学院，包含经济管理试验班、会计学（中外）专业		经管学生
北京工商大学嘉华学院	国际书院班	书院定位为培养国际商科人才		国际商科人才
郑州航空工业管理学院	蓝天书院	显示"航空为本，管工结合"特色，培育航空工业人才，展示航空报国决心。		航空工业人才
暨南大学	四海书院	源自《尚书·禹贡》："声教讫于四海"，培养港澳台侨学生		港澳台侨华人及外籍学生
上海交通大学	创业学院	书院培养符合中国国情、具有上海和交大特色，世界知名的创新创业人才		创新创业
华东师范大学	经管书院	立足经济与管理学部的学科特点和职业发展方向		经济与管理学生
上海海事大学	励志书院	面向来自中西部地区家庭经济困难的学生		中西部地区家庭经济困难的学生

续表

学校名称	书院名称	书院名称分析	命名类型	详细备注
青岛职业技术学院	立信书院	面向海信学院学生	育人愿景	海信学院学生
	儒商书院	面向商学院学生		商学院学生
	艺馨书院	面向艺术学院学生		艺术学院学生
成都中医药大学	国医书院	培养新时代中医药一流人才		中医药人才
陕西师范大学	哲学书院	以学科命名		哲学学科
西京学院	创业书院	在国家“大众创业、万众创新”这一结构性改革大背景下成立		创新创业

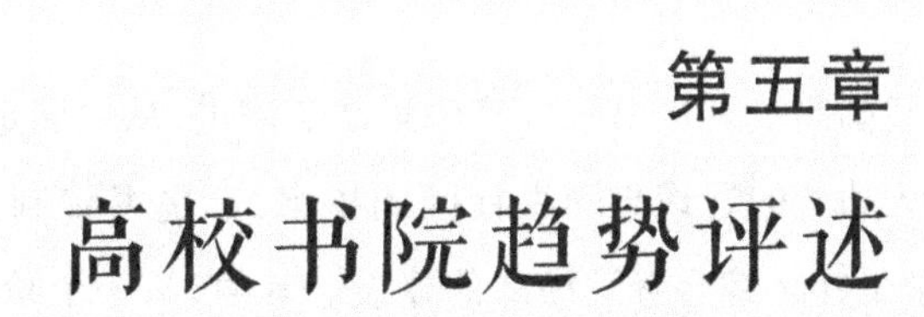

第五章
高校书院趋势评述

从2005年至今，中国高校书院已有15年的探索发展。15年间，中国高等教育应对内外挑战和时代需求，做出了深层次的综合改革。高校书院不断回应、落地中国高等教育的人才培养改革要求，逐渐成为高校人才培养改革的试验田和风向标。无论是应对当前高校人才培养的现实需要，还是着眼于未来社会发展对人才的更高要求，书院制都提供了实践经验和思路设想，并以其包容性和可拓展性，为学科大类招生、学业导师制、完全学分制、拔尖人才培养模式创新、"强基计划"等教育教学改革提供了解决方案。

一、现代书院的发展定位沿革

我国高校现代书院的趋势呈动态演进，从内涵定位上看可以分为三个阶段，一是学生公寓育人功能的显现与学生社区的提出；二是书院制、住宿学院制等模式的初探；三是"一站式"学生社区综合管理模式的建设。其中，第一个阶段对应于进入21世纪以来至2012年以前，表现为高校学生公寓的育人功能被逐步重视，学生社区首次在教育部文件中提及；第二个阶段起源于中共中央、国务院第16号文件《关于进一步加强和改进大学生思想政治教育的意见》发布后，各高校开展了一系列大学生思政教育的改革措施，并于2005年起开始了书院制探索实践；第三个层次对应进入中国特色社会主义新时代，特别是党的十九大以来，表现为"书院制""住宿学院"等相关表述正式进入中央部委文件中，以及教育部等部委组织开展书院、住宿学院等"一站式"学生社区建设。

（一）学生公寓育人功能的显现与学生社区的提出

2002年教育部《关于进一步加强高等学校学生公寓管理的若干意见》指出，"学生公寓是学生日常生活与学习的重要场所，是课堂之外对学生进行思想政治工作和素质教育的重要阵地"，并要求"各高等学校要切实负起责任，把这项工作列入高等学校思想政治工作的日程，作为高等学校的一件大事来抓"。自此开始，中央和教育主管部门对学生公寓在育人过程中的重要性认识越来越充分，并对如何实施思想政治教育做了详细规划，确保各高校有方法可依循，有目标可参照。

2004年，中共中央、国务院印发《关于进一步加强和改进大学生思想政治教育的意见》，指出了"要加强对学生社团的领导和管理，高度重视学生生活社区、学生公寓、网络虚拟群体等新型学生组织的思想政治教育工作"，该文件首次提出了"学生生活社区"的概念。同年，教育部、共青团中央发布《关于进一步加强高等学校校园文化建设的意见》"积极开拓校园文化建设的新载体"中提到"要充分发挥学生社区、学生公寓、网络虚拟群体等新型大学生组织在校园文化建设中的重要作用，加强有效引导，确保校园文化的正确发展方向。”该文件首次在思想政治教育领域提出了“学生社区”概念，是对高校教育管理载体的新要求。

2004 年至 2007 年，教育部先后三次就高校学生住宿管理印发文件，2004 年印发了《关于切实加强高校学生住宿管理的通知》，2005 年印发了《教育部办公厅关于进一步加强高校学生住宿管理的通知》，2007 年印发了《教育部办公厅关于进一步做好高校学生住宿管理的通知》。2004 年文件中提出“学生宿舍和公寓是学生日常生活与学习的重要场所，是对学生进行思想政治工作和素质教育的重要阵地”，并要求“要坚决落实学生公寓思想政治工作队伍建设的有关要求，切实选派足够数量的政治素质高，思想作风好，具有较强组织管理能力，善于做学生工作的辅导员进驻学生公寓，做到同住、知情、关心、引导。即与学生同住学生公寓；了解学生思想动态；关心学生思想、生活；引导学生正确处理各种问题，开展经常性的思想政治工作”。2005 年文件中指出：“把学生宿舍和公寓的教育管理工作作为辅导员的重要职责，选好配强辅导员进宿舍和公寓开展工作，建立完善辅导员、宿舍和公寓管理人员、学生党员和骨干密切配合的教育管理服务工作体系。”2007 年文件中明确了“学生宿舍和公寓是开展大学生思想政治教育的重要阵地。学校要按班级调整学生住宿为契机，深入推进大学生思想政治教育进公寓；要充分发挥现有学生工作体系的作用，充分发挥学生的积极性和主动性，以宿舍和公寓为阵地，开展丰富多彩的思想政治教育活动，为学生成长成才营造良好的环境和氛围”。学生宿舍和公寓的思想政治教育属性开始被重视并不断落实。

2005 年，中共中央组织部、中共中央宣传部和中共教育部党组联合召开第十四次全国高校党建工作会议，提出新形势下，学生公寓在大学生思想教育工作中的作用逐渐增强，这也为新时期开展公寓党建工作提供了更宽广的空间。就在同一年，西安交通大学、复旦大学同时建立起中国高校首批现代书院，以学生社区为主要阵地，开展思想政治教育等人才培养工作。

2011 年教育部发布的《普通高等学校学生心理健康教育工作基本建设标准(试行)》及 2012 年发布的《中共中央宣传部教育部关于开展 <全国大学生思想政治教育工作测评体系(试行)>贯彻执行情况自测自评工作的通知》强调了“有条件的高校可在院(系)及学生宿舍设立心理健康教育辅导室”“生活园区设有学生党团活动室”等内容。

(二)书院制、住宿学院制等模式的初探

2012 年教育部在《教育部办公厅关于直属高校国家教育体制改革试点项目及“三重一大”决策制度执行情况检查的通报》中已经明确了书院在深化本科人才培养模式改革的成效，其中指出了“复旦大学成立了以 4 年制书院为特色的本科生院和教师教学发展中心，将

通识教育全方位、全过程融入本科教育”。2014 年多所高校在其高等学校章程中明确了书院建设的方向，教育部予以核准。

2017 年以来，书院制开始正式进入“官方文件”，实现了从“特殊”到“一般”。《关于深化教育体制机制改革的意见》(2017 年)《高校思想政治工作质量提升工程实施纲要》(2017 年)《2018 年教育重点工作指南》《教育部高等教育司 2019 年工作要点》《教育部高等教育司 2020 年工作要点》等提到:“探索建立书院制、住宿学院制等有利于师生开展交流研讨的学习生活平台。”“要提升高校思想政治工作质量的顶层设计，着力构建一体化育人体系，打通育人最后一公里。”“深入探索书院制模式，强化使命驱动，注重大师引领，创新学习方式，注重环境浸润熏陶，促进拔尖学生脱颖而出。”“推动多样化探索，支持高校开展‘三制’(书院制、学分制、导师制)拔尖人才培养模式改革。”同时，“住宿学院”也在 2018 年教育部对全国政协提案答复函中提及，指出“全面深化改革阶段(2010 -)重点是培养具有国际视野、行业领军、社会责任感强、实践能力突出的拔尖创新人才，在小班授课、研讨课、小组讨论、实践教学、导师制、本科生科研、课外活动等方面进行了全面优化和提升，在人才培养理念、课程建设、住宿学院、学期制改革、教学质量评估等方面也进行了更深层次的探索”。

2018 年至 2019 年，在教育部等六部门印发的《关于实施基础学科拔尖学生培养计划 2.0 的意见》及教育部印发的《2019—2021 年基础学科拔尖学生培养基地建设工作的通知》等专门文件中，也分别明确提及书院制建设，对新时代书院制建设提出了要求，“深入探索书院制模式，建设学习生活社区，注重环境浸润熏陶，加强师生心灵沟通，促进拔尖学生的价值塑造和人格养成。”“探索新时代书院制，汇古、今、中、外于一处，融浸、养、熏、育为一体，化学问探究和人格养成于一身。”

(三)“一站式”学生社区综合管理模式的建设

2019 年 1 月，“一站式”学生社区综合管理模式建设试点工作在第 26 次全国党的建设工作会议中被部署，并被纳入中央教育工作领导小组秘书组“2019 年高校党建重点推进的十项任务”。当年教育部思想政治教育工作专题会议提出，进行“一站式”学生社区综合管理改革，依托书院、宿舍等学区，积极探索学生组织形式、管理模式、服务机制改革，打通育人“最后一公里”。

2019 年 10 月教育部发布《关于深化本科教育教学改革全面提高人才培养质量的意见》，明确了“积极推动高校建立书院制学生管理模式，开展‘一站式’学生社区综合管理模式建设试点工作，配齐配强学业导师、心理辅导教师、校医等，建设师生交流活动专门场所。”同月，教育部思政司在北京组织召开了“一站式”学生社区综合管理模式建设试点工作启动部署会，并发布《关于开展"一站式"学生社区综合管理模式建设试点工作的通知》。《通知》公布了首批入选的试点高校，并明确了"探索开展社区网格化管理，通过'一站式'综合管理模式建设试点，推动学生社区教育培养模式、管理服务体制，协同育人体系、支撑保障体系改革，践行'一线规则'，把校院领导力量、管理力量、思政力量、服务力量压到学生中间，打造富有中国特色、体现思政教育要求、贴近学生实际的生活园区，推动形成全员全过程全方位育人格局。"

2020 年 4 月，教育部等八部门发布《关于加快构建高校思想政治工作体系的意见》，提出推动"一站式"学生社区建设，明确了"依托书院、宿舍等学生生活园区，探索学生组织形式、管理模式、服务机制改革，推进党团组织、管理部门、服务单位等进驻园区开展工作，把校院领导力量、管理力量、服务力量、思政力量压到教育管理服务学生一线，将园区打造成为集学生思想教育、师生交流、文化活动、生活服务于一体的教育生活园地。"

2020 年 6 月，中共教育部党组、中共中央纪委机关、中共中央组织部、中共中央宣传部联合发布《关于加强高校党的政治建设的若干措施》，提出"着眼党建和思想政治工作对青年学生全员全息覆盖，实施'一站式'学生社区综合管理模式改革，把校院领导力量、管理理论、思政力量、服务理论压到学生中间。"

梳理从 21 世纪以来关于现代书院内涵定位，从"学生公寓、学生社区"到"书院制、住宿学院"再到"'一站式'学生社区"，中国高校现代书院建设迎来了真正意义上的"政策窗口期"。书院是"一站式"学生社区的主要形态，"一站式"为书院等学生社区形态注入新的内涵。在新时代背景下，无论"书院制"还是"一站式"，其核心都在于构建一套以学生社区为载体和空间的育人体系。基于学生社区的育人模式，或许将成为部分高校书院制建设，甚至开展人才培养改革的新的选择。

二、现代书院的发展定位需求

我国高校现代书院发展至今，经历了漫长的历史演变，既保留了中国古代书院特色，使书院教育响应国家需求开展思政教育，发挥书院育人的价值引领作用，还充分汲取了国外书院发展的经验，使书院提升自主性，开展通识教育，实行导师制和学分制。当前的各项教育教学改革，也对书院发展提出新的要求，需要不断把握时代机遇，增强国际视野，将价值引领、通识教育和实践教育紧密结合，不断增强书院制人才培养的核心职能。

(一) 中国古代书院发展

为实现通识教育和专才教育的结合，中国自古就开始实行书院制度。依据官方起源说，中国古代书院最早起源于唐代，雏形为修书院，是官方用于藏书和校书的图书馆，如丽正修书院，该书院始建于唐玄宗开元十一年（723 年），后改名为集贤殿书院，书院主管人员职责包括掌刊辑古今之经籍，以辨明邦国之大典，而备顾问应对，同时兼作皇帝的侍读，“以质史籍疑义”。届时集贤殿书院开设了大学士、侍讲学士、侍读学士、直学士、学士、检校官、院使等职院头衔。唐代诗人张说也在《恩制赐食于丽正殿书院宴赋得林字》中提到“东壁图书府，西垣翰墨林。诵诗闻国政，讲易见天心”，对应官方书院版本中提到的书院藏书，得天下英才而聚之的职能。民间起源说则将书院看作是个人书斋的衍生，是中国封建社会特有的一种教育组织和学术研究机构，其中学者和学生作为书生，肩负起著书、修书、藏书的任务，以庭院、房屋、景观和院田为院舍，通过参与社会活动而获取相应的声望，从而提升社会地位。无论哪种学说，一种新的教育组织形式由此出现，书院逐渐承担起授徒讲学任务，成为教学机构。最早的四所民间书院包括湖南攸县光石山书院（公元 718 年以前）、陕西蓝田的瀛洲书院（公元 623 年）、山东临朐的李（靖）公书院（公元 649 年以前）、河北满城的张说书院（约公元 693 年左右）。唐代民间书院的兴起使得某些私人读书讲学之所，也称为书院，据地方史志考证，当时的私人书院多达 30 余所，分布在江西、福建等九个省区，如刘庆霖在江西吉水县创办的皇寮书院。这种场景也可以从李群玉《书院二小松》诗中体现，“从此群窗听细韵，琴声长伴读书人”生动地描绘了民间书院在高雅琴声中书声琅琅响起的意境。

宋朝儒生多设书院，标志着中国古代书院制度的真正确立，出现了一大批知名的书院，如岳麓书院、白鹿洞书院、石鼓书院等，这些书院发挥了教育教学、学术研究、印书藏书的功能，随着制度规范的进一步确立，书院制度也进一步规范化、制度化。在元代，书院与官学融合而致书院“几遍天下”，明代中叶，尤正德以后，王学、湛学兴起，书院再盛。然而，因东林结社在讲习之余讽议朝政而致在 1537 年、1538 年、1579 年、1625 年四毁书院。随着时代的发展，政府对书院的支持力度日益加强，自雍正十一年（1733 年），朝廷支持书院发展，至乾嘉年间达到高潮。清代起，书院典型结构分为教学系统、文秘系统和后勤系统三部分，其中教学系统最上层为斋长，中层为时务斋和刊书斋，时务斋下设学长，刊物斋下设董事，基层为各斋生徒。清代书院课程丰富多样，包括格致类、语文类、教育类、人才类、富强治术类、农产水利类、社会救济类、国际现势类、边防类以及其他类。然而，随着政府对书院的控制增强，书院的政治色彩日益加强，书院逐渐丧失其独立性与自主权，办学特色日渐消减，成为官员的养成场所，最终于清光绪年间与科举制、八股文一并被废除，近代教育新体制逐渐取代了书院制的办学形式，随着 1902 年壬寅学制和 1903 年癸卯学制的推行，各地书院全部改制成了学校、学堂。

由此看出，中国古代书院功能多样，发展完备，不仅作为藏书读书的场所，还具备了教学育人的功能。其中，书院的政治色彩离不开中国古代封建统治的时代背景，在古代，书院还作为统治阶级的工具，维护、巩固其地位和利益。

（二）西方的书院发展

西方的书院制建设与发展已有数百年历史，西方最早的书院始建于1088年，博洛尼亚大学是西方书院制的开端，随后英国牛津大学于1094年开启了书院制模式，美国哈佛大学也在1636年设立书院制度。发展至今，书院制度已经形成别具一格的人才培养体系，积累了成果丰硕的教育教学经验。牛津大学与剑桥大学是英国首屈一指的名校，系英国著名的研究型大学，这两所大学设有两种平行的机构，其一为从事教学研究、社会服务与科研开发等学术活动的院系（department），另一种则为进行本科生人才培养教育活动的书院（college）。书院的存在是为院系的学习、教学和研究活动提供支持性的环境。两校的建立都源于书院的发展和壮大，在书院的带动下学校才得以形成，因此两校的核心体系都表现为书院制。

区别于中国的书院，西方书院体现了高度自治性。书院与大学的关系堪比联邦制，书院系独立法人，具有人事权，有自己的院士和院长，能够自主设立职位，具有自主聘用权；书院具有财务自主权，在遵循大学基本原则条例的基础上，书院能够自主决定预算花销，可自主设立特色奖学金和资助计划，如企业奖学金和基金奖学金，并给经济困难生以不同形式的资助；书院实行自主管理，通过设立不同功能的委员会以实现书院自治，如院长与其他成员组成书院的治理委员会，专门负责书院的学术、财政和内部的管理，此外，还有合作咨询委员会、学术政策委员会、学术评论委员会、平等机会政策和督导小组等管理组织；在学生培养方面，书院可根据书院特色，自行决定学生的培养方式。如耶鲁寄宿书院制度，虽然只有短短的七十年的历史，但却是耶鲁大学最鲜明的特征，大学允许每个书院有自己的总监或者院长，他们都是耶鲁的教员，与学生一起住在书院里，并和学生一起在书院里用餐，院长是书院里总的学业指导和个人顾问，当学生遇到课业问题时，院长会与学生的院系老师或主任联系，或让学生联系某一书院管理下的导师方案。

西方高校书院制最大的特点在于实行导师制的教育管理制度。导师制的实行能够体现因材施教的特点，实现教学和育人的结合，并帮助学生解决实际需求，构建新型的师生关系。导师制的实行基于书院设立的导师岗位，西方书院不仅设立了学生专项事务管理的导师（tutor）岗位，还有多个领域的学术指导老师（fellows and lecturers）作为学生的导师，包括语言、法律、哲学、历史、神学、地理等人文学科及材料科学、工程、数学等自然科学领域，体现了本科通识教育的特点。学生一入学，书院就会给学生指派一位导师，一般一位导师会指导1

–5 名学生，指导内容包括学习指导和生活指导，可为学生制定个性化的培养方案，帮助学生解决生活和学术问题，助力学生健康成长。例如，斯坦福大学采取精英导向的导师制，提供导向的不仅包括学术顾问，还包括同龄顾问、同专业伙伴、同龄宿舍辅导员、院系顾问、实习顾问、职业发展顾问。

可以看出，西方的书院制历史悠久，发展完备，在高等院校发挥着至关重要的作用。相比于中国古代的书院制度，二者相似之处在于，都体现出教书、育人两方面的职能，不仅从住宿、健康、福利等方面照料学生的起居生活，为学生提供支持性的环境，书院还负责教学研究，承担教育教学工作。然而，西方的书院制度政治色彩较弱，甚至较少受到大学的影响，独立自主管理，体现出极强的自主性，也保留书院特有的办学管理特色。西方书院最为特色的管理制度是导师制，为我国解决书院和学院协同育人，构建导师共享机制提供参考。

（三）当代人才培养对书院发展的新要求

中国古代书院制与西方书院制对我国现代高校书院制建设起到了极大的借鉴作用。一方面，书院制度改革需要满足时代需求，贯彻落实党的教育方针与发展规划，另一方面，书院制度改革需重视书院的发展特色、尊重书院的自主权，让书院得以自主管理，学生能够特色化发展。而当代人才培养又对书院发展提出了新要求，提供了新思路。

当前，我们面临百年未有之大变局，第四次工业革命不仅体现为科学技术的重大创新，还重塑了高等教育的教育模式和人才培养体系。高校需要更加注重人才的多维能力培养，包括创新思维能力、交流沟通能力、综合领导能力等，从而培养符合 21 世纪发展需要的新型人才。2017 年，为建设世界一流大学和一流学科，中共中央、国务院做出“双一流”的重大决策，习近平总书记强调教育是国之大计、党之大计，提出培养德智体美劳全面发展的社会主义建设者和接班人，明确凝聚人心、完善人格、开发人力、培育人才、造福人民等工作目标，提出扭转教育评价导向、深化教育改革等重要举措。

为响应国家重大发展战略，新型拔尖创新人才培养至关重要。自 2009 年起，教育部门联同其他部门筹备规划基础学科的拔尖创新人才培养，选择中国 17 所大学数、理、化、信、生学科进行率先试点，开展拔尖学生培养试验计划。2020 年，拔尖计划 2.0 正式推行，与之前相比，将“试验”二字去掉，并拓展到了文、史、哲、经等学科，实现了学科范围的广泛覆盖。此外，拔尖计划 2.0 还将单个计划变成系列计划的组合，向“新工科”“新文科”“新医科”“新农科”进军。伴随着基础学科人才培养得到更多的重视，教育部推行强基计划，在部分高校开展基础学科招生改革试点，培养有志于服务国家重大战略需求且综合素质优秀或基础学科拔尖的学生，并对“强基计划”录取学生制定单独的人才培养方案和激励机制，开展小班化教学，实行书院制、导师制、学分制的培养模式。

此外，人才培养模式得到不断创新。教育部办公厅提出高校要建设未来技术学院，实现“新的工科专业、工科的新要求”，探索中国特色未来科技创新领军人才培养路径，坚持面向未来、交叉融合、科教结合。为优化人才培养类型结构，加大应用型人才培养力度，教育部要求高校加强现代产业学院建设，强调校企合作、项目驱动的协同育人生态体系，为学生提供“双师型”师资，创建实践平台，从而实现知行结合的教育模式。实施“一带一路”，最核心的、最紧缺的资源是人才，要大力培养推动“丝路五通”的各类人才。基于这一定位，国际学院中外合作办学兴起，以建设独立国际校区、内设中外合作实体学院、国际化示范学院三种主要模式为培养途径。

在上述背景下，高校人才培养强调注重创新性、通识性、国际性，目前高校已经实现按学科大类招生，大力提倡通识教育，实现“专业＋学校”的志愿模式；高校全面推行了完全学分制，学生可以自主选择专业，学科专业班级、行政班级淡化，课程班级、社团班级、书院班级普及；全球教育受到极大重视，国际交流愈发普遍。以西安交通大学“强基计划”为例，培养方案中规定以强大的工科优势牵引基础学科人才培养，汇聚国内外最优秀的师资，实行小班制、导师制、国际化、学分制的个性化教学改革，以实现“夯实基础、国际视野、尊重个性、跨界融合”的培养模式。

时代诉求对我国现代高校书院制度改革提出了新要求，书院以及书院所承担的通识教育、创新教育、全球教育作用更加凸显，也体现我国现代高校书院制发展的趋势。在通识教育方面，书院需要整合多学科的资源，融合多个学科课程建设通识课程，为学生配备通识导师与成长导师，并实行通识课程学分制。在创新教育方面，书院应当协同学院培养学生以学促研、以研促学，创建产学研一体化平台，与企业、政府构建合作关系，以项目促进学生科研成果转化，并将科研成果融入课堂教学、实验实践教学；应当实现面向国内外学生的全球教育，提供师生交流合作项目，招收国际留学生和招聘国际师资，以及开展国际科研合作，加强合作办学，建设海外校园等。

三、书院制对当前多种教育改革模式的适应性

书院制的发展与我国教育改革事业同向而行，书院制的育人模式、育人成效表现出对当前多种教育改革模式的高度适应性。在对全国高校书院研究的基础上，我们开展了书院建设的基本要素构成研究，探索建立《高校书院发展指南》（见附录），以期把握、探寻书院发展的必须要素、运行规律和实际成效，以指南的形式表达书院制对高等教育深化改革的多种人

才培养教育模式或探索的高度适应性。《高校书院发展指南》通过书院基本设置、工作团队、环境设施、学生日常管理、育人内涵、与学校多部门协同育人、社会力量支持七大部分内容，梳理了书院制在建设和发展中的核心因素和基本框架，也包括书院的育人特色和校内外合作交流等书院内涵。

（一）书院集中各方力量于一线

书院制从行政设置、人员构成、队伍建设、资金配比、空间利用等多方面，通过建立制度保障，将学校的领导力量、管理力量、思政力量、服务力量集中压实到书院育人工作一线。在书院建设中，学校是否设立指导书院工作的领导小组、书院的院务委员会中是否有校领导，以及书院作为分党委（或党总支）的书记是否由校领导担任，都直接体现了校领导力量是否落实在书院的育人工作中。书院是否为独立的行政单位、书院是否作为独立的处级单位、书院院长的配置、书院的人事编制情况、书院教工的职级或职称情况、书院的经费来源情况、书院的办公区域，以及与学院等其他部门的相互配合情况等，集中体现了学校的管理力量是否压实在书院学生中间。书院辅导员人事归属，书院导师、兼职辅导员、校外辅导员等育人队伍的配备情况，党团组织在书院的设立情况，书院开设课程的支持情况，考量了思政力量在书院育人工作中的发挥情况。书院的宿舍管理、专属物理空间区域分配、学生活动场所建立等，是学校服务力量在书院育人工作中的体现。通过这些问题或因素可以看到，书院制在建设中获得和吸纳了多方的力量支持，并直接将这些力量运用转换到学生工作一线。

（二）书院集各种功能为一体

书院的命名和院训等文化标识，充分体现着书院的育人理念；辅导员常驻书院，与书院导师、兼职辅导员、校外辅导员等育人队伍合力开展大学生思想政治教育工作；书院通过党团组织平台，开展大学生思想引领，使书院成为开展学生价值塑造的重要阵地。“师生守望、教学相长”是书院育人工作的重要内涵，书院导师制进一步拉近了师生距离，辅导员驻扎书院，与学生交流更顺畅，同时，书院还聘请社会知名人士、知名校友担任书院校外辅导员，书院成为师生高效交流的美好园地。书院开设第二课堂活动，围绕理想信念教育、综合素质提升等方面开设课程和品牌文化活动，丰富大学生活。书院环境优美，设施齐全，不少书院都建立了阅览室、健身房、咖啡厅、洗衣房等生活空间，为学生提供舒适的生活服务。

（三）书院中导师制发挥重要作用

书院导师既包括校内导师，如专业课教师、学校退休教师等，也包括校外的社会知名人士、知名校友等，集中了校内外优秀导师资源，为学生成长提供直接的指导。导师在书院开展通识教育、学业指导、职业规划指导等，深入学生工作一线，直面学生成长中的问题，给予更及时、更有效、更全面的成长指导。书院成立导师委员会，通过组织、调动、考核等工作，可以更好地发挥书院导师的积极性、提升育人成效。学分制的推动，更加促进了不同专业院系学生的交流融合，院系、年级的概念越来越淡化，更多强调了不同专业学生的“混搭”，让学生更大程度在个人培养计划中可以自主规划。特别是原有专业班已经不能满足学分制下的学生管理需求，学生的基本管理单元可以有更多的选择，在以专业、班级为单元的传统管理方式之外，书院可以实现以宿舍或楼层为基本的学生管理单元，打破专业隔阂，实现不同专业学生之间更多的融通交流。所以，通过对学生的管理模式、管理单元、学生的类型、年级分布、专业来源、学籍身份及宿舍选择方式等方面各种不同情况的考虑，书院制为学分制下的学生管理奠定了基础，书院制更能胜任学分制下的人才培养模式。

（四）书院制的实验班模式与“强基计划”不谋而合

按照书院学生的来源，书院可分为覆盖所有年级的全员制模式、覆盖部分年级的非全员制模式、实验班模式等。“以少数拔尖优秀学生或精英人才”为主的实验班模式，高度契合了“强基计划”的人才培养要求。“强基计划”面向多个专业招生，同时又对学生综合素质培养要求较高，在原有学院基础上，很难为这一学生群体实施专门的培养计划。而实验班类型的书院则为“强基计划”的学生群体提供了理想的学习和生活社区，有高校已经根据“强基计划”的要求，创设了新的书院，来满足这一学生群体全面成长的育人平台需要。更为重要的是，书院强调学生的综合素质培养，在以“强基计划”作为专门招生来源的书院，将会在育人理念、导师配备、学生管理单元、第二课堂平台搭建等方面有针对性地设计更为丰富的内容，更能适应这一群体的成长需求，为“强基计划”学生的全面发展和优秀成长提供更加有力的支持。

（五）书院制更能满足大类招生下的人才培养要求

实施学科大类招生以来，学生进入高校后面临着与以往不同的两个挑战：一是大一年级的通识教育，二是入校后的再一次专业分流。通识教育是书院承担的主要育人职责之一，书院聘请通识教育导师、开设通识类课程，与学院相互配合，与姊妹书院探讨借鉴，共同推动建立更加适合新时代人才需求的通识教育。学生入校后又面临着二次的专业选择，书院辅导员队伍的专业化、职业化能力不断加强，能更加有效地引导学生选择合适的专业，并提供咨询服务。同时，书院有庞大的导师队伍，配备学业导师和职业规划导师，书院也积极组织开展学业规划和职业规划指导活动，能够在学生入校后接触到不同专业的学业导师，了解不同学科的背景和发展前景，这些都能帮助学生更好地做出二次专业选择。因而，书院制是与大类招生相适应、相匹配的学生培养和管理模式。

《高校书院发展指南》是对现有书院基本体制和运行模式的梳理，也包含着未来书院发展的多种可能性。书院制建设的探索仍在继续。在书院制建设过程中，形成了众多书院联盟，不同高校书院之间共同探索借鉴，同时，也通过理事会、家长委员会、导师委员会等广泛吸收政府、企业、基金会及社会知名人士、知名校友的社会力量，这些都让书院发展与社会进步充分接壤，不断适应新时代对高等教育、人才培养的要求。在高校“双一流”建设、“一带一路”倡议、第四次工业革命等背景下，高校进步、国家发展、国际格局变动都在推动现代高校治理体系的不断提升，中国高校书院坚持对标国家人才培养的更高要求，不断探索进步，致力于培养国家建设需要的综合素质人才，在教育改革的浪潮中不断奔涌向前。

四、“一站式”学生社区建设的实践与探索

2019 年，教育部根据第 26 次全国高校党的建设工作会议部署和中央教育工作领导小组秘书组“2019 年高校党建重点推进的十项工作任务”安排，委托十所高校进行“一站式”学生社区综合管理模式建设试点，探索开展学生社区“网格化”管理，推动学生社区教育培养模式、管理服务体制、协同育人体系、支撑保障机制改革，打造富有中国特色、体现思政要求、贴近学生实际的生活园区。

(一)“一站式”学生社区建设的试点实践

首批入选“一站式”学生社区综合管理模式建设试点高校分别是北京航空航天大学、浙江大学、厦门大学、西安交通大学、东北大学、华南理工大学、河北大学、上海大学、深圳职业技术学院、西安外事学院。

十所试点高校层次不同、类型各异、形式不一，具有较强的代表性和实践性。这十所学校中，除河北大学、东北大学外的八所高校均建有书院。其中，西安交通大学、华南理工大学、上海大学、深圳职业技术学院、西安外事学院为全员制模式书院，北京航空航天大学为非全员制模式书院，浙江大学、厦门大学为实验班模式书院。这十所学校侧重各有不同，例如，深圳职业技术学院为职业类院校的典型代表、西安外事学院为民办高校的典型代表、华南理工大学的国际校区独具特色。

试点工作开展以来，各试点高校确保组织有力、管理有力、保障有力，按照强化组织领

导、强化推进落实、强化示范引领要求，重点推进了党建引领、管理协同、队伍进驻、服务下沉、文化浸润、自我治理六个方面工作。试点工作效果显著，不仅推动了试点高校自身的人才培养体制机制改革，并在全国高校中起到了较为广泛的示范影响作用，为我国高校深化教育机制体制改革，探索建立书院制、住宿学院制等有利于师生开展交流研讨的学习生活平台，打通育人“最后一公里”，提供了参考蓝本。例如，西安交通大学将九所书院全部纳入“一站式”学生社区建设，成立了校党委书记、校长担任组长的学生思想政治工作领导小组，重点推进“一站式”学生社区试点工作；集合29个部门、院处力量，拿出了23项具体举措，形成本科生院务会、大学生党委会、书院－学院联席会等常态化工作机制；建立品行养成、知识传授、能力培养、思维创新的“四位一体”育人模式，构建了党团组织、思想引领、学生发展、生活服务、国际合作等十大工作体系，营造了以西迁精神为底色的学生社区文化氛围。

值得注意的是，除了以学生社区为基础的育人模式改革，还有部分高校开展了“智慧校园”“一站式师生服务平台”等工作，增强行政管理效能，提升师生服务体验，也成为“一站式”建设的另一种形态。例如，哈尔滨工业大学成立师生服务中心，为师生提供“一站式”服务体验，进驻校内部门11个、社会相关服务部门6个，办理服务事项210项，可实现“一站式”办理的服务事项为206项，并定期为师生办理户籍、驾驶证、出入境等27项相关业务。

（二）“一站式”学生社区建设的育人内涵

“一站式”学生社区将思想政治教育贯穿到立德树人的全过程、全方位，使学生社区成为高校坚持党的领导的坚强阵地、思想引领的精神高地、人才培养的重要基地、管理服务的创新园地。

1.党建和思想政治工作的高地。“一站式”学生社区为高校思想政治教育和党建工作提供了新的平台和载体，实现了育人工作理念、主体、组织、内容的价值一致性，将党建工作延伸到学生日常教育管理的一线，推进了学生党建政治考核评价的标准化、日常化、制度化，充分调动了每个学生的自觉性和积极性，依托充沛的校内外资源、畅通的师生互动、优质的育人力量，开展多元化的社会实践、志愿服务、理论学习等，极大地丰富了思想政治教育内涵。

2.培养人才的园地。“一站式”学生社区明晰了人才培养目标定位，形成了三个工作机制：其一，教育流程再造，实现了不同业务部门的数据集成共享，推进资源平台互联互通；其二，多支队伍协同，强调了不同师资队伍之间的横向联系，提供全方位的人才培养服务；其三，教育组织融合，打破工作分界，促成部门间横向联系增多，工作内容交叉融合增多，工作信息反馈沟通增多。三种工作机制推进了资源力量的整合，满足学生多样化、个性化的成长需求。

3.管理服务学生的基地。“一站式”学生社区完善了学生社区的多种功能,加速校内管理部门服务业务的调整与变通,将学生日常思想政治教育工作、学业发展、心理育人、资助育人、网络育人、实践育人、校园文化建设、生活学习服务、综合能力提升等各类学生成长发展支持系统与资源融于一体,通过更加高效便捷的下沉式管理服务满足学生需求,保障学生的身心成长及人格完善,为促进学生全面发展提供了良好的制度平台和基础。

4.维护校园安全稳定的阵地。“一站式”学生社区协同辅导员、班主任、学业导师、学校党政干部和共青团干部、思想政治理论课和哲学社会科学课教师、后勤服务人员等多支队伍进驻社区,在做好校园消防安全、卫生防疫安全、交通安全、食品安全等的同时,首要突出强调了政治安全和意识形态安全,将校园安全稳定工作纳入学生社区思想政治教育中,贯穿于日常教育管理始终,提升了学生社区的应急工作能力,共同为校园安全稳定提供智慧与支持。

(三)“一站式”学生社区建设的主要内容

“一站式”学生社区建设重点围绕党建引领、管理协同、队伍进驻、服务下沉、文化浸润、自我治理等各方面展开,强调了体制机制创新与资源汇聚,不断夯实学生社区的思想教育、师生交流、文化活动、生活服务等功能。

1.党建引领。“一站式”学生社区充分发挥了基层组织政治核心功能,确保了党的领导在学生社区建设发展中的重要作用,发挥社区隐性育人特点,用党的政治理论武装学生头脑,真正做到了哪里有学生党员哪里就有学生党组织,哪里有党组织哪里就有健全的组织生活和党组织作用,以党建带团建、促班建,将党建工作扎实有效地落实在学生班级、宿舍等广泛的学生群体中,组织学生党员参与社区、班级事务管理,实现“一个党员带动一片”的积极效果。

2.管理协同。“一站式”学生社区实现了招生、就业、教学、学工等多个部门互通联动,传统的“以条为主、条块结合”的学生教育管理模式被网格化、扁平化的管理服务所取代。搭建各类委员会、一站式事务大厅等机构和系统,建设学生工作管理系统、师生综合服务大厅系统、大数据分析系统等数据挖掘和整合系统,打破不同业务系统的信息孤岛,各业务部门实现工作内容交叉融合,工作信息资源共享,并创新了分析评价管理运用的育人新手段等。

3.队伍进驻。“一站式”学生社区凝聚了校院领导干部、行政管理、专职辅导员、校外辅导员、兼职辅导员、班主任、校内外导师、朋辈志愿者、宿舍管理人员等多支队伍,实现了小角度大覆盖。不同队伍汇聚育人共识,发挥不同特点,围绕学生成长成才提供资源与支持,实现了专业教育、第二课堂教育、通识教育等多维度融通,构建了课堂教育、实践教学、第二课堂等育人体系，共同为培养德智体美劳全面发展的社会主义建设者和接班人贡献力量。

4.服务下沉。“一站式”学生社区构建了围绕学生、关爱学生、服务学生的服务育人体系。建立温馨便捷服务的生活学习服务体系，配备物业服务和人员，建设庭院、谈心室、阅览室、健身房、洗衣房、学业辅导室、导师工作室、医疗服务站等保障设施，鼓励建设排练厅、自习室、茶室、咖啡屋、演播厅等个性化设施，围绕学生在专业学习、心理素质提升、职业发展等方面的现实诉求，提供学业辅导、就业创业、职业生涯规划和心理咨询等咨询服务。

5.文化浸润。“一站式”学生社区形成了独特的、富有精神内核的社区文化，发挥隐形教育功效，塑造学生的思想品行。将爱国主义内化为社区文化内核，在书院育人场所和环境建设中融入文化育人理念，在社区活动内容和课程设置中彰显文化底蕴和精神诉求，制定与学生成长特点和规律相匹配的规章制度、措施与方案，让学生在活动内容和课程体系中获得文化的熏陶与塑造，潜移默化地影响学生的价值观念、行为规范和生活方式等。

6.自我治理。“一站式”学生社区最大限度地发挥了学生主观能动性，彰显学生主体责任和主体价值，形成师生畅通互动、人人自觉参与的全新育人格局。建设社区学生组织，成立社区党总支委员、学生代表大会、宿舍生活委员会等专项委员会，促使学生广泛参与社区育人工作，营造生动活泼的成长氛围。以朋辈互助为核心，开展各类学生教育和服务，重视自我教育在人才成长过中的重要作用，形成和谐的人际关系，助力朋辈间共同进步。

如果说书院制更强调“导师制”、通识教育等有益于师生交流、学生综合素质提升的育人模式构建，那么“一站式”学生社区则更强调了党的建设、资源汇集等价值引领的机制体制改革。无论书院制还是“一站式”学生社区，都让我们看到，更回归教育本源、更贴近时代需求、更适宜学生成长，是高等教育谋划者、建设者、探索者、实践者共同的期盼。

我们正面临着一个世界格局愈加动荡、全球经济增长放缓、社会发展整体转型的新世界，“00 后”“05 后”已经迈入大学校园，成为书院的新主人，我们也正塑造着高等教育改革浪潮风起云涌的新时代。“强基计划”、独立学院转设、第二学士学位重启、留学生培养、研究生教育培养改革、“一站式”学生社区综合管理模式建设……为中国高校书院制发展提供了更加多元的可能性。

未来的高等教育，将以多样化、弹性化、全面开放、全面智联为典型特征。未来的大学，在很大程度上，就是一个师生共同学习生活的智能学习空间。未来的学科发展，也逐渐呈现出基础学科通识化、应用学科综合化的新特点。高等工程教育面临了新伙伴、新对手、新标杆。欧林工学院、中国科学院大学、西湖大学、上海纽约大学等高校蓬勃兴起，它们有着不同的学生构成、不同的教育体系、不同的组织架构，让我们看到更多形态的大学成为可能。以PPE（哲学政治经济）基础文科交叉融合为代表的新学科融合模式，也为高校人才培养提供了更多的路径。

面向2025，乃至更远的未来，我们，作为书院的建设者如何为这个时代留下哪些属于中国高等教育工作者的印记？塞缪尔·埃利奥特·莫里森在《哈佛学院的成立》一书中写的这样一段话，或许可以给予我们启发："Book learning alone might be got by lectures and reading; but it was only by studying and disputing, eating and drinking, playing and praying as members of the same collegiate community, in close and constant association with each other and with their tutors, that the priceless gift of character could be imparted."

教育，无论哪种模式，始终是教育者与受教育者的灵魂互动。

师生共处、知行兼修、精准施策、因材施教，也将是书院建设者永恒的追求。

附　录

Ⅰ　《高校书院发展指南（2020）》制定说明

2017年起，西安交通大学面向海内外高校开展了高校书院制研究，对全国高校的书院制情况进行了统计分析，出版了《高校书院发展报告(2017)》。2020年，西安交通大学继续对全国高校进行全面调研，在总结各高校书院制发展经验和成果的基础上，制定了《高校书院发展指南(2020)》。

本指南基于近四年全国高校书院发展情况的总体调研和研究总结而制定，同时，对标教育部"一站式"学生社区综合管理模式中的育人要求，提炼了书院制建设和发展中的有益经验成果。在本指南的制定过程中，专家组和专家指导委员会也给予了研究和审议支持。

本指南在制定过程中，首先确定了书院制在建设和发展中的核心因素和基本框架，包括书院的行政设置、团队建设、学生管理和环境设施，同时，以书院的育人特色和校内外合作交流作为书院发展的内涵延伸。因此，本指南共分为七大部分：书院基本设置、工作团队、环境设施、学生日常管理、育人内涵、与学校多部门协同育人、社会力量支持。

第一部分：书院的基本设置。本部分主要涉及书院的行政设置、人事管理和运行模式，以此来确定书院是否独立运行并且机构完善。

第1题是学校设立领导小组的情况、第2题是书院的行政级别、第7题是书院经费来源情况、第8题为书院是否有专属办公区域、第14题是书院有无业务工作指导单位，分别从领导架构、行政设置、经费来源、硬件条件等方面来考量书院的基本设置和运行模式。结合第1、2、7、8、14题的内容，基本可以确定书院是否为独立运行的学校二级单位。

结合第3题、第4题书院教工的人事编制情况，以及第5题书院教工的身份构成、第6题书院教工相应的职级或职称情况，可以掌握书院人员构成，以及书院教工队伍在人事编制、职称或职级方面的发展支持情况。

书院命名是书院饶有特色的部分，第9题列举了书院命名的多种来源，包括国学典故、知名人物、价值理念，了解各书院的命名方式。

第10、11、12、13题主要涉及书院在工作运行中起重要作用的理事会和委员会情况。书院理事会直接影响书院的育人理念、资金来源及决策制度等。书院的院务委员会一般作为书院的议事和决策机构，其基本成员包括分管校领导及本书院的师生代表，其包含的人员越丰富，也在一定程度上反映了书院的资源和支持情况越多。近年来很多书院也开始重视家校合力育人，设立了家长委员会。书院导师委员会是书院育人工作的重要组成部分，实行导师制是很多高校书院的重要育人机制和特色，书院导师委员会可以最大程度地发挥导师在书院育人工作中的作用。

第二部分：书院工作团队。本部分考量从书院的负责人到书院辅导员的具体情况，特别了解在书院育人中饶有特色的校内外导师、兼职辅导员的基本情况，掌握书院团队中的构成、工作要求和管理模式。

现有的书院负责人有全职和兼职两种情况，第15、16题列举了书院全职负责人的称谓，以及书院兼职负责人的身份情况等。

书院的辅导员队伍是书院工作的核心力量，一般包括专职辅导员、兼职辅导员，部分学校还有校外辅导员。第17题了解专职辅导员的日常工作、办公地点、考核情况是否都在书院，是理解书院运行模式及育人内涵的重要方面。第18题"书院专职辅导员与负责学生的师生比情况"也是了解书院工作队伍配备的重要内容。第19题列举了书院兼职辅导员队伍的人员来源。书院校外辅导员主要是借用社会力量支持书院育人工作，第20题列举了书院校外辅导员的主要人员来源情况。

书院导师队伍是书院育人工作的重要力量，第21、22题关注书院导师队伍情况。书院导师可以来源于校内或校外，并结合导师的专业所长，为学生开展包括通识教育、学业指导、职业规划等多方面的成长指导。书院导师队伍开展学生成长指导工作，能给书院育人工作增添更多内涵。

宿舍是书院工作的主要物理空间载体，第23题了解宿舍管理工作是否归属于书院工作。

第三部分：书院的环境设施。独立的、丰富的物理空间是支撑书院育人成效的基本力量。本部分主要涉及书院的内外空间和软硬件环境，包括书院的办公场所、学生活动场所，也包括书院文化体系标识情况。

第24题通过书院的独立楼宇宿舍、专属庭院场所、户外活动空间等选项，了解书院的全景物理空间。第25题通过书院的院徽、院训、院歌、院旗等文化标识情况，了解书院是否已经形成固化的、有特色的专属文化标识。第26题是结合各高校书院的调研结果，列举了丰富的书院学生活动空间，充分体现书院多姿多彩的育人平台。

第四部分：书院学生日常管理。各高校的书院形态不一的主要根源在于学生来源不一，以及由此导致的学生管理模式和管理理念的千姿百态。本部分从学生的来源、学生管理单元、学生管理模式等出发，了解书院在学生管理中的具体情况和独特之处。

第27题了解书院学生的来源，包括入校即入书院、入校后二次选拔，以及按照"强基计划"或大类招生的不同情况划分到指定书院。学生的来源情况，直接决定了书院学生的群体特点，也直接影响或决定了书院的学生管理模式和管理理念的不同。因此，书院学生来源是理解书院工作内涵的重要因素。

第28题了解书院学生的管理模式，一般分为属人、属地以及二者相结合三种情况。属人一般按照学生专业类别或特定群体等学生来源来划分学生归属书院情况，属地一般按照楼宇划分学生的书院归属情况。一般在大类招生的高校，多采用属地或二者结合的模式。

第29、30、31、32题分别从学生的基本管理单元、类型、年级分布、专业来源了解书院学生的基本情况，进一步掌握书院的学生管理工作特点。

在书院和学院并行的高校，书院学生的学籍身份隶属也有所不同，第33题了解书院学生的学籍身份隶属书院还是学院。第34题了解书院学生是否可以自主选择宿舍，这也呼应了书院学生的管理模式。

第五部分：书院的育人内涵。区别于传统学院的管理类模式，书院的育人内涵更为丰富，本部分包括书院中的党团建设、特色文化、课程体系、第二课堂活动等内容，是通过具体工作对书院育人内涵的考量。

第35题了解书院的特色育人文化内涵来源。据目前调研情况，书院的特色育人文化内涵大致来源于国学典故、知名人物、书院学校价值理念、地域地理名、景观花木名、历史文化内涵、书院学校育人愿景等。

第36、37、38题了解书院党团组织架构，以及学生组织、社团设置情况。书院是否有独立的分党委或党总支、分团委或团工委，是书院育人内涵的重要内容。学生作为书院主人翁参与书院党团工作情况，书院学生社团、学生组织的活力，都是书院育人内涵和实效性的直接体现。

第39、40、41题是对书院开设课程的了解。书院作为培养学生综合素质的育人平台，根据学生成长的需要自主开设课程，并邀请校内老师、书院老师、学生朋辈等师资，丰富学生的第二课堂。第42题关注学校对书院开展第二课堂活动的支持保障情况，包括文件指导、学分设定、经费支持、课时规划等。第43题了解书院目前已形成一定影响力的品牌活动情况，包括理想信念教育、科技创新、志愿服务等多方面。

第44题关注书院辅导员的工作平台或发展路径，了解掌握作为书院育人的核心力量，辅导员职业成长和发展的支持情况。

第六部分：校内多部门和书院的合作协同育人情况。校内各部门，特别是学院与书院的协同育人是书院发展中的重要内涵，多部门协同育人也是“一站式”学生社区综合管理模式的基本要求。

第45题关注书院和学院的协同育人情况，以及是否有具体的措施促进双院的协同工作。第46题关注学校其他部门对书院工作给予的政策、资金、人员等支持情况。

第七部分：书院的社会力量支持情况。海内外高校书院的相互支持，与企业、校友、政府等社会力量的共建育人，是书院提升育人成效的重要力量。

近年来，高校书院之间的交流活动越来越多，很多书院都建立了姊妹书院，相互交流工作，第47题主要了解书院联系海内外高校书院建立姊妹书院的情况。第48、49题主要联系书院争取企业、校友等社会力量支持书院工作的情况，包括设立奖助学金、实习基地、支持学生活动等多种形式。第50题列举了目前现有的几个重要高校书院联盟，了解书院在发展过程中参与高校书院联盟、联合育人的情况。

本指南在制定过程中，虽然划分了七大部分，但在题目的设置中，仍然考虑了内容上相互呼应、相互佐证的情况，因此在不同部分的题目中会有相似的内容。期望通过本指南的制定，更充分地了解和掌握书院发展中的核心因素、基本框架和内涵延伸，更加明确书院在当代高校，特别是"一站式"学生社区综合管理模式中的育人担当和育人成效。

Ⅱ 《高校书院发展指南（2020）》

说明：请在所有符合描述的选项前打钩，所有问题都是不定项问题，可以多选。

一、书院基本设置

1. 学校设立指导书院工作的领导小组

- 书院工作领导小组的组长是学校校长或党委书记
- 书院工作领导小组的组长是学校其他校领导
- 书院工作领导小组的组长是学校职能部处领导
- 学校未设立指导书院工作的领导小组

2. 书院是独立的学校行政单位

- 书院是处级单位
- 书院是科级单位
- 书院是无级别单位
- 书院不是独立的学校行政单位

3. 书院教工的人事编制

- 书院教工是学校正式人事编制
- 书院教工是学校临时聘用编制
- 书院教工既有正式人事编制，也有临时聘用编制

4. 书院教工的人事关系归属

- 书院教工人事关系归属是书院
- 书院教工人事关系归属是学院
- 书院教工人事关系归属是机关单位
- 书院教工人事关系归属是其他单位，如________

5. 书院教工的构成

- 书院教工是专业课教师
- 书院教工是辅导员
- 书院教工是职员
- 书院教工是宿舍管理人员等后勤保障人员
- 书院教工是其他身份人员，如________

6. 书院教工有相应的职级或职称

- 书院教工有处长（副处）
- 书院教工有科长（副科）
- 书院教工有教授（副教授）
- 书院教工有讲师（助教）
- 书院教工是其他的职级或职称，如________
- 书院教工无相应的职级或职称

7. 书院有专属经费

- 书院有学校下拨的部门经费
- 书院有社会基金会的经费支持
- 书院有自筹经费
- 书院无专属经费

8. 书院有专属的办公区域

- 书院有负责人办公室
- 书院有辅导员办公室

- 书院有导师办公室
- 书院有学生活动室
- 书院无专属的办公区域

9. 书院的命名来源于

- 国学典故
- 知名人物
- 价值理念
- 地域地理名
- 景观花木名
- 历史文化内涵
- 育人愿景
- 书院以其他方式命名，如________

10. 书院设立理事会

- 书院实行理事会领导下的院长负责制
- 理事会成员由学校、政府部门、基金会共同组成
- 书院未设立理事会

11. 书院设立院务委员会

- 书院院务委员中有校领导
- 书院院务委员会包含书院的老师
- 书院院务委员会包含学院的老师
- 书院院务委员会中有学生代表
- 书院院务委员会中有家长代表
- 书院院务委员会中有校友代表
- 书院院务委员会中有社会基金会代表
- 书院院务委员会中有社会知名人士代表
- 书院院务委员会中有其他相关人士，如________
- 书院未设立院务委员会

12. 书院设立家长委员会

- 书院家长委员会面向全体书院学生家长
- 书院学生家长通过申请方式有机会加入书院家长委员会
- 书院未设立家长委员会

13. 书院设立导师委员会

- 书院导师委员会成员包括书院教师
- 书院导师委员会成员包括学院教师
- 书院导师委员会成员包括社会知名人士
- 书院导师委员会成员包括学校行政人员
- 书院导师委员会负责导师的选聘、管理、培训和考核工作
- 书院未设立导师委员会

14. 书院有业务工作指导单位

- 本科生院具体指导书院业务工作
- 学生处具体指导书院业务工作
- 校团委具体指导书院业务工作
- 教务处具体指导书院业务工作
- 后勤处具体指导书院业务工作
- 其他职能部处具体指导书院业务工作，如________
- 书院无业务工作指导单位

二、书院工作团队

15. 书院有学校任命的全职负责人

- 书院全职负责人是院长
- 书院全职负责人是院务主任
- 书院全职负责人有其他称谓，如________
- 书院没有学校任命的全职负责人

16. 书院设有兼职院长

- 书院聘请校外知名学者或社会名流担任兼职院长
- 书院聘请校内管理干部担任兼职院长

- 书院聘请校内知名教授担任兼职院长
- 书院未设置兼职院长

17. 书院有专职辅导员队伍

- 专职辅导员全日制在书院工作
- 专职辅导员办公室设在书院
- 书院专职辅导员工作由书院负责考核
- 书院专职辅导员工作由业务工作指导单位负责考核
- 书院无专职辅导员队伍

18. 书院辅导员与负责学生的师生比情况

- 大于或等于 1:100
- 在 1:100 至 1:200 之间(含 1:200)
- 在 1:200 至 1:300 之间(含 1:300)
- 小于 1:300

19. 书院有兼职辅导员队伍

- 兼职辅导员是在校研究生
- 兼职辅导员是学校管理干部
- 兼职辅导员是学校专职教师
- 兼职辅导员是高年级本科生
- 兼职辅导员是社会知名人士(企业、政府人士等)
- 兼职辅导员是知名校友
- 兼职辅导员是退休教师
- 兼职辅导员还包括其他人士,如________
- 书院无兼职辅导员队伍

20. 书院有校外辅导员

- 校外辅导员是企业管理干部
- 校外辅导员是退伍军人
- 校外辅导员是社会知名人士(企业、政府人士等)
- 校外辅导员是知名校友
- 校外辅导员还包括其他人士,如________
- 书院无校外辅导员

21. 书院有导师队伍

- 书院导师队伍有专业课教师
- 书院导师队伍有社会知名人士(企业、政府人士等)
- 书院导师队伍有知名校友
- 书院导师队伍有退休教师
- 书院导师还包括其他人士,如________
- 书院无导师队伍

22. 书院导师开展不同的工作

- 书院导师开展通识教育工作
- 书院导师开展学业指导工作
- 书院导师开展职业规划工作
- 书院导师开展其他学生成长指导工作,如________
- 书院导师不开展工作

23. 书院宿舍管理工作

- 宿舍管理工作由学校后勤单位统一管理
- 宿舍管理工作由书院统一管理
- 宿舍管理工作由其他单位管理,如________

三、书院环境设施

24. 书院有专属的区域

- 书院有独立的楼宇宿舍
- 书院有专属的庭院场所
- 书院有户外活动空间
- 书院无专属的区域

25. 书院有专属的文化标识

- 书院有院徽

- 书院有院训
- 书院有院歌
- 书院有院旗
- 书院有吉祥物等文创产品
- 书院还有其他文化标识,如________
- 书院无专属的文化标识

26. 书院内部有学生活动场所

- 书院有学生会办公室
- 书院有学生社团活动室
- 书院有学生讨论室或会议室
- 书院有谈话室
- 书院有心理辅导室
- 书院有职业规划室
- 书院有学生创业空间
- 书院有阅览室
- 书院有自习室
- 书院有 DIY 工作室
- 书院有健身房
- 书院有影音室
- 书院有排练室
- 书院有咖啡厅或茶室
- 书院有共享厨房
- 书院有洗衣房
- 书院还有其他学生活动场所,如________
- 书院无内部学生活动场所

四、书院日常管理

27. 书院学生的来源

- 书院学生是高考招生后直接划分至各书院
- 书院学生来自入校后的二次选拔
- 书院学生来自“强基计划”的专门招生
- 书院学生按照大类招生划分到指定书院
- 书院学生还有其他来源,如________

28. 书院学生的管理模式

- 书院学生按照以专业类别或特定群体为单位的属人管理原则
- 书院学生按照以住宿社区为单位的属地管理原则
- 书院学生按照属地与属人管理相结合的原则

29. 书院学生的管理单元

- 以宿舍为单元管理
- 以楼层为单元管理
- 以专业为单元管理
- 以班级为单元管理

30. 书院学生的类型

- 书院为全员制模式(覆盖所有年级)
- 书院为非全员制模式(覆盖部分年级)
- 书院学生是少数拔尖优秀学生或精英人才,为实验班模式
- 书院学生是指定类型学生(预科生、国防生等)
- 书院学生是国际留学生

31. 书院学生年级分布

- 预科
- 本科一年级
- 本科二年级
- 本科三年级
- 本科四年级
- 本科五年级(建筑类、医学类)
- 硕士研究生
- 博士研究生

32. 书院学生的专业来源

- 书院包含多个专业或学院学生

- 书院以原有单个学院为基础组建

33. 书院学生的学籍身份

- 学生学籍隶属书院
- 学生学籍隶属学院

34. 学生宿舍选择方式

- 非自主选择
- 在划定的宿舍范围内自主选择
- 所有宿舍都可以自主选择

五、书院育人内涵

35. 书院的特色育人文化内涵来源于

- 国学典故
- 知名人物
- 价值理念
- 地域地理名
- 景观花木名
- 历史文化内涵
- 育人愿景
- 书院以其他方式命名，如________

36. 书院有独立的分党委或党总支等党组织

- 分党委/党总支书记由校领导担任
- 分党委/党总支书记由业务指导部门负责人担任
- 分党委/党总支书记由书院负责人担任
- 分党委/党总支副书记由业务指导部门负责人担任
- 分党委/党总支副书记由书院负责人担任
- 分党委/党总支副书记由学生党员担任
- 分党委/党总支有学生委员
- 分党委/党总支承担本书院党员培养、发展、管理工作
- 书院无独立的分党委或党总支等党组织

37. 书院成立分团委/团工委

- 分团委/团工委书记由辅导员担任
- 分团委/团工委副书记由学生担任
- 分团委/团工委有学生委员
- 分团委/团工委承担本书院团员培养、发展、管理工作
- 书院未成立分团委/团工委

38. 书院充分发挥学生主人翁精神

- 书院有朋辈互助学生团队
- 书院有学生会等学生组织
- 书院有特色丰富的学生社团
- 书院有学生自我管理或监督委员会

39. 书院开设课程

- 书院开设第一课堂学分课程
- 书院开设第二课堂学分课程
- 书院开设课程纳入学生培养方案
- 书院未开设课程（如勾选本选项请跳过40题、41题、42题）

40. 书院开设的课程类别

- 书院围绕学生综合素质、促进学生全面发展开设课程
- 书院围绕提升学生理想信念开设课程
- 书院围绕提高学生某一项专门能力开设课程
- 其他，如________

41. 书院课程的师资来源

- 学校专业课老师
- 书院辅导员
- 校外导师
- 学生朋辈

- 学校职能部门老师
- 其他，如________

42. 书院开展第二课堂活动有相关保障

- 书院开展学生活动有学校层面的文件指导
- 书院开展学生活动有相应的第二课堂学分
- 书院有学校经费支持
- 学校为书院开展第二课堂活动指定有独立课时或时间

43. 书院有特色品牌活动

- 书院开展理想信念教育活动
- 书院开展科技创新活动
- 书院开展志愿服务活动
- 书院开展社会实践活动
- 书院开展文体活动
- 书院无特色品牌活动

44. 书院辅导员有相应的工作平台或发展路径

- 辅导员参与思政课程教学
- 建有辅导员工作室
- 学校为辅导员设有专项课题项目及经费支持
- 辅导员可以参与教师职称评定
- 其他，如________

六、书院与学校多部门协同育人

45. 书院与学院协同育人

- 书院与学院有明确的协同育人机制
- 书院与学院实行领导互相兼任机制
- 书院领导定期参加学院的党政联席会
- 书院与学院定期召开双院联系会议

46. 学校多部门给予书院支持

- 学校多部门给予政策支持
- 学校多部门给予资金支持
- 学校多部门给予人员支持
- 学校多部门给予其他支持，如________

七、书院社会支持

47. 书院建有姊妹书院

- 书院建有海外的姊妹书院
- 书院建有港澳台地区的姊妹书院
- 书院建有境内的姊妹书院
- 书院建有校内的姊妹书院
- 书院无姊妹书院

48. 书院与企业紧密联系，开展校企合作

- 书院与企业签订了共建育人协议
- 书院有企业设立的奖助学金
- 书院在企业建立的实习实践基地
- 书院有企业支持赞助的学生活动
- 其他，如________
- 书院未与企业合作

49. 书院与校友紧密联系，校友多方面支持书院工作

- 校友设立书院奖助学金
- 校友支持赞助书院学生活动
- 校友为书院捐赠发展物资
- 校友企业与书院合作育人
- 其他，如________
- 书院未与校友有相关合作

50. 书院与兄弟高校建立联合育人机制，参与书院联盟

- 书院参与高校书院联盟
- 书院参与长三角高校书院联盟
- 书院参与中华文化促进会书院联盟
- 书院参与海峡两岸书院联盟
- 书院参与其他书院联盟，如________
- 书院未参与其他书院联盟

Ⅲ 各书院联盟简介

1. 高校书院联盟

2014 年 7 月,香港中文大学联合书院、台湾清华大学厚德书院、台湾政治大学政大书院、复旦大学任重书院、西安交通大学文治书院、华东师范大学孟宪承书院及北京航空航天大学知行书院代表在北京共同发起成立了“高校书院联盟”,秘书处设于北京航空航天大学知行书院。2015 年 7 月,澳门大学郑裕彤书院正式加入,至此,高校书院联盟共有 8 个常任理事单位。

2017 年 3 月,联盟高校依据《高校书院联盟章程》规定,经过资格初审、联盟理事单位集体表决等程序,共确定汕头大学至诚书院、大连理工大学伯川书院、西南交通大学唐臣书院、南方科技大学树仁书院、亚洲大学三品书院(排名不分先后)5 家书院正式成为高校书院联盟成员,享有联盟成员的权利,并履行联盟成员的义务。

高校书院联盟是旨在实现交流合作、资源共享、优势互补、整体提升而自愿组成的非营利性组织。联盟成员将积极参与交流,共同探索书院制教育模式改革与发展规律,不断满足学生成长成才的需求,提升各联盟成员的书院办学水平、人才培养质量与社会声誉,为培养人格健全、全面发展的创新型人才作出贡献,在世界高等教育舞台上传播中国大学书院制教育的好声音。

高校书院联盟每年举办一次现代书院制教育论坛,目前已经在北京、澳门、西安、香港、上海等地举办了六届海峡两岸暨港澳地区高校现代书院制教育论坛,是目前国内影响最大的书院联盟。

2. 长三角地区高校书院联盟

“长三角地区高校书院联盟”于 2018 年 6 月成立,由复旦大学、华东师范大学、上海科技大学、华东政法大学、苏州大学、南京审计大学、江苏师范大学、苏州科技大学、绍兴文理学院、温州大学等江浙沪长三角地区 10 多所大学组成,旨在致力于探索常态长效的“互学互访共建共享”的体制机制,加强高校相互交流、优势互补。自成立以来,联盟成员互访 10 余次,直接参与的师生近千余人次,有效推动长三角地区高校形成合力、协同发展。

3. 中华文化促进会书院联盟

2018 年 6 月 17 日,中国文化书院、北京三智文化书院、稽山书院等 9 家书院作为发起人,成立了“中华文化促进会书院联盟”。成立中华文化促进会书院联盟,就是为了搭建起中国书院交流和合作的大平台,让书院更好发挥传承弘扬中华优秀文化的作用。

4. 海峡两岸书院联盟

2019 年 6 月 23 日，福建 10 家书院和台湾 8 家书院签约成立"海峡两岸书院联盟"，两岸书院将举办系列学术活动，共推书院文化传承。签约的台湾书院包括象山书院、咸临书院、奉元书院、阳明书院、金门燕南书院、志道书院、果庭书院和亚太青年学院。福建书院包括：鳌峰书院、正谊书院、篔筜书院、考亭书院、南溪书院、莆阳书院、致用书院、紫阳书院、梁山书院和严复书院。

Ⅳ　2020 全国高校书院概况

2020 全国高校书院概况

序号	学校名称	书院名称	成立时间	学生规模	书院类型
1	北京大学	元培学院	2007 年 9 月	1200	实验班模式
2		"一带一路"书院	2018 年 4 月	324	特定群体模式
3		鹿鸣书院	2019 年	——	实验班模式
4	清华大学	新雅书院	2014 年 9 月	290	实验班模式
5		苏世民书院	2013 年 4 月	600	实验班模式
6		致理书院	2020 年	——	实验班模式
7		日新书院	2020 年	——	实验班模式
8		未央书院	2020 年	——	实验班模式
9		探微书院	2020 年	——	实验班模式
10		行健书院	2020 年	——	实验班模式
11	北京航空航天大学	知行书院	2012 年	1000	低年级模式
12		致真书院	2017 年	1000	实验班模式
13		守锷书院	2017 年	1072	低年级模式
14		士嘉书院	2017 年	1000	低年级模式
15		冯如书院	2016 年	1290	低年级模式
16		士谔书院	2012 年	1146	低年级模式

续表

序号	学校名称	书院名称	成立时间	学生规模	书院类型
17	北京师范大学	教育家书院	2010 年 4 月	——	特定群体模式
18		启功书院	2012 年 7 月	——	其他模式
19		学而书院	2014 年 5 月	——	实验班模式
20		励耘书院	2010 年	——	实验班模式
21		瀚德学院	2013 年	——	实验班模式
22	北京理工大学	精工书院	2018 年	——	全员制模式
23		睿信书院	2018 年	——	全员制模式
24		求是书院	2018 年	——	全员制模式
25		明德书院	2018 年	——	全员制模式
26		经管书院	2018 年	——	全员制模式
27		知艺书院	2018 年	——	全员制模式
28		特立书院	2018 年	——	实验班模式
29		北京书院	2018 年 8 月	——	特定群体模式
30		令闻书院	2018 年	——	特定群体模式
31	北京联合大学	学知书院	2014 年	——	实验班模式
32		树人书院	2015 年 6 月	——	实验班模式
33	北京工商大学嘉华学院	国际书院班	2016 年	——	特定群体模式
34	中华女子学院	育慧书院	2018 年	——	实验班模式
35	天津大学	格园一斋书院	2019 年	18000	全员制模式
36		格园二斋书院	2019 年		全员制模式
37		格园三斋书院	2019 年		全员制模式
38		诚园六斋书院	2019 年		全员制模式
39		诚园七斋书院	2019 年		全员制模式

续表

序号	学校名称	书院名称	成立时间	学生规模	书院类型
40	天津大学	诚园八斋书院	2019 年	18000	全员制模式
41		正园九斋书院	2019 年		全员制模式
42		正园十斋书院	2019 年		全员制模式
43		修园十一斋书院	2019 年		全员制模式
44		修园十二斋书院	2019 年		全员制模式
45		齐园十三斋书院	2019 年		全员制模式
46		齐园十五斋书院	2019 年		全员制模式
47		鹏翔一斋书院	2017 年		全员制模式
48		鹏翔二斋书院	2017 年		全员制模式
49		鹏翔三斋书院	2017 年		全员制模式
50		鹏翔四斋书院	2017 年		全员制模式
51		鹏翔五斋书院	2017 年		全员制模式
52	南开大学	第一智慧书院	2019 年	100	其他模式
53		第二智慧书院——穆旦书院	2020 年	100	其他模式
54		第三智慧书院——伯苓智慧书院	2020 年	110	其他模式
55		第四智慧书院——图灵书院	2020 年	100	其他模式
56		第五智慧书院——妙悟书院	2020 年	100	其他模式
57	天津工业大学	博雅书院	2018 年 11 月	——	其他模式
58	天津体育学院	墨盾书院	2019 年	170	实验班模式
59	中国民航大学	天问书院	2019 年	——	其他模式

续表

序号	学校名称	书院名称	成立时间	学生规模	书院类型
60	河北大学工商学院	明德书院	2013 年 8 月	3000	全员制模式
61		笃学书院	2013 年 7 月	3000	全员制模式
62		致用书院	2013 年 7 月	2500	全员制模式
63		治平书院	2013 年 7 月	4000	全员制模式
64		诚行书院	2013 年 7 月	490	全员制模式
65	邯郸学院	劝学书院	2016 年 4 月	70	实验班模式
66		启航书院	2016 年 4 月	60	实验班模式
67	华北理工大学轻工学院	知行书院	2010 年 12 月	600	实验班模式
68	太原理工大学	河汾书院	2019 年 8 月	1837	低年级模式
69		令德书院	2019 年 8 月	1829	低年级模式
70		晋阳书院	2019 年 8 月	1850	低年级模式
71	山西农业大学信息学院	青藤书院	2017 年 9 月	2348	其他模式
72		杏花书院	2017 年 9 月	——	其他模式
73		三达书院	2017 年 9 月	——	其他模式
74		太行书院	2017 年 10 月	——	其他模式
75		无边书院	2017 年 9 月	——	其他模式
76		箕城书院	2017 年 9 月	2525	其他模式
77		右岸书院	2017 年 3 月	——	其他模式
78	大连理工大学	伯川书院	2013 年 7 月	600	全员制模式
79		令希书院	2013 年 9 月	1400	全员制模式
80		长春书院	2014 年 7 月	1200	全员制模式
81		国栋书院	2016 年 6 月	1000	全员制模式
82	长春师范大学	女子书院	2019 年 3 月	——	其他模式

续表

序号	学校名称	书院名称	成立时间	学生规模	书院类型
83	白城师范学院	鹤城书院	2017 年 5 月	——	其他模式
84	通化师范学院	长白书院	2019 年 10 月	——	其他模式
85	复旦大学	腾飞书院	2005 年 9 月	2400	全员制模式
86		希德书院	2011 年 9 月	3000	全员制模式
87		任重书院	2005 年 9 月	1500	全员制模式
88		志德书院	2005 年 9 月	3000	全员制模式
89		克卿书院	2005 年 9 月	2400	全员制模式
90	同济大学	女子书院	2009 年 5 月	——	特定群体模式
91	上海交通大学	远东书院	2010 年 3 月	——	其他模式
92		致远学院	2010 年	——	实验班模式
93		创业学院	2010 年 6 月	——	特定群体模式
94		密西根学院	2006 年	——	其他模式
95		交大巴黎高科学院	2012 年	——	其他模式
96	华东师范大学	孟宪承书院	2007 年 9 月	2000	全员制模式
97		经管书院	2015 年 9 月	2000	全员制模式
98		大夏书院	2017 年	2200	全员制模式
99		光华书院	2017 年	1700	全员制模式
100	上海大学	社区学院	2007 年	20604	低年级模式
101		钱伟长学院	2011 年	400	实验班模式
102	华东政法大学	文伯书院	2017 年 5 月	1283	低年级模式
103	上海理工大学	沪江学院	2018 年	——	其他模式
104	上海应用技术大学	鲁班书院	2017 年 9 月	500	实验班模式
105	上海科技大学	上海科技大学书院	2013 年	3727	全员制模式

续表

序号	学校名称	书院名称	成立时间	学生规模	书院类型
106	上海海事大学	励志书院	2015 年	——	特定群体模式
107	上海立信会计金融学院	序伦书院	2018 年 10 月	120	实验班模式
108	东南大学	秉文书院	2020 年	479	实验班模式
109		健雄书院	2020 年	——	实验班模式
110	南京信息工程大学	龙山书院	2019 年 7 月	2253	分学科模式
111	南京审计大学	泽园书院	2014 年 3 月	5560	全员制模式
112		润园书院	2014 年 3 月	5322	全员制模式
113		澄园书院	2014 年 3 月	2000	全员制模式
114		沁园书院	2014 年 3 月	3200	全员制模式
115	江南大学	至善学院	2009 年	481	实验班模式
116		君远学院	2013 年 6 月	240	实验班模式
117	江苏师范大学	敬文书院	2015 年 6 月	——	实验班模式
118	苏州大学	敬文书院	2011 年 6 月	400	实验班模式
119		唐文治书院	2011 年	270	实验班模式
120		紫卿书院	2019 年 11 月	——	分学科模式
121	苏州科技大学	敬文书院	2016 年 5 月	——	实验班模式
122	浙江大学	竺可桢学院	2000 年 5 月	1800	实验班模式
123		求是学院	2008 年 7 月	5400	低年级模式
124		国际校区书院	2016 年 7 月	360	其他模式
125		马一浮书院	2017 年 12 月	——	其他模式
126	温州大学	步青学区	2012 年 6 月	5000	全员制模式
127		溯初书院(学区)	2012 年 6 月	5000	全员制模式
128		超豪学区	2012 年 6 月	3300	全员制模式

续表

序号	学校名称	书院名称	成立时间	学生规模	书院类型
129	绍兴文理学院	阳明书院	2012 年 5 月	1800	全员制模式
130		成章书院	2013 年	1800	全员制模式
131		仲申书院	2013 年	2000	全员制模式
132		建功书院	2013 年	1700	全员制模式
133		竞雄书院	2013 年	1200	全员制模式
134		树人书院	2013 年	1500	全员制模式
135		青藤书院	2013 年	300	全员制模式
136		文澜书院	2013 年	1700	全员制模式
137		东山书院	2011 年 9 月	1200	全员制模式
138		羲之书院	2011 年	300	全员制模式
139	台州学院	心湖书院	2020 年 5 月	228	其他模式
140		广文书院	2020 年 5 月	228	其他模式
141	浙江工业大学	健行书院	2017 年 5 月	4500	低年级模式
142	浙江工业大学之江学院	尚德书院	2016 年 9 月	2000	全员制模式
143	绍兴文理学院元培学院	吾育书院	2015 年 12 月	3000	其他模式
144		吾展书院	2015 年 12 月	3000	其他模式
145	浙江树人大学	家扬书院	2013 年 6 月	240	实验班模式
146	丽水学院	行知书院	2012 年 9 月	2000	全员制模式
147		德涵书院	2012 年 9 月	5000	全员制模式
148		石湖书院	2012 年 9 月	3100	全员制模式
149		伯温书院	2012 年 9 月	2700	全员制模式

续表

序号	学校名称	书院名称	成立时间	学生规模	书院类型
150	浙江工商大学杭州商学院	塘垮书院	2015年9月	4000	全员制模式
151		春江书院	2016年9月	4000	全员制模式
152	温州商学院	水心书院	2018年5月	3200	全员制模式
153		文博书院	2018年5月	3100	全员制模式
154		德涵书院	2018年5月	3900	全员制模式
155	厦门大学	博伊特勒书院	2015年1月	700	其他模式
156		香山书院	2017年	1400	分学科模式
157	厦门工学院	友恭书院	2010年9月	2400	全员制模式
158		友惠书院	2016年7月	700	全员制模式
159		友善书院	2011年7月	2460	全员制模式
160		友敏书院	2013年8月	2300	全员制模式
161		友容书院	2016年7月	3000	全员制模式
162		友达书院	2020年6月	——	全员制模式
163	南昌大学	际銮书院	2015年	700	实验班模式
164	山东大学	一多书院	2016年9月	2200	其他模式
165		从文书院	2016年9月	1600	其他模式
166	青岛大学	浮山书院	2007年	400	实验班模式
167	中国石油大学胜利学院	思达书院	2019年7月	33	实验班模式
168	山东科技大学泰山科技学院	第一书院社区	2019年3月	——	全员制模式
169	中国海洋大学	行远书院	2015年5月	112	实验班模式
170		崇本书院	2019年7月	48	实验班模式

续表

序号	学校名称	书院名称	成立时间	学生规模	书院类型
171	青岛职业技术学院	知行书院	2014 年 11 月	1600	全员制模式
172		侃如书院	2016 年 12 月	1300	全员制模式
173		立人书院	2017 年 10 月	2400	全员制模式
174		瀚海书院	2017 年 11 月	1500	全员制模式
175		立信书院	2018 年 11 月	1700	全员制模式
176		儒商书院	2018 年 11 月	1700	全员制模式
177		艺馨书院	2018 年 11 月	1300	全员制模式
178	潍坊医学院	乐道济世书院	2015 年	10000	全员制模式
179	哈尔滨工业大学（威海）	丁香书院	2015 年 6 月	2280	全员制模式
180		雅荷书院	2016 年 7 月	2030	全员制模式
181		梧桐书院	2016 年 11 月	1500	全员制模式
182		劲松书院	2017 年 4 月	2300	全员制模式
183		竹贤书院	2017 年 10 月	1240	全员制模式
184		海棠书院	2018 年 6 月	2160	全员制模式
185	聊城大学	学记书院	2018 年 9 月	600	分学科模式
186	新乡医学院三全学院	仁智书院	2014 年 8 月	4000	全员制模式
187		羲和书院	2014 年 8 月	4500	全员制模式
188		精诚书院	2014 年 8 月	3200	全员制模式
189		崇德书院	2014 年 8 月	3100	全员制模式
190		德馨书院	2014 年 8 月	3200	全员制模式
191		智行书院	2019 年 8 月	2300	全员制模式
192	郑州航空工业管理学院	蓝天书院	2018 年 9 月	——	低年级模式

续表

序号	学校名称	书院名称	成立时间	学生规模	书院类型
193	郑州西亚斯学院	知行住宿书院	2016 年 8 月	4500	全员制模式
194		致远住宿书院	2017 年 8 月	4410	全员制模式
195		至善住宿书院	2017 年 8 月	3480	全员制模式
196		思齐住宿书院	2018 年 8 月	4100	全员制模式
197		博雅住宿书院	2018 年 8 月	4300	全员制模式
198		明礼住宿书院	2018 年 8 月	2900	全员制模式
199		博艺住宿书院	2018 年 8 月	3100	全员制模式
200		寰宇住宿书院	2018 年 8 月	3500	全员制模式
201	武汉大学	弘毅学堂	2010 年	——	实验班模式
202	暨南大学	四海书院	2010 年 7 月	500	特定群体模式
203	广东岭南职业技术学院	明德书院	2014 年 9 月	1800	全员制模式
204		崇礼书院	2015 年 8 月	1500	全员制模式
205		砺能书院	2015 年 9 月	1900	全员制模式
206		思诚书院	2016 年 9 月	3000	全员制模式
207		笃学书院	2019 年 6 月	——	全员制模式
208		至善书院	2019 年 9 月	6000	全员制模式
209		知行书院	2019 年 9 月	4800	全员制模式
210	肇庆学院	力行书院	2009 年 9 月	——	全员制模式
211		厚德书院	2010 年 11 月	4000	全员制模式
212		明智书院	2010 年 11 月	——	全员制模式
213		博学书院	2012 年 9 月	——	全员制模式
214		兰蕙书院	2017 年 12 月	3500	全员制模式

续表

序号	学校名称	书院名称	成立时间	学生规模	书院类型
215	南方医科大学	博雅书院	2016 年 9 月	1400	分学科模式
216		尚进书院	2016 年 9 月	——	分学科模式
217		知行书院	2016 年 9 月	1000	分学科模式
218		德风书院	2016 年 9 月	1800	分学科模式
219	南方科技大学	致仁书院	2011 年 9 月	600	全员制模式
220		树仁书院	2013 年 9 月	700	全员制模式
221		致诚书院	2015 年 8 月	500	全员制模式
222		树德书院	2015 年 7 月	——	全员制模式
223		致新书院	2016 年 7 月	600	全员制模式
224		树礼书院	2016 年 8 月	——	全员制模式
225	汕头大学	至诚书院	2008 年 6 月	900	全员制模式
226		弘毅书院	2016 年	——	全员制模式
227		思源书院	2016 年	——	全员制模式
228		知行书院	2016 年 8 月	820	全员制模式
229		淑德书院	2017 年 1 月	800	全员制模式
230		修远书院	2017 年 10 月	600	全员制模式
231		敬一书院	2017 年 10 月	——	全员制模式
232		明德书院	2017 年 10 月	1000	全员制模式
233		德馨书院	2017 年 10 月	——	全员制模式
234	华南理工大学	峻德书院	2019 年 8 月	350	其他模式
235	广东药科大学	岐黄书院	2018 年	——	其他模式
236		远志书院	2018 年	——	其他模式
237		建德书院	2018 年	——	其他模式
238	深圳大学	正义书院	2019 年 12 月	——	全员制模式

续表

序号	学校名称	书院名称	成立时间	学生规模	书院类型
239	东莞理工学院	知行学院	2017 年 9 月	19000	全员制模式
240	广东外语外贸大学	明德书院	2019 年 5 月	——	其他模式
241	深圳职业技术学院	崇理书院	2014 年 3 月	——	全员制模式
242		杏林书院	2012 年	1200	全员制模式
243		三尚书院	2015 年 12 月	2400	全员制模式
244		博达书院	2016 年	3600	全员制模式
245		日新书院	2018 年 6 月	1000	全员制模式
246	中山大学南方学院	达人书院	2019 年 9 月	——	特定群体模式
247	香港中文大学（深圳）	逸夫书院	2016 年 9 月	1200	全员制模式
248		学勤书院	2016 年	——	全员制模式
249		思廷书院	2016 年	1200	全员制模式
250		祥波书院	2018 年 3 月	1200	全员制模式
251	重庆邮电大学移通学院	天渠书院	2017 年	900	全员制模式
252		南湖书院	2017 年	1600	全员制模式
253		智能工程学院	2017 年	2600	全员制模式
254		爱莲书院	2017 年	1700	全员制模式
255		北山书院	2017 年	3000	全员制模式
256		别都书院	2017 年	2700	全员制模式
257		花果书院	2017 年	2300	全员制模式
258		廊桥书院	2017 年	2600	全员制模式
259		汇江书院	2017 年	1000	全员制模式
260		鱼城书院	2017 年	1400	全员制模式
261		远景书院	2017 年	560	全员制模式

续表

序号	学校名称	书院名称	成立时间	学生规模	书院类型
262	西南交通大学	唐臣书院	2016 年	——	实验班模式
263		竺可桢书院	2016 年 8 月	2800	其他模式
264	四川大学	玉章书院	2019 年 9 月	330	实验班模式
265	成都工业学院	晏济元书院	2018 年 7 月	370	分学科模式
266	四川城市职业学院	东坡书院	2015 年 12 月	——	其他模式
267	成都中医药大学	国医书院	2018 年 9 月	——	实验班模式
268	西安交通大学	彭康书院	2006 年 9 月	3000	全员制模式
269		文治书院	2007 年 7 月	2600	全员制模式
270		宗濂书院	2007 年 7 月	2200	全员制模式
271		南洋书院	2008 年 7 月	2000	全员制模式
272		崇实书院	2008 年 7 月	1800	全员制模式
273		仲英书院	2008 年 7 月	2900	全员制模式
274		励志书院	2008 年 7 月	700	全员制模式
275		启德书院	2008 年 7 月	1900	全员制模式
276		钱学森书院	2016 年 12 月	1300	全员制模式
277	西安电子科技大学	丁香一号书院	2019 年 7 月	1600	全员制模式
278		丁香二号书院	2019 年 7 月	3700	全员制模式
279		海棠七号书院	2018 年 7 月	1600	全员制模式
280		海棠八号书院	2018 年 7 月	2300	全员制模式
281		海棠九号书院	2018 年 7 月	1500	全员制模式
282	西北农林科技大学	右任书院	2014 年 9 月	——	实验班模式
283	陕西师范大学	哲学书院	2019 年 6 月	——	分学科模式

续表

序号	学校名称	书院名称	成立时间	学生规模	书院类型
284	西安建筑科技大学	南山书院	2012 年 10 月	8000	全员制模式
285		紫阁书院	2012 年 10 月	5000	全员制模式
286	西安美术学院	弘美书院	2014 年 10 月	——	其他模式
287	西安外事学院	七方书院	2015 年 3 月	——	其他模式
288		正蒙一院	2014 年 9 月	——	全员制模式
289		正蒙二院	2014 年 9 月	7200	全员制模式
290		正蒙三院	2014 年 6 月	——	全员制模式
291		正蒙四院	2014 年 9 月	2800	全员制模式
292		正蒙五院	2014 年 9 月	——	全员制模式
293		正蒙六院	2014 年 10 月	700	全员制模式
294	西京学院	万钧书院	2014 年 7 月	4000	全员制模式
295		行健书院	2015 年 6 月	2000	实验班模式
296		南洋书院	2015 年 9 月	4100	全员制模式
297		至诚书院	2015 年 11 月	4000	全员制模式
298		创业书院	2016 年 6 月	——	实验班模式
299		博雅书院	2016 年 12 月	3000	全员制模式
300		允能书院	2016 年 12 月	2600	全员制模式
301	兰州大学	萃英书院	2010 年 8 月	100	实验班模式
302	甘肃民族师范学院	莲峰书院	2013 年 9 月	2200	全员制模式
303		香巴拉书院	2014 年 10 月	1700	全员制模式
304		亭林书院	2014 年 10 月	2200	全员制模式

后 记

相较2017年，高校现代书院制已然蓬勃发展，以书院为基础进行学生教育管理服务不再是少数高校的育人探索，而逐渐成为全国高校的普遍共识和共同实践。伴随2019年“一站式”学生社区的建设试点，书院作为“党建和思想政治工作的高地、培养人才的园地、管理服务学生的基地、维护校园安全稳定的阵地”的基本形态，已经成为越来越多高校创新人才培养的选择。

因此，我们希望继续探索高校书院发展的新变化、新形态、新趋势，为兄弟高校提供更为适宜的参考资料。2020年1月，西安交通大学党委副书记宫辉发起《高校书院发展报告.2020》的编写工作，梳理各高校、各书院的现状、具体情况及发展脉络，思考其中的建设之道、创新之道、发展之道。

作为中国高校现代书院的先行者之一及《高校书院发展报告(2017)》研究的发起者，西安交通大学有责任继续总结、发现高校书院制发展历程中的精彩纷呈，继续研究、探索书院建设的经验路径。我们希望给读者呈现一个更全面、更翔实、更丰富的高校书院发展研究成果。为此，西安交通大学书院的全体建设者，开展了面向全国高校的线上及实地调研，结合与《高校书院发展报告(2017)》的比对分析，通过专题研讨与集中交流，对各地区书院发展具体情况分类整理、归纳总结后，形成了本书的主要内容。

本书编写中，宫辉组织编写组成员多次开展研讨，并不断修改完善，最终确定了现有的总体框架。前言面向2025——书院制建设的新站位新空间新使命由宫辉、顾蓉撰写。第一章高校书院建设新进展由刘晗梦撰写。第二章高校书院建设现状由西安交通大学各书院调研、梳理和分析后整理撰写，其中，第一节华北地区由彭康书院团队撰写；第二节东北地区由宗濂书院团队撰写；第三节华东地区由仲英书院、启德书院、南洋书院团队撰写；第四节华中地区由励志书院组织撰写；第五节华南地区由崇实书院组织撰写；第六节西南地区由钱学森书院组织撰写；第七节西北地区由文治书院组织撰写。第三章高校书院类型分析由石介沛撰写。第四章高校书院命名分析由周远撰写。第五章高校书院趋势评述、附录《高校书院发展指南(2020)》及制定说明由周远、顾蓉、岳娅萍、魏波(女)、史旭东、刘梦婷、茹南溪撰写，后记由魏波(女)撰写。全书由顾蓉、刘晗梦统稿编辑，李新安、张丹、叶明、王琦、陈阳静、郭小平、黄丽宁、徐慧、张王民、田博等进行了二审，并由宫辉、周远、苏玉波作了最后审定。

在此，还要感谢参加调研并进行资料收集的同事们，他们是：

彭康书院南亚娟、南锋霞、刘丽、李楠、任君、王倩、王涵、朱宏伟、马进毅、代旺、王俊晗、温景涛、张誉川、张玺晗；宗濂书院陈勇、魏恒顺、梁俊凤、梁博、王婧、张玥、刘星宁、托合提·艾海提、曹景强、高宫智子；仲英书院陶磊、高琼、杨艳丽、赵颖、商琛、徐龙、邢晋、迟凯文、王茂杰、崔东森；启德书院李聪、师会芳、吴发灿、王大军、宁学飚、龙树荣、吕茵、王楠、马瑞、魏波（男）、史旭东；南洋书院张习之、岳娅萍、侣军燕、姬姣姣、曹宝红、包凯、陈波、雷玉晗、马潇雅、马勇、郭旺；励志书院徐敏、郑向国、沈飞跃、胡全龙、邱丞麟；崇实书院段继超、景南、李文武、姜飒、刘栋华、代成军、马雅蕾、李尚宗、梁佳艺；钱学森书院朱明扬、上官蒙蒙、彭随缘、吴秋妹、杨文韬、刘泽慧、陈龙、刘梦婷；文治书院刘恒、刘瑜、任欣、刘艳凤、叶倩、孟建芳、俞璐、王孟盈、董研林、姜维周、皇甫亮玉、申珂瑗、李经纬；学工部彭勃、田芳、马嘉谊等。

感谢创建书院的先辈们和正在建设书院的同仁们，因为你们的付出和努力，我们的研究才有意义。感谢西安交通大学出版社的大力支持。

凡此过往，皆为序章。无论书院制如何发展，立德树人是我们始终坚守的价值追求。我们将与全国高校一起，继续探索书院全方位育人模式的发展规律。把曾经的美好积累起来，创造未来的美好，让书院办学的美好未来在彼此手中日渐丰满、熠熠生辉。

编 者
2020 年 10 月 20 日

扫描以下二维码了解西安交通大学书院。

西安交通大学书院介绍

彭康书院　文治书院　宗濂书院

南洋书院　崇实书院　仲英书院

励志书院　启德书院　钱学森书院